2020
Evaluation of Doing Business
in Chinese Cities

2020 · 中国城市营商环境评价

李志军　主编

中国发展出版社
CHINA DEVELOPMENT PRESS

图书在版编目（CIP）数据

2020 中国城市营商环境评价 / 李志军主编 . —北京：中国发展出版社，2021.3

ISBN 978-7-5177-1226-8

Ⅰ . ① 2… Ⅱ . ①李… Ⅲ . ①投资环境—研究—中国 Ⅳ . ① F832.48

中国版本图书馆 CIP 数据核字（2021）第 035048 号

书　　名：2020 中国城市营商环境评价
主　　编：李志军
出 版 发 行：中国发展出版社
联 系 地 址：北京经济技术开发区荣华中路 22 号亦城财富中心 1 号楼 8 层（100176）
标 准 书 号：ISBN 978-7-5177-1226-8
经　销　者：各地新华书店
印　刷　者：北京市密东印刷有限公司
开　　本：710mm × 1000mm　1/16
印　　张：26.5
字　　数：413 千字
版　　次：2021 年 3 月第 1 版
印　　次：2021 年 3 月第 1 次印刷
定　　价：98.00 元

联 系 电 话：（010）68990630　68990692
购 书 热 线：（010）68990682　68990686
网 络 订 购：http://zgfzcbs.tmall.com
网 络 电 话：（010）88333349　68990639
本 社 网 址：http://www.develpress.com
电 子 邮 件：150289754@qq.com

本书编辑委员会

主　　编：李志军

副主编：张世国　牛志伟

编　　委：高太山　袁文融　姜　莱　刘　琪

前　言

Preface

为了进一步优化营商环境，打造法治化、国际化、便利化的营商环境，党中央、国务院出台了许多优化营商环境的政策文件。2019年9月3日，《国务院办公厅关于做好优化营商环境改革举措复制推广借鉴工作的通知》发布；2019年10月8日，国务院第66次常务会议通过《优化营商环境条例》；2020年7月21日，国务院办公厅印发《关于进一步优化营商环境更好服务市场主体的实施意见》。同时，各地按照党中央、国务院部署，纷纷出台优化营商环境条例，不断优化营商环境，进一步激发了市场活力，增强了内生增长动力。

2020年，《管理世界》经济研究院与首都经济贸易大学中国产业经济研究院合作成立“2020·中国城市营商环境评价研究”课题组，开展2020年中国城市营商环境评价问题研究。李志军同志为课题组组长，张世国、牛志伟同志为副组长，课题组成员包括高太山、袁文融、姜莱、刘琪等同志。

课题组在2018年《中国城市营商环境评价》的基础上，进一步完善了中国城市营商环境评价指标体系：一是在政府环境、公共服务、金融服务、人力资源、创新环境、市场环境六个维度基础上增加法治环境维度，形成了政务环境、法治环境、公共服务、金融服务、人力资源、创新环境、市场环境等七个维度的评价指标体系。二是为了更加准确地衡量城市营商环境，增加和替换了部分指标：公共服务维度删除了人均道路面积数指标，人力资源维度增加了人口净流入指标，市场环境维度增加了当年新签项目（合同）个数和规模以上工业企业数两个指标，创新环境维度以发明专利授权量指标替换了创新能力指数，金融服务维度增加了金融从业人员指标，政务环境维度以政商关系指标替换了政府服务效率。基于最新的中国城市营商环境评价指标体系对4个直辖市、5个计划单列市、27个省会城市以及其他253个地级市的营商环境进行评价，并就进一步优化中国城市营商环境提出建议。

在课题研究和本书编辑出版过程中，得到有关领导、同事和朋友的指导、关心、支持和帮助，谨此一并表示衷心的感谢！

内容摘要

Summary

营商环境是指市场主体在准入、生产经营、退出等过程中涉及的政务环境、市场环境、法治环境、人文环境等有关外部因素和条件的总和。良好的营商环境是一个国家或地区经济软实力增强、综合竞争力提高的重要方面，因此，科学、精确、标准的营商环境评价能为各地区发展提供重要的指导和借鉴意义。

本报告从当前国内营商环境的实际情况出发，提出营商环境评价的原则、指标及方法，从公共服务、人力资源、市场环境、创新环境、金融服务、法治环境、政务环境7个方面着手评价各城市营商环境，并创新性地将法治环境指标纳入评价体系。

在评价4个直辖市、5个计划单列市、27个省会城市、其他253 个地级市营商环境的基础上，进一步对京津冀、长三角、粤港澳大湾区、东北地区、长江经济带和黄河流域这6个重点区域的城市群内城市营商环境进行了具体分析，并就进一步优化中国城市营商环境提出建议。根据评价结果我们发现：

（一）直辖市、计划单列市的营商环境明显优于一般地级市，其中北京市、上海市、深圳市、重庆市以及天津市的营商环境十分优异，连续两年排在全国前10位，但天津市的营商环境排名有所下降；宁波市、青岛市、厦门市以及大连市的营商环境也相对较好，具备一定的优势。

（二）各省会城市营商环境指数排名相对靠前，但由区位因素造成的营商环境差异十分明显，排在前10名的省会城市中，有4个东部地区城市、4个中部地区城市以及2个西部地区城市，且有7个南方地区城市和3个北方地区城市；排在后10名的省会城市中，有6个西部地区城市、2个东北地区城市、1个东部地区城市以及1个中部地区城市，且有2个南方地区城市和8个北方地区城市。

（三）其他地级市方面，区域之间地级市营商环境排名差距明显，前100名的城市中有54个东部地区城市、29个中部地区城市、15个西部地区城市以及2个东北地区城市，并且有69个南方地区城市和31个北方地区城市。各地区地级市的营商环境十分失衡，差距显著。

（四）六大重点区域城市群内城市营商环境方面，京津冀城市群内的城市在北京市和天津市的辐射下，营商环境指数排名表现较好；长江三角洲城市群内的城市在上海市、江苏省和浙江省的引领下，营商环境水平具有较高水平；粤港澳大湾区城市群内的城市营商环境处于中国顶尖水平，起到了标杆示范作用；东北地区城市群内的城市营商环境较差，还需要进一步优化改善；长江经济带城市群内的城市营商环境分布不均衡，但总体来说在长三角城市的引领下，营商环境排名相对靠前；黄河流域沿线的城市营商环境分布不均衡，两极分化严重，只有省会城市和部分黄河下游城市具有较好的营商环境，整体营商环境还需要进一步改善。

评价结果表明：

（一）在中国经济迈入高质量发展的背景下，中小城市的公共服务水平得到了提升。具体来说，东部地区公共服务水平较高且上升空间较少，其他地区公共服务水平还存在很大的上升空间。

（二）人力资源为营造良好营商环境起到了重要支撑作用，但是区域间的人力资源分布仍然不均。具体来说，东部地区处于绝对领先地位，西部地区也具备一定的优势，中部地区虽然有所缓和但仍处于较低水平，东北地区还有待进一步改善人才引进机制。

（三）中国城市市场环境分化严重。东部地区城市的市场环境处于领先地位，中部地区城市的市场环境有所改善，西部和东北地区还需进一步提高。在“双循环新发展格局”的引领下，市场环境分化有望改善。

（四）中国各个地区之间创新环境还不平衡。具体来说，拥有几个一线城市的东部地区城市的创新环境处于领先地位，中部、西部以及东北地区城市的创新环境有待进一步提高。

（五）中国城市金融服务水平失衡，严重制约了企业发展。具体来说，东部地区城市的金融服务水平较好，西部和东北地区城市的金融服务水平较差。

（六）中国城市的法治环境缺乏有效的提升机制，营造良好的法治环境还处于探索阶段。由于各地司法环境发展标准不一致，打造各城市良好司法环境还需提上日程。

（七）在全国范围内推行“放管服”改革背景下，各地方政府通过制定一批负面清单，有效地改善了企业的经营环境，政府服务效率有了较大的提升。中部、西部以及东北地区的城市政务环境仍然存在较大的改善空间。

为进一步优化中国城市的营商环境，我们提出如下建议：

（一）完善公共服务建设，助力企业高效运营。从医疗保险和水电气方面着手，利用互联网、大数据等技术进一步简化医保、社保参保以及优化水、电、气费等的缴纳流程。

（二）加大人才吸引力，稳定扩大就业。从稳定就业、加大就业服务供给、为人才发展营造优良环境三方面入手加大城市人才储备。

（三）加强市场监管，打造“透明”市场环境。从完善“双随机、一公开”监管、持续推进“互联网+监管”、完善各领域监管体系、规范城市管理部门执法行为着手，不断优化市场监管，营造良好的市场环境。

（四）促进地方创新环境改革，培育创新创业土壤。进一步提高城市创新公共服务、便利企业获取创新资源、加强知识产权保护，从根本上解决创新创业动力问题。

（五）优化企业融资服务，增加普惠金融力度。鼓励商业银行运用大数据等技术评估风险，完善商业银行绩效评价，完善水电气、纳税、社保等领域信用评价标准体系，让企业融资更加便利优惠。

（六）提升司法效率，营造良好法治环境。实施和落实好《优化营商环境条例》、优化立案和审判工作方式、利用大数据等技术突出智慧法院优势，让企业在健康、公平的法治环境中成长。

（七）深化“放管服”改革，优化政务环境。进一步提升政务服务标准化水平、推动更多事项集成办理、推动政务服务“跨省通办”、整合非紧急类政务服务热线，营造良好的政务环境。

（八）加快“数字化”发展，完善数字经济营商环境。从建设数字基础设施、完善数字创新环境、营造公平竞争环境、构建数据安全环境、改善政府监管和服务环境等方面着手，加快数字化转型步伐，优化数字经济营商环境。

目　　录

Contents

第一章　营商环境及其评价

一、营商环境……………………………………………………………… 2
（一）营商环境的定义 ………………………………………………… 2
（二）营商环境包含的内容 …………………………………………… 5
（三）营商环境评价的重要意义 ……………………………………16
二、营商环境评价……………………………………………………… 19
（一）国外营商环境评价研究 ………………………………………19
（二）国内营商环境评价研究 ………………………………………23
（三）分析与评价 ………………………………………………………29

第二章　营商环境评价指标体系

一、指标体系建设原则………………………………………………… 36
二、指标体系设计……………………………………………………… 36
三、数据来源及说明…………………………………………………… 38
四、评价方法…………………………………………………………… 41

第三章　中国城市营商环境评价结果分析

一、城市营商环境指数排名…………………………………………………… 44
（一）直辖市、计划单列市营商环境指数排名 …………………………44
（二）省会城市营商环境指数排名 ……………………………………45
（三）其他地级市营商环境指数排名 …………………………………47
二、中国城市营商环境特点……………………………………………………… 55
（一）各区域间城市营商环境差距较大且分布不均衡 ………………55
（二）各区域内城市营商环境水平仍存在显著差异 …………………56
三、分项指标评价结果………………………………………………………… 58
（一）中小城市公共服务水平得到提升 ………………………………58
（二）人力资源发挥重要支撑作用 ……………………………………60
（三）城市之间市场环境逐渐分化 ……………………………………61
（四）区域之间创新环境还不平衡 ……………………………………64
（五）融资效率严重制约企业发展 ……………………………………66
（六）法治环境缺乏有效的提升机制 …………………………………67
（七）政务环境改进空间仍然较大 ……………………………………70

第四章　直辖市、计划单列市营商环境评价结果分析

一、直辖市营商环境评价结果…………………………………………………… 74
（一）北京市营商环境评价结果 ………………………………………74
（二）上海市营商环境评价结果 ………………………………………75
（三）天津市营商环境评价结果 ………………………………………76
（四）重庆市营商环境评价结果 ………………………………………77

二、计划单列市营商环境评价结果…………………………………………………………78
（一）深圳市营商环境评价结果 ……………………………………………78
（二）宁波市营商环境评价结果 ……………………………………………80
（三）青岛市营商环境评价结果 ……………………………………………81
（四）厦门市营商环境评价结果 ……………………………………………82
（五）大连市营商环境评价结果 ……………………………………………83

第五章　各省、自治区内城市营商环境评价结果分析

一、河北省城市营商环境评价结果………………………………………………………86
二、山西省城市营商环境评价结果………………………………………………………89
三、内蒙古自治区城市营商环境评价结果………………………………………………92
四、辽宁省城市营商环境评价结果………………………………………………………95
五、吉林省城市营商环境评价结果………………………………………………………99
六、黑龙江省城市营商环境评价结果…………………………………………………101
七、江苏省城市营商环境评价结果……………………………………………………104
八、浙江省城市营商环境评价结果……………………………………………………107
九、安徽省城市营商环境评价结果……………………………………………………110
十、福建省城市营商环境评价结果……………………………………………………114
十一、江西省城市营商环境评价结果…………………………………………………117
十二、山东省城市营商环境评价结果…………………………………………………119
十三、河南省城市营商环境评价结果…………………………………………………123
十四、湖北省城市营商环境评价结果…………………………………………………127
十五、湖南省城市营商环境评价结果…………………………………………………130

十六、广东省城市营商环境评价结果…… 133
十七、广西壮族自治区城市营商环境评价结果…… 138
十八、四川省城市营商环境评价结果…… 141
十九、贵州省城市营商环境评价结果…… 145
二十、云南省城市营商环境评价结果…… 147
二十一、陕西省城市营商环境评价结果…… 150
二十二、甘肃省城市营商环境评价结果…… 152
二十三、宁夏回族自治区城市营商环境评价结果…… 156

第六章　重点区域城市群营商环境评价结果分析

一、京津冀城市群营商环境评价结果…… 160
二、长三角城市群营商环境评价结果…… 163
三、粤港澳大湾区城市群营商环境评价结果…… 169
四、东北地区城市群营商环境评价结果…… 171
五、长江经济带城市群营商环境评价结果…… 177
六、黄河流域城市群营商环境评价结果…… 188

第七章　进一步优化城市营商环境的政策建议

一、完善公共服务建设，助力企业高效运营…… 196
二、加大人才吸引力，稳定扩大就业…… 197
三、加强市场监管，打造“透明”市场环境…… 198
四、促进地方创新环境改革，培育创新创业土壤…… 199

五、优化企业融资服务，增加普惠金融力度…………………………200
六、提升司法效率，营造良好法治环境………………………………200
七、深化“放管服”改革，优化政务环境……………………………201
八、加快“数字化”发展，完善数字经济营商环境…………………202

主要参考文献……………………………………………204

附录

附录一 各分项指标评价结果与排名…………………………………214
附表1-1 2019～2020年城市公共服务指数及其排名 …………… 214
附表1-2 2019～2020年城市人力资源指数及其排名 …………… 223
附表1-3 2019～2020年城市市场环境指数及其排名 …………… 232
附表1-4 2019～2020年城市创新环境指数及其排名 …………… 241
附表1-5 2019～2020年城市金融服务指数及其排名 …………… 250
附表1-6 2019～2020年城市法治环境指数及其排名 …………… 259
附表1-7 2019～2020年城市政务环境指数及其排名 …………… 268
附录二 有关文件……………………………………………………277
优化营商环境条例 ………………………………………………… 277
国务院办公厅关于进一步优化营商环境 更好服务市场主体的
实施意见（国办发〔2020〕24号） ……………………………… 290
国务院办公厅关于做好优化营商环境改革举措复制推广借鉴工作
的通知（国办函〔2019〕89号） ……………………………… 296
国务院办公厅关于印发全国深化“放管服”改革优化营商环境电视
电话会议重点任务分工方案的通知（国办发〔2020〕43号） …… 303

国务院办公厅关于印发全国深化“放管服”改革优化营商环境电视电话会议重点任务分工方案的通知（国办发〔2019〕39号） …… 319
北京市优化营商环境条例 …… 333
上海市优化营商环境条例 …… 347
广州市优化营商环境条例 …… 365
深圳经济特区优化营商环境条例 …… 390

第一章　营商环境及其评价

一、营商环境

（一）营商环境的定义

企业蓬勃发展需要良好的经营环境，包括良好的市场环境，完善的基础设施，恰当与高效的政府政策和服务，透明高效的司法、行政和税收体系等。营商环境的优劣直接影响到一个区域经济主体发展的活力和企业家投资区位的选择，正所谓“企业家是候鸟，哪里的营商环境好，它就在哪里停，就在哪里生长”。“营商环境”这一概念进入中国公众的视野，得益于世界银行集团的《营商环境报告》（Doing Business）。世界银行集团于2002年启动了营商项目（Doing Business Project），该项目每年发布《营商环境报告》，旨在对在企业存在周期内所适用的法规进行评估，并对所涉及的经济体进行营商环境的排名。在营商环境概念的形成之前，主要是从“投资环境”“创新创业环境”等角度来研究企业经营发展。早在20世纪八九十年代，投资环境的概念已被广泛使用，虽然当时营商活动已然存在，但时代的特征与发展重心导致选择了投资环境这一概念，而非营商环境。随着社会经济发展，营商活动对市场经济的作用相较于投资活动更为明显和持久，因此营商环境概念应运而生（王光荣，2019）。

营商环境体现了一个国家或地区经济发展的软实力，对一个国家或地区的微观经济活力和创新创业能力具有重要的影响。就营商环境本身的定义而言，有狭义和广义之分。

狭义的营商环境是指企业在生产经营中所面临的由政府所塑造的制度软环境和基础设施等硬环境。周瑞芳（2008）通过对中小企业的生存和发展危机进行分析，认为营商环境是政府给予企业的政策支持，包括财政资金支持、减免税费、特殊的融资政策支持、风险补偿政策、营造良好的信用和法制环境以及公平的竞争环境等。Asaftei等（2008）研究认为譬如腐败、税收体制、商业合约的不确定执行、规则约束和财产权等与政府职能相关联的因素会影响营商环境，并且市场结构和预算软约束是其中两项重要的营商环境。董志强等（2012）将营商环境定义为营商的制度软环境，政府在塑造营商软环境中发挥着关键作用，如在产权保护、市场监管、税赋征收、基础设施提供、金融市场和劳动力市场运行、政府管理等方面产生举足轻重的影响。向景和刘中虎（2013）认为税务营商环境是引导资本投资和产业转移的重要因素，并定义其为企业遵循税法规定、在纳税方面的条件和状况。王绍乐和刘中虎（2014）认为税务营商环境是影响企业遵从税法规定、合理纳税的相关条件，可分为硬环境和软环境，其中硬环境是指影响企业纳税的客观物质条件，如人员配置和设施装备等，而软环境则是指非物质条件因素。魏下海和董志强（2014）将城市商业制度定义为城市营商软环境，是外在与市场的一种因素，政府行为是塑造商业制度的主要推动力。Escaleras和Chiang（2017）认为营商环境是政府效率、规则质量以及腐败程度等制度质量的体现。王晓玲（2018）认为营商环境是企业进行生产经营面临的外部环境，是指企业在开设、经营、贸易活动、纳税、关闭及执行合约等方面遵循政策法规所需的时间和成本等条件，包括法制环境、政务环境、市场环境等，并主要从制度构架和领导机制、简政放权、放管结合、市场主体增长数量等方面对辽宁自贸试验区的营商环境进行了评价。李瑞峰（2018）将营商环境理解为投资行为中所面临的外部环境，是制约投资活动的客观约束。后向东（2019）以及李娟和马丽莎（2020）从企业的生命周期的角度出发，指出营商环境就是企业生产的环境，包括企业在开设、贸易活动、经营、关闭以及执行合约等方面遵循政策法规所需的时间、成本和费用等条件。同时，近两年地方政府陆续出台了优化营商环境条例，其中也对营商环境的含义进行了界定。《上海市优化营商环境条例》中认为，营商环境是指企业等市场主体在市场经济活动中所涉及的体制机制性因素和条件[①]；在此基础

① 《上海市优化营商环境条例》，2020年，http：//sfj.sh.gov.cn/xxgk_dfxfg/20200423/931ce6a15fd643be9e94d9c18a4877d2.html。

上，《广州市优化营商环境条例》进一步明确了营商环境主要包括市场环境、政务环境和法治环境等①。

根据世界银行对营商环境的概念界定，可知广义上的营商环境是指企业在申请设立、生产经营、贸易活动、纳税、关闭及执行合约等方面遵循政策法规所需要的时间和成本等条件的总和，是一项涉及经济社会改革和对外开放众多领域的系统工程。Zhang等（2012）将营商环境理解为一个系统性的环境，包括劳动力成本、运输成本、汇率、税收、关税和贸易等营商环境因素。董彪和李仁玉（2016）认为营商环境是指商业主体从事商业组织或商业活动的各种境况和条件，包括影响商业主体行为的政治要素、经济要素、文化要素等，是一个国家或地区有效开展交流、合作以及参与竞争的依托，可以体现一个国家或地区的经济软实力。宋林霖和何成祥（2018）认为营商环境可理解为在一定时期内，某一经济体政府为改善国内经济以及拉动对外贸易，通过政治、经济、法治及对外开放等多领域的系统改革，所营造的影响投资主体从事商业活动的政治环境、经济环境、法治环境以及国际化环境等各种环境的有机复合体。马相东和王跃生（2018）认为营商环境一般指企业在开办、运营和注销过程中所处的政治环境、经济环境、法治环境、国际化环境等各种外部环境的总和，是一项涉及经济社会改革和对外开放众多领域的系统工程。史亚洲（2019）研究民营经济的营商环境，认为营商环境是企业在整个生命周期中所依赖的行政管理环境、法律环境、市场环境和社会人文环境的总称，是市场主体投资决策的依据，是企业经营发展的倚重。杨传开和蒋程虹（2019）从广义的角度对营商环境进行研究，强调宏观环境、商务成本和支持要素等是企业在生产经营中需要着重考虑的因素，并认为城市营商环境包括了城市宏观环境、城市营商成本、城市要素支撑三个维度。杜运周等（2020）认为从生态视角来看营商环境是企业从事创业、创新、融资、投资等活动时所面临的外部环境的一个综合性的生态系统。陈太义等（2020）认为营商环境是指企业等市场主体在市场经济活动中所涉及的体制机制性因素和条件，涉及与企业成立及经营决策有关的所

① 《广州市优化营商环境条例》，2020年，https://lf.rd.gz.cn/law/lawLocal/content.html?id=2510000007261378&baseUrl=https://lf.rd.gz.cn/law。

有外在激励约束条件。

综上可以看出，目前学术界对于营商环境的概念界定尚未统一，不同的学者只是基于研究的需要对营商环境给出了不尽相同的定义。关于营商环境的实证研究，较多地将其定义为一种制度软环境，而其他的研究则是更多地将营商环境视为一种综合的外部环境。基于此，本研究将营商环境界定为企业开办、生产经营过程中外部各种环境因素的综合体，具体包括政务环境、法治环境、公共服务、金融服务、人力资源、创新环境、市场环境七个维度。

（二）营商环境包含的内容

1. 政务环境

政府作为市场经济的主要参与者之一，其经济职能对国民经济具有全局性的规划、协调、服务、监督的作用。所以，政府服务效率是地方政府行政服务水平和地方政府交易水平的主要体现，对区域经济行为具有显著的影响（杜运周等，2020）。

2015年5月12日，国务院召开全国推进简政放权放管结合职能转变工作电视电话会议中首次提出“放管服”①概念。其中，“放”即简政放权，降低准入门槛；“管”即创新监管，促进公平竞争；“服”即高效服务，营造便利环境。党的十九大报告中指出：“转变政府职能，深化简政放权，创新监管方式，增强政府公信力和执行力，建设人民满意的服务型政府。”而政府服务效率的提升是政府职能转变的题中之意，这主要通过改善税收服务质量、构建新型“亲”上加“清”的政商关系、提高公共服务的质量与效率、减少政府无效干预等而获得。褚红丽（2018）研究认为政府只有通过营造良好的“亲”营商环境，才能使政商关系更“清”，这为梳理中国政商关系中“亲”“清”现状提供了一定的借鉴。

政府公共服务质量与效率的提高，可以降低企业面临的交易性制度成本、

① “放管服”就是简政放权、放管结合、优化服务的简称。

减少政府的盲目投资行为及对企业的无效干预、抑制企业的非理性生产行为、提高资源优化配置效率及地区知识生产效率等，从而为市场在资源配置中发挥基础性作用提供良好的支撑与保障。同时，在政府“放管服”改革的实践中，下放审批权力、提升行政审批效率是重要手段，这对于提升市场配置能力也起到非常重要的推动作用。冯笑等（2018）基于1998 ~ 2006年的中国工业企业数据库，考察了行政审批效率对出口贸易的影响，研究发现政府行政审批效率对出口绩效有着显著的促进作用，主要的影响机制是通过建立行政审批中心提高审批效率和收费标准的规范程度，降低系统的交易成本，进而提高企业的市场进入倾向和生产率。陈伟伟和张琦（2019）认为政府可以通过维护市场规则为企业提供良好的营商环境，并且政府公权力可以发挥与资本一样的作用，即作为连接各生产要素的纽带。对于政府与企业间复杂的政商关系，如果处理得当能够促进市场经济的高效发展，反之，如果两者之间的关系出现扭曲，则会严重破坏市场秩序的有序运行。聂辉华等（2014）利用1999 ~ 2007年中国制造业企业的微观数据，考察了中国地区层面的腐败对企业全要素生产率的影响，认为政府腐败与企业全要素生产率呈显著负相关关系，亦即消除腐败有利于企业经济效率的提高。戴魁早（2015）以1997 ~ 2009年中国省际高技术产业为对象，从地区层面考察了制度环境对知识生产效率的影响及其区域差异，研究认为中国区域制度环境演化主要包括五个方面，即政府与市场关系、非国有经济、产品市场、要素市场以及法律制度环境等。这五个方面的优化能够提高区域知识生产效率，因此为了提高各地区知识生产的效率，需要不断优化区域制度环境，理顺政府与市场的关系，减少政府的行政干预，改善高技术企业知识活动的法律制度环境，推动各地区高技术行业协会的发展，推动要素市场的不断发育和完善。辛大楞和辛立国（2019）基于腐败视角探讨了营商环境与企业产品质量升级的关系，研究发现腐败会显著抑制企业的产品质量升级。廖福崇（2020）以6144家民营企业的微观数据为样本，指出政务服务能力会直接影响到市场主体的发展信心，提供高效便捷的政务服务是营商环境优化的重要部分，通过政务中心的建设提供制度化联系方式，可以减少官员对私人化网络联系的依赖，进而提升民营企业对营商环境的评价。张三保和曹锐（2019）认为政府的过度干预对企业的创新有抑制作用，一定程度地减少繁文缛节（简政）并赋予企业自主性（放权）可以促进企业的活力和创新。丁鼎等（2020）指出政府服务效率是政府服务质量水平的衡量方式，政府的税收减免情况反映了政府对企业的扶持状况。政府的服务效率越高，对企业的支持力度越大，越能营造优良的营商环境。政府服务效率作为营商环境的内容之一，政府服务效率的高低直接影响了企业经营投资等决策行为。通过构建有效的制度环境，积极落实宏观调控和市场监管等职责，合理配置资源可以提升政府服务效率，为企业提供良好的制度环境和政策环境。

2. 法治环境

2019年2月25日，习近平总书记主持召开中央全面依法治国委员会第二次会议时指出，法治是最好的营商环境[①]。这一重要论断，为优化营商环境，支持市场主体平等竞争、蓬勃发展指明了方向。中共十八届四中全会决定强调，要深入推进依法行政，加快建设法治政府。建设法治政府的意义在于有助于营造稳定、透明、公平的营商环境。改善地区法治营商环境是政府推动地区经济高质量发展的主要途径（赵海怡，2019）。法治之所以在优化营商环境中起到如此重要的作用，是因为法治能依法平等保护各类市场主体产权和合法权益，保护产权就是保护生产力。法治能规范政府和市场的边界，尊重市场经济规律，在法治框架内调整各类市场主体的利益关系。只有完善制度、加强监管，才能构建起统一开放、竞争有序的市场体系，打造出公平公正的竞争环境[②]。《北京市优化营商环境条例》中着重强调了法治作用，分别从监管执法和法治保障两个方面制定了优化营商环境的具体举措。

相应地，在研究中学者们也强调法治的重要性，并针对法治化营商环境做出了大量研究。“法者，治之端也”，优化营商环境要从优化法治环境做起，评价营商环境也需要从评价法治环境开始（谢红星，2019）。冯烨（2020）认为构建法治化营商环境评价指标体系是推动法治建设的重要方式，通过构建评

①② 陆娅楠，吴秋余，刘志强，林丽鹏：《法治是最好的营商环境》，《人民日报》，2019年05月05日 01 版。

价指标体系以量化的方式对国家治理状况和水平进行全面系统的评估是推动法治环境建设的重要举措，提出包含4个一级指标、11个二级指标和28个三级指标的评价指标体系。谢红星（2019）遵循法治环境的评价思路，构建了涵盖5个一级指标、19个二级指标和45个三级指标的适用于中国法治营商环境的评价指标体系，为评价中国的法治环境提供了新思路。佟明亮（2015）利用2012年世界银行营商环境调查所搜集的民营企业数据，实证检验了法制环境、金融市场化程度与民营企业贷款之间的关系，发现良好的法制环境能够提高民营企业获取贷款的可能性，并且在法制环境得到很好改善的地区，金融市场化对民营企业银行贷款的促进作用更强。民营企业在市场经济中贡献了重要的力量，通过完善地区的法治营商环境建设，创造合理的金融生态环境，缓解民营企业外部融资压力并促进其发展。杨进和张攀（2018）利用世界银行2008年对中国的调查数据研究发现，地区的法治化程度越高，对产权的保护越到位，企业的增长速度和全要素生产率越高。刘俊海（2019）认为法治是最好的营商环境，打造法治化的营商环境的关键在于坚持法治原则，打造法治政府；坚持民本原则，打造民本政府；坚持诚信原则，打造诚信政府；坚持公正原则，打造公正政府；坚持透明原则，打造阳光政府；坚持廉洁原则，打造廉洁政府；坚持勤勉原则，打造勤勉政府；坚持伦理原则，打造受人尊重的厚德政府。赵海怡（2019）为中国法治环境建设指出优化方向，即通过制度化的方式明确告知企业行为的边界，维护企业对自身行为结果和政府行为结果预期的稳定性，并为社会公众监督留下充分空间。张三保和曹锐（2019）认为知识产权保护制度是法治环境的重要体现，完善的产权保护能够激发企业的研发创新动机，增加研发投入强度。钱玉文（2020）认为当前中国的基层政府法治化水平仍有提升空间，多项创新举措缺乏法律保护，并以江苏省的营商环境建设为经验，提出要优化营商环境的制度政策体系、创新企业信贷融资的方式和持续营造法治化营商环境。袁莉（2020）认为优化法治化的营商环境有利于促进新时代民营经济高质量发展，并指出从促进民营经济高质量发展的视角设置营商法治环境评价的内容与标准具有针对性和指向性。

3. 公共服务

公共服务主要体现在水电气供应水平以及医疗卫生条件等方面，会影响到企业的生产运营能力、运营效率，也会影响到企业的投资决策与产品的销售。公共服务水平评价较高的地区，区政府在公共服务建设上投入了更多的资源，推动了地区的就业水平和经济发展，而且完善的公共服务也是满足人民日益增长的美好生活需求的重要部分。张光南和宋冉（2013）研究发现在公共服务良好的地区，健全的公共基础设施建设能降低制造业的生产成本，从而提高投资创业的可能性。张三保和曹锐（2019）认为公共服务是企业创新的重要保障，在通信、交通运输和能源等硬件方面，良好的公共服务通过影响创新投资耐用性、吸引创新型人才、支持技术创新过程等促进创新绩效；在政府主导的与科技创新相关的公共服务等软件方面，公共服务平台为中小型企业提供更为便捷和多样化的服务，进而激发中小型企业的创新活力。丁鼎等（2020）指出，为适应人民群众不断增长的物质经济需求和经济社会发展对公共服务的要求，政府应致力于完善公共服务建设。

一定区域内的水电气和医疗卫生服务等公共服务资本的供应，都直接或间接地参与到企业的生产运营之中，进而影响到企业的生产效率水平。在基础设施类型划分上，世界银行的《为发展提供基础设施》报告中，将全部基础设施划分为经济基础设施和社会基础设施两大类，其中经济基础设施（economic infrastructure）包括：公共设施（public utilities），如电力、通信、管道煤气、自来水、排污、固体垃圾收集与处理；公共工程（public works），如大坝、水利工程、道路；其他交通部门（other transport sectors），如铁路、城市交通、港口、河道和机场。相应地，不同种类的基础设施对城市营商环境的直接影响也就存在差异。但总的来说，公共基础设施的完善，直接降低了市场准入的限制，使得产品和要素流动的成本降低，企业在同等的条件下可以得到更低价或更高质量的要素，从而提高了生产率，促进了出口。Holl（2016）发现高速公路设施能有效帮助企业节约运输成本，进而对企业的生产率产生积极的促进作用。张梦婷等（2018）认为高铁的修建有助于资本和劳动力从外围城市流向中心城市，进而抑制了周边城市的企业生产率，所以政府应控制高铁修建的速度与节奏，优化高铁站的选址，调整地区基础设施建设和产业结构，加速与高铁配套的设施建设，改善当地综合交通条件，以便为企业的生产经营提供良好的基础设施水平。王巍和马慧（2019）研究认为交通基础设施建设具有吸引企业进入效应，这种效应存在明显的区域和产业异质性差别，即在贸易开放水平较高地区、沿海地区和交通网络中心地区吸引企业进入效应更强，本地交通基础设施建设对“交通密集型产业”和“非期望产业”的企业吸引作用较强。王必达和苏婧（2019）将运输效率引入冰山成本，通过拓展 D-S模型分析运输效率与经济空间集聚的关系，发现运输效率通过对商品价格产生影响进而作用于经济空间聚集。刘晴等（2020）研究了交通基础设施对企业内外销关系的影响，结果发现交通基础设施的改善一方面会改善贸易条件，促进企业对外贸易，另一方面可以降低国内运输成本，促进企业发展国内贸易。

4. 金融服务

金融服务是企业外部经营环境的重要因素之一，解决好融资约束问题有利于提高地区生产的效率与活力，而这往往与地区的金融信贷服务水平密切相关。金融信贷服务水平越高，意味着企业融资压力越小、融资成本越低，企业更有动力开展研发创新、投资等活动，而差的金融信贷服务使企业融资成本增高，企业筹措资金变得相对困难。资金是企业经营的“血液”，如果筹措不及时或出现断裂的风险，最终都会影响到企业的经营活动。

余明桂和潘洪波（2010）认为在金融发达地区，金融信贷服务的便利性能够缩小民营企业与国有企业在获得银行贷款方面的差距，这使得民营企业更容易通过商业信贷供给来寻求市场竞争优势。Shahbaz等（2013）针对马来西亚的金融发展进行研究，发现金融发展通过缓解企业的资金压力，使企业有足够的资金投入环保研发活动中，进而减少二氧化碳的排放。喻坤等（2014）认为货币政策使国有企业和民营企业在获取银行信贷方面存在显著差异，导致民营企业融资压力加大，进而使得民营企业的投资效率持续下降，以致产生“企业投资效率之谜”的现象。刘胜强等（2015）基于欧拉方程投资模型，以

2009～2012年中国上市公司年报数据为研究样本，实证分析了融资约束和代理成本对企业研发投资的影响，结果发现融资约束与研发投资显著负相关。严成樑等（2016）构建了一个包含金融发展、创新和二氧化碳排放的内生增长模型，考察了金融发展对二氧化碳强度的影响，理论分析表明金融发展水平可以提高技术水平，但运用中国30个省份1997～2002年的数据实证表明，金融市场融资规模、金融业的竞争、信贷资金分配的市场化对中国二氧化碳强度有负向影响，这就要求发挥金融发展在低碳化进程中的作用，更加积极地利用金融发展通过技术创新等渠道间接促进低碳化的作用。杜传文和黄节根（2018）利用中国沪深A股2007～2016年的数据实证分析了货币政策、融资约束与企业投资之间的动态关系，结果发现紧缩型货币政策使得企业投资依赖内部现金流的程度增加，融资约束与企业投资和企业价值的积累呈负向关系，这主要是由于紧缩型货币政策造成企业面临的外部融资成本提升，导致企业投资成本的提升和投资规模的下降；另外，紧缩型货币政策也导致消费者的消费支出减少，进而导致企业销售收入的降低和存货的增加，企业的投资规模也相应下降。徐浩和张美莎（2019）以2008～2017年2644家上市公司数据为样本进行实证分析认为，融资可获得性是影响企业技术创新的关键，优化营商环境能够弱化关系型融资对技术创新的挤出效应。张三保和曹锐（2019）指出融资约束是制约企业创新的重要因素，金融信贷的扭曲会抑制企业的创新动力和创新成果增长，而良好的金融生态则会使金融资源合理地进行分配，从而有助于企业研发创新活动。郑馨等（2019）认为良好的金融信贷服务能够为企业提供更多的外部资源支持，进而激发企业的创业行为。陈太义等（2020）认为金融环境的改善有助于增强企业信心，在中国特定的制度环境下，例如民营企业这些受到融资约束的企业，更容易获取银行贷款并能为企业提供更好的助力，进而促进企业的再投资。张玉明等（2020）实证检验了营商环境与民营企业融资之间的关系，发现更加完善的金融信贷服务能有效地缓解信贷市场上的所有制歧视问题，降低民营企业的债务融资成本。金融信贷服务是评价区域营商环境的重要指标，融资环境越好，企业发展所需的资金获取越稳定（丁鼎等，2020）。窦炜等（2019）研究发现信贷配给规模的增加、期限结构的延长，以及配给成本的下降能够正向促进企业的创新投资，但是企业的创新投资效率并未得到显著提升。谢朝华（2020）研究了银行信贷在不同地区对实体经济的影响，研究发现在东部、中部地区信贷规模与实体经济发展呈现U形关系，而在西部地区呈现倒U形关系。吴侃和冉渝（2020）分析了信贷供给、资本结构动态调整和企业投资之间的关系，认为良好的金融信贷服务能够降低企业的融资成本，有助于提高企业资本结构的调整速度，在信贷供给加快资本结构向上调整速度的同时也会增加企业投资。

5. 人力资源

人力资源作为企业的一种投入要素可直接参与生产经营，有助于提高企业劳动生产率（杜运周等，2020）。人力资本既可以为企业的经营管理提供智力支持，也可以为企业的创新活动提供创新智力的支持。沿海发达城市凭借地理和政策上的优势，对内陆落后城市的人力资源产生足够的吸引力。而内陆落后地区城市人力资源外流现象严重，地区经济发展速度较为缓慢，人力资源指数普遍较低，这也说明人力资源是重要的稀缺资源，对经济增长与企业的生产经营都会产生积极的影响。因此，营商环境较好的城市，人力资源比较丰富，人力资源的成本更高，对人才的吸引力也更强。

劳动力投入是经济增长的长期动力来源之一。改革开放以来，中国充分利用前期积累的人口红利优势，积极发展劳动密集型产业，促进了国民经济的快速增长。然而，随着人口结构的变化，人力资本数量的供给在逐渐下降，甚至在很多地方出现了“用工荒”现象，企业投资的劳动力成本优势正在消失。然而，劳动力成本的上升一方面使企业的生产经营成本上升，利润有所降低，另一方面也促使企业以资本代替劳动力，更多的资本投入用于创新的发展，企业的经营将更多地依靠技术创新，从而实现高质量的运营。林炜（2013）利用1998～2017年期间中国工业企业数据库，测算劳动力成本对制造业企业创新能力的激励弹性系数，研究发现企业的创新能力随着劳动力成本的上升而上升；主要原因是企业的生产性质与劳动力市场的供求状况密切相关，工资的上涨使得劳动力成本上升，减弱了劳动密集型企业的市场竞争力，但同时企业会引进先进技术，提高创新能力，进入“创造性破坏”的阶段。阳立高等（2014）基于中国2003～2012年制造业细分行业面板数据，研究了劳动力成本上升对制造业结构升级的影响，结果表明劳动力成本上升对劳动、资本、技术密集型制造业的影响分别为显著为负、显著为正、为正但不显著，这是因为中国劳动力供给在相当长的时期里会延续负增长，工资的增长将成为常态，因此资本和劳动密集型制造业将获得充分的发展，从而推动制造业结构升级。侯燕飞和陈仲常（2016）对人口流动与区域经济增长之间的关系进行研究，发现人口流动与区域经济增长呈显著正相关关系，但区域间的经济差距扩大，因此区域的经济发展差异需要从根本上予以解决，即提高国民整体人力资本水平，解决好就业市场体制和流动人口福利待遇问题。李丹丹（2018）基于中国1999～2015年的省份—行业数据，考察了人力资本对区域劳动生产率收敛是否具有促进作用，实证研究发现人力资本水平加速了区域劳动生产率的收敛，高中和大专及以上层次的人口对沿海工业劳动生产率增长具有显著的积极作用，这说明人力资本水平能有效促进区域劳动生产率的提升，区域差距的收敛在一定程度上要通过人才流动的开放与合作、改善人力资本分布不平等、实施差别化的人力资本提升策略等实现。刘娜和邵全（2020）以京津冀地区为例进行研究，发现北京和天津作为地区的双核心，呈现出城市演化的高级形态，具有精明收缩的空间特征，而河北省各城市的人力资本集聚规模指标偏低，京津冀地区的劳动力市场在地理空间上存在严重失衡。齐长安（2020）通过计量的分析方法研究表明，农村地区的剩余劳动力向城市转移能有效缓解农村贫困，是脱贫攻坚的有效方法。程名望等（2020）利用中介效应模型和GMM模型来检验互联网发展对劳动生产率的影响发现，互联网的发展通过促进劳动力转移进而提高劳动生产率。

内生增长理论强调技术进步是长期经济增长动力，而人才又是创新与技术进步的第一要素，也是创新活动中最为活跃、积极的因素。这也说明人才也是长期经济增长的主要动力来源之一，对企业的创新也有重要意义。劳动力成本的增加意味着企业利润空间受到了压缩，为此，企业更有动机进行研发创新，通过先进的技术水平和设备来降低成本，以实现企业高质量运营（林炜，

2013）。程晨和王萌萌（2016）发现劳动力成本的上升能够促进企业全要素生产率的提高，其主要机制是劳动力成本的增加将“迫使”企业使用先进的技术和设备来取代传统劳动力。赵富森（2020）认为劳动力成本的上升会产生研发增长效应、需求引致效应、人力资本效应和出口学习效应等，进而促进出口技术复杂度。刘晓光和刘嘉桐（2020）基于信贷配给理论，研究了劳动力成本与中小企业融资约束之间的关系，发现银行会降低为劳动力成本较高的企业提供贷款的意愿，劳动力成本对企业受到信贷配给的概率具有显著不利影响。

6. 创新环境

创新环境的改善有利于企业取得良好的创新绩效。首先，良好的创新环境通过影响研发人员数量、研发资金和研发设备的更新来促进研发投入的增加；其次，创新环境的改善会提高企业的创新效率，增加创新产出。研发投入和研发成果的增加能够带动企业的绩效增长（Ciftci和Cready，2011）。王郁蓉和师萍（2015）以2014年中国区域创新能力报告的数据为研究样本，探讨了创新环境与创新绩效两者之间的关系，发现创新环境可以显著提升企业创新绩效，同时也表明创业水平、市场环境、劳动者素质、创新基础设施是影响创新环境的主要因素。在经济下行压力下，创新是经济发展的关键。尚勇敏等（2020）的研究分析了开放式创新对节能环保企业创新绩效的影响，发现企业内部研发经费投入和研发人员投入能显著促进环保企业创新绩效，与学研机构创新合作、技术获取和改造经费投入也能正向促进环保企业创新绩效。侯贵生等（2020）基于103家企业的721个平衡面板数据进行研究，认为波动的创新节奏不利于企业取得良好的绩效，创新速度与企业绩效之间存在倒U形关系。吴传清和邓明亮（2020）研究发现科技创新对长江经济带沿线城市的全要素生产率有显著的促进作用。雷挺和栗继祖（2020）认为企业创新活力的激发涉及创新的扩展边际和集约边际两个方面。扩展边际是指未进行过创新的企业进行创新活动，集约边际是指创新深度上的进一步深化，对已有创新进一步加大研发投入。

企业的创新投入需要资金资源的支持，从区域创新资金的来源渠道来看，金融机构和政府是最为关键的两个资金来源主体。潘娟和张玉喜（2018）以中国省域2005～2015年的政府、企业与金融机构对科技创新的投入数据为研究样本，研究发现中国科技金融投入创新绩效综合效率平均值历年来呈稳步上升趋势，说明科技金融的投入对创新绩效有着显著促进作用。安晨雨等（2018）研究认为政府的科技资助与企业研发投入之间存在显著促进作用，但随着资助的增加，研发投入呈现先增加后减少的趋势。在企业运营模式日益轻资产化的趋势下，周泽将和李鼎（2019）探讨了轻资产运营与企业R＆D投入之间的关系，发现轻资产运营企业很少进行固定资产投资，更多以外包或者租赁形式进行生产，这使得企业面临的融资约束有所缓解，进而对企业的R＆D投入有积极的促进作用。

7. 市场环境

市场环境主要包括企业生产经营所面临的经济发展水平、投资风险状况和市场开放水平。经济发展水平比较高的地区，市场经济体制更为完善，企业能够有更多的发展机会和更为公平的竞争环境。李志军等（2019）认为市场环境是企业选址的重要影响因素，对企业产品的销售渠道和市场需求规模大小有直接影响。杨武和田雪姣（2018）以中国132家制造业上市公司为样本，研究发现企业健康概率与区域市场化进程间呈现倒U形关系，在市场进程过低和过高的情况下，企业的健康性较低。张三保和曹锐（2019）认为市场环境是企业创新的重要外部力量，市场竞争环境压力的增大会促使企业更多地进行研发创新。解维敏和桑凌（2020）实证检验了市场环境对企业参股银行业的影响，结果发现地区的市场环境会抑制企业参股银行，即在市场环境越差的地区，企业越有可能参股银行以便更容易获取银行贷款。王金凤等（2020）以小米公司为例，运用扎根理论对其分析，认为在市场环境的影响下，后发企业实现颠覆式创新主要是通过技术创新和价值网络重构这两条路径。

吸引外资有助于带动国内的投资、提高政府财政收入和以GDP为基础的政绩，因此政府会增加基础设施投资来优化外资面临的投资环境，以进一步吸引高质量的外资进入。周超等（2017）基于投资动机的视角研究发现，东道国的营商环境水平与外来投资呈正相关关系，主要因为企业进入一个新的国家，会面临一个新的商业环境，产品的销售渠道和市场需求都不稳定，较好的市场环境能够使投资企业更快获得当地消费者和供应商的认可，同时良好的制度环境能帮助企业避免因市场体制不完善而导致投资风险。王正新和周乾（2019）基于2007～2017年中国企业对“一带一路”沿线49个代表性国家的对外直接投资数据，研究发现中国的对外投资更倾向于对营商环境较好的国家进行投资。周超等（2019）研究发现外商的直接投资能促进东道国的营商环境改善，可能的原因在于在外商直接投资促进当地经济发展的同时，“一带一路”沿线国家为了吸引外商投资，纷纷主动改善自身的市场环境，以便在与其他国家的竞争中取得优势。外资的引入有助于促进本地财政收入和经济发展水平，政府也愿意为吸引外资而增加基础设施建设，提高市场开放程度，营造更加完善的市场环境，同时内资企业也能享受到市场环境优化所带来的好处。

（三）营商环境评价的重要意义

营商环境是企业从事创业、创新、融资、投资等活动时所面临的外部环境的一个综合性的生态系统。优化营商环境不仅是发展经济的内在需要，同时也是应对世界银行评估考察、提高中国国际声誉、进一步吸引外资的现实需求。作为投资者投资和企业经营的重要客观约束条件，企业生命周期的整个过程都会受到影响，具体包括政务环境、法治环境、市场环境、人文环境、贸易环境等。例如，从企业创业开始，创业企业往往需要丰富的资源去探寻市场的新机会，如果缺乏足够资源的支持，创业企业可能等不到机会的到来就资源耗竭死亡。良好的营商环境能够给予创业企业足够的资源支持，提升环境的承载力，进而促进地区企业的创业行为（杜运周等，2020）。从世界银行营商环境评价指标体系可以看出，企业建立、运营和发展的制度环境和法制环境是营商环境测度的核心，这也反映出市场主体追求权利平等、机会平等、规则平等的诉求。随着世界经济增速放缓，优化营商环境，为企业降税减负、提高企业竞争力成为各国提振经济的重要手段。Branstetter等（2014）研究认为高质量的营商环境能够为企业带来更低的税率和更宽阔的融资渠道，从而有助于企业成长。张应武和刘凌博（2020）发现营商环境的优化对外商的直接投资也有促进作用，营商环境的优化能明显提升市场的经济活力，吸引更多的企业进入（刘帷韬，2020）。营商环境的优化虽然在一定程度上会加剧地区的市场竞争压力，但是良好的营商环境能够促进企业间的公平竞争，引导企业更多地从事生产性活动，相反，糟糕的营商环境则会阻碍企业从事生产性活动，破坏市场的公平与秩序，不利于经济的高质量发展（张卫东和夏蕾，2020）。世界银行的报告表明，良好的营商环境会使投资率增长0.3%，GDP增长率增长0.36%（李国强和马晓白，2018）。创新是企业对制度环境的一种有效反映，在当今经济全球一体化的贸易中，高质量营商环境下的经济体能更多地获得研发溢出效应（许志端和阮舟一龙，2019）。良好的营商环境能够为创新企业带来更低的创新过程和创新成果商业化后的交易成本，以及提供创新成果商业化后的制度上的产权保护，这就提高了企业的创新动机，进而推动地区经济转型升级（尚炜伦，2020）。

中国是世界上最大的发展中国家，要缩小与发达国家的差距，需要首先缩小营商环境上的差距，优化营商环境，构筑开放、包容、创新、发展的良好格局，加快推动资金、技术、人才、信息等生产要素向国内集聚。良好的营商环境有利于吸引聚集发展要素。改革开放四十多年来，中国经济社会发展的“资源红利”“人口红利”正逐步消失，“政策红利”也逐渐弱化，未来经济社会发展将依靠“创新红利”“人才红利”“制度红利”来驱动。中国当前的经济态势表明，目前的营商环境还存在许多亟待解决的重大问题，如开办企业登记便利度不够高，政府部门内部的分工合作不畅，政企之间缺乏有效的沟通渠道，企业退出机制不完善，企业税负较重等。具体而言，主要是面临制约经济高质量发展的投资环境与要素环境问题。投资环境涉及两个方面，一方面是部门行业准入门槛较高，如保险业、医疗机构、娱乐场所、银行服务等，其出资规模、设立主体、软硬件设施等存在不同程度的限制问题；另一方面中国行业的隐性壁垒较多，在实际项目的运行中，对人员、用地、消防、备案等的进入门槛高，制约了外资的进入。要素环境问题主要体现在劳动力、土地、电力、税费、资金等多个方面。随着中国人口结构的调整，人口老龄化到来，未来适龄劳动力人口供给数量将不断减少，劳动力成本会持续上升，这就增加了企业的经营成本，同时土地等稀有资源，随着供应量的减少，价格将进一步上升。在融资方面，中国的金融服务有待完善，银行信贷偏向于大中型国有企业，中小企业往往被排除在银行体系之外，增加了额外的资金成本，使得融资约束问题成为制约中小企业生产经营活力的关键。这些问题都说明，尽管中国经过多年的不懈努力逐步建立了社会主义市场经济体制，但微观经济主体的活力仍然有待继续挖掘，优化营商环境仍然是目前中国经济发展的重点、难点和热点问题。

2015年中国各级政府持续推动“放管服”改革以来，营商环境得到持续优化；2019年10月24日世界银行发布的《全球营商环境报告》显示，中国营商环境综合排名较2018年上升15位，位列第31名，这也是世界银行发布营商环境报告以来，中国首次进入前40名，这说明中国的营商环境建设较以往年度取得了很大进步。在大力推动营商环境优化的改革下，中国连续两年跻身全球改善营商环境幅度最大的十大经济体，尤其在“办理施工许可证”“少数投资者保护”“开办企业”等方面有了显著提升，但在纳税、获得信贷和跨境贸易这三个领域，中国的世界排名仍处于相对滞后地位（杨枝煌等，2020）。营商环境的改善依赖于对中国各地区营商环境水平的精准评估。目前，世界银行的营商环境报告主要针对国家层面开展，是国家间的比较，有利于国际资本选择投资目的地，同时也激励着世界各国为吸引国际资本、获得良好的国家营商环境排名而努力。但就一个国家或地区而言，内部的营商环境状况也参差不齐。就中国而言，东部沿海地区是改革开放的前沿阵地，受惠于改革开放政策及地理位置优势，各类市场主体的投资较为活跃，营商环境较为便利，而中部、西部、东北地区起步较晚，一直处于追赶阶段。营商环境是促进这些地区城市发展的重要外部因素之一，而准确了解、把握中国城市营商环境的真实状况，把脉优化营商环境政策中的难点问题，是改善营商环境的关键，这就使准确评估城市营商环境显得尤为重要。目前，国内已有很多关于市场主体所面临的投融资环境的评估报告，如北京师范大学政府管理学院和江西师范大学管理决策评价研究中心联合出版的《中国地方政府效率研究报告》、王小鲁等推出的《中国分省企业经营环境指数报告》、付晓东和胡铁成的《区域融资与投资环境评价》等，这些评估报告都从不同角度、运用不同指标体系对市场主体面临的营商环境进行了评价，但都是针对企业面临的营商环境的某一部分进行的，且研究国家整体层面或省份层面较多，没有完全针对城市营商环境的评估。城市是企业生产经营的主要活动场地，其营商环境的优劣直接影响到市场主体的活力。改革开放以来，中国经济持续快速增长，工业化和城市化取得了举世瞩目的成就，城市的发展在经济社会中扮演的角色越来越重要。城市的发展，扩大了消费需求，拉动了国内的投资，并成为加速现代服务业发展的助推器，也为创新创业提供重要的软硬件设施与服务，但中国的城市化进程仍然处于加速发展的中期阶段，存在各种各样的问题，如城市化明显滞后于工业化、城市化区域差异显著、产业结构趋同化严重、制度性障碍有待跨越和环境保护问题等。因此，改善城市营商环境是城市实现高质量发展的关键。为此，本研究在2018年《中国城市营商环境评价》（李志军，2019）基础上，进一步完善中国城市营商环境的指标体系，基于政务环境、法治环境、公共服务、金融服务、人力资源、创新环境、市场环境这七个方面对全国各个地级市的营商环境进行评价，从而为中国城市营商环境的改善提供一定的借鉴。

二、营商环境评价

（一）国外营商环境评价研究

营商环境是一个国家发展的生产力和竞争力，是一个国家经济软实力的主要表现。营商环境的好坏直接影响到地域招商引资的规模，对经济发展、财税收入、社会就业等产生了广泛而深远的影响。因此，精确评估各国的营商环境现状也就显得尤为重要。在建立营商环境评价指标体系方面，世界银行于2001年组建评估各国营商环境状况的调查小组，开始计算营商环境评价指标体系。世界银行于2003年发布首份《全球营商环境报告》，其评价体系包括5套指标，涉及133个经济体；同时，该报告以中小企业为考察对象，基于企业生命周期视角，围绕企业经营状况考察企业生命周期的五个阶段，包括创业、选址、融资、容错处理和日常运营，对各国相关经济指标进行评价和比较，提供详细的地区性评估结果和综合排名，并提出监管和改革的指导性建议，为各国或各地区优化当地营商环境提供指引。此后，营商环境逐渐得到政府、研究机构以及学术界的青睐。截至2019年，世界银行已连续十几年横向比较全球100多个经济体的营商环境，先后发布了17期《全球营商环境报告》。经过不断摸索，其评价标准触及的范围也逐渐周全，评价指标体系从最初的5项一级指标、20项二级指标，逐步完善到11项一级指标（实际适用10项指标，其中劳动力市场监管指标未引入评价系统）、43项二级指标（实际适用41项指标，其中就业监管灵活性指标和工作质量控制方面的灵活性指标未引入评价系统），以此判定一个国家或区域营商环境的优劣（具体指标见表1–1）。

表1-1　世界银行营商环境评价指标体系

一级指标	二级指标	
开办企业	办理程序	办理时间
	费用	开办有限责任公司所需最低注册资本金
办理施工许可	房屋建筑前开工前所有手续办理程序	房屋建筑前开工前所有手续办理时间
	房屋建筑前开工前所有手续办理费用	建筑质量控制指数
获得电力	办理接入电网手续所需程序	办理接入电网手续所需时间
	办理接入电网手续所需费用	供电稳定性和收费透明度指数
产权登记	产权转移登记所需程序	产权转移登记所需时间
	产权转移登记所需费用	用地管控系统质量
获得信贷	动产抵押法律指数	信用信息系统指数
保护少数投资者	信息披露指数	董事责任指数
	股东诉讼便利指数	股东权利保护指数
	所有权和控制权保护指数	公司透明度指数
纳税	公司纳税次数	公司纳税所需时间
	总税率	税后实务流程指数
跨境贸易	出口报关单审查时间	出口通关时间
	出口报关单审查费用	出口通关费用
	进口报关单审查时间	进口通关时间
	进口报关单审查费用	进口通关费用

续表

一级指标	二级指标	
合同执行	解决商业纠纷的时间	解决商业纠纷的成本
	司法程序的质量指数	
破产办理	回收率	破产法律框架的保护指数
劳动力市场监管	就业监管灵活性	工作质量控制方面的灵活性

资料来源：满姗、吴相利（2018）。

随着“营商环境”一词的出现，国外学者日益关注如何构建适宜的营商环境评价指标体系，经梳理发现，相关学者的研究只是基于不同视角进行阐述。Demirgüç-Kunt等（2004）利用来自52个国家的企业层面的数据，选择法律秩序、金融发展、腐败程度、税收和监管、破产程序这5项指标测度营商环境，研究一个国家的制度和营商环境如何影响企业的组织选择。研究表明在金融部门发达、法律制度高效、监管负担和公司税低、破产程序高效的国家，企业更倾向于选择公司形式，即企业注册率越高。Li 和 Ferreira（2011）认为外部营商环境是决定企业选择何种渠道获得金融资本的主要因素，并将营商环境归结为三大领域：监管体系、政治体系和金融体系，其中监管制度环境包括监管有效性和政府普遍性；政治制度环境包括法律制度的有效性和腐败性；金融制度环境是指金融制度发展的表现状态。Bah和Fang（2015）通过建立一般均衡模型，利用资金、监管、犯罪、腐败和基础设施5个维度，评估营商环境的数量效应，考察营商环境对南非洲国家的产出和全要素生产率的影响，发现营商环境领域的数量效应很大，这可以更好地解释相对于美国而言，非洲人均收入较低的原因。Contractor等（2019）探讨了跨国公司如何选择在哪些国家投资，研究管制变量对吸引或阻止外国直接投资（FDI）的影响这一基本问题。根据公司生命周期的不同阶段来分离监管变量，利用世界银行189个经济体的数据，分析了东道国的哪些监管因素对外国直接投资流入产生影响。研究表明合同执行力更强、国际贸易规则更有效的国家能够吸引更多的外国直接投资。此外，相互作用项表明，跨国公司愿意在一国较贫穷的制度变量之间进行权衡，以换取另一个制度变量更强的制度变量。比如跨国公司愿意投资于出入境管理效率较低的国家，以换取更强有力的合同执行。Nam和Bao（2019）利用2007～2015年期间越南十个省随机选择的中小企业（SME）每两年重复调查所得的纵向数据，结合用于衡量省级商业环境质量的省级竞争力指数（PCI）年度面板数据，运用动态随机probit估计，分析营商环境对中小企业创新持续性的影响。研究发现，适度复杂创新（包括单维度和多维创新）在较弱的商业环境中持续性存在，而在改善的商业环境中则消失。这些研究结果表明，改善营商环境的政策会加强创新政策，从而促进缺乏创新经验的中小企业的创新。Belas等（2019）通过在捷克和斯洛伐克共和国经营的中小企业设计调查问卷，获得641家企业的有效样本，采用验证因子分析、结构方程模型等统计方法进行评估。结构模型显示宏观经济环境、货币政策、利率和法律环境是决定企业环境质量的最重要因素，进一步指出了政治、社会和技术因素的重要性。研究结果指出，需要以更适当的方式调整立法环境，尽量减少国家官僚作风，并改善媒体获取营商环境评估的机会。Gogokhia和 Berulava（2020）探讨了营商环境改革在促进转型经济中个体企业创新和生产力绩效方面的作用，以28个转型经济体的营商环境与企业绩效调查中的企业层面数据为样本，在统一的结构模型下，考察了营商环境改革与企业研发、创新和生产率绩效之间的联系，使用一种新的方法来衡量营商环境改革，使用企业在经营环境的各个方面面临的约束的主观评估，作为构建营商环境改革（BER）指数的基础，该指数计算为创新型企业和非创新型企业（按国家和地区规模划分）的综合平均得分之差。差距越小，营商环境就越有利于为企业提供更多的创新投资刺激。结构模型的估计结果证明了关于营商环境改革对R&D投资、创新和劳动生产率之间关系影响的假设。Khazaei和Azizi（2020）认为企业需要一个良好的环境，使创业、产权登记、信贷、纳税、跨境贸易、合同执行等经营条件易于实现，旨在利用世界银行营商环境报告的数据，探讨世界顶级企业的财务绩效与营商环境指标之间的关系，选取2013～2018年全球利润最高的176家企业作为统计对象，采用面板数据法进行数据分析，结果表明世界一流企业的营商环境评价指标对财务绩效有显著的促进作用。显然，无论从何种角度来制定营商环境评价指标，都应着眼于一个国家的制度环境、行政效率等对企业生存和发展的影响。

（二）国内营商环境评价研究

世界银行的营商环境评价指标体系是一套得到世界各国普遍认可的较为完善的衡量标准，对营商环境的评价研究具有一定的积极意义。一方面，在营商环境评价指标体系选择层面，世界银行的做法体现了简明扼要和可量化的特点，例如在一级指标下详细划分具体的二级指标，通过指标测评可以将复杂的定性分析定量化，大大简化和便利了对各国营商环境评价工作的开展；另一方面，世界银行调查组连续十几年评价全球各国营商环境状况，评估结果对推动各国营商环境评估的发展和营商环境的优化发挥了重要作用。

改善中国城市营商环境的首要任务是对中国各地区营商环境当前状况的精确评估，目前世界银行的营商环境评价指标体系仍不完全适合中国的国情，如不能准确反映各区域的营商环境现状。以中国为例，世界银行选择经济发展水平较高的北京和上海这两座大型城市作为评价对象，而未将其他地区的营商环境纳入调查范围。由于中国各地区的经济、文化、技术发展存在较大的差别，以北京和上海的营商环境评分结果代表整个中国的营商环境现状会导致评价结果缺乏一定的普适性（刘英奎等，2020）。自此，国内学术界开始理论探索和实践一套适用于中国情境下的营商环境评价指标体系。

区域经济的发展离不开“硬实力”和“软实力”的相互协调、相互配合，作为区域经济发展的软实力，营商环境扮演了非常重要的角色，因此全方位了解一个区域的营商环境水平是优化营商环境的基础，且能为决策者制定正确的政策提供有价值的参考。近年来，政府和研究机构高度重视《全球营商环境报告》及营商便利度的评价，政府和研究机构正尝试效仿《全球营商环境报告》的做法，构建和运用营商环境评价指标，以期进一步优化营商环境。2012年，广东省率先对营商环境评价指标体系开展广泛的理论研究和实践探索，是中国内部营商环境评价指标体系构建的开拓者（满姗和吴相利，2018），其构建的“商务环境评价指标体系”为广东省营商环境评估提供了衡量标准。随后，广东省佛山市于2014年选取市场化、法制化、国际化3项一级指标，48项二级指标（如对外经济合作开放程度、投资贸易便利度等），构建营商环境评价指标体系，形成了“佛山市营商环境指标体系”（刘智勇和魏丽丽，2020）。2017年粤港澳大湾区研究院课题组以国家统计局等部门公开的数据为基础，对包括直辖市、副省级城市、省会城市35个城市在内的大中型城市围绕软环境、生态环境、商务成本、城市基础设施、城市社会服务、市场环境六大类指标展开分析，评价各城市的营商环境状况（钱佳慧等，2020），并针对35个大中型城市的营商环境指数进行排名，发布了首个城市营商环境报告。报告显示广州占据中国内部城市营商环境指数总排名第一位，粤港澳大湾区研究院的研究为地方政府优化营商环境提供了建设性指导意见。《中国城市营商环境年度报告》由中央广播电视总台编撰，是第一份由国家主流媒体发布的第三方营商环境权威报告，在对标世界银行营商环境评价体系标准、参照国际同行的评价指标，同时兼顾中国特色的原则上，对营商环境评价指标体系的构建从硬环境和软环境两个维度出发，根据公开统计数据设计以硬环境和软环境为一级指标，细分7个二级指标和35个三级指标，对营商环境进行综合考量。其中，硬环境在评价指标体系中的权重为40%，综合考虑了气候条件、地理条件和基础设施建设，并重点考量了新时代居民和企业对于自然生态环境和公共产品的新要求，具体包含自然环境和基础设施环境2个二级指标和11个三级指标。软环境在评价指标体系中的权重占比为60%，不仅考察了技术创新环境、金融环境和人才环境等创新企业发展的要素条件，还将文化环境和生活环境纳入考量范畴，具体包括技术创新环境、金融环境、人才环境、文化环境和生活环境等5个二级指标以及24个三级指标①。见表1-2。

① 资料来源：《2019中国城市营商环境指数评价报告（全文）》，新浪网，http：//finance.sina.com.cn/hy/hyjz/2019-05-14/doc-ihvhiqax8558284.shtml。受资料来源的限制，本文只收集到其中22个三级指标，参见表1-2。

表1-2　　　　　　中国城市营商环境评价指标体系部分指标

一级指标	二级指标	三级指标	
硬环境指数	自然环境	地理环境	气候环境
		空气质量	森林覆盖率
	基础设施环境	人均道路密度	公共汽车密度
		公路物流和交通物流的承载能力	生活垃圾和城市污水的处理率
		清洁能源的普及度	市场设施完善度
		城市排水管道密度	
软环境指数	技术创新环境	政府研发投入力度	企业研发能力
		技术成果储备	专利数量
	金融环境	直接融资	间接融资
		外资吸引力	金融机构资产规模
	人才环境	高端人才供给	政府文教投入力度
		本地人才供给	大学数量
		新兴产业研发团队	高等学校毕业生数量
	文化环境	私营企业活跃度	学术文化
		文化场馆建设	
	生活环境	消费市场规模	服务市场规模
		幼教便利度	就医便利度
		城市绿化覆盖率	

资料来源：《2019中国城市营商环境报告》。

《小康》杂志联合国家信息中心于2019年在全国成立“中国县域营商环境研究”课题组，参考了世界银行、国家发展改革委、各地方政府及其他研究机构的方案，吸收了符合中国县域特点及发展实际的要素，采用客观评价和主观评价相结合的两种方法，研究制定了“2019中国县域营商环境调查评价指标体系”，整个指标体系分为三层结构共60个指标。其中客观性指标35个，主观性指标25个，客观部分选取可量化、有具体数值的指标，而25个主观性指标则以问卷调查方式采集现有企业对县域营商环境满意度数据，整个指标体系聚集于基础设施与要素供给、市场环境与公共服务、政务环境、社会环境、现有企业县域营商环境满意度调查评价五个方面，在对试点县市监测评价的基础上，课题组将结合县市发展需要提供专项定制服务，更好地助力中国县域营商环境的建设和发展①。见表1–3。

表1-3　　中国县域营商环境评价指标体系

一级指标	二级指标	三级指标	
基础设施与要素供给	交通区位优势度	高速公路	高速铁路
		机场	铁路
		港口	
	基本要素供给	土地供给	用水
		用电	用气（热）
		网络	
市场环境与公共服务	市场活力	每万人拥有市场主体数增长率	每万元GDP金融机构贷款余额总量增长率
		每万人商标注册申请量增长率	
	科技创新环境	每万人发明专利拥有量增长率	新增高新技术企业
		新增工程技术研究中心	
	基本公共服务水平	每万人卫生技术人员	每万人中小学专任教师
政务环境	互联网+政务服务水平	线上联通的线上线下政府服务平台	推进政府服务“一窗办理、一网通办”
	商事制度	证照分离、多证合一	开办企业效率承诺
		简化注销登记	
	规范审批中介服务事项	减免证明材料、减轻企业经济负担方面	规范中介机构
	双随机、一公开	一单、两库、一细则	覆盖率
社会环境	信用建设	政务诚信	商务诚信
		社会诚信	司法公信
	生态环境建设	生态文明建设示范县（市、区）	
	平安建设	平安建设先进县（市、区、旗）	
	公共文明建设	文明县城	
	卫生健康	卫生县城	
县域营商环境满意度调查评价	现有企业满意度调查评价		
	网络大数据分析评价		

资料来源：中国小康网。

① 资料来源：《中国县域营商环境调查评价指标体系发布会在京举行》，凤凰网，http：//news.ifeng.com/c/7mf60GTGx3A。

2018年上半年，国家发展和改革委员会同有关部门和地区，借鉴国际经验，从衡量企业全生命周期、反映城市投资吸引力、体现城市高质量发展水平三个维度，初步构建了中国特色、国际可比的指标体系，并在东、中、西部和东北地区选取22个城市进行了试评价。2019年，国家发展改革委组织在直辖市、计划单列市、省会城市和部分地县级市等41个城市开展了营商环境评价，并在东北地区21个城市开展了营商环境试评价。2020年继续在80个地级以上城市和18个国家级新区开展营商环境评价，在扎实推进中国营商环境评价工作的基础上，为系统介绍中国营商环境评价方法，全面展现优化营商环境工作积极成效，更好总结推广各地区、各部门优化营商环境的典型经验做法，切实发挥中国营商环境评价导向改革的积极作用，国家发展改革委组织编写了《中国营商环境报告2020》。《中国营商环境报告2020》是《中国营商环境报告》系列报告的第一部，也是中国营商环境评价领域首部国家报告。该报告全面梳理了中国营商环境的评价制度和评价方法，回顾总结了2019年中国优化营商环境的成效亮点，系统措绘了2020年深化"放管服"改革、优化营商环境的前景展望，向社会多角度、多方位展示了各省、自治区、直辖市及新疆生产建设兵团优化营商环境的原创性、差异化探索①。

由于"营商环境"的概念在中国兴起的时间不久，而且不同地区之间在资源、人才、环境等方面存在差异，引致目前仍未构建一套适用于全国的营商环境评价指标体系。中国学术界大多立足某一视角或某区域的营商环境现状，从不同的维度不断探究营商环境评价指标体系，取得了显著的成效。杨涛（2015）通过问卷发放的形式调查山东、江苏、浙江、广东这4个省份的营商环境，采用因子分析法发现营商环境的评价应从政策政务环境、科技创新环境和市场发展环境这3个一级指标和创业发展等18个二级指标展开。针对"鲁苏浙粤"四省营商环境的比较分析，对于政府为促进当地经济发展以营造良好的营商环境起着重要作用，也可以为其他省份提供参照依据。孙丽燕（2016）通过问卷调查的方式，重点研究了影响外贸中小企业发展和企业行为的国内层面

① 资料来源：《国家发展改革委正式发布〈中国营商环境报告2020〉》，国家发展改革委法规司网站，https：//www.ndrc.gov.cn/fzggw/jgsj/fgs/sjdt/202010/t20201019_1248411.html。

的外部环境，分析了外贸中小企业面临的国内营商环境具体包含的影响要素，并运用层次分析法（AHP）和模糊综合评价法（FCE）评判了外贸中心企业面临的国内营商环境。结果显示国内营商环境整体不佳，无论是一般性营商环境中的政府行为和服务、政策法规、金融、劳动力、创新和品牌培育等，还是具体性营商环境中的信用状况、恶性竞争、对未来前景的预期等，都不容乐观。魏淑艳和孙峰（2017）认为东北地区营商环境的评估应基于经济与政府、社会相互嵌置的逻辑视角，结合东北地区实际情况，构建出东北地区营商环境评价指标体系，从自然条件、社会状况、政府环境、经济因素、基础设施五个方面评估东北地区营商环境的硬环境和软环境，发现东北地区营商环境差的主要原因是资源、技术和体制的三重约束。张国勇和娄成武（2018）从制度嵌入性的视角出发，认为营商环境可看作企业嵌入政府、市场和社会系统中的制度环境，由政府服务环境、市场监管环境和社会基础环境构成，从这一角度出发，对辽宁省优化营商环境的效果进行了问卷调查，发现存在政务环境恶劣、市场监管有效性低、中小企业经营成本高等现象，建议政府应完善服务制度、健全市场监管、合理配置社会资源，才能塑造良好的营商环境。李志军等（2019）遵循综合性、可操作性、科学性的原则，针对中国4个直辖市、5个计划单列市、27个省会城市以及其他254个地级市的营商环境，围绕政府效率、人力资源、金融服务、公共服务、市场环境、创新环境六个维度进行评价，发现在政府大力落实“放管服”的改革时代，企业的运营环境得到了有效改善，政府服务效率有了大幅度的提升，公共服务水平也不断提高，这些均得益于各地方政府制定了一批负面清单。潘勇等（2019）借鉴国内外营商环境评价指标体系的相关指标，结合中国基本国情，构建了以“放管服”改革为引领，包括企业开办、企业经营、企业退出等涵盖企业生命周期的营商环境评价指标体系。具体地，为了提升营商环境评价指标体系的科学性、实用性，调查企业从企业生命周期、企业行业产业分布、企业规模特征三个层面选取，评价指标的选择重视企业的感受，权重设定与时俱进，合理分配客观指标和主观指标权重，最终形成涵括简政放权、放管结合、优化服务这3个一级指标，下设企业开办等12个二级指标、企业开办时间等40个三级指标在内的与时俱进的营商环境评价指标体系。刘刚和梁晗（2019）基于外部性理论，立足于企业需求，认为优化营商环境的本质在于消除外部不经济，强化并持续提升外部经济，通过持续优化涵盖制度环境、要素环境、商业生态系统、宜居环境在内的多维度营商环境，降低企业的综合交易成本。为此，优化营商环境应遵循系统性原则、持续性原则、充分性原则和可操作性原则，实现从政府供给导向到企业需求导向的转变。张三保等（2020）为评估中国31个省份的营商环境现状，将市场、政务、法律和人文四个要素确定为一级指标，借鉴已有的国内外认可度较高的营商环境评价指标体系并参考《优化营商环境条例》，总结出二级指标，最终计算出一级、二级指标权重，构建出具有中国特色、符合中国国情的省份营商环境指数，并运用相关数据进行量化分析。结果表明，中国省份营商环境呈现出层次化特征，且在营商环境的子环境发展的均衡度上存在差异。丁鼎等（2020）通过回顾改革开放以来中国营商环境的建设过程，并依据各城市的发展特点，构建包括政务环境、公共环境、金融环境、人力资源、创新环境及市场环境在内的6个一级指标、14个二级指标和20个三级指标的城市营商环境评价指标体系，对中国省会城市、直辖市及计划单列市等共36个城市的营商环境指数进行测算。研究结果表明，不同地区间营商环境状况存在明显的差异，东部及中部城市营商环境较为良好，西部及东北地区营商环境相对较差。

（三）分析与评价

综观现有的营商环境评价研究，国外学者大多以世界银行发布的《全球营商环境报告》数据为依据、以国家为主要评价考核目标研究各国的营商环境状况。虽然世界银行设计的营商环境评价指标体系围绕法制化和便利化的角度展开分析和比较企业从开始至结束这一过程接触的外部营商环境，根据各国代表性城市的企业感知度对不同国家的营商环境进行比较并加以排名，在国际上具有相当的权威性，推动了政府对各个国家或地区营商环境的改善，但与国内营商环境评价指标体系相比，世界银行对营商环境评价指标体系的构建存在片面性（钱佳慧等，2020）。一方面它局限于营商环境的便利化和法制化方面，过分依赖通过便利化和法制化达到提高企业效率、追求经济效益的目的，却忽视了政治保障、社会安全、生态条件、宏观经济稳定性等众多重要领域。另一方面世界银行选取每个国家中最大的商业城市的数据作为国与国之间营商环境排名的依据，可以直观地看出国家的综合营商环境排名，有利于国际资本的投资选择，但是就一个国家内部而言，未能清晰地反映国家内部各地区的营商环境差异。就中国而言，东部沿海地区有地理位置的优势和改革开放政策的惠及，营商环境会更为便利，而中西部地区的发展较晚，与东部地区的营商环境仍有一定的差距，而且最大的商业城市总体上相较于其他城市发达，其营商环境状况不足以证明整个国家营商环境的优劣（杨枝煌等，2020）。因此，对中国城市营商环境的评估对于优化营商环境起着关键的作用。

从目前国内营商环境评价研究来看，研究机构、学术界立足中国基本国情，着眼于区域经济发展差异，对营商环境的探讨逐步从国际化、市场化和法制化三个方面探索和实践建立起适用于各区域的评价指标体系（满姗和吴相利，2018）。相比于世界银行营商环境评价指标体系而言，中国各省营商环境具有自身的特点，各省设计出的指标体系也不适用于其他省份，引致国内评价研究大多数是关于省份或区域的研究，研究重点放在社会安全、市场规模、宏观经济稳定性、政商关系等方面，诸如关于山东省、安徽省、辽宁省等的营商环境研究。此外，国内研究缺乏对城市营商环境的探讨，鲜有文献考察城市层面的营商环境状况，缺乏定量研究。从营商环境评价指标的选取角度来看，大多倾向于宏观层面，难以从微观层面指导和建设营商环境。在营商环境建设中，既要从宏观层面选择标杆指标，也要更加深入挖掘微观指标。

世界银行的营商环境评价体系存在局限性，中国现有营商环境优化实践的不足，以及中国各区域实际状况的差别，这三方面的压力要求政府及研究界摆脱原有评价指标体系的束缚，不要死板地坚持原有体系的评价模型，应紧密结合中国基本国情选取基准指标，找出评估关键点，制定出适宜的符合中国特色的全面系统的营商环境评价指标体系，能够促使各地区有效弥补营商环境的短板，大力实施“放管服”改革，改善投融资环境。基于以上研究的局限，并结合“法治是最好的营商环境”，法治可以依法平等保护各类市场主体产权和合法权益，而产权制度是社会主义市场经济的基石，保护产权就是保护生产力。因此，本研究认为各地需将优化营商环境纳入法治化轨道，使得营商环境的建设由“实践探索”向“立法规范”升级，将原有的包含政府服务效率、公共服务、金融信贷服务、人力资源、创新环境、市场环境六要素的营商环境指标拓展为涵括法治环境在内的七大项，以此设计一套体现系统性、全领域、全要素等特点的营商环境评价指标体系，更为准确地实施营商环境现状评估工作，进一步优化营商环境建设。

第二章　营商环境评价指标体系

2019年2月25日，习近平总书记在中央全面依法治国委员会第二次会议上强调，法治是最好的营商环境①。2019年11月5日，习近平总书记在第二届中国国际进口博览会开幕式上明确提出，中国将不断完善市场化、法治化、国际化的营商环境②。

2019年10月22日，国务院为持续优化营商环境，不断解放和发展社会生产力，加快建设现代化经济体系，推动高质量发展制定了《优化营商环境条例》，并在2020年1月1日起实施。该条例从市场环境、市场主体保护、政务服务、监管执法、法治保障等方面进行详细规范的解读。自此各级人民政府上行下效，不断探索实行一系列有关政策，对优化营商环境做出了具体部署。

各地区各部门按照党中央、国务院部署，关于简政放权、放管结合、优化服务（简称“放管服”）进行了一系列重大改革，大力优化营商环境，取得了积极成效。通过大幅度削减行政审批事项，提升行政审批效率，减少企业开办和项目审批时间，全面营造高效、规范、透明的营商环境和政府服务体系。这一系列举措对于激发市场活力、增强内生动力、促进投资便利化具有重要意义。

事实上，企业主以及各阶层人民对于营商环境的认识并不再停留在“减费降税、招商引资、创新创业”等表面现象，而是要厘清政府和市场各自的边界问题以及降低贸易投资的制度成本问题，而这些边界以及制度成本归根结底需要行之有效的法律和制度来约束和规范，因此“法治化”是优化营商环境的重要因素。因此本报告在完善2018年中国城市营商环境评价指标体系部分指标的基础上，首次将“法治环境”这一指标纳入我们的评价体系之中。以此来了解全国各个城市的企业营商环境，分析阻碍企业经营的关键因素和薄弱环节，为政府优化营商环境提供科学的依据。

---

① 《习近平主持召开中央全面依法治国委员会第二次会议》，新华网，2019年2月25日。

② 《习近平在第二届中国国际进口博览会开幕式上的主旨演讲》，新华网，2019年11月5日。

目前，最具影响力的营商环境报告是世界银行发布的《全球营商环境报告》，该报告每年根据全球经济发展问题确定报告主题。2017年10月发布的《2018年营商环境报告：改革以创造就业》中公布的营商难易程度排名包括10个指标：开办企业、办理施工许可证、获得电力、登记财产、获得信贷、保护中小投资者、纳税、跨境贸易、执行合同和办理破产。国民经济研究所主持完成的《中国分省企业经营环境指数2017年报告》，基于问卷调查形式，对中国各省、自治区、直辖市的企业经营环境进行研究；《中国城市企业经营环境评估报告：方法与数据》利用统计数据对中国4个直辖市、26个省会城市（不含拉萨市）以及5个计划单列市进行研究。

根据上述报告，我们发现存在以下问题：首先，世界银行提出的指标体系以一个统一的指标来衡量世界各国的营商环境，存在偏差。例如在世界银行的排名中，新西兰连续两年排名第一，但显然新西兰并非全球多数企业的首选投资国家。其次，《中国分省企业经营环境指数2017年报告》以省为单位对营商环境进行研究，脱离企业的具体经营环境。我们认为城市才是一个企业经营发展所具体面对的环境。再次，虽然《中国城市企业经营环境评估报告：方法与数据》从城市层面对企业经营环境进行了分析，但只是针对直辖市、省会城市以及计划单列市，显然无法对全国其他大多数地级市的营商环境进行分析。因此，本报告致力于从城市层面研究企业营商环境，主要由于城市才是企业生产经营过程中直接面对的环境，也是企业选址所考察的对象。最后，我们发现现有文献对于法治环境的评价体系较少，因此我们创新性地将主观评价与客观评价相结合，对各个城市的司法环境进行测量，为营商环境提供更为丰富、完善、科学的评价体系。

根据世界银行定义，营商环境是指一个经济体内的企业在开办企业、金融信贷、保护投资者、纳税等覆盖企业整个生命周期的重要领域内需要花费的时间和成本等的总和。除此之外，企业还需要与企业雇员、消费者、政府等市场主体产生互动。鉴于此，本报告认为企业营商环境主要是指一个经济体内的企业在其完整的生命周期中，与其他市场主体之间互动的综合体，包括政府（开办企业许可证、公共服务设施）、银行等金融系统（信贷融资支撑）、劳动力市场（人力资源供应）、消费者（产品销售）、法治保障等因素。

一、指标体系建设原则

在构建评价指标体系时，本报告遵循以下评价原则。

1. 综合性原则。全面反映各省市的营商环境，主要侧重于从宏观角度考察影响企业经营的因素，包括市场环境、融资信贷、劳动力市场等因素。

2. 可操作、可量化原则。营商环境是影响企业经营的所有外部环境影响因素的集合，涵盖了政府政策、市场环境、人才供给等多个方面。通过衡量影响营商环境不同方面的因素，保证评价指标具有代表性，同时保证选择的指标具备可操作性。

3. 科学性原则。为了较为客观准确地反映社会、经济等对企业经营环境的影响，本报告采用的数据均来自各个城市公开的统计数据。

二、指标体系设计

根据营商环境的主要影响因素及评价原则，本报告围绕公共服务、人力资源、市场环境、创新环境、金融服务、法治环境、政务环境这7个维度，参考世界银行《全球营商环境报告》（2003—2020年）、《中国城市竞争力报告No.18》《法治中国的司法指数（2018）》《中国城市企业经营环境评估报告：方法与数据》等多份国内外知名报告，并根据当前中国城市经济发展的实际情况，提出衡量中国城市营商环境指标体系，包括公共服务、人力资源、市场环境、创新环境、金融服务、法治环境、政务环境这7个一级指标，下设18个二级指标，23个三级指标，指标名称、权重及数据来源见表2–1。

表2-1　　　　中国城市营商环境评价指标体系

一级指标	二级指标	三级指标	数据来源
公共服务（0.15）	天然气供应（0.25）	供气能力（万吨）	中国城乡建设数据库
	水力供应（0.25）	公共供水能力（万立方米）	
	电力供应（0.25）	工业供电能力（万千瓦时）	中国城市数据库
	医疗情况（0.25）	医疗卫生服务（张/万人）	
人力资源（0.15）	人力资源储备（0.7）	普通高等院校在校人数（人）（0.4）	中国城市数据库
		年末单位从业人数（人）（0.3）	中国城市数据库
		人口净流入（万人）（0.3）	各城市统计公报
	劳动力成本（0.3）	平均工资水平（元）	中国城市数据库
市场环境（0.15）	经济指标（0.4）	地区人均生产总值（元）（0.6）	中国城市数据库
		固定资产投资总额（万元）（0.4）	
	进出口（0.3）	当年实际使用外资金额（万元）（0.6）	中国城市数据库
		当年新签项目（合同）个数（个）（0.4）	
	企业机构（0.3）	规模以上工业企业数（个）	中国城市数据库
创新环境（0.15）	创新投入（0.5）	科学支出（万元）	中国城市数据库
	创新产出（0.5）	发明专利授权量（个）	中国城市统计年鉴
金融服务（0.15）	从业规模（0.5）	金融从业人员（万人）	中国城市数据库
	融资服务（0.5）	总体融资规模（万元）（0.5）	中国城市数据库
		民间融资规模（万元）（0.5）	中国城市数据库
法治环境（0.1）	社会治安（0.3）	万人刑事案件数量（件/万人）	中国裁判文书网
	司法服务（0.4）	律师事务所数量（个）	网络查找+天眼查
	司法信息公开度（0.3）	司法信息公开度指数	各城市司法局/中级人民法院官网
政务环境（0.15）	政府支出（0.5）	一般预算内支出（万元）	中国城市数据库
	政商关系（0.5）	政商关系	中国城市政商关系排行榜

三、数据来源及说明

本报告的数据主要来源于EPS全球统计数据/分析平台中的“中国城市数据库”“中国城乡建设数据库”以及手工在网页中搜索整理，使用的数据为2017～2018年各城市统计数据。收集的数据来源及存在的缺失值说明如下。

1. 供气能力（万吨）：销气总量（吨）数据来自EPS全球统计数据/分析平台中的“中国城乡建设数据库”。其中，中山市2018年数据、普洱市2017年数据以及海东市2017年和2018年数据缺失。

2. 公共供水能力（万立方米）：生产用水（万立方米）数据来自EPS全球统计数据/分析平台中的“中国城乡建设数据库”。其中，海东市2017年和2018年数据缺失。

3. 工业供电能力（万千瓦时）：工业用电（万千瓦时）数据来自EPS全球统计数据/分析平台中的“中国城市数据库”。其中，鞍山市2018年数据、铁岭市2018年数据、牡丹江市2017年数据、遵义市2018年数据、榆林市2017年数据、海东市2017年数据缺失。

4. 医疗卫生服务（张/万人）指医院、卫生院床位数（张）/年末总人口（万人），数据来自EPS全球统计数据/分析平台中的“中国城市数据库”。其中，绥化市2017年数据、嘉兴市2018年数据和遵义市2018年数据缺失。

5. 普通高等学校在校人数（人）来自EPS全球统计数据/分析平台中的“中国城市数据库”。其中，2017年和2018年的城市数据全部缺失，因此根据2014年、2015年以及2016年的数据进行填补。

6. 年末单位从业人数（人）来自EPS全球统计数据/分析平台中的“中国城市数据库”。其中，遵义市2018年数据缺失。

7. 人口净流入（万人）来自各城市的年度国民经济和社会发展统计公报中的常住人口，如果没有相关信息则借助百度等搜索引擎查找。

8. 平均工资水平（元）来自EPS全球统计数据/分析平台中的“中国城市数

据库”。其中，齐齐哈尔市2017年数据、鸡西市2018年数据、阜阳市2017年数据以及遵义市2018年数据缺失。

9. 地区人均生产总值（元）数据来自EPS全球统计数据/分析平台中的“中国城市数据库”，其中，2017年整年各城市数据和遵义市2018年数据缺失，查阅各地统计年鉴进行填补。

10. 固定资产投资总额（万元）数据来自EPS全球统计数据/分析平台中的“中国城市数据库”。其中，儋州市数据缺失。

11. 当年实际使用外资金额（万元）数据来自EPS全球统计数据/分析平台中的“中国城市数据库”。其中，乌兰察布市、长春市、吉林市、白山市、黑河市、大庆市、儋州市、拉萨市、延安市、嘉峪关市、金昌市、白银市、天水市、张掖市、定西市、陇南市、平凉市、庆阳市、海东市、石嘴山市、中卫市以及固原市的2017年数据缺失；太原市、阳泉市、朔州市、运城市、黑河市、佛山市、遵义市、拉萨市、嘉峪关市、金昌市、天水市、定西市、陇南市、平凉市、庆阳市、海东市、石嘴山市、吴忠市、固原市以及克拉玛依市的2018年数据缺失。

12. 当年新签项目（合同）个数（个）数据来自EPS全球统计数据/分析平台中的“中国城市数据库”。其中，北京市、保定市、阳泉市、晋城市、乌海市、辽阳市、铁岭市、长春市、吉林市、通化市、白山市、双鸭山市、七台河市、黑河市、伊春市、大庆市、汕尾市、三亚市、儋州市、攀枝花市、绵阳市、南充市、广安市、遵义市、丽江市、临沧市、拉萨市、商洛市、延安市、榆林市、嘉峪关市、金昌市、白银市、天水市、定西市、陇南市、平凉市、庆阳市、海东市、石嘴山市、中卫市、吴忠市、固原市以及克拉玛依市等数据缺失。

13. 规模以上工业企业数（个）数据来自EPS全球统计数据/分析平台中的“中国城市数据库”。其中，朔州市和遵义市2018年数据缺失。

14. 科学支出（万元）数据来自EPS全球统计数据/分析平台中的“中国城市数据库”。其中，遵义市2018年数据缺失。

15. 发明专利授权量（个）数据来自《中国城市统计年鉴》。

16. 金融从业人员（万人）来自EPS全球统计数据/分析平台中的“中国城市数据库”。其中，遵义市和中卫市2018年数据缺失。

17. 总体融资规模（万元）指年末金融机构各项贷款余额，数据来自EPS全球统计数据/分析平台中的“中国城市数据库”。其中，遵义市2018年数据缺失。

18. 民间融资规模（万元）指年末金融机构各项存款余额，数据来自EPS全球统计数据/分析平台中的“中国城市数据库”。其中，遵义市2018年数据缺失。

19. 万人刑事案件数量（件/万人），数据来自中国裁判文书网的手动整理。其中，儋州市2017年和2018年数据缺失。需要说明的是，在处理万人刑事案件数量时，课题组借鉴王小鲁等（2017）的市场中介组织的发育和法律制度环境排序，发现4个直辖市在31个省份中几乎每年都排在前10位；同时，参考司法领域专家的意见，认为直辖市无论是从立法制度，还是从办案效率上来看都具有较好的法治环境，因此我们将4个直辖市的万人刑事案件数量的平均值作为评价标准，再用各个城市的万人刑事案件数量减去此平均值后取绝对值，最后依据此绝对值利用逆向指标方法进行标准化处理。

20. 律师事务所数量（个）来自手工整理，首先在各城市的律师协会官网查找，并借助于百度等搜索引擎查找，最后再结合天眼查网站中律师事务所注册数量进行计算。

21. 司法信息公开度指数：在官网中能够通过以下方式查询到本年度（2017年、2018年）的工作报告或总结，根据对应的得分标准得分。①设置了专栏，得10分。②通过站内的搜索引擎可以搜索到，得8分。③官网没有内部搜索引擎或者搜索引擎搜索不到，需要手动翻查或者通过其他部门的链接才能搜索到，得6分。④只有县法院的工作报告而没有全市的工作报告，得4分。⑤没有工作报告，得2分。⑥如果在搜索引擎上搜索，在网页前两页会得到相应的新闻报道或文章，加1分。

22. 地方财政一般预算内支出（万元）来自EPS全球统计数据/分析平台中的“中国城市数据库”。其中，遵义市2018年数据缺失。

23. 政商关系指数来源于《中国城市政商关系排行榜》中的“政商关系指

数”。其中，唐山市、秦皇岛市、牡丹江市、绥化市以及信阳市的2017年数据缺失。

根据具体指标变量的经济学含义，判断指标数据是否合理，例如牡丹江市2017～2018年职工平均工资下降超过43%，这个变量变动幅度明显违背经济学常识，将视为异常值，处理为缺失值。

对于数据的缺失值和异常值，本报告采取以下几个步骤进行处理：第一步，手工整理相关省市统计年鉴和统计公报，进行核对；第二步，如若无法核实，将异常值处理为缺失值，利用均值插补法、平滑法、回归插补法、贝叶斯模拟等方法进行处理。具体地，如果2017年数据缺失，则利用2016年和2018年值取平均值填补2017年数据；如2018年数据缺失，利用2016年和2017年值以变量的增长率为依据进行平滑处理得到2018年数据；如果2017年和2018年都缺失，以存在缺失值的变量为因变量，人均GDP等为自变量，运用回归插补法、贝叶斯模拟等方法对缺失数据进行补漏。

本报告在利用统计数据评价的基础上，进一步结合百度舆情指数等媒介，收集2017～2018年各城市存在的损害营商环境的负面信息，并在最终估算的城市营商环境指数（例如广州、鄂尔多斯等）基础上酌情减分。

四、评价方法

单一指标采用直接获取的各省区市数据来表示，在无量纲化处理时采用效用值法，效用值规定的值域是［0，100］，即该指标下最优值的效用值为100，最差值的效用值为0，假定 i 表示指标，j 表示区域，x_{ij} 表示 i 指标 j 区域的指标获取值，$x_{i\max}$ 表示该指标的最大值，$x_{i\min}$ 表示该指标的最小值；y_{ij} 表示 i 指标 j 区域的指标效用值。对于正向指标，计算公式如下：

$$y_{ij} = \frac{x_{ij} - x_{i\min}}{x_{i\max} - x_{i\min}} \times 100$$

对于逆向指标，计算公式为：

$$y_{ij} = \frac{x_{i\max} - x_{ij}}{x_{i\max} - x_{i\min}} \times 100$$

权重选取。本报告采用主观与客观相结合的方法确定权重，客观方法为变异系数法，具体思路为：假设有 n 个指标，这 n 个指标的变异系数为：

$$V(i) = s_i / \bar{x}$$

s_i代表第 i 个指标的标准差，$\bar{x}$ 代表样本均值，则各指标的权重为：

$$w_i = V(i) / \sum_{i=1}^{n} V(i)$$

加权综合。加权计算是分层逐级进行的，在基础指标无量纲化后，分层逐级加权得到最后的营商环境指数。

第三章　中国城市营商环境评价结果分析

本章根据本书提出的评价方法及数据进行测算，对全国城市营商环境进行排名。本书分别列示了2019～2020年4个直辖市、5个计划单列市、27个省会城市以及其他253个地级市的营商环境指数排名；然后根据城市的分项指标进行排名；同时，也针对各省、自治区内城市营商环境进行排名。

一、城市营商环境指数排名

自全国各地实行“放管服”改革以来以及“法治营商环境建设”的深入，各城市的营商环境有了显著变化。一方面，个别城市顺势而为，从提升政务环境和法治环境方面入手，提升了城市营商环境竞争力；另一方面，还有些城市依旧滞步不前，从而被其他城市超越，进一步加大了城市间的差距。

（一）直辖市、计划单列市营商环境指数排名

下面我们首先分析2019～2020年4个直辖市和5个计划单列市的营商环境评价结果，具体排名结果见表3–1和表3–2。

表3-1　直辖市营商环境指数排名

直辖市（4个）	标准化值		排名		全国排名	
	2019年	2020年	2019年	2020年	2019年	2020年
北京市	78.5325	73.3013	1	1	1	1
上海市	75.1965	71.8482	2	2	2	2
重庆市	44.3002	45.1449	3	3	5	5
天津市	42.0217	38.3720	4	4	7	8

从直辖市的营商环境得分来看，2020年北京（73.3013）和上海（71.8482）的营商环境明显优于重庆（45.1449）与天津（38.3720）。从分项指标得分来看，与北京和上海相比，重庆和天津的创新环境、金融服务与北京和上海存在较大差距；北京的人力资源指标得分也十分优异，排在全国第2名，重庆、天津与其存在一定差距。一方面，重庆受限于地理位置，在吸引创新人才、知识交换以及吸引资金方面稍显乏力；而天津则受制于北京的“虹吸效应”，创新要素与资本被北京吸引，导致京津冀城市圈中的北京一家独大。另一方面，北京、上海的高校及科研院所多于重庆、天津，使得北京、上海拥有更充足的人力资本及创新来源。

表3-2　　计划单列市营商环境指数排名

计划单列市（5个）	标准化值		排名		全国排名	
	2019年	2020年	2019年	2020年	2019年	2020年
深圳市	62.6486	63.8480	1	1	3	3
宁波市	32.2010	31.7554	2	2	13	13
青岛市	28.6475	27.4934	3	3	17	19
厦门市	22.2101	22.5867	5	4	29	22
大连市	22.3946	21.9231	4	5	27	26

从计划单列市的营商环境指数排名可以看到，2020年深圳市（63.8480）的营商环境指数明显高于宁波市（31.7554）、青岛市（27.4934）、厦门市（22.5867）以及大连市（21.9231），并且这两年的营商环境排名很稳定，波动幅度很小。

（二）省会城市营商环境指数排名

2019～2020年的27个省会城市的营商环境指数具体排名见表3-3。

表3-3　　省会城市营商环境指数排名

省会城市（27个）	标准化值		排名		全国排名	
	2019年	2020年	2019年	2020年	2019年	2020年
广州市	49.9888	48.5741	1	1	4	4
成都市	42.9538	42.5821	2	2	6	6

续表

省会城市（27个）	标准化值		排名		全国排名	
	2019年	2020年	2019年	2020年	2019年	2020年
杭州市	39.3613	37.9721	3	3	9	9
南京市	34.6255	36.7596	5	4	11	10
武汉市	34.9518	36.4110	4	5	10	11
西安市	32.8591	32.8508	6	6	12	12
郑州市	30.7633	30.1709	8	7	16	15
长沙市	31.0242	28.0740	7	8	15	17
济南市	27.0839	27.8426	10	9	20	18
合肥市	27.5136	24.5443	9	10	19	21
沈阳市	23.3274	22.1952	12	11	26	25
福州市	24.5235	21.5242	11	12	23	28
石家庄市	21.5449	19.8300	13	13	33	34
贵阳市	21.3900	19.4886	14	14	35	37
南昌市	19.5672	19.4476	18	15	43	38
南宁市	19.4034	19.2444	19	16	45	39
昆明市	20.3851	18.7666	15	17	37	41
哈尔滨市	20.2378	18.6962	16	18	38	42
长春市	18.7636	18.5213	20	19	48	43
太原市	19.5834	17.3298	17	20	41	47
乌鲁木齐市	16.0145	16.5686	22	21	67	51
兰州市	18.4521	15.7873	21	22	49	60
海口市	15.5594	15.6065	23	23	70	61
拉萨市	12.4947	13.9726	27	24	124	76
呼和浩特市	13.5821	13.9647	25	25	101	77
银川市	14.1076	13.5622	24	26	93	84
西宁市	13.2438	11.1774	26	27	108	130

从省会城市营商环境指数排名来看，2019年和2020年，广州、成都、杭州、南京、武汉、西安、郑州、长沙、济南与合肥稳居前10名。总的来看，排名靠前的多数是东部、中部地区省会城市，如前10名中东部地区有4个（广州、南京市、杭州市、济南市）、中部地区有4个（武汉市、郑州市、长沙市、合肥市）、西部地区有2个（成都市、西安市）。排名靠后的大多数为西部地区省会城市，如后10名中西部地区城市有6个（兰州市、银川市、乌鲁木齐市、呼和浩特市、拉萨市、西宁市），东北地区城市有2个（哈尔滨市和长

春市），中部地区城市有1个（太原市），东部地区城市有1个（海口市）。这也间接地说明中国东部、中部地区营商环境相对较好，西部与东北地区的营商环境还存在较大上升空间。

（三）其他地级市营商环境指数排名

2019～2020年其他地级市的营商环境指数具体排名见表3–4。

表3-4　　其他地级市营商环境指数排名

地级市（253个）	标准化值		排名		全国排名	
	2019年	2020年	2019年	2020年	2019年	2020年
苏州市	41.6451	38.8657	1	1	8	7
东莞市	31.2381	31.4662	2	2	14	14
佛山市	26.2068	28.3248	4	3	21	16
无锡市	27.7514	27.1647	3	4	18	20
珠海市	23.8834	22.5477	6	5	24	23
常州市	22.0492	22.1958	11	6	32	24
嘉兴市	23.4114	21.5290	7	7	25	27
绍兴市	22.0913	21.3618	10	8	31	29
温州市	25.3873	21.3543	5	9	22	30
南通市	22.2103	21.1595	8	10	28	31
中山市	20.4655	20.5733	13	11	36	32
金华市	22.1129	19.8979	9	12	30	33
泉州市	19.9622	19.6262	15	13	40	35
烟台市	20.0257	19.6054	14	14	39	36
台州市	21.5158	18.8712	12	15	34	40
东营市	17.4209	18.4484	24	16	54	44
徐州市	19.1558	18.3518	18	17	46	45
潍坊市	19.4171	18.1848	17	18	44	46
扬州市	17.8914	17.0436	21	19	51	48
淄博市	17.0880	16.9737	28	20	58	49
惠州市	17.4897	16.5749	22	21	52	50
唐山市	17.3913	16.5671	25	22	55	52
镇江市	19.0788	16.4806	19	23	47	53
泰州市	17.3030	16.1591	26	24	56	54

续表

地级市（253个）	标准化值		排名		全国排名	
	2019年	2020年	2019年	2020年	2019年	2020年
鄂尔多斯市	14.6479	16.0817	52	25	84	55
芜湖市	16.5575	16.0075	32	26	62	56
洛阳市	16.7044	15.9912	31	27	61	57
江门市	16.1838	15.8999	34	28	64	58
威海市	18.1977	15.8539	20	29	50	59
襄阳市	13.7218	15.3948	66	30	99	62
济宁市	17.2163	15.3634	27	31	57	63
临沂市	16.7610	15.1998	29	32	59	64
沧州市	19.5721	14.9437	16	33	42	65
廊坊市	17.4349	14.9398	23	34	53	66
盐城市	16.0759	14.8136	36	35	66	67
湖州市	16.4590	14.7717	33	36	63	68
舟山市	15.7009	14.5903	38	37	69	69
汕头市	14.6662	14.5299	51	38	83	70
株洲市	14.3901	14.3688	55	39	87	71
赣州市	15.4245	14.3442	39	40	71	72
保定市	15.3612	14.2992	41	41	73	73
衢州市	16.1275	14.1781	35	42	65	74
淮安市	15.3939	14.0701	40	43	72	75
德州市	14.9832	13.9004	45	44	77	78
九江市	14.8225	13.8150	48	45	80	79
滨州市	14.8596	13.7187	47	46	79	80
包头市	14.3612	13.6921	56	47	88	81
衡阳市	12.8911	13.5904	81	48	116	82
连云港市	15.7422	13.5805	37	49	68	83
郴州市	14.8094	13.5203	49	50	81	85
桂林市	14.8002	13.4200	50	51	82	86
聊城市	15.2361	13.3527	43	52	75	87
岳阳市	13.0053	12.9702	78	53	113	88
德阳市	14.1393	12.9483	60	54	92	89
肇庆市	14.3904	12.8945	54	55	86	90
大庆市	13.8760	12.8887	61	56	94	91
蚌埠市	13.7530	12.8610	64	57	97	92
茂名市	11.8081	12.8428	111	58	147	93

续表

地级市（253个）	标准化值		排名		全国排名	
	2019年	2020年	2019年	2020年	2019年	2020年
绵阳市	13.4435	12.7536	70	59	104	94
马鞍山市	14.1913	12.7400	59	60	91	95
宜昌市	15.2594	12.6818	42	61	74	96
攀枝花市	13.5090	12.5738	69	62	103	97
遵义市	13.0569	12.4610	77	63	112	98
漳州市	13.7517	12.4557	65	64	98	99
克拉玛依市	13.8640	12.4217	62	65	95	100
丽水市	14.9012	12.3708	46	66	78	101
湘潭市	12.2320	12.3523	99	67	135	102
日照市	12.6162	12.3253	83	68	118	103
菏泽市	13.2058	12.2744	74	69	109	104
嘉峪关市	12.5118	12.1686	87	70	122	105
泸州市	11.2670	12.1401	125	71	161	106
邯郸市	13.5188	12.1011	68	72	102	107
阜阳市	13.4070	12.0630	72	73	106	108
安庆市	13.6625	11.9764	67	74	100	109
黄石市	11.0610	11.9034	136	75	172	110
三亚市	14.4151	11.8762	53	76	85	111
宿迁市	13.0823	11.8474	75	77	110	112
柳州市	11.2896	11.7693	124	78	160	113
南平市	12.5550	11.7560	84	79	119	114
娄底市	12.3352	11.7552	95	80	131	115
晋中市	12.9731	11.6655	79	81	114	116
六安市	11.4599	11.6643	117	82	153	117
玉溪市	11.0676	11.6634	135	83	171	118
泰安市	12.4634	11.5057	89	84	125	119
新余市	11.4981	11.4863	116	85	152	120
益阳市	11.6165	11.4312	114	86	150	121
常德市	10.4113	11.3668	162	87	198	122
荆门市	12.3109	11.3544	96	88	132	123
榆林市	12.5141	11.3329	86	89	121	124
商丘市	12.9198	11.2998	80	90	115	125
吉林市	14.3276	11.2589	57	91	89	126
咸宁市	11.0051	11.2501	137	92	173	127

续表

地级市（253个）	标准化值		排名		全国排名	
	2019年	2020年	2019年	2020年	2019年	2020年
咸阳市	12.5516	11.2256	85	93	120	128
清远市	12.2475	11.1817	98	94	134	129
枣庄市	11.9732	11.1658	104	95	140	131
南阳市	11.9919	11.1608	103	96	139	132
宿州市	11.0023	11.1254	138	97	174	133
邵阳市	12.3825	11.1227	94	98	130	134
铜陵市	11.8255	11.0934	110	99	146	135
宜宾市	11.1428	11.0299	133	100	169	136
新乡市	11.2577	11.0085	126	101	162	137
滁州市	12.0237	11.0010	102	102	138	138
防城港市	11.8475	10.9816	109	103	145	139
通辽市	11.2899	10.9352	123	104	159	140
赤峰市	12.4024	10.8875	92	105	128	141
邢台市	16.7184	10.8735	30	106	60	142
荆州市	13.2635	10.8640	73	107	107	143
孝感市	10.0115	10.8095	180	108	216	144
韶关市	11.4158	10.7378	119	109	155	145
承德市	15.0884	10.7302	44	110	76	146
鹰潭市	13.4174	10.7091	71	111	105	147
揭阳市	11.1844	10.6900	132	112	168	148
平顶山市	10.1240	10.6820	179	113	215	149
三门峡市	11.7604	10.6612	113	114	149	150
吉安市	11.9647	10.6128	106	115	142	151
吕梁市	10.5424	10.6063	155	116	191	152
乐山市	10.7120	10.5960	151	117	187	153
秦皇岛市	11.2501	10.5742	127	118	163	154
莆田市	9.9537	10.4863	185	119	221	155
十堰市	11.2004	10.4484	131	120	167	156
河源市	14.2393	10.4189	58	121	90	157
曲靖市	12.4956	10.4038	88	122	123	158
六盘水市	10.8447	10.3728	145	123	181	159
龙岩市	10.4170	10.2948	161	124	197	160
湛江市	11.3077	10.2633	122	125	158	161
梧州市	11.2476	10.2228	128	126	164	162

续表

地级市（253个）	标准化值		排名		全国排名	
	2019年	2020年	2019年	2020年	2019年	2020年
黄山市	13.0718	10.2223	76	127	111	163
张家口市	13.7777	10.1686	63	128	96	164
达州市	9.3119	10.0868	207	129	243	165
信阳市	12.4349	10.0859	90	130	126	166
南充市	10.3856	10.0808	165	131	201	167
云浮市	11.2381	10.0708	130	132	166	168
葫芦岛市	11.8937	10.0601	108	133	144	169
开封市	12.3934	10.0156	93	134	129	170
三明市	12.7043	10.0077	82	135	117	171
怀化市	10.5887	9.9467	154	136	190	172
安阳市	12.4174	9.9309	91	137	127	173
景德镇市	11.9265	9.9253	107	138	143	174
亳州市	10.4727	9.9054	158	139	194	175
固原市	8.9586	9.8393	219	140	255	176
安康市	10.6521	9.8382	152	141	188	177
上饶市	10.4554	9.8297	159	142	195	178
丹东市	10.1502	9.7386	178	143	214	179
周口市	11.8023	9.7274	112	144	148	180
淮北市	9.7129	9.6940	194	145	230	181
晋城市	8.3396	9.6817	237	146	273	182
北海市	9.7652	9.6087	189	147	225	183
潮州市	10.4080	9.5820	163	148	199	184
长治市	10.8782	9.5729	142	149	178	185
酒泉市	10.1803	9.5709	175	150	211	186
渭南市	10.5007	9.5338	156	151	192	187
宁德市	12.2976	9.5318	97	152	133	188
海东市	8.7082	9.4660	224	153	260	189
驻马店市	10.9677	9.4652	140	154	176	190
阳江市	9.9995	9.4611	183	155	219	191
崇左市	10.9991	9.4507	139	156	175	192
宜春市	10.4333	9.3992	160	157	196	193
玉林市	10.7858	9.3930	147	158	183	194
许昌市	9.0995	9.3865	214	159	250	195
永州市	9.6180	9.3785	196	160	232	196

续表

地级市（253个）	标准化值		排名		全国排名	
	2019年	2020年	2019年	2020年	2019年	2020年
乌海市	10.3235	9.3732	168	161	204	197
普洱市	11.3310	9.3702	121	162	157	198
宣城市	11.2444	9.3676	129	163	165	199
宝鸡市	10.4906	9.3337	157	164	193	200
内江市	10.7221	9.3249	150	165	186	201
绥化市	10.0011	9.3094	182	166	218	202
广元市	9.9156	9.2957	187	167	223	203
淮南市	10.9328	9.2864	141	168	177	204
毕节市	9.2899	9.2192	209	169	245	205
白银市	8.8671	9.2015	221	170	257	206
佳木斯市	10.8482	9.1943	144	171	180	207
汉中市	11.1106	9.1756	134	172	170	208
鄂州市	10.3862	9.1444	164	173	200	209
钦州市	10.2703	9.1291	172	174	208	210
漯河市	8.5206	9.1280	233	175	269	211
焦作市	9.0045	9.1208	217	176	253	212
眉山市	9.3031	9.0519	208	177	244	213
白山市	9.4018	9.0111	204	178	240	214
广安市	9.7590	8.9443	191	179	227	215
黄冈市	10.8534	8.9386	143	180	179	216
自贡市	8.4350	8.9255	235	181	271	217
安顺市	8.9861	8.9208	218	182	254	218
中卫市	11.4229	8.8337	118	183	154	219
河池市	10.6110	8.8277	153	184	189	220
延安市	9.7019	8.8206	195	185	231	221
大同市	8.6573	8.7563	230	186	266	222
石嘴山市	10.2710	8.6946	171	187	207	223
鹤壁市	9.7208	8.6889	192	188	228	224
锦州市	10.1673	8.6600	176	189	212	225
铜仁市	11.5478	8.6571	115	190	151	226
梅州市	9.0615	8.6362	216	191	252	227
衡水市	10.3223	8.6313	169	192	205	228
贺州市	9.9730	8.5865	184	193	220	229
丽江市	12.0504	8.5661	101	194	137	230

续表

地级市（253个）	标准化值		排名		全国排名	
	2019年	2020年	2019年	2020年	2019年	2020年
雅安市	8.3498	8.4824	236	195	272	231
运城市	9.4184	8.4794	202	196	238	232
盘锦市	9.5847	8.4073	198	197	234	233
金昌市	8.9229	8.3642	220	198	256	234
池州市	8.6928	8.3515	226	199	262	235
营口市	9.7865	8.3341	188	200	224	236
抚州市	9.2271	8.3231	212	201	248	237
鞍山市	11.9694	8.3073	105	202	141	238
遂宁市	9.3617	8.2369	206	203	242	239
铜川市	9.2494	8.2260	211	204	247	240
吴忠市	8.5268	8.2225	232	205	268	241
松原市	10.7315	8.2065	149	206	185	242
辽源市	9.3928	8.1191	205	207	241	243
辽阳市	9.4976	8.1135	201	208	237	244
资阳市	10.3490	8.1045	167	209	203	245
呼伦贝尔市	12.2142	8.0974	100	210	136	246
贵港市	8.6914	8.0777	227	211	263	247
乌兰察布市	11.4081	8.0765	120	212	156	248
巴中市	6.9200	7.9915	251	213	287	249
朔州市	9.2631	7.9470	210	214	246	250
抚顺市	7.2752	7.9434	246	215	282	251
本溪市	9.9298	7.8878	186	216	222	252
巴彦淖尔市	10.2232	7.8869	173	217	209	253
庆阳市	9.6163	7.8857	197	218	233	254
萍乡市	9.4140	7.8556	203	219	239	255
汕尾市	10.3556	7.7485	166	220	202	256
忻州市	9.0765	7.7308	215	221	251	257
百色市	10.3079	7.7157	170	222	206	258
齐齐哈尔市	10.8355	7.6995	146	223	182	259
张家界市	7.7306	7.6655	242	224	278	260
四平市	10.1872	7.6179	174	225	210	261
昭通市	7.8059	7.5819	240	226	276	262
临汾市	9.7635	7.5434	190	227	226	263
张掖市	8.8431	7.4844	222	228	258	264

续表

地级市（253个）	标准化值		排名		全国排名	
	2019年	2020年	2019年	2020年	2019年	2020年
陇南市	9.5517	7.3792	199	229	235	265
濮阳市	10.7398	7.3223	148	230	184	266
阳泉市	9.7157	7.1617	193	231	229	267
儋州市	7.7663	7.1095	241	232	277	268
定西市	8.6168	7.0629	231	233	267	269
牡丹江市	10.0071	7.0499	181	234	217	270
黑河市	10.1627	7.0230	177	235	213	271
来宾市	6.4679	6.9746	252	236	288	272
商洛市	8.6686	6.9148	229	237	265	273
朝阳市	7.5431	6.9139	245	238	281	274
临沧市	8.7270	6.8746	223	239	259	275
武威市	8.5006	6.8159	234	240	270	276
白城市	8.7069	6.6792	225	241	261	277
随州市	7.1426	6.6240	248	242	284	278
保山市	8.2567	6.6136	238	243	274	279
阜新市	8.6838	6.4579	228	244	264	280
平凉市	7.7128	6.3019	243	245	279	281
七台河市	7.6342	6.2860	244	246	280	282
铁岭市	7.2312	6.1360	247	247	283	283
通化市	9.5266	5.9601	200	248	236	284
天水市	8.1782	5.8272	239	249	275	285
鸡西市	7.0777	5.4107	249	250	285	286
双鸭山市	9.1773	5.4036	213	251	249	287
鹤岗市	6.9880	5.2341	250	252	286	288
伊春市	6.1784	4.8400	253	253	289	289

从地级市营商环境指数排名来看，2019年和2020年，前10名全部是东部地区城市，且都为南方城市。其中，2019年，前30名全部为东部地区城市，且大多数城市处于长三角和珠三角等经济发展水平高的地区。2020年，前30名城市里有26个东部地区城市，处于中部的芜湖市、洛阳市和襄阳市挤进了前30名，分别从2019年的第32名、第31名和第66名上升至第26名、第27名和第30名。由此可见，在“放管服”改革与“法治营商环境”建设的背景下，部分城市进步明显，营商环境得到了大幅度的提升。

二、中国城市营商环境特点

虽然近两年，各城市营商环境大幅优化，但是区位之间差异仍然较为明显，多数城市的营商环境改善有限，导致城市之间的营商环境差距仍然巨大。总的来看，中国城市营商环境存在如下特点。

（一）各区域间城市营商环境差距较大且分布不均衡

东、中、西部以及东北地区营商环境差距较大，如图3–1所示，各地区地级市的营商环境排名前100名的城市数量占本地区城市数量的比例存在较大差距。其中，东部地区城市营商环境明显好于中部、西部以及东北地区。2020年，营商环境排名进入前100强的东部城市有54个，而中部地区、西部地区以及东北地区分别有29个、15个和2个。可以发现进入前100名的城市多数为经济发展水平较高的东部城市，这也说明了城市营商环境指数排名与城市经济发展水平密切相关，具有正相关关系。对比2019年和2020年的排名可以看到，前100名中的中部和西部地区地级市数量在增加，东北地区地级市数量不变，而东部地区数量在下降，可见中西部地区部分地级市的营商环境近两年有所改善。

南方和北方地区进入前100名的地级市数量也存在差异①，南、北方地级市的营商环境排名前100名的城市数量占本地区城市数量的比例也存在较大差距。其中，南方地区城市明显好于北方地区城市。2020年，营商环境排名进入前100强的南方城市有69个，而北方地区有31个城市。通过对比2019年和2020年的排名可以看到，前100名中的南方地区地级市数量在增加，而北方地区城市数量在下降，可见近两年南方城市营商环境改善势头迅猛。这主要是因为南方地区人口众多，经济发展水平高，吸引了大量人才就业，也吸引了众多创业者前往开办企业，进行投资生产。

① 本报告借鉴邓忠奇等（2020）的研究，以秦岭淮河作为南北省份的分界线。另外，由于陕西省和河南省的大部分城市位于秦岭淮河以北，而安徽省和江苏省的大部分城市位于淮河以南，因此本报告将陕西省和河南省划分为北方城市，安徽省和江苏省划分为南方城市。

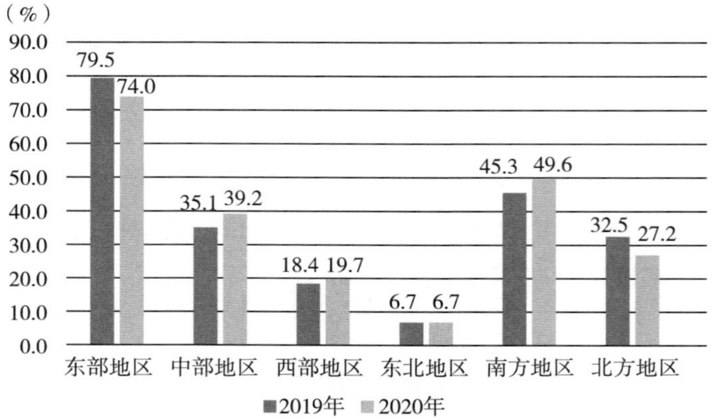

图3-1　2019～2020年各地区营商环境指数排名前100地级市分布

（二）各区域内城市营商环境水平仍存在显著差异

评价结果显示，2020年四大经济区域内不同城市之间的营商环境指数也存在较大差距。虽然整体上东部地区营商环境水平较高、中西部地区和东北地区营商环境指数较低，但中西部地区和东北地区的部分城市不但高于本区域内的一些城市，也高于东部地区部分城市的营商环境水平。如表3–5所示，2020年东部地区城市营商环境指数得分最高为73.3013，是最低得分（7.1095）的10.3103倍；中部地区城市最高得分为36.4110，是最低得分（6.6240）的5.4968倍；西部地区城市最高得分为45.1449，是最低得分（5.8272）的7.7473倍；东北地区城市最高得分为22.1952，是最低得分（4.8400）的4.5858倍；南方地区城市最高得分为71.8482，是最低得分（6.6136）的10.8637倍；北方地区城市最高得分为73.3013，是最低得分（4.8400）的15.1449倍。

表3-5　　2019～2020年各地区城市营商环境指数

地区	年份	最高	最低	最高/最低	平均值	排名上升城市数量	排名下降城市数量
东部地区	2019	78.5325	7.7663	10.1120	20.1465	37	41
	2020	73.3013	7.1095	10.3103	18.8191		
中部地区	2019	34.9518	7.1426	4.8934	12.6589	44	35
	2020	36.4110	6.6240	5.4968	11.7667		

续表

地区	年份	最高	最低	最高/最低	平均值	排名上升城市数量	排名下降城市数量
西部地区	2019	44.3002	6.4679	6.8492	12.0942	47	38
	2020	45.1449	5.8272	7.7473	11.1763		
东北地区	2019	23.3274	6.1784	3.7756	10.9852	10	22
	2020	22.1952	4.8400	4.5858	9.2790		
南方地区	2019	75.1965	6.4679	11.6261	15.8862	87	61
	2020	71.8482	6.6136	10.8637	15.0173		
北方地区	2019	78.5325	6.1784	12.7108	13.2477	52	88
	2020	73.3013	4.8400	15.1449	11.8717		

通过各区域对比发现，2020年东北地区的最高分和最低分分别低于其他区域的最高分和最低分，同时东北地区最高分与最低分的比值（4.5858）是四个区域内最低的。说明整体上东北地区城市营商环境水平与其他地区差别比较明显。这主要是因为东北地区曾经得益于计划经济的红利，现在因为资源的枯竭以及人口结构的不合理，导致产生区位瓶颈，造成营商环境提升受阻。而2020年南方地区城市营商环境指数最大值小于北方城市最大值，营商环境指数最小值大于北方城市最小值，并且南方地区城市营商环境指数平均值大于北方地区平均值，这说明南方地区内城市之间的营商环境差距比北方地区小，并且南方城市营商环境整体水平要好于北方城市。

对比四大经济区城市营商环境指数排名上升和下降的城市数量可以看到，东部地区和东北地区中得分排名下降的城市数多于上升的城市数；中部和西部地区中得分排名上升的城市数多于下降的城市数。这也在一定程度上表明了东部地区和东北地区的城市整体营商环境有下降趋势，而中部和西部地区的城市整体营商环境改善较明显。还可以看到，北方地区中指数排名下降的城市数多于指数排名上升的城市数，而南方地区中指数排名上升的城市数多于指数排名下降的城市数。这表明南方城市的营商环境整体上有进一步向好的趋势，而北方城市则有进一步恶化的趋势。

三、分项指标评价结果

本小节从7个分项指标（一级指标）分析289个城市的评价结果，分别从直辖市、计划单列市、省会城市以及其他253个地级市四个方面来讨论城市的7个分项指标的评价结果。

（一）中小城市公共服务水平得到提升

公共服务水平反映了一个城市用于满足公民生活、生存与发展等直接需求的服务水平，如水、电、气、医疗卫生等。从直辖市公共服务指数得分来看，2020年上海市公共服务指数为72.3481，排在第1名；北京市、重庆市和天津市依次排在第2名、第3名和第4名。

从计划单列市得分来看，2020年深圳市公共服务指数为39.4724，排在第1位；宁波市（22.9984）、青岛市（17.1804）、大连市（16.7440）和厦门市（9.0863）分别位列第2～5名。

从省会城市得分来看，2020年广州市公共服务指数为44.9921，排在第1位，成都市、武汉市、杭州市和南京市分别位列第2～5名。从排名变动来看，只有长沙市、乌鲁木齐市、合肥市、长春市、西宁市和银川市有略微进步，分别上升了1名、1名、2名、1名、1名和2名；石家庄市下降幅度较大，下降3名；太原市、哈尔滨市、贵阳市和南昌市分别下降了2名、1名、1名和1名；其余城市排名没有变化。总的来看，省会城市排名较为稳定，大多数城市排名变化幅度很小或不变，这也表明中国目前迈向了高质量发展阶段，各个省会城市都得到了较多公共服务资源的投入。

从地级市得分来看，2020年苏州市公共服务指数为40.5648，排在第1位，东莞市（30.0954）、滨州市（28.0946）、无锡市（22.2156）和唐山市（20.6109）分别排在第2～5名。从排名变化来看，进步最大的是百色市，排名从2019年的87名上升至2020年的53名；排名下降最大的是六盘水市，从2019年的132名下降至2020年的175名；安顺市下降幅度也很大，从175名下降至207名；信阳市、泸州市、阳泉市、海东市以及来宾市排名上升幅度较大，排名上升幅度均超过了15名；下降幅度较大的城市还有赣州市、开封市、承德市、昭通市、铁岭市、安顺市、商洛市和陇南市，下降幅度均超过15名。

分区域来看，2020年四大区域内地级市公共服务指数排名进入100强的数量依次为：东部地区（48个）、中部地区（27个）、西部地区（20个）、东北地区（5个），分别占各地区地级市的比例为65.8%、36.5%、26.3%、16.7%（见图3-2）。东部地区地级市公共服务指数明显处于领先地位；中部地区地级市公共服务指数表现也不俗，有超过三成城市排进前100名；东北地区地级市公共服务指数排名表现较差。总体来说，四个区域的地级市公共服务还是存在差距，但是对比2019年可以发现，东部地区、中部地区的公共服务指数排在全国前100名的地级市占各区域城市数的比例没有发生变化，西部地区有所上升，东北地区有小幅度下降。这主要是因为中国的经济发展模式是以投资为驱动力，而东部地区吸引资金的能力强，因此首先得到了发展，其他地区由于吸引资金的能力较低，所以存在很大的上升空间，但是总体上来说地级市的公共服务指数排名比较稳定。

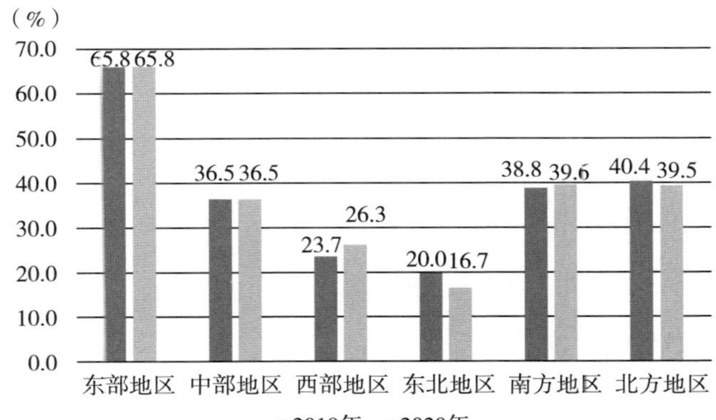

图3-2　2019～2020年公共服务指数排名前100城市地理分布

分南北区域看，2020年有55个南方城市的公共服务指数排进前100名，有

45个北方城市进入前100名，分别占各地区地级市的比例为39.6%和39.5%。通过对比2019年可以看到，南方城市的比例有略微上升的趋势，而北方则有略微下降的趋势。总体来讲，公共服务指数排名在前100名的南方城市要多于北方城市，但差距不是很大，况且从南北地区城市数量分别占各地区地级市总数量的比例来看，南北方的公共服务几乎没有差距。

（二）人力资源发挥重要支撑作用

人力资源是企业生产经营的重要支撑力，人力资源指数主要用来衡量一个城市企业经营环境的劳动力资源供应的情况。从2020年直辖市人力资源指数得分来看，北京市（66.7295）和上海市（64.8301）大幅度领先重庆市（51.6116）和天津市（43.0766），一方面是因为北京市和上海市有众多高校，为城市发展输送了很多人才，同时北京市和上海市的产业分类较多，各种行业的需求较大，会吸引各地高校毕业生乃至海归前往求职；另一方面，北京市和上海市的平均工资较高，是众多求职者的首选就业城市。

从计划单列市得分来看，2020年深圳市人力资源指数得分为55.1389，排在第1名。宁波市（35.8325）、青岛市（35.3215）、大连市（27.7514）以及厦门市（27.7320）分别位列第2～5名。虽然深圳市高校较少，但其开放包容的城市氛围和较高的薪资水平吸引了大量五湖四海的人才前往工作和发展。

从省会城市得分来看，2020年广州市人力资源指数得分为74.2909，排在第1位。成都市（64.8633）、西安市（57.9744）、南京市（55.2148）、郑州市（55.0079）分别位列第2～5名。排在最后5位的城市中，除了海口市为东部地区城市，其余4个城市均为西部地区城市，说明中国人力资源的供应分布仍然存在着较为严重的失衡。

从地级市得分来看，2020年苏州市人力资源指数得分为34.126，排在第1位，廊坊市（29.1834）、佛山市（28.9621）、珠海市（26.9577）、保定市（26.8004）分别排在第2～5名。从前10名城市分布来看，只有克拉玛依市属于西部地区，其他9个城市均属于东部地区。

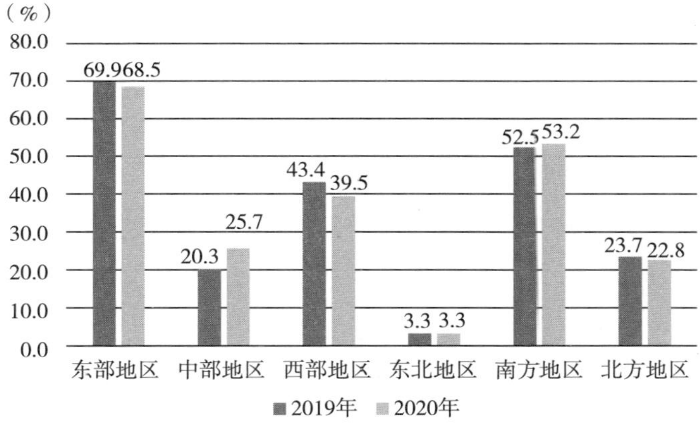

图3-3　2019～2020年人力资源指数排名前100城市地理分布

从区域分布来看，2020年四大区域中人力资源指数进入前100名的地级市数量中，东部城市有50个，约占东部城市的68.5%；中部城市有19个，约占中部地区城市的25.7%；西部城市有30个，约占西部地区城市的39.5%；东北地区城市有1个，约占东北地区城市的3.3%。东部地区的人力资源占据绝对优势，这与东部地区经济发展水平较高、高校数量众多密不可分；而东北地区表现最差，主要因为东北地区经济发展缓慢、人口外流严重，从而影响了东北地区企业的人才供应；另外从图3-3中可以看到，中部地区中近两年人力资源指数排名进入前100名的城市数量占各自区域城市数量的比重有所增加，而东部和西部有所减少，这说明中国的人力资源近两年有向中部地区流入的趋势。

分南北区域看，2020年有74个南方城市的人力资源指数排进前100名，有26个北方城市进入前100名，分别占各地区地级市的比例为53.2%和22.8%。通过对比2019年可以看到，南方城市的比例有略微上升的趋势，而北方则有略微下降的趋势。总体来讲，人力资源指数排名在前100名的南方城市要多于北方城市，且差距较大，这也间接说明中国南北方城市的人力资源储备失衡。

（三）城市之间市场环境逐渐分化

市场环境是企业经营选址的重要考虑因素，直接决定了企业产品消费渠道与市场需求的规模大小。从直辖市市场环境指数得分来看，2020年上海市和重庆市的市场环境指数分别为60.5499和50.7630，分别排在第1名和第2名，北京市（48.4204）和天津市（29.8311）分别位列第3名和第4名。上海市之所以位列第1名，主要是因为其规模以上工业企业数量和实际使用外资金额较多。北京市没有处于绝对领先地位是因为近几年北京市大力发展生态文明建设，取得了不俗的成果。经过整改，不少工业企业进行搬迁或升级转型，导致规模以上工业企业数量减少，且由于发展起点较高，导致新签项目合同数量没有占到绝对优势。

从计划单列市得分来看，2020年深圳市市场环境指数为68.2049，排在第1名，领先幅度较大；宁波市（35.8899）、青岛市（30.6697）、大连市（21.7181）和厦门市（21.2318）分别位列第2~5名。计划单列市的市场环境指数排名变动变化幅度较小，只有厦门市和大连市的排名较2019年有小幅度变动。

从省会城市得分来看，2020年广州市市场环境指数得分为47.7178，排在第1名，武汉市、成都市、杭州市和西安市分别排在第2~5名。从排名变动来看，2019~2020年，省会城市中市场环境变化幅度较大的城市是济南市，排名从2019年的第13名上升至2020年的第9名，这主要是因为济南市近两年吸引外资的能力有所增强，促使其实际外资使用资金增长较多；西安市的排名上升幅度也较大，从2019年的第8名上升为2020年的第5名；合肥市的排名上升了2名；石家庄市、南昌市、福州市和南宁市排名均下降了2名；广州市、武汉市、成都市、杭州市、贵阳市、昆明市、乌鲁木齐市、海口市以及西宁市的排名没有变动；其他城市的排名均下降或上升了1名。总体来说，省会城市的市场环境指数排名变化不大。

从地级市来看，2020年苏州市市场环境指数得分为46.9560，位列第1。无锡市（37.3423）、佛山市（32.5241）、珠海市（30.5879）以及鄂尔多斯市（30.0478）分别位列第2~5名。排在前10位的城市中，只有鄂尔多斯市是西部城市，其余9个城市均是东部城市，也只有鄂尔多斯市一所北方城市。这主要是因为鄂尔多斯市人均GDP较高，同时其拥有丰富的矿物资源，导致其工业化水平较高。从排名变动上看，2019年前7名的地级市与2020年相同，但是这7

个城市之间排名存在变动，珠海市和鄂尔多斯市排名分别上升了1名和2名，东莞市和常州市排名分别下降了2名和1名。另外，我们发现部分西部地区和中部地区地级市进步幅度较大，其中有5个中部地区城市和2个西部地区城市排名上升幅度超过20名。而排名下降幅度超过20名的城市中以西部地区和东北地区居多，其中有5个西部地区城市，6个东北地区城市，仅有2个东部和2个中部地区城市。

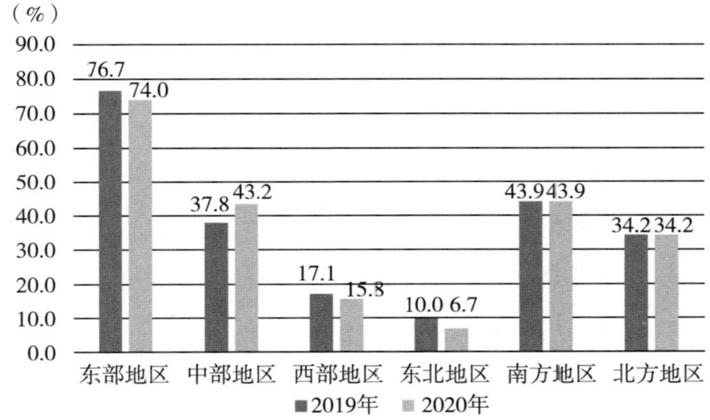

图3-4　2019～2020年市场环境指数排名前100城市地理分布

从区域分布来看，2020年四大区域中市场环境指数排名前100名地级市的数量，东部地区占绝对优势，有54个城市进入前100强，约占东部城市的74%（见图3-4）；中部地区城市有32个进入前100强，约占中部城市的43.2%；西部地区城市有12个进入前100强，约占西部城市的15.8%；东北地区城市仅有2个进入前100强，约占东北地区城市的6.7%。从2019～2020年占比变化来看，东部、西部以及东北地区排名进入前100名的城市数量有所下降，而中部地区的数量有所增加，反映出中部地区城市的市场环境有所改善。

分南北区域看，2020年有61个南方城市的市场环境指数排进前100名，有39个北方城市进入前100名，分别占各地区地级市的比例为43.9%和34.2%。通过对比2019年可以看到，进入前100名的南北方城市占各区域地级市总数的比例没有明显变化，这说明“南强北弱”的市场环境格局较为稳定。总体来讲，市场环境指数排名在前100名的南方城市要多于北方城市，且差距较大，这也间接说明中国南、北方城市的市场环境比较失衡。

（四）区域之间创新环境还不平衡

创新环境指数主要指在创新过程中，影响创新主体进行创新的各种外部因素总和，是企业经营发展乃至城市经济转型的关键驱动力，本报告从创新投入与创新产出两个维度对城市创新环境进行衡量。2020年全国各城市创新环境指数的均值为4.2402，表明中国虽然已经进入高水平创新型国家的行列，但是各城市的创新环境仍然有很大的发展空间。

从直辖市创新环境指数得分来看，2020年北京市创新环境指数为82.4079，排在第1位，也是全国最高水平，上海市（71.3834）、天津市（29.0155）、重庆市（22.4636）依次排在第2～4名。相对于其他几项指数得分，重庆市和天津市的创新环境指数得分与北京市和上海市差距最大，这表明北京市和上海市在营造创新环境氛围方面存在绝对的优势。

从计划单列市得分来看，2020年深圳市创新环境指数为100，排在第1位，宁波市（23.0106）、青岛市（12.0888）、厦门市（10.1915）、大连市（6.9671）分别位列第2～5名。从城市创新环境指数得分来看，深圳市遥遥领先其他城市。

从省会城市得分来看，2020年广州市创新环境指数为46.7726，排在第1位，杭州市（30.3911）、成都市（27.0338）、武汉市（23.6541）、南京市（22.9677）分别位列第2～5名。而排在最后10位的城市中，除了石家庄市和海口市是东部地区城市，长春市为东北地区城市，其他7个城市均为西部地区城市，这也说明中国东西部城市的创新环境较差，需要进一步提升。

从地级市排名来看，2020年创新环境指数排名前5位的地级市分别是苏州市（40.7573）、东莞市（27.0674）、佛山市（23.1081）、无锡市（17.0386）、绍兴市（16.1323），进入前9名的城市与2019年的相同，只是部分排名有一定变化，排在前10名的城市中，嘉兴市和绍兴市都上升了2名，温州市下降了2名，中山市下降了1名，泉州市仅上升了1名，苏州市、东莞市、佛山市、无锡市以及南通市排名没有变化。

总的来看，与其他几项指标相比，城市之间创新环境指数差距最大，同时城市的排名较为固定，排名变化幅度城市超过30名的城市相对其他指数来说较少，排名上升和下降超过30名的城市分别有9个和5个。这些都表明创新过程本身是复杂的，是需要时间来检验的，并非经济发展水平高就会拥有良好的创新环境，还需要科研院所、政府部门以及企业进行产学研协同创新，甚至还需要一定的运气成分，赶上了时代变革的脚步，才会促使一个城市创新环境变好。从创新环境指数的标准化值来看，超一线城市如北京、上海、深圳的指数值大幅度领先其他城市，这表明这三大城市拥有绝对的创新优势，其研发投入强度大，并且创新成果得到了很好的变现，为创新主体提供了良好的创新条件。

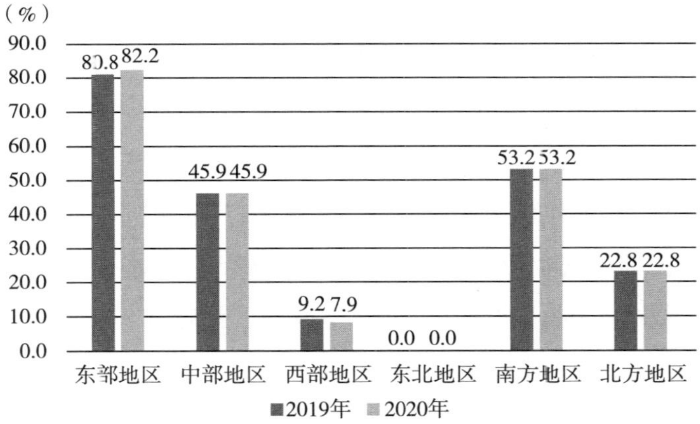

图3-5　2019～2020年创新环境指数排名前100城市地理分布

从区域分布来看，东部地区有60个地级市进入全国100强，约占东部城市的82.2%；中部地级市有34个城市进入前100强，约占中部城市总数的45.9%；西部地级市只有6个城市进入了100强，约占西部城市总数的7.9%；值得一提的是，东北地区的地级市没有城市进入前100名，这也反映了东北地区地级市的创新环境极差（见图3-5）。与2019年相比，东部地区城市所占比例在增加，西部地区城市所占比例在减少，中部地区和东北地区城市所占比例不变。一方面说明中国创新投入产出较为集中，北京、上海、深圳等超一线城市是中国创新主要集中区域。另一方面，表明经济发达的地区科学支出较多，导致创新投入增加。

分南北区域看，2020年有74个南方城市的创新环境指数排进前100名，有

26个北方城市进入前100名，分别占各地区地级市的比例为53.2%和22.8%。通过对比2019年可以看到，进入前100名的南北方城市占各区域地级市总数的比例没有明显变化，说明中国的创新要素近两年主要集中在南方地区。总体来讲，创新环境指数排名在前100名的南方城市要多于北方城市，且差距非常大，这也间接说明中国南北方城市的创新环境比较失衡。

（五）融资效率严重制约企业发展

金融服务水平是影响一个城市企业经营环境的重要因素，金融服务指数主要是用来评价城市中企业的融资效率与规模。从直辖市金融服务指数排名来看，北京市（100）、上海市（72.3819）分别排在第1名和第2名，相对于天津市（31.7828）、重庆市（29.583）具有较大的优势，重庆市排在最后。

从计划单列市排名来看，深圳市（44.3133）金融服务指数连续两年位列第1名，说明深圳市在企业融资效率方面一直处于较高水平，是大多数企业选择在深圳经营发展的原因之一。2020年宁波市、青岛市、大连市、厦门市分别位列第2～5名，得分的排名与2019年一致。

从省会城市金融服务指数得分来看，2020年广州市得分31.766，位列第1名，杭州市（28.8928）、成都市（28.2726）、南京市（21.7704）、武汉市（20.3132）分别位列第2～5名。西安市、郑州市、济南市、长沙市、沈阳市分别位列第6～10名，可以看出东、中部地区省会城市的金融发展水平相对均衡，前10名中，东部地区有4个省会城市、中部地区有3个省会城市、西部地区有2个省会城市，东北地区仅有1个省会城市。2019～2020年，西部地区有7个省会城市（贵阳市、兰州市、呼和浩特市、乌鲁木齐市、银川市、西宁市、拉萨市）连续两年都排在后8名，表明西部地区城市的融资环境仍然相对较差。

从地级市金融服务指数得分来看，2020年苏州得分19.9682，排在第1名，温州市、无锡市、南通市、台州市分别排在第2～5名。从前10名排名来看，全部为东部地区城市，且仅有唐山市和保定市两个北方城市，表明东部地区和南方地区城市的金融服务水平相对较高。同时，排名下降幅度较大的城市中除了东营市和宁德市为东部地区城市，大部分为中部地区的三线、四线城市，如邵阳市、商丘市等。

从区域分布来看，2020年金融服务指数排名前100的地级市中，东部地区有54个城市，约占东部城市的74%；中部地区有27个城市，约占中部地区城市的36.5%；西部地区有12个城市，约占西部地区城市的15.8%；东北地区有7个城市，约占东北地区城市的23.3%（见图3–6）。对比2019年，东部地区和东北地区地级市进入前100强的数量保持不变；中部地区地级市进入前100强的数量有所下降；而西部地区地级市进入前100强的数量有所增加。这说明西部地区城市开始注重提升金融服务效率，并取得了一定效果。

分南北区域看，2020年有59个南方城市的金融服务指数排进前100名，有41个北方城市进入前100名，分别占各地区地级市的比例为42.4%和36%。通过对比2019年可以看到，进入前100名的南北方城市占各区域地级市总数的比例没有明显变化。总体来讲，金融服务指数排名在前100名的南方城市要多于北方城市，且差距较大，这也间接说明中国南北方城市的金融服务比较失衡。

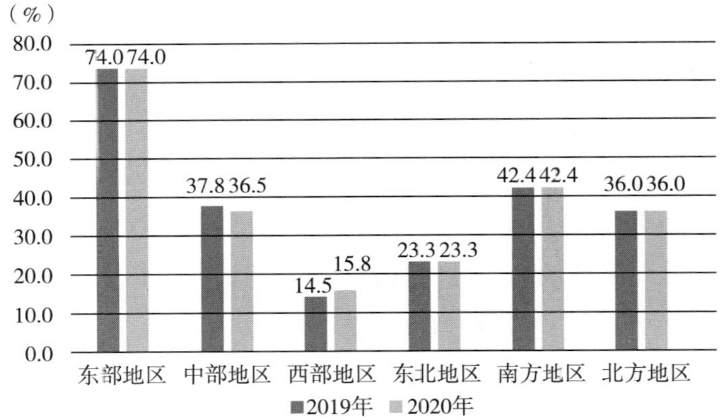

图3-6　2019～2020年金融服务指数排名前100城市地理分布

（六）法治环境缺乏有效的提升机制

良好的法治环境不仅使企业经营更加合理规范，还能提升外来企业主对于城市的满意度和归属感。因此，营造良好的法治环境是提升营商环境的重要因素。

从直辖市法治环境指数排名来看，2020年北京市的法治环境指数为77.9823，排在第1位；上海市（77.9045）、重庆市（67.1447）以及天津市（63.8984）分别排在第2～4位。

从计划单列市排名来看，2020年深圳市的法治环境指数为70.7081，排在第1位，青岛市（61.4339）、宁波市（60.2923）、大连市（52.8312）以及厦门市（52.5173）分别位于第2～5名。相较于2019年，5个计划单列市的排名没有发生变化。

从省会城市法治环境指数得分来看，2020年广州市得分为66.0408，排在第1名，济南市（63.4296）、南京市（60.9599）、杭州市（59.4703）、海口市（59.4669）分别排在第2～5名。从前10名排名来看，有6个城市为东部城市，有1个中部地区城市和2个西部地区城市。排名在最后5名的城市中，除了长春市属于东北地区城市，太原市属于中部地区城市，其余3个城市均为西部地区城市，表明西部地区省会城市法治环境建设水平还有待提高。

从地级市法治环境指数得分来看，2020年佛山市的得分为62.4762，排在第1位，温州市（60.9525）、台州市（59.9891）、连云港市（58.9546）、淄博市（57.5088）分别排在第2～5名。从前10名排名来看，全部都为东部地区城市，且多数为广东省、山东省和浙江省的城市，这主要是因为广东省、山东省和浙江省城市的治安环境较好，万人刑事案件数量都较低，且律师事务所都较多，因而司法指数也较高。另外我们发现，法治环境指数虽然与经济发展水平有一定的相关性，但是没有其他6个分项指数与经济发展水平的关联性大，即经济发达的城市不一定具备良好的法治环境，而与城市的司法机关人员办案能力、办事态度息息相关。况且经济发达的城市可能会因为人口众多、商业繁荣，导致司法机关每年受理案件增多，在受理案件达到一定数量后，公职人员可能会降低自身效率，致使司法环境水平降低。因此，法治环境水平与经济发展水平的关系绝不是简单的线性关系。

从区域分布来看，2020年法治环境指数排名前100名的城市，东部地区城市有43个，约占东部城市的58.9%；中部地区城市均有33个，约占中部城市的

44.6%；西部地区城市有18个，约占西部城市的23.7%；东北地区城市有6个，约占东北地区城市的20%（见图3-7）。由此可见，法治环境相对于其他分项指标来说在全国城市中发展较均衡。对比2019年，东部地区地级市进入前100名的数量没有变化，西部地区地级市进入前100名的数量有略微上升趋势，而中部和东北地区进入前100名的城市数量占比有所下降，两个地区下降幅度都较小，分别从2019年的45.9%和23.3%下降为2020年的44.6%和20%。这说明中部和东北地区城市的法治环境有所恶化，而西部地区城市的法治环境有所改善。这主要是因为西部地区城市人均刑事案件数量较低；而东北和中部地区城市的律师事务所数量不占优势，从而降低了法治环境指数。

分南北区域看，2020年有62个南方城市的法治环境指数排进前100名，有38个北方城市进入前100名，分别占各地区地级市的比例为44.6%和33.3%。通过对比2019年可以看到，进入前100名的南方城市占所有南方城市数的比例有略微下降的趋势，而北方则有略微上升的趋势。总体来讲，法治环境指数排名在前100名的南方城市要多于北方城市，且差距较大，这也间接说明中国南北方城市的法治环境比较失衡。一方面，因为南方地区城市经济发展水平高，促使众多律师事务所选择在南方地区发展；另一方面，中国南方地区人口众多，虽然刑事案件数不少，但“分母”相应比较大，导致万人刑事案件数量较少，即治安环境较好。

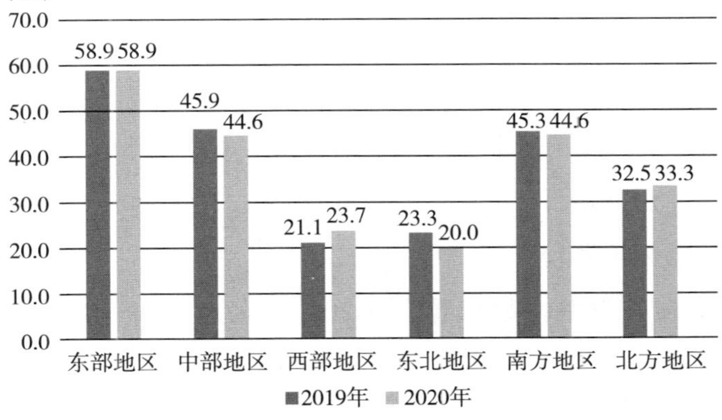

图3-7　2019～2020年法治环境指数排名前100城市地理分布

（七）政务环境改进空间仍然较大

政务环境指数反映了地方政府效率与地方服务水平。2020年全国各城市政务环境指数的均值为16.5968，而超过平均值的城市有117个，不及本次评估城市数量的一半，表明中国各城市政府仍有较大空间提升其行政效率、公共服务水平，并不断深化内部管理体制改革。

从直辖市政务环境指数估计结果来看，2020年，上海市、北京市的政务环境指数分别是85.5579、78.835，排在前2位，且与天津市（45.4566）和重庆市（45.2845）相比，得分优势较为明显。

从计划单列市政务环境指数来看，2020年深圳市的政务环境指数为71.3849，位列第1名；厦门市（39.107）、宁波市（36.4212）、青岛市（34.0343）、大连市（25.2444）分别位列第2～5名。深圳市连续两年政务效率指数均稳居第一，主要因为深圳市是中国改革开放的窗口，很多政策先行先试，政府创新形式多样，政府工作效率也不断得到提高，为其他城市树立了标杆。

从省会城市政务环境指数排名来看，南京市的得分是50.6065，排在第1位。广州市（47.5939）、武汉市（39.4604）、成都市（39.0738）、杭州市（38.5615）分别位于第2～5名。从排名变动来看，南京市、武汉市、济南市、沈阳市、南宁市、长春市、昆明市和乌鲁木齐市政务环境指数排名分别上升8名、13名、6名、7名、6名、8名、8名和7名，上升幅度较大，表明这些城市通过“放管服”改革已经取得明显成效。长沙市、合肥市、福州市、石家庄市、太原市、兰州市和西宁市排名分别下降5名、7名、10名、7名、9名、11名和11名，下降幅度较大。

从地级市政务效率指数来看，2020年排名前5位的城市分别为东莞市（54.4047）、苏州市（39.1634）、中山市（36.7165）、佛山市（35.5199）、无锡市（34.9302）。前10名中只有黄石市为中部地区城市，其他9个城市均为东部地区城市，这说明东部地区城市的政府效率较高，政务环境较好。

从进入2020年排名前100名的地级市分布来看，四大地区中，东部地区城市政务环境最佳，前100名中有49个东部城市，约占东部地区城市的67.1%；有28个中部地区城市进入前100名，约占中部地区城市的37.8%；有19个西部地区城市进入前100名，约占西部地区城市的25%；有4个东北地区城市进入前100名，约占东北地区城市的13.3%（见图3-8）。同时对比2019年排名，可以看到东部和东北地区进入前100名的地级市数分别占东部和东北地区城市总数的比例有所下降，而中部和西部地区比例有所上升，说明中部和西部地区近两年来政府效率有所提高，政务环境有所改善。

分南北区域看，2020年有77个南方城市的政务环境指数排进前100名，有23个北方城市进入前100名，分别占各地区地级市的比例为55.4%和20.2%。通过对比2019年可以看到，进入前100名的南方城市占所有南方城市数的比例有明显上升的趋势，而北方则有大幅度下降趋势。总体来讲，政务环境指数排名在前100名的南方城市要多于北方城市，且差距很大，这也间接说明中国南北方城市的政务环境比较失衡。

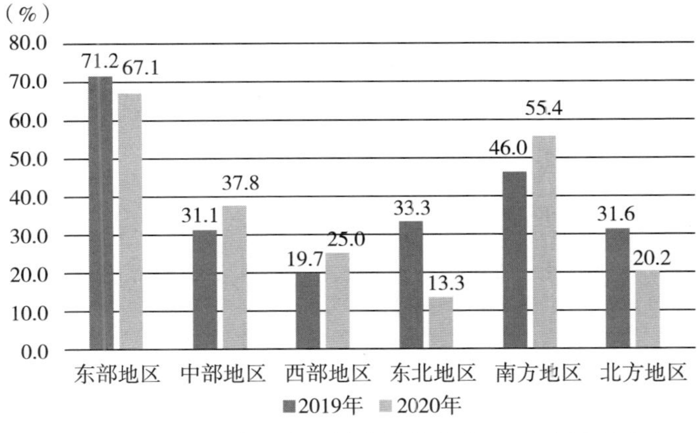

图3-8　2019～2020年政务环境指数排名前100城市地理分布

第四章　直辖市、计划单列市营商环境评价结果分析

本章以4个直辖市、5个计划单列市为例，结合城市具体的经济发展情况，对这9个城市营商环境及其分项指标进行解析。为了便于比较分析，本章将各个城市分项指标得分与相应类别城市的平均值进行比较，例如每个直辖市与4个直辖市平均值进行比较，每个计划单列市与5个计划单列市平均值进行比较。

一、直辖市营商环境评价结果

（一）北京市营商环境评价结果

2020年全国营商环境指数排名中，北京市排在第1位，处于顶尖水平。总的来看，北京市分项指标的优势都较为明显，7项指数得分均高于平均值。从2020年分项指标排名来看，除了市场环境指数排在全国第4名，其他分项指标均排在全国第1～2名。见图4–1。

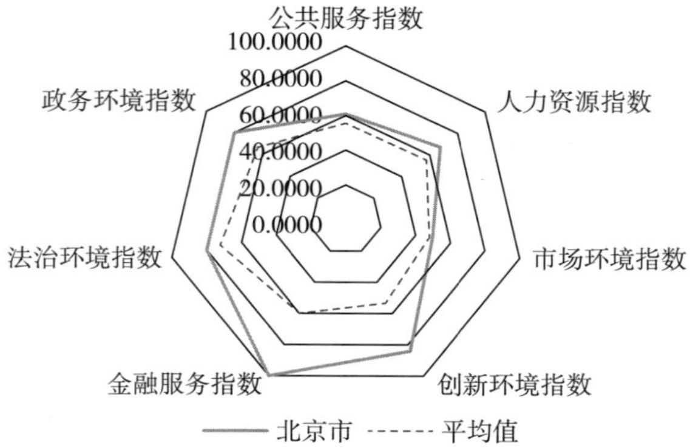

图4-1　2020年北京市营商环境分项指标雷达图

对比2019年排名可以看到，北京市的人力资源指数、市场环境指数和创新环境指数的排名是下降的，其他指标保持不变。其中，市场环境指数排名从2019年的第3名下降至2020年的第4名，一方面是因为外商投资规模下降，导致北京市的实际使用外资金额减少；另一方面是因为近几年中国经济大环境较疲软，人均收入有所下降，进而导致北京市的市场环境指数有所下降。创新环境指数虽然排名有所下降，但幅度很小，仅下降了1名，从2019年的第1名下降为第2名。人力资源指数也有小幅度的下降，这主要是因为近几年北京市属于人口净流出城市，导致相对于过去几年，劳动力供给规模有所下降。见表4-1。

表4-1　　北京市营商环境分项指数

北京市	标准化值		全国排名		排名变化
	2019年	2020年	2019年	2020年	
公共服务指数	60.8832	60.2947	2	2	0
人力资源指数	76.2030	66.7295	1	2	–1
市场环境指数	49.5421	48.4204	3	4	–1
创新环境指数	96.3856	82.4079	1	2	–1
金融服务指数	100.0000	100.0000	1	1	0
法治环境指数	76.9754	77.9823	1	1	0
政务环境指数	89.2193	78.8350	2	2	0

（二）上海市营商环境评价结果

2020年上海市营商环境指数排在第2位，与上年持平。总的来看，上海市的分项指标的优势都较为明显，各分项指标均稳居全国第1～4名，各个分项指标得分也均超过平均值。见图4-2。

从分项指标排名来看，7个分项指标排名比较均衡，其中公共服务指数和政务环境指数均排在全国首位，市场环境指数、金融服务指数和法治环境指数均排在全国第2名，创新环境指数均排在全国第3名，人力资源指数排在全国第4名。这表明上海市的营商环境水平及各分项指标均处于顶尖水准。见表4-2。

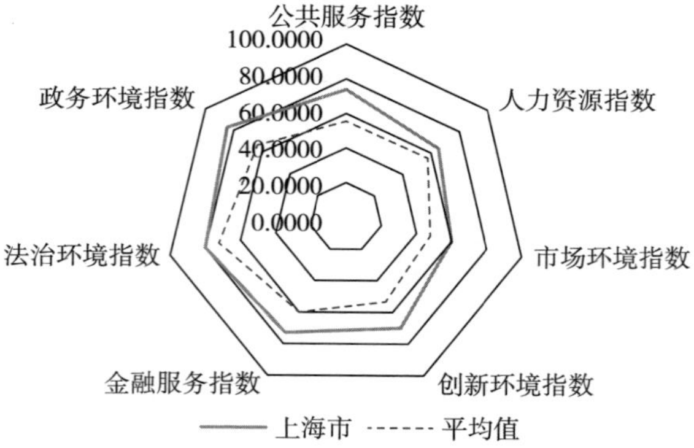

图4-2　2020年上海市营商环境分项指标雷达图

表4-2　　　　　　上海市营商环境分项指数

上海市	标准化值		全国排名		排名变化
	2019年	2020年	2019年	2020年	
公共服务指数	73.0775	72.3481	1	1	0
人力资源指数	68.0513	64.8301	3	4	–1
市场环境指数	56.7939	60.5499	2	2	0
创新环境指数	84.0371	71.3834	3	3	0
金融服务指数	74.5341	72.3819	2	2	0
法治环境指数	70.1096	77.9045	3	2	1
政务环境指数	98.0763	85.5579	1	1	0

（三）天津市营商环境评价结果

2020年天津市营商环境指数排在第8名，相对2019年下降1名。总的来看，天津市7个分项指标的得分均没有超过平均值。见图4–3。

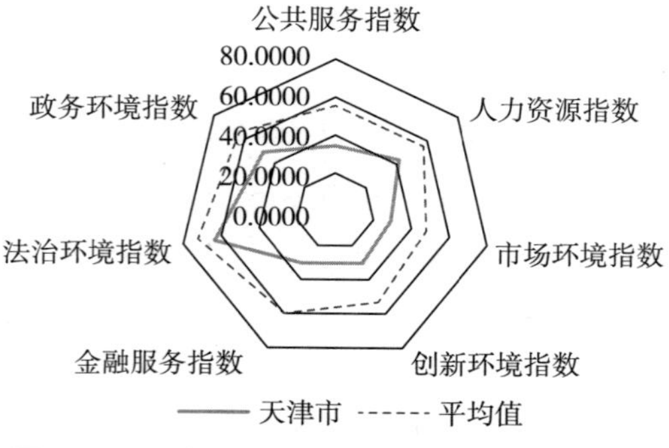

图4-3　2020年天津市营商环境分项指标雷达图

天津市的营商环境排名处于四个直辖市中最后一位，这主要是因为天津市位于“京津冀城市圈”，受北京市的“虹吸效应”影响，人才和资本更倾向于向邻近的北京市聚集，并且随着“长三角城市圈”和“珠三角城市圈”的快速发展，很多东部城市加快了追赶步伐，天津市营商环境排名也因此有所下降。通过对比各分项指标2019年排名可以看到，有3个指标排名有所下降，3个指标保持不动；仅有1个指标排名有所上升。这也是导致天津市2020年营商环境下降的主要原因。见表4–3。

表4-3　　天津市营商环境分项指数

天津市	标准化值		全国排名		排名变化
	2019年	2020年	2019年	2020年	
公共服务指数	33.8590	34.0516	8	8	0
人力资源指数	47.4096	43.0766	14	14	0
市场环境指数	35.6361	29.8311	9	19	–10
创新环境指数	34.3440	29.0155	6	7	–1
金融服务指数	34.7586	31.7828	4	4	0
法治环境指数	68.5630	63.8984	4	6	–2
政务环境指数	48.4285	45.4566	10	7	3

（四）重庆市营商环境评价结果

2020年重庆市营商环境指数排在第5位，较2019年排名保持不变。总的来看，重庆市7个分项指标中，只有公共服务指数和市场环境指数得分超过平均值，其他5个指标均低于平均值。见图4–4。

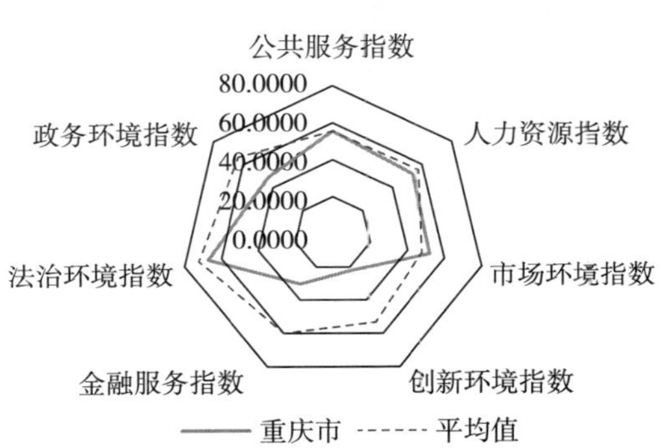

图4-4　2020年重庆市营商环境分项指标雷达图

从各分项指标来看，重庆市的公共服务投入和市场环境建设较有成效，两个指标都排在全国第3名；创新环境和政务环境均有所改善，但相对于其他指标较差，创新环境指数和人力资源指数分别排在全国第14名和第9名，这主要是因为重庆市与东部发达地区的距离较远，创新溢出效应较低，并且随着邻省的成都市强势崛起，一部分创新资源会优先转移到成都市，而成都市的创新环境指数得分高于重庆市（27.0338>22.4636）也证实了这一观点。虽然对比其他指标，政务环境指数排名表现不够好，但是对比2019年可以看到，政务环境指数从2019年的第16名上升到2020年的第8名，说明重庆市的政务环境整治收到了良好的成效。见表4–4。

表4-4　　重庆市营商环境分项指数

重庆市	标准化值		全国排名		排名变化
	2019年	2020年	2019年	2020年	
公共服务指数	54.5936	56.4971	3	3	0
人力资源指数	53.4858	51.6116	8	9	–1
市场环境指数	48.0835	50.7630	4	3	1
创新环境指数	23.8533	22.4636	12	14	–2
金融服务指数	30.2147	29.5830	6	6	0
法治环境指数	62.3081	67.1447	6	4	2
政务环境指数	43.5652	45.2845	16	8	8

二、计划单列市营商环境评价结果

（一）深圳市营商环境评价结果

2020年深圳市营商环境指数排在第3位，处于较高水平。深圳市7个分项指标均高于平均值，市场环境指数、创新环境指数、金融服务指数和政务环境指数的优势相对较大。见图4–5。

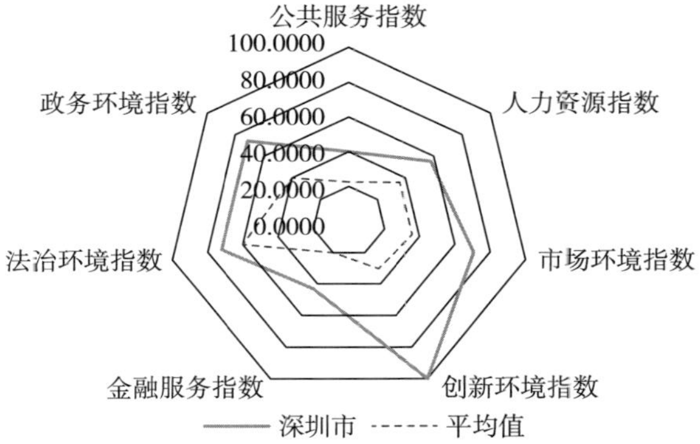

图4-5 2020年深圳市营商环境分项指标雷达图

从分项指数排名来看，市场环境指数和创新环境指数均高居全国榜首，这与深圳市“开放、包容”以及注重引才的城市定位相吻合；金融服务指数、法治环境指数和政务环境指数均高居全国第3名，说明深圳市在注重为企业提升融资效率的同时也保证了社会治安稳定和政府高效服务，在中国的制度创新、企业创新创业等方面肩负着试验和示范的重要使命；公共服务指数排在全国第7名，排名超过了几个计划单列市，说明深圳市的公共服务指数排名表现较好；人力资源指数也排在全国第7名，反映出深圳市的人力资源供应相对不足，这主要是因为深圳市的高校数量相对较少。对比2019年各分项指数的排名可以看到，有4个指数排名没有变化，有2个指数排名有所上升，有1个指数排名有所下降，因此深圳市近两年的营商环境排名稳中有进。见表4–5。

表4-5 深圳市营商环境分项指数

深圳市	标准化值		全国排名		排名变化
	2019年	2020年	2019年	2020年	
公共服务指数	39.9906	39.4724	7	7	0
人力资源指数	53.1847	55.1389	9	7	2
市场环境指数	65.2284	68.2049	1	1	0
创新环境指数	89.1796	100.0000	2	1	1
金融服务指数	43.1491	44.3133	3	3	0
法治环境指数	71.0273	70.7081	2	3	–1
政务环境指数	79.5731	71.3849	3	3	0

（二）宁波市营商环境评价结果

2020年宁波市营商环境指数排在第13位，表明宁波市营商环境处于相对较高水平。总的来看，宁波市的7个分项指标中，公共服务指数、市场环境指数和法治环境指数超过平均值，人力资源指数和金融服务指数接近平均值。见图4–6。

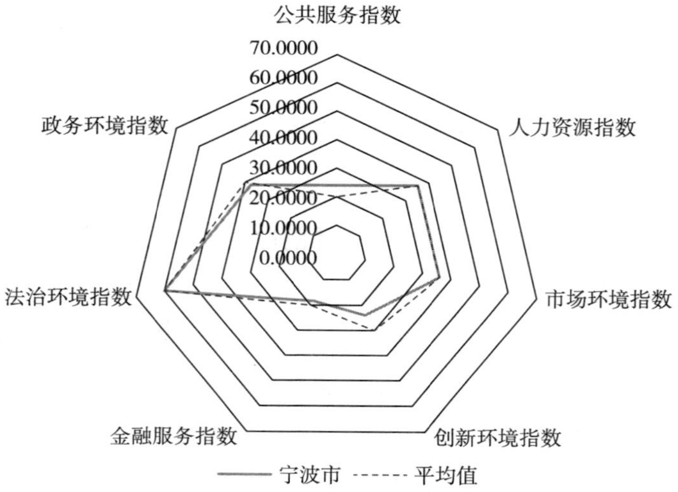

图4-6　2020年宁波市营商环境分项指标雷达图

从2020年全国排名来看，7个分项指数均排在全国第10～20名。从排名变动上来看，仅有1个指数排名没有变化，公共服务指数和创新环境指数排名均有小幅度的下降，人力资源指数、市场环境指数、法治环境指数和政务环境指数排名有所上升，其中人力资源指数上升幅度较大，从2019年的第22名上升至2020年的第17名，说明宁波市近两年在吸引人才、市场环境优化、法治环境建设和政务环境整治方面加大了力度，并取得成效。见表4–6。

表4-6　　宁波市营商环境分项指数

宁波市	标准化值		全国排名		排名变化
	2019年	2020年	2019年	2020年	
公共服务指数	22.4115	22.9984	15	16	–1
人力资源指数	36.4491	35.8325	22	17	5
市场环境指数	34.6924	35.8899	12	11	1
创新环境指数	24.8213	23.0106	11	12	–1

续表

宁波市	标准化值		全国排名		排名变化
	2019年	2020年	2019年	2020年	
金融服务指数	17.4651	17.3551	14	14	0
法治环境指数	57.6558	60.2923	14	12	2
政务环境指数	40.3969	36.4212	20	17	3

（三）青岛市营商环境评价结果

2020年青岛市营商环境排在第19位，在计划单列市中排名处于中等水平。从青岛市7个分项指标得分来看，青岛市只有法治环境指数超过平均值，并且政务环境指数与创新环境指数得分与平均值差距较大。见图4–7。

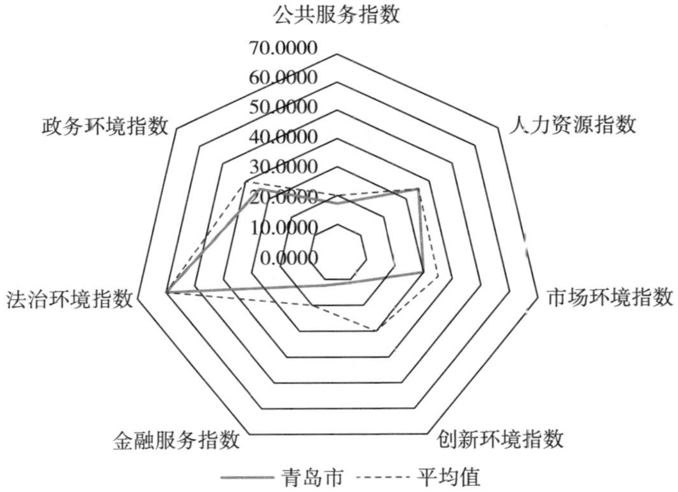

图4-7 2020年青岛市营商环境分项指标雷达图

从分项指标排名来看，法治环境指数排名表现相对较好，排在全国第9名；创新环境指数、政务环境指数、公共服务指数排名表现较差，分别排在全国第24名、第20名和第23名；人力资源指数、市场环境指数与金融服务指数排名表现一般，分别排在全国第18名、第15名和第18名。对比2019年各分项指数的排名可以看到，青岛市的公共服务指数、市场环境指数、创新环境指数与法治环境指数排名有小幅度的下降；金融服务指数排名没有变化；人力资源指数和政务环境指数排名有所上升，其中政务环境指数上升幅度明显，从2019年的第33名上升到2020年的第20名，说明青岛市在政务环境整治方面加大了力度，并且取得了良好的成效。见表4-7。

表4-7　　青岛市营商环境分项指数

青岛市	标准化值		全国排名		排名变化
	2019年	2020年	2019年	2020年	
公共服务指数	18.5102	17.1804	21	23	–2
人力资源指数	38.1758	35.3215	19	18	1
市场环境指数	30.7264	30.6697	14	15	–1
创新环境指数	16.0952	12.0888	19	24	–5
金融服务指数	13.2785	13.0389	18	18	0
法治环境指数	61.4153	61.4339	7	9	–2
政务环境指数	33.2533	34.0343	33	20	13

（四）厦门市营商环境评价结果

2020年厦门市营商环境排在第22位，在计划单列市中排名表现相对较差。从厦门市7个分项指数得分来看，每个指数得分均低于平均值，且存在不小差距，说明厦门市在5个计划单列市中不具备太多优势。见图4-8。

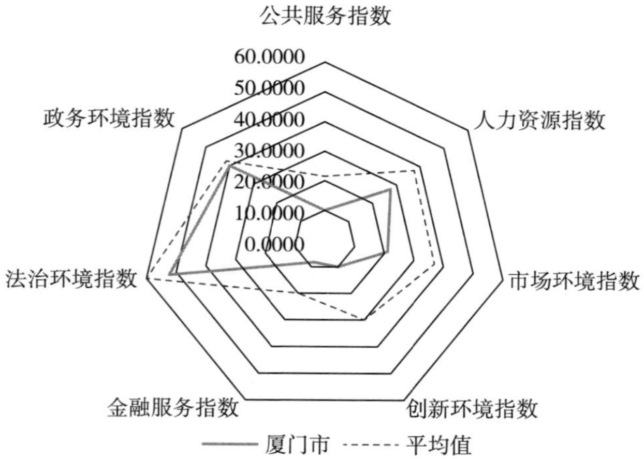

图4-8　2020年厦门市营商环境分项指标雷达图

从2020年各分项指标全国排名来看，政务环境指数排名表现相对较好，排在全国第11名；公共服务指数排名表现较差，仅排在全国第64名；人力资源指数、市场环境指数、创新环境指数和金融服务指数排名表现较一般，均排在全国第30～35名；法治环境指数排名表现也较差，仅排在全国第41名，可见厦门市需要加强法治环境建设力度。对比2019年各分项指数排名可以看到，有4个指数排名有所上升，其余3个指数排名均有所下降，其中法治环境指数排名上升显著，从2019年的第72名上升为2020年的第41名；市场环境指数和金融服务指数排名下降幅度较小，从2019年的第27名和第33名下降至2020年的第31名和第34名。通过以上分析可以看到，厦门市提升营商环境的当务之急还在于建设更加良好的法治环境以及提升城市公共服务。见表4-8。

表4-8　　厦门市营商环境分项指数

厦门市	标准化值		全国排名		排名变化
	2019年	2020年	2019年	2020年	
公共服务指数	8.7615	9.0863	66	64	2
人力资源指数	30.0181	27.7320	34	34	0
市场环境指数	22.2023	21.2318	27	31	–4
创新环境指数	9.8923	10.1915	32	30	2
金融服务指数	8.6613	8.2176	33	34	–1
法治环境指数	48.0568	52.5173	72	41	31
政务环境指数	36.4937	39.1070	26	11	15

（五）大连市营商环境评价结果

2020年大连市营商环境排在第26位，在计划单列市中排名处于相对较低水平。从2020年大连市7个分项指数排名来看，只有金融服务指数排在全国前20名；其他6个分项指数均排在全国第20～40名；创新环境指数、法治环境指数与政务环境指数排名表现较差，分别排在全国第40名、第39名和第38名。见图4-9。

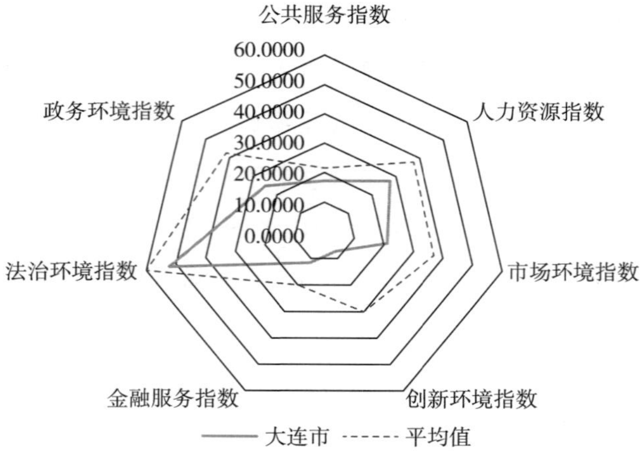

图4-9　2020年大连市营商环境分项指标雷达图

对比2019年全国排名可以看到，有4个指标得分排名有所上升，有2个指标得分排名有所下降，有1个指标得分排名没有变化，其中政务环境指数排名上升幅度较大，上升了36名；法治环境指数排名下降幅度较大，从2019年的第26名下降至2020年的第39名。总的来看，大连市近两年在提升创新环境和整治政务环境方面取得了一定成效，但是法治环境建设还需要加大力度。见表4-9。

表4-9　大连市营商环境分项指数

大连市	标准化值		全国排名		排名变化
	2019年	2020年	2019年	2020年	
公共服务指数	15.6270	16.7440	28	25	3
人力资源指数	33.0890	27.7514	32	33	–1
市场环境指数	20.7346	21.7181	33	28	5
创新环境指数	5.1797	6.9671	50	40	10
金融服务指数	13.2256	12.5081	19	19	0
法治环境指数	54.5671	52.8312	26	39	–13
政务环境指数	25.0631	25.2444	74	38	36

第五章　各省、自治区内城市营商环境评价结果分析

本章将对23个省、自治区①内城市营商环境评价结果进行比较，探讨这23个省、自治区内城市营商环境的现状；同时，通过对比各省、自治区内城市的7个分项指标的全国排名情况，如分项指标排名进入全国前150名城市的数量，分析制约各省、自治区城市营商环境水平提升的主要影响因素。其次，对比各城市营商环境省内排名与分项指标指数的省内排名，探讨影响各城市营商环境水平的主要因素。

一、河北省城市营商环境评价结果

河北省地处中国华北平原，内环北京市、天津市两个直辖市，下辖11个地级市，处于“京津冀城市圈”。2020年河北省下辖城市营商环境指数排名表现相对较好（见表5–1），有8个城市排名位于前150名。其中，省会石家庄市排在第34名，唐山市、沧州市、廊坊市、保定市位列前100名，邯郸市、秦皇岛市、邢台市、承德市、张家口市排在前200名，只有衡水市排在200名之后，这表明河北省城市营商环境整体处于较高水平。但是从近两年的全国排名来看，河北省城市营商环境呈下降趋势，其中省会城市石家庄市从2019年的第33名降为2020年的第34名，邢台市、承德市和张家口市更是分别从2019年的第60名、第76名与第96名降为2020年的第142名、第146名和第164名，沧州市、廊坊市、邯郸市、承德市和衡水市也有较大幅度的下降。总体而言，虽然河北省城市营商环境排名较高，但整体水平处于下降趋势。

---

① 本书计算的营商环境指数中，西藏、新疆、海南、青海四个省份的城市数量少于3个，故这四个省份的营商环境评价结果不再单独列出。

表5-1　　河北省城市营商环境评价结果

城市	营商环境指数		省内排名		省内排名近1年变化	全国排名		全国排名近1年变化
	2019年	2020年	2019年	2020年		2019年	2020年	
石家庄市	21.5449	19.8300	1	1	0	33	34	−1
唐山市	17.3913	16.5671	4	2	2	55	52	3
沧州市	19.5721	14.9437	2	3	−1	42	65	−23
廊坊市	17.4349	14.9398	3	4	−1	53	66	−13
保定市	15.3612	14.2992	6	5	1	73	73	0
邯郸市	13.5188	12.1011	9	6	3	102	107	−5
邢台市	16.7184	10.8735	5	7	−2	60	142	−82
承德市	15.0884	10.7302	7	8	−1	76	146	−70
秦皇岛市	11.2501	10.5742	10	9	1	163	154	9
张家口市	13.7777	10.1686	8	10	−2	96	164	−68
衡水市	10.3223	8.6313	11	11	0	205	228	−23

从河北省城市7个分项指标的全国排名来看，金融服务指数的排名十分优异，有10个城市的排名进入了全国前100名；公共服务指数、人力资源指数与市场环境指数表现较好，分别有6个、6个和5个城市排名进入前100名；创新环境排名表现优异，共有9个城市排名进入前150名；法治环境指数和政务环境指数虽然均有5个城市进入前150名，但是仍分别有5个和4个城市排在200名之后。总体来看，河北省城市7个分项指标大多表现相对较好，高效的金融服务和良好的创新环境是其优势，法治环境和政务环境还存在不足，可以从政务环境和法治环境入手整改以提升营商环境表现。见表5−1−1、表5−1−2、表5−1−3。

表5-1-1　　河北省城市营商环境分项指标评价结果（一）

城市	公共服务指数			人力资源指数		
	2020年	全国排名	省内排名	2020年	全国排名	省内排名
石家庄市	15.7968	31	2	33.9169	21	1
唐山市	20.6109	18	1	20.4225	62	4
邯郸市	13.1355	44	3	14.1828	168	8
张家口市	5.5066	137	9	13.8602	178	9
保定市	12.3639	49	4	26.8004	36	3
沧州市	10.0925	58	5	19.0926	77	6

续表

城市	公共服务指数			人力资源指数		
	2020年	全国排名	省内排名	2020年	全国排名	省内排名
秦皇岛市	5.5303	134	8	19.8826	69	5
邢台市	8.7710	69	6	14.3495	160	7
廊坊市	6.8974	100	7	29.1834	31	2
承德市	5.4170	140	10	13.7552	182	10
衡水市	4.4771	168	11	12.0547	233	11

从河北省城市各分项指标的省内排名来看，石家庄市的公共服务指数、市场环境指数、创新环境指数、金融服务指数、政务环境指数排名均位于第1～2名，且石家庄市的人力资源指数、创新环境指数、金融服务指数和政务环境指数排名均位于省内第1名；唐山市除了人力资源指数、创新环境指数和法治环境指数分别排在省内第4名、第3名和第8名，其他指标也均排在省内第1～2名。

表5-1-2　　河北省城市营商环境分项指标评价结果（二）

城市	市场环境指数			创新环境指数		
	2020年	全国排名	省内排名	2020年	全国排名	省内排名
石家庄市	18.5937	43	2	5.1419	53	1
唐山市	21.2375	30	1	2.6841	77	3
邯郸市	11.2870	92	5	1.8614	105	7
张家口市	5.8916	201	11	0.7259	180	10
保定市	10.0309	104	6	3.2661	68	2
沧州市	13.2347	74	4	2.2549	91	5
秦皇岛市	8.3979	140	7	1.2932	142	9
邢台市	7.7485	154	8	1.8915	103	6
廊坊市	13.3168	71	3	2.4715	84	4
承德市	6.6908	175	9	0.6659	186	11
衡水市	6.5333	178	10	1.3187	139	8

沧州市和张家口市的法治环境指数省内排名较高，分别位于第1名和第2名；廊坊市和保定市的人力资源指数排名较高，分别位于第2名和第3名；廊坊市的创新环境指数省内排名较高，位于省内第4名；邯郸市和秦皇岛市的法治环境指数排名较差，分别位于省内第10名和第11名；邢台市和张家口市的政务

环境指数排名相对较差，分别位于省内第10名和第11名。

表5-1-3　　河北省城市营商环境分项指标评价结果（三）

城市	金融服务指数			法治环境指数			政务环境指数		
	2020年	全国排名	省内排名	2020年	全国排名	省内排名	2020年	全国排名	省内排名
石家庄市	10.9607	24	1	35.3874	169	6	24.1987	41	1
唐山市	7.9441	36	2	29.7216	212	8	17.7337	96	2
邯郸市	5.7951	49	4	26.3188	262	10	16.8662	111	3
张家口市	3.0522	90	10	53.3737	35	2	3.1717	287	11
保定市	7.3228	39	3	28.2297	238	9	16.7241	116	4
沧州市	4.9849	56	5	55.3549	26	1	13.0617	165	6
秦皇岛市	3.2058	86	9	24.2302	282	11	16.0316	124	5
邢台市	3.5738	79	8	45.1505	133	5	6.0550	267	10
廊坊市	4.7049	60	6	47.1796	108	4	11.5717	188	7
承德市	3.6840	78	7	50.3869	60	3	7.7303	253	9
衡水市	2.5410	122	11	30.0979	207	7	10.5521	218	8

二、山西省城市营商环境评价结果

山西省位于中国中部地区，共下辖11个地级市，太原市为山西省省会城市。2020年山西省城市营商环境指数排名整体表现较差（见表5–2），排名在前100名的只有太原市（17.3298），排名在100～200名的有晋中市（11.6655）、吕梁市（10.6063）、晋城市（9.6817）和长治市（9.5729），其他6个城市全部排在200名之后。从总体上来看，山西省城市营商环境处于较低水平。从全国排名变化来看，山西省有4个城市较2019年的排名有所上升，其中晋城市、大同市和吕梁市上升幅度较大，分别从2019年的第273名、第266名和第191名上升为2020年的第182名、第222名和第152名；也有城市的营商环境较上年有所下降，其中临汾市和阳泉市下降幅度较大，分别从2019年的第226名和第229名降为2020年的第263名和第267名。

表5-2　　山西省城市营商环境评价结果

城市	营商环境指数		省内排名		省内排名近1年变化	全国排名		全国排名近1年变化
	2019年	2020年	2019年	2020年		2019年	2020年	
太原市	19.5834	17.3298	1	1	0	41	47	–6
晋中市	12.9731	11.6655	2	2	0	114	116	–2
吕梁市	10.5424	10.6063	4	3	1	191	152	39
晋城市	8.3396	9.6817	11	4	7	273	182	91
长治市	10.8782	9.5729	3	5	–2	178	185	–7
大同市	8.6573	8.7563	10	6	4	266	222	44
运城市	9.4184	8.4794	7	7	0	238	232	6
朔州市	9.2631	7.9470	8	8	0	246	250	–4
忻州市	9.0765	7.7308	9	9	0	251	257	–6
临汾市	9.7635	7.5434	5	10	–5	226	263	–37
阳泉市	9.7157	7.1617	6	11	–5	229	267	–38

从山西省城市7个分项指标的全国排名来看，省会城市太原除了法治环境指数的排名表现较差，其他分项指标均进入全国前100名。公共服务指数排名方面，有太原市、长治市、晋城市、运城市和临汾市5个城市进入全国前150名；人力资源指数排名方面只有太原市和晋中市2个城市进入全国前150名；市场环境指数和创新环境指数排名方面只有太原市进入全国前150名；金融服务指数排名相较于其他指标来说较好，太原市、长治市、晋中市、临汾市和运城市的排名均进入了全国前150名；法治环境指数方面有忻州市、晋中市和吕梁市进入了全国前150名；政务环境指数方面有太原市、长治市、晋城市和大同市进入全国前150名，但是阳泉市、忻州市、临汾市和运城市的排名都在全国200名之后。见表5–2–1、表5–2–2、表5–2–3。

表5-2-1　　山西省城市营商环境分项指标评价结果（一）

城市	公共服务指数			人力资源指数		
	2020年	全国排名	省内排名	2020年	全国排名	省内排名
太原市	13.5053	42	1	31.4299	25	1
长治市	5.2968	142	4	12.7353	214	8
晋城市	5.0596	150	5	13.2299	200	6
大同市	4.9477	155	7	13.0036	206	7
朔州市	2.3091	243	11	12.6579	218	9
吕梁市	4.3566	174	8	13.8700	177	3

续表

城市	公共服务指数			人力资源指数		
	2020年	全国排名	省内排名	2020年	全国排名	省内排名
晋中市	5.0331	151	6	18.5776	84	2
运城市	8.3531	76	2	13.6995	184	5
阳泉市	4.2551	175	9	11.5642	241	10
临汾市	5.4322	139	3	13.7967	180	4
忻州市	2.7539	230	10	10.8641	252	11

从山西省城市7个分项指标的省内排名来看，太原市除了在法治环境指数方面处于劣势，其他分项指标都独占鳌头。晋中市的公共服务指数、市场环境指数和政务环境指数排名表现较差，分别排在省内第6名、第5名和第7名；吕梁市的公共服务指数、市场环境指数、创新环境指数、金融服务指数和政务环境指数排名表现较差，分别排在省内第8名、第7名、第7名、第7名和第6名，但是其法治环境指数排名表现优异，位居省内第1名；朔州市的公共服务指数排名表现较差，排在省内第11名，但是市场环境指数排名表现较好，排在省内第3名；长治市的人力资源指数排名表现较差，排在省内第8名，但是政务环境指数表现较好，排在省内第2名。

表5-2-2　　山西省城市营商环境分项指标评价结果（二）

城市	市场环境指数			创新环境指数		
	2020年	全国排名	省内排名	2020年	全国排名	省内排名
太原市	10.9411	95	1	5.2119	51	1
长治市	5.8689	204	4	0.4247	217	5
晋城市	6.9022	171	2	0.3521	230	6
大同市	3.9310	242	8	0.6067	193	4
朔州市	6.7387	174	3	0.2531	247	10
吕梁市	5.1894	218	7	0.3105	237	7
晋中市	5.6156	212	5	0.7396	179	2
运城市	3.2343	255	10	0.6622	188	3
阳泉市	5.5636	213	6	0.2029	259	11
临汾市	3.5071	250	9	0.2862	241	8
忻州市	3.1685	257	11	0.2834	243	9

运城市的市场环境指数排名表现较差，排在省内第10名，但是公共服务指数、创新环境指数和金融服务指数排名表现相对较好，分别排在省内第2名、

第3名和第4名；忻州市缺少充足的人力资源储备、良好的市场环境和高效的政务环境，其人力资源指数、市场环境指数和政务环境指数均排在省内最后1名，但法治环境指数排名表现较好，排在省内第3名；临汾市的公共服务指数、人力资源指数和金融服务指数排名表现相对较好，分别排在省内第3名、第4名和第5名。

表5-2-3　　山西省城市营商环境分项指标评价结果（三）

城市	金融服务指数			法治环境指数			政务环境指数		
	2020年	全国排名	省内排名	2020年	全国排名	省内排名	2020年	全国排名	省内排名
太原市	10.9080	25	1	35.2836	171	4	20.0132	64	1
长治市	2.8674	98	3	30.3405	205	6	16.3993	119	2
晋城市	2.0277	154	6	32.4003	188	5	15.3728	132	3
大同市	1.6939	174	8	28.5202	235	8	15.1788	133	4
朔州市	1.2575	211	10	26.8525	254	10	11.8619	184	5
吕梁市	1.7749	168	7	50.5527	59	1	11.5056	191	6
晋中市	4.1384	65	2	48.4996	93	2	11.3326	197	7
运城市	2.8171	103	4	28.4918	236	9	8.7685	243	8
阳泉市	1.1248	217	11	26.1170	264	11	7.6226	256	9
临汾市	2.6567	114	5	29.9788	210	7	4.6242	277	10
忻州市	1.4028	199	9	46.2702	122	3	2.2189	289	11

三、内蒙古自治区城市营商环境评价结果

内蒙古自治区地处中国北方，横跨东北、华北、西北三大地区，下辖9个地级市和3个盟，本报告主要针对9个地级市的营商环境进行评价（表5-3）。2020年，全国营商环境指数排名中，内蒙古自治区下辖城市营商环境指数排名表现处于平均水平，有5个城市排在前150名，呼伦贝尔市、乌兰察布市和巴彦淖尔市排在200名之后。相对于2019年，乌兰察布市和呼伦贝尔市的营商环境指数排名大幅度下降，巴彦淖尔市排名下降幅度也较大。

表5-3 内蒙古自治区城市营商环境评价结果

城市	营商环境指数		省内排名		省内排名近1年变化	全国排名		全国排名近1年变化
	2019年	2020年	2019年	2020年		2019年	2020年	
鄂尔多斯市	14.6479	16.0817	1	1	0	84	55	29
呼和浩特市	13.5821	13.9647	3	2	1	101	77	24
包头市	14.3612	13.6921	2	3	−1	88	81	7
通辽市	11.2899	10.9352	7	4	3	159	140	19
赤峰市	12.4024	10.8875	4	5	−1	128	141	−13
乌海市	10.3235	9.3732	8	6	2	204	197	7
呼伦贝尔市	12.2142	8.0974	5	7	−2	136	246	−110
乌兰察布市	11.4081	8.0765	6	8	−2	156	248	−92
巴彦淖尔市	10.2232	7.8869	9	9	0	209	253	−44

从内蒙古自治区城市7个分项指标的全国排名来看，有6个城市的公共服务指数排名进入前150名，这主要由于内蒙古地广人稀，人均公共资源充足。人力资源指数、市场环境指数、金融服务指数和政务环境指数均有4个城市位于全国前150名；创新环境指数排名较差，有6个城市位于全国200名之后；法治环境指数排名表现一般，有3个城市排在全国前150名，但也有3个城市排在200名之后。见表5−3−1、表5−3−2、表5−3−3。

表5-3-1 内蒙古自治区城市营商环境分项指标评价结果（一）

城市	公共服务指数			人力资源指数		
	2020年	全国排名	省内排名	2020年	全国排名	省内排名
呼和浩特市	8.4826	73	5	20.7592	58	2
包头市	16.3925	28	1	17.8798	93	3
鄂尔多斯市	14.0447	37	2	21.1529	56	1
赤峰市	6.0110	122	6	14.9048	147	4
巴彦淖尔市	3.2561	207	9	12.2675	227	9
呼伦贝尔市	3.3426	202	8	14.1601	169	6
乌海市	4.8435	157	7	14.6717	154	5
通辽市	9.5253	61	3	12.8797	208	8
乌兰察布市	9.1895	63	4	13.5702	186	7

从内蒙古自治区城市的各个分项指标省内排名来看，省会呼和浩特市的公共服务指数和法治环境指数排名表现相对较差，分别位于省内第5名和第4名，其他5个分项指标排名表现相对较好，均位居省内前3名。鄂尔多斯市的7个指

数都排在省内前3名，其中市场环境指数、人力资源指数、政务环境指数更是排在了省内第1名。包头市除了法治环境指数和政务环境指数分别排在省内第6名和第4名，其他5个指数均排在省内前3名。乌兰察布市除了公共服务指数排在省内第4名，其他指数的省内排名都相对靠后。

表5-3-2　　内蒙古自治区城市营商环境分项指标评价结果（二）

城市	市场环境指数			创新环境指数		
	2020年	全国排名	省内排名	2020年	全国排名	省内排名
呼和浩特市	13.6671	66	3	1.3391	137	1
包头市	16.7060	51	2	1.0879	153	2
鄂尔多斯市	30.0478	18	1	0.8222	171	3
赤峰市	6.1403	190	8	0.4373	213	4
巴彦淖尔市	6.3777	180	5	0.2433	251	5
呼伦贝尔市	6.3729	181	6	0.2214	255	6
乌海市	10.5096	100	4	0.1626	269	7
通辽市	6.1414	189	7	0.1092	276	8
乌兰察布市	4.2839	232	9	0.0691	285	9

呼伦贝尔市的7个分项指数排名表现较稳定，均排在省内第6～9名。通辽市的人力资源指数、市场环境指数、创新环境指数、金融服务指数和政务环境指数排名表现都相对较差，分别排在省内第8名、第7名、第8名、第7名与第8名，但是法治环境排名表现较为优异，位列省内第1名。赤峰市的市场环境指数排名表现较差，仅排在省内第8名。乌海市的金融服务指数排名表现较差，排在省内最后一名，但政务环境指数排名表现较好，排在省内第3名。巴彦淖尔市的市场环境指数、创新环境指数、金融服务指数和政务环境指数排名表现较好，分别排在省内第5名、第5名、第4名和第5名。

表5-3-3　　内蒙古自治区城市营商环境分项指标评价结果（三）

城市	金融服务指数			法治环境指数			政务环境指数		
	2020年	全国排名	省内排名	2020年	全国排名	省内排名	2020年	全国排名	省内排名
呼和浩特市	5.9864	44	1	38.1365	158	4	17.4395	101	2
包头市	3.5320	80	2	32.1442	190	6	14.2534	146	4
鄂尔多斯市	2.8202	101	3	51.0066	53	2	17.6524	98	1
赤峰市	1.9825	158	5	47.3034	106	3	11.5722	187	6

续表

城市	金融服务指数			法治环境指数			政务环境指数		
	2020年	全国排名	省内排名	2020年	全国排名	省内排名	2020年	全国排名	省内排名
巴彦淖尔市	2.2438	136	4	24.4471	278	9	11.8929	182	5
呼伦贝尔市	1.4685	190	6	33.5015	178	5	6.0829	266	9
乌海市	0.5137	273	9	25.8451	269	8	14.5572	142	3
通辽市	1.1442	216	7	53.4169	34	1	7.4902	257	8
乌兰察布市	0.9330	233	8	26.9287	253	7	7.8452	251	7

四、辽宁省城市营商环境评价结果

辽宁省地处中国东北地区，同时也是沿海省份，共下辖14个地级市。2020年全国营商环境指数排名中，辽宁省下辖城市营商环境指数排名表现较差（见表5–4），两极分化严重，其中沈阳市和大连市都排在全国前30名，葫芦岛市和丹东市分别位于全国第169名和第179名，其他城市全部位于全国200名之后，表明辽宁省城市营商环境整体处于较低水平。全省有近一半城市营商环境指数较2019年有所进步，一半城市较2019年有所下滑。其中丹东市进步最为明显，从2019年的第214名上升为2020年的第179名；鞍山市营商环境指数排名下降幅度最大，从2019年的第141名下降到第238名。

表5-4　辽宁省城市营商环境评价结果

城市	营商环境指数		省内排名		省内排名近1年变化	全国排名		全国排名近1年变化
	2019年	2020年	2019年	2020年		2019年	2020年	
沈阳市	23.3274	22.1952	1	1	0	26	25	1
大连市	22.3946	21.9231	2	2	0	27	26	1
葫芦岛市	11.8937	10.0601	4	3	1	144	169	–25
丹东市	10.1502	9.7386	6	4	2	214	179	35
锦州市	10.1673	8.6600	5	5	0	212	225	–13
盘锦市	9.5847	8.4073	9	6	3	234	233	1
营口市	9.7865	8.3341	8	7	1	224	236	–12

续表

城市	营商环境指数		省内排名		省内排名近1年变化	全国排名		全国排名近1年变化
	2019年	2020年	2019年	2020年		2019年	2020年	
鞍山市	11.9694	8.3073	3	8	–5	141	238	–97
辽阳市	9.4976	8.1135	10	9	1	237	244	–7
抚顺市	7.2752	7.9434	13	10	3	282	251	31
本溪市	9.9298	7.8878	7	11	–4	222	252	–30
朝阳市	7.5431	6.9139	12	12	0	281	274	7
阜新市	8.6838	6.4579	11	13	–2	264	280	–16
铁岭市	7.2312	6.1360	14	14	0	283	283	0

从辽宁省城市7个分项指标的全国排名来看，金融服务指数排名表现相对较好，有6个城市进入全国前150名，其他6个分项指标排名表现相对较差。其中，公共服务指数排名中沈阳市、大连市、鞍山市、营口市和抚顺市在全国前150名，其他城市均在150名之后；人力资源指数排名只有沈阳市和大连市位于全国前100名，其他城市均排在200名之后；市场环境指数排名只有沈阳市、大连市、盘锦市进入全国前100名，其他城市都排在150名之后；创新环境指数排名只有沈阳市和大连市排在前150名，其他城市均排在170名之后；法治环境指数排名只有沈阳市、大连市、丹东市和葫芦岛市排在前140名，其他都排在170名之后；政务环境指数排名只有沈阳市、大连市、丹东市和葫芦岛市排在前140名，其他城市均排在150名之后。总的来看，辽宁省城市的7个分项指标排名都处于较低水平，人力资源、市场环境、创新环境、法治环境与政务环境都制约着辽宁省的营商环境水平的提升。见表5–4–1、表5–4–2、表5–4–3。

表5-4-1　　辽宁省城市营商环境分项指标评价结果（一）

城市	公共服务指数			人力资源指数		
	2020年	全国排名	省内排名	2020年	全国排名	省内排名
沈阳市	19.7244	19	1	30.1986	29	1
大连市	16.7440	25	2	27.7514	33	2
鞍山市	8.6815	71	3	9.5170	265	10
抚顺市	5.4405	138	5	11.7604	239	5
本溪市	4.4612	171	7	10.0492	258	8
丹东市	3.3354	203	11	8.0821	285	13
锦州市	4.1092	180	8	12.1643	231	4

续表

城市	公共服务指数			人力资源指数		
	2020年	全国排名	省内排名	2020年	全国排名	省内排名
营口市	7.7817	82	4	5.4777	288	14
阜新市	2.5904	235	14	9.6390	263	9
辽阳市	4.4668	170	6	12.6639	217	3
铁岭市	2.9122	226	13	8.3693	283	12
朝阳市	3.8154	191	9	10.2472	256	7
盘锦市	3.1981	215	12	8.8215	277	11
葫芦岛市	3.4745	197	10	11.1771	248	6

从辽宁省城市的各分项指标省内排名来看，沈阳市和大连市的7个分项指数都排在省内第1～2名；葫芦岛市的公共服务指数、人力资源指数、市场环境指数、创新环境指数和金融服务指数排名表现都相对较差，分别排在省内第10名、第6名、第11名、第7名和第7名；丹东市的公共服务指数、人力资源指数、市场环境指数与金融服务指数排名表现较差，分别排在省内第11名、第13名、第10名和第13名；锦州市的公共服务指数和市场环境指数排名表现较差，分别排在省内第8名和第9名。

表5-4-2　　　　辽宁省城市营商环境分项指标评价结果（二）

城市	市场环境指数			创新环境指数		
	2020年	全国排名	省内排名	2020年	全国排名	省内排名
沈阳市	14.9649	58	2	6.1080	45	2
大连市	21.7181	28	1	6.9671	40	1
鞍山市	6.1982	186	5	0.7435	178	3
抚顺市	5.7871	207	6	0.3650	226	8
本溪市	5.4051	214	7	0.1566	271	14
丹东市	4.2609	233	10	0.4362	214	5
锦州市	4.4831	228	9	0.6288	189	4
营口市	7.5358	159	4	0.2486	249	10
阜新市	2.2555	277	14	0.2010	260	13
辽阳市	5.2434	217	8	0.3594	229	9
铁岭市	2.3482	274	13	0.2085	257	12
朝阳市	2.8640	264	12	0.2252	254	11
盘锦市	11.4454	89	3	0.4158	219	6
葫芦岛市	3.2939	252	11	0.4145	221	7

朝阳市的人力资源指数和金融服务指数排名表现较好，分别位于省内第7名和第4名；盘锦市的公共服务指数和人力资源指数排名较低，分别位于省内最后第12名和第11名，但市场环境指数排名表现较好，排在省内第3名；阜新市的人力资源指数排名表现相对较好，排在省内第9名；本溪市的公共服务指数、人力资源指数、市场环境指数和法治环境指数排名表现较好，分别排在省内第7名、第8名、第7名和第5名；辽阳市公共服务指数和人力资源指数排名表现相对较好，分别排在省内第6名和第3名，但金融服务指数排名表现较差，排在省内第12名；营口市的人力资源指数、创新环境指数与法治环境指数排名表现较差，分别排在省内第14名、第10名和第11名，但公共服务指数和市场环境指数排名表现较好，均排在省内第4名；其他城市的各分项指标与其营商环境指数省内排名较为一致。

表5-4-3　　　　辽宁省城市营商环境分项指标评价结果（三）

城市	金融服务指数			法治环境指数			政务环境指数		
	2020年	全国排名	省内排名	2020年	全国排名	省内排名	2020年	全国排名	省内排名
沈阳市	14.5407	17	1	51.3173	50	2	28.2198	26	1
大连市	12.5081	19	2	52.8312	39	1	25.2444	38	2
鞍山市	2.3559	134	6	29.5570	217	7	8.1810	249	14
抚顺市	1.4993	185	10	28.9246	227	9	8.8204	241	11
本溪市	1.5192	184	9	33.5516	177	5	8.6264	244	12
丹东市	1.3010	207	13	48.8099	87	3	14.9682	135	4
锦州市	2.7630	106	3	32.5205	187	6	11.9046	181	6
营口市	2.3766	132	5	28.0867	240	11	13.4156	158	5
阜新市	1.4899	186	11	24.9940	276	13	10.2142	221	10
辽阳市	1.4770	189	12	28.8267	229	10	10.6614	215	9
铁岭市	1.2583	210	14	25.8329	270	12	8.5883	245	13
朝阳市	2.3794	131	4	23.5390	286	14	10.8688	209	8
盘锦市	1.5815	181	8	28.9656	226	8	11.2762	201	7
葫芦岛市	1.7101	172	7	45.0658	134	4	16.9535	110	3

五、吉林省城市营商环境评价结果

吉林省地处中国东北中部，下辖8个地级市和1个自治州，本报告主要针对这8个地级市的营商环境进行评价（见表5–5）。2020年全国营商环境指数排名中，吉林省下辖城市营商环境指数排名表现较差，只有长春市进入了前100名，吉林市排在了前150名，其他城市均排在200名之后。通过全国排名变化可以看到，吉林省只有白山市和长春市的营商环境指数排名从2019年到2020年有提升，其他城市均有不同幅度的下降。由此可见，吉林省城市的营商环境相对较差。

表5-5　　吉林省城市营商环境评价结果

城市	营商环境指数		省内排名		省内排名近1年变化	全国排名		全国排名近1年变化
	2019年	2020年	2019年	2020年		2019年	2020年	
长春市	18.7636	18.5213	1	1	0	48	43	5
吉林市	14.3276	11.2589	2	2	0	89	126	–37
白山市	9.4018	9.0111	6	3	3	240	214	26
松原市	10.7315	8.2065	3	4	–1	185	242	–57
辽源市	9.3928	8.1191	7	5	2	241	243	–2
四平市	10.1872	7.6179	4	6	–2	210	261	–51
白城市	8.7069	6.6792	8	7	1	261	277	–16
通化市	9.5266	5.9601	5	8	–3	236	284	–48

从吉林省8个城市7个分项指标的全国排名来看，人力资源指数、市场环境指数、创新环境指数、金融服务指数、政务环境指数排名中，只有长春市进入全国前100名，其他城市均在150名之后；公共服务指数排名中，只有长春市和吉林市位于全国前100名，其他城市均排在200名之后；法治环境指数排名中，只有吉林市和白山市排在全国前150名，其他城市均排在170名之后。总的来看，吉林省城市的营商环境较差，各项分项指标均制约着其营商环境的提升。见表5–5–1、表5–5–2、表5–5–3。

表5-5-1　　吉林省城市营商环境分项指标评价结果（一）

城市	公共服务指数			人力资源指数		
	2020年	全国排名	省内排名	2020年	全国排名	省内排名
长春市	13.7708	39	1	31.0427	28	1
吉林市	7.6101	83	2	14.6446	156	2
四平市	3.0479	220	3	11.2547	246	3
辽源市	1.3367	278	7	9.4172	269	6
通化市	2.4587	237	4	9.7936	261	5
白山市	1.4651	272	6	8.6743	278	7
白城市	1.3162	280	8	8.4427	280	8
松原市	2.1827	248	5	11.2327	247	4

从吉林省城市的各分项指标省内排名来看，省会城市长春市除了法治环境指数表现较差，其他指数均排在省内第1名。吉林市除了政务环境指数排在省内第7名，其他各分项指数均稳居前2名。但是由于其他城市的各分项指数排名表现较差，导致吉林省整体营商环境缺乏竞争力。其中，白山市的公共服务指数、人力资源指数、创新环境指数和金融服务指数排名表现较差，分别排在省内第6名、第7名、第8名和第7名。

表5-5-2　　吉林省城市营商环境分项指标评价结果（二）

城市	市场环境指数			创新环境指数		
	2020年	全国排名	省内排名	2020年	全国排名	省内排名
长春市	14.3806	62	1	4.7476	56	1
吉林市	7.3326	163	2	0.6108	191	2
四平市	3.2925	253	7	0.2681	246	4
辽源市	5.8829	202	5	0.0922	279	7
通化市	4.4849	227	6	0.4763	209	3
白山市	6.4003	179	3	0.0759	283	8
白城市	3.1597	258	8	0.2064	258	5
松原市	6.0202	195	4	0.1050	277	6

辽源市的金融服务指数排名表现较差，排在省内第8名，但政务环境指数排名表现较好，排在省内第2名；四平市的公共服务指数和人力资源指数排名表现较好，均排在省内第3名；通化市的公共服务指数、创新环境指数和金融服务指数排名表现较好，分别排在省内第4名、第3名和第3名。

表5-5-3　　吉林省城市营商环境分项指标评价结果（三）

城市	金融服务指数			法治环境指数			政务环境指数		
	2020年	全国排名	省内排名	2020年	全国排名	省内排名	2020年	全国排名	省内排名
长春市	10.9007	26	1	33.2460	182	4	26.4691	33	1
吉林市	2.0905	152	2	52.1662	43	1	7.9934	250	7
四平市	1.0791	222	4	30.5038	204	6	11.5078	190	4
辽源市	0.5010	274	8	31.7539	192	5	15.7282	128	2
通化市	1.2517	212	3	26.5145	259	8	3.5927	285	8
白山市	0.8109	245	7	47.7891	103	2	10.7884	213	5
白城市	1.0320	228	5	29.9971	209	7	10.3730	220	6
松原市	0.9657	231	6	33.4858	179	3	11.8796	183	3

六、黑龙江省城市营商环境评价结果

黑龙江省位于中国东北地区，下辖12个地级市和1个地区行署，本报告主要针对12个地级市的营商环境进行评价（见表5–6）。2020年全国营商环境指数排名中，黑龙江下辖城市营商环境指数排名表现相对较差，只有哈尔滨市和大庆市进入了全国前100名，其他城市都排在200名之后，反映出黑龙江省营商环境处于较低水平。对比2019年排名可以看到，黑龙江省仅有2个城市的营商环境指数排名较2019年有所上升，齐齐哈尔市、牡丹江市、黑河市和双鸭山市的营商环境指数下降幅度较大。

表5-6　　黑龙江省城市营商环境评价结果

城市	营商环境指数		省内排名		省内排名近1年变化	全国排名		全国排名近1年变化
	2019年	2020年	2019年	2020年		2019年	2020年	
哈尔滨市	20.2378	18.6962	1	1	0	38	42	–4
大庆市	13.8760	12.8887	2	2	0	94	91	3
绥化市	10.0011	9.3094	7	3	4	218	202	16
佳木斯市	10.8482	9.1943	3	4	–1	180	207	–27
齐齐哈尔市	10.8355	7.6995	4	5	–1	182	259	–77
牡丹江市	10.0071	7.0499	6	6	0	217	270	–53

续表

城市	营商环境指数		省内排名		省内排名	全国排名		全国排名
	2019年	2020年	2019年	2020年	近1年变化	2019年	2020年	近1年变化
黑河市	10.1627	7.0230	5	7	–2	213	271	–58
七台河市	7.6342	6.2860	9	8	1	280	282	–2
鸡西市	7.0777	5.4107	10	9	1	285	286	–1
双鸭山市	9.1773	5.4036	8	10	–2	249	287	–38
鹤岗市	6.9880	5.2341	11	11	0	286	288	–2
伊春市	6.1784	4.8400	12	12	0	289	289	0

从分项指标的全国排名来看，黑龙江省除了法治环境指数和金融服务指数排名表现处于较好水平，其他分项指标排名都较差。公共服务指数排名和市场环境指数排名中，只有哈尔滨市和大庆市进入全国前100名，其他城市均位列200名之后；人力资源指数排名中，只有哈尔滨市和大庆市进入全国前100名，其他城市均在200名之后；创新环境指数排名中，只有哈尔滨市进入全国前50名，其他城市均位于180名之后；政务环境指数排名中，除了哈尔滨市和绥化市进入全国前100名，其他城市均排在180名以后；金融服务指数排名表现较好，其中哈尔滨市、齐齐哈尔市、牡丹江市和大庆市均排在全国前150名；法治环境指数表现一般，仅有4个城市进入了全国前150名。见表5–6–1、表5–6–2、表5–6–3。

表5-6-1　　黑龙江省城市营商环境分项指标评价结果（一）

城市	公共服务指数			人力资源指数		
	2020年	全国排名	省内排名	2020年	全国排名	省内排名
哈尔滨市	17.8313	22	1	30.1898	30	1
齐齐哈尔市	5.6164	130	3	11.5170	243	3
牡丹江市	3.1921	216	5	10.8061	253	4
佳木斯市	2.7383	232	6	9.2974	270	7
鸡西市	2.2977	244	7	8.3768	282	8
鹤岗市	1.8169	261	9	8.0493	286	10
双鸭山市	2.0318	252	8	9.4376	267	5
七台河市	0.9407	287	12	9.4299	268	6
黑河市	1.3202	279	11	6.5312	287	11
伊春市	1.3505	276	10	4.9844	289	12
大庆市	8.4405	74	2	19.2738	73	2
绥化市	3.2063	213	4	8.2347	284	9

从分项指标的省内排名来看，省会哈尔滨市领先地位较为明显，除了法治环境指数排在省内第5名，其他分项指标均排在省内第1名；大庆市除了政务环境指数排在省内第6名，其他分项指数均排在省内第1～2名；齐齐哈尔市的市场环境指数和法治环境指数排名较低，分别排在省内第9名和第11名；鸡西市的市场环境指数排名表现较好，排在省内第6名；绥化市的人力资源指数、市场环境指数排名表现较差，分别位于省内第9名、第11名；七台河市的公共服务指数排名表现较差，位于省内第12名，但政务环境指数排名表现较好，排在省内第5名。

表5-6-2　　黑龙江省城市营商环境分项指标评价结果（二）

城市	市场环境指数			创新环境指数		
	2020年	全国排名	省内排名	2020年	全国排名	省内排名
哈尔滨市	14.1380	64	1	5.3751	49	1
齐齐哈尔市	2.4860	273	9	0.1914	265	6
牡丹江市	6.0919	192	3	0.2877	240	3
佳木斯市	3.9744	241	4	0.2780	244	4
鸡西市	2.9327	263	6	0.1407	274	7
鹤岗市	2.3382	275	10	0.0821	281	9
双鸭山市	3.3007	251	5	0.0146	289	12
七台河市	2.7047	268	8	0.0872	280	8
黑河市	2.7462	266	7	0.0376	288	11
伊春市	1.5850	283	12	0.0644	286	10
大庆市	13.2955	72	2	0.7214	182	2
绥化市	2.2976	276	11	0.2153	256	5

牡丹江市的市场环境指数和创新环境指数排名表现较好，均排在省内第3名；黑河市的公共服务水平、人力资源水平、创新环境水平和政务环境对其营商环境发展造成了阻碍，分别排在省内第11名、第11名、第11名和第12名，但法治环境水平较高，排在省内第2名；伊春市的公共服务指数、人力资源指数、市场环境指数、创新环境指数、金融服务指数和法治环境指数排名表现较差，阻碍了伊春市的营商环境发展，其政务环境排名表现相对较好，排在省内第7名；其余各城市的各个分项指标省内排名与其营商环境指数的省内排名相对一致。

表5-6-3　　黑龙江省城市营商环境分项指标评价结果（三）

城市	金融服务指数			法治环境指数			政务环境指数		
	2020年	全国排名	省内排名	2020年	全国排名	省内排名	2020年	全国排名	省内排名
哈尔滨市	12.0186	20	1	35.9008	168	5	21.1547	57	1
齐齐哈尔市	2.9930	91	3	25.4645	273	11	11.5500	189	3
牡丹江市	2.7401	107	4	27.2939	246	8	5.6851	272	8
佳木斯市	1.4495	192	6	48.3948	96	3	11.2949	200	4
鸡西市	1.3717	201	7	26.0339	265	9	3.5962	284	10
鹤岗市	0.4922	275	11	28.0642	241	7	3.4058	286	11
双鸭山市	0.7848	247	8	24.2625	281	12	4.2795	280	9
七台河市	0.5428	271	10	28.8059	231	6	8.9976	238	5
黑河市	0.6973	254	9	48.6255	90	2	3.0702	288	12
伊春市	0.3241	284	12	25.8961	267	10	6.6942	261	7
大庆市	3.0678	89	2	50.1005	66	1	7.7253	254	6
绥化市	1.6339	178	5	43.5008	147	4	17.4742	99	2

七、江苏省城市营商环境评价结果

江苏省地处中国东部沿海中心、长江下游地区，其下辖13个地级市（见表5–7）。2020年全国营商环境指数排名中，江苏省下辖城市营商环境指数排名表现优异，有12个城市营商环境排名进入全国前100名，即使表现最差的宿迁市也排在全国第112名，苏州市、南京市、无锡市、常州市、南通市、徐州市和扬州市更是排进了前50名。这表明江苏省城市的营商环境十分具有竞争力。

表5-7　　江苏省城市营商环境评价结果

城市	营商环境指数		省内排名		省内排名近1年变化	全国排名		全国排名近1年变化
	2019年	2020年	2019年	2020年		2019年	2020年	
苏州市	41.6451	38.8657	1	1	0	8	7	1
南京市	34.6255	36.7596	2	2	0	11	10	1
无锡市	27.7514	27.1647	3	3	0	18	20	–2

续表

城市	营商环境指数		省内排名		省内排名近1年变化	全国排名		全国排名近1年变化
	2019年	2020年	2019年	2020年		2019年	2020年	
常州市	22.0492	22.1958	5	4	1	32	24	8
南通市	22.2103	21.1595	4	5	–1	28	31	–3
徐州市	19.1558	18.3518	6	6	0	46	45	1
扬州市	17.8914	17.0436	8	7	1	51	48	3
镇江市	19.0788	16.4806	7	8	–1	47	53	–6
泰州市	17.3030	16.1591	9	9	0	56	54	2
盐城市	16.0759	14.8136	10	10	0	66	67	–1
淮安市	15.3939	14.0701	12	11	1	72	75	–3
连云港市	15.7422	13.5805	11	12	–1	68	83	–15
宿迁市	13.0828	11.8474	13	13	0	110	112	–2

从分项指标的全国排名来看，江苏省城市除了法治环境指数排名表现较为一般，其他6个分项指标排名表现都较为优异。公共服务指数排名和金融服务指数排名中分别有11个和12个城市进入全国前100名；人力资源指数排名中有12个城市进入全国前120名；市场环境指数排名中，全部城市都排在前120名之内；创新环境指数排名表现十分优异，所有城市都进入了全国前100名；政务环境指数排名中，有12个城市进入全国前150名；法治环境指数排名相对表现一般，有9个城市进入全国前100名，但是也有4个城市位于120名之后。总体来看，江苏省城市具有浓郁的创新氛围、优异的市场环境、高效的金融服务、良好的政务环境、充足的人力资源储备和丰富的公共服务条件，导致其创新环境水平处于国内拔尖水平。见表5–7–1、表5–7–2、表5–7–3。

表5-7-1　　江苏省城市营商环境分项指标评价结果（一）

城市	公共服务指数			人力资源指数		
	2020年	全国排名	省内排名	2020年	全国排名	省内排名
南京市	24.5841	13	2	55.2148	6	1
无锡市	22.2156	17	3	24.7841	39	4
徐州市	13.0133	45	6	20.3447	63	6
常州市	14.6305	34	4	25.0242	37	3
苏州市	40.5648	5	1	34.1260	20	2
南通市	13.7155	40	5	23.8688	42	5
连云港市	6.0930	119	13	16.5554	111	10

续表

城市	公共服务指数			人力资源指数		
	2020年	全国排名	省内排名	2020年	全国排名	省内排名
淮安市	6.4259	108	12	16.5225	113	11
盐城市	9.6623	60	7	16.2307	119	12
扬州市	7.4732	85	9	19.5888	71	7
镇江市	6.9335	99	11	19.0395	78	8
泰州市	8.3747	75	8	17.0077	103	9
宿迁市	7.3901	89	10	13.3738	196	13

从江苏省城市各分项指标省内排名来看，南京市和苏州市的领先幅度较为明显，南京市除了市场环境指数排在省内第4名，其他分项指标均排在第1～2名；苏州市的7个分项指标均排在省内第1～3名；无锡市的法治环境指数排名较低，位于全省第5名，其他指标均分列省内第2～4名；徐州市的市场环境指数和创新环境指数排名较差，分别排在了省内第9名和第10名，还有待提高。

表5-7-2　　江苏省城市营商环境分项指标评价结果（二）

城市	市场环境指数			创新环境指数		
	2020年	全国排名	省内排名	2020年	全国排名	省内排名
南京市	29.2809	22	4	22.9677	13	2
无锡市	37.3423	9	2	17.0386	16	3
徐州市	15.7703	56	9	6.2933	44	10
常州市	29.3794	21	3	10.5988	28	5
苏州市	46.9560	6	1	40.7573	5	1
南通市	26.6734	25	5	12.1585	23	4
连云港市	9.1756	116	13	2.9474	73	13
淮安市	13.3653	70	11	4.0587	60	12
盐城市	14.9482	59	10	8.2338	36	7
扬州市	21.5014	29	6	9.5678	32	6
镇江市	20.0710	37	7	6.9492	41	8
泰州市	19.9835	38	8	6.9268	42	9
宿迁市	9.2791	113	12	4.0742	59	11

常州市的法治环境指数排名表现相对较差，只排到了全省第10名；镇江市的公共服务指数和法治环境指数排名相对较差，均排在了全省第11名；扬州

市的金融服务指数和政务环境指数排名表现较差，分别位列全省第12名和第10名；连云港市和淮安市的法治环境指数排名较高，分别排在全省第2名和第6名；其余城市的各个分项指标省内排名与其营商环境指数省内排名较为一致。

表5-7-3　　　　江苏省城市营商环境分项指标评价结果（三）

城市	金融服务指数			法治环境指数			政务环境指数		
	2020年	全国排名	省内排名	2020年	全国排名	省内排名	2020年	全国排名	省内排名
南京市	21.7704	9	1	60.9599	10	1	50.6065	5	1
无锡市	10.1297	29	3	51.9867	45	5	34.9302	19	3
徐州市	5.2252	53	7	55.1571	28	4	24.9270	39	5
常州市	6.5735	40	5	46.2317	123	10	30.9446	24	4
苏州市	19.9682	11	2	56.3534	24	3	39.1634	10	2
南通市	8.9804	31	4	49.3442	75	7	22.7707	47	6
连云港市	4.1298	66	9	58.9546	16	2	12.3327	172	13
淮安市	3.9710	70	11	50.6520	57	6	15.6891	130	12
盐城市	5.3006	51	6	36.9894	161	12	19.7220	69	9
扬州市	3.8623	71	12	49.2104	78	8	18.8233	81	10
镇江市	4.0184	69	10	45.7108	126	11	22.3852	49	7
泰州市	4.7070	59	8	48.4688	94	9	18.4152	87	11
宿迁市	1.8652	166	13	34.3401	173	13	20.1066	63	8

八、浙江省城市营商环境评价结果

浙江省地处中国东南沿海地区，历来是中国最重视商业发展的地区之一，因此也是中国经济发展最好的地区之一。浙江省下辖11个地级市（见表5–8），总体经济发展水平都较高，特别是作为中国最早对外开放地区之一，浙江省下辖城市的营商环境具有较强的优势。2020年全国营商环境排名中，浙江省营商环境指数排名表现优异，有10个城市进入全国前100名，更是有7个城市排在全国前50名，省会城市杭州排名进入全国前10名。全省排名最后的丽水市也排在全国第101名，可见浙江省城市的营商环境处于中国领先水平。

表5-8　浙江省城市营商环境评价结果

城市	营商环境指数		省内排名		省内排名近1年变化	全国排名		全国排名近1年变化
	2019年	2020年	2019年	2020年		2019年	2020年	
杭州市	39.3613	37.9721	1	1	0	9	9	0
宁波市	32.2010	31.7554	2	2	0	13	13	0
嘉兴市	23.4114	21.5290	4	3	1	25	27	–2
绍兴市	22.0918	21.3618	6	4	2	31	29	2
温州市	25.3878	21.3543	3	5	–2	22	30	–8
金华市	22.1129	19.8979	5	6	–1	30	33	–3
台州市	21.5158	18.8712	7	7	0	34	40	–6
湖州市	16.4590	14.7717	8	8	0	63	68	–5
舟山市	15.7009	14.5903	10	9	1	69	69	0
衢州市	16.1275	14.1781	9	10	–1	65	74	–9
丽水市	14.9012	12.3708	11	11	0	78	101	–23

从分项指数得分来看，浙江省的11个城市7个分项指数排名表现都较好。公共服务指数排名中，除了舟山市、丽水市和衢州市排在全国150名之后，其他城市全部进入了前100名；人力资源指数排名中，11个城市全部排在全国前100名，说明浙江省对于吸引劳动力和留住劳动力方面有很大的优势；市场环境指数排名中，除了丽水市和衢州市位于全国第120～140名，其他城市全部排在前100名以内；创新环境指数排名中，只有舟山市排在100名以后，其他城市均进入全国前100名；金融服务指数排名中，除了舟山市和丽水市排在全国100～170名，其他城市都排在前100名以内；法治环境指数排名中，共有9个城市排在全国前100名。见表5–8–1、表5–8–2、表5–8–3。

表5-8-1　浙江省城市营商环境分项指标评价结果（一）

城市	公共服务指数			人力资源指数		
	2020年	全国排名	省内排名	2020年	全国排名	省内排名
杭州市	29.4246	11	1	49.4574	11	1
宁波市	22.9984	16	2	35.8325	17	2
金华市	10.2133	57	6	22.2782	49	7
嘉兴市	12.5654	47	5	24.8743	38	3
绍兴市	14.4107	35	3	20.5918	60	9
温州市	13.2687	43	4	22.4959	48	6
舟山市	1.2393	282	11	21.9436	51	8

续表

城市	公共服务指数			人力资源指数		
	2020年	全国排名	省内排名	2020年	全国排名	省内排名
台州市	9.9136	59	7	18.8432	80	10
湖州市	7.1123	94	8	18.5585	85	11
丽水市	3.3215	204	10	23.7996	43	5
衢州市	4.9691	154	9	24.3052	41	4

从浙江省城市的各分项指标省内排名来看，杭州市和宁波市领先幅度较为明显，杭州市除了法治环境排在省内第4名，其他6个分项指标排名均位于全省第1名，宁波市的7个分项指标排名均位于全省第2名；嘉兴市的法治环境指数排名较低，排在省内第7名；绍兴市的人力资源指数和金融服务指数排名表现较差，分别排在省内第9名和第7名；金华市的政务环境指数排名较高，排在省内第3名；温州市的市场环境指数排名表现较差，排在省内第8名，但法治环境指数排名较好，位于省内第1名。

表5-8-2　　浙江省城市营商环境分项指标评价结果（二）

城市	市场环境指数			创新环境指数		
	2020年	全国排名	省内排名	2020年	全国排名	省内排名
杭州市	36.7731	10	1	30.3911	6	1
宁波市	35.8899	11	2	23.0106	12	2
金华市	15.8648	54	7	10.3500	29	7
嘉兴市	27.0158	23	3	10.9090	25	5
绍兴市	22.7972	27	4	16.1323	17	3
温州市	15.8248	55	8	15.2506	21	4
舟山市	14.8302	60	9	1.3902	132	11
台州市	15.9677	52	6	10.8928	26	6
湖州市	17.6527	46	5	8.0698	37	8
丽水市	8.4949	137	11	3.4586	63	9
衢州市	8.8672	128	10	3.1714	70	10

台州市的金融服务指数和法治环境指数排名较高，分别位于省内第4名和第3名，但台州市的人力资源指数排名较低，仅排在全省第10名；衢州市的人力资源指数排名表现较好，排在省内第4名；湖州市的市场环境指数排名较高，位于省内第5名，但人力资源指数排名表现较差，仅排在省内第11名；丽

水市的人力资源指数排名较高，排在全省第5名；其余未提到的城市各个分项指标省内排名与其营商环境指数省内排名较为一致。

表5-8-3　　浙江省城市营商环境分项指标评价结果（三）

城市	金融服务指数			法治环境指数			政务环境指数		
	2020年	全国排名	省内排名	2020年	全国排名	省内排名	2020年	全国排名	省内排名
杭州市	28.8928	7	1	59.4703	14	4	38.5615	13	1
宁波市	17.3551	14	2	60.2923	12	2	36.4212	17	2
金华市	5.9488	46	6	54.0080	30	6	31.9925	22	3
嘉兴市	6.0624	43	5	51.7282	47	7	27.6144	28	4
绍兴市	5.8657	48	7	57.4392	19	5	24.3217	40	5
温州市	10.7635	27	3	60.9525	11	1	24.1238	42	6
舟山市	1.7639	169	11	49.5686	72	9	23.0558	46	7
台州市	8.7700	32	4	59.9891	13	3	21.4279	55	8
湖州市	4.0466	68	8	34.0818	176	10	20.3169	60	9
丽水市	2.8189	102	10	30.5950	202	11	20.1817	62	10
衢州市	2.8730	97	9	49.7978	70	8	17.1364	106	11

九、安徽省城市营商环境评价结果

安徽省地处中国中部地区，下辖16个地级市。2020年全国营商环境指数排名中，安徽省下辖城市营商环境指数排名表现较好（见表5–9），有10个城市排在全国前150名之内，其中省会合肥市排在第21名，黄山市、亳州市、淮北市和宣城市营商环境指数均排在全国第150～200名，只有淮南市和池州市排在全国200名之后。

表5-9　　安徽省城市营商环境评价结果

城市	营商环境指数		省内排名		省内排名近1年变化	全国排名		全国排名近1年变化
	2019年	2020年	2019年	2020年		2019年	2020年	
合肥市	27.5136	24.5443	1	1	0	19	21	–2
芜湖市	16.5575	16.0075	2	2	0	62	56	6

续表

城市	营商环境指数		省内排名		省内排名近1年变化	全国排名		全国排名近1年变化
	2019年	2020年	2019年	2020年		2019年	2020年	
蚌埠市	13.7530	12.8610	4	3	1	97	92	5
马鞍山市	14.1913	12.7400	3	4	–1	91	95	–4
阜阳市	13.4070	12.0630	6	5	1	106	108	–2
安庆市	13.6625	11.9764	5	6	–1	100	109	–9
六安市	11.4599	11.6643	10	7	3	153	117	36
宿州市	11.0023	11.1254	12	8	4	174	133	41
铜陵市	11.8255	11.0934	9	9	0	146	135	11
滁州市	12.0237	11.0010	8	10	–2	138	138	0
黄山市	13.0718	10.2223	7	11	–4	111	163	–52
亳州市	10.4727	9.9054	14	12	2	194	175	19
淮北市	9.7129	9.6940	15	13	2	230	181	49
宣城市	11.2444	9.3676	11	14	–3	165	199	–34
淮南市	10.9328	9.2864	13	15	–2	177	204	–27
池州市	8.6928	8.3515	16	16	0	262	235	27

从安徽省城市7个分项指标的全国排名来看，人力资源指数、创新环境指数、金融服务指数、法治环境指数和政务环境指数表现都较好，分别有9～13个城市进入全国前150名；市场环境指数表现一般，只有7个城市排在全国前150名，并且有6个城市排在200名之后；公共服务指数排名表现较差，只有5个城市排在全国前150名，但是有7个城市排在全国200名之后。总的来看，安徽省的各分项指标排名存在一定的上升空间，良好的创新环境和充足的人力资源是其优势，但公共服务和市场环境成为制约其营商环境提升的主要因素。见表5–9–1、表5–9–2、表5–9–3。

表5-9-1　　安徽省城市营商环境分项指标评价结果（一）

城市	公共服务指数			人力资源指数		
	2020年	全国排名	省内排名	2020年	全国排名	省内排名
合肥市	16.5956	26	1	38.0680	16	1
芜湖市	7.2555	92	2	22.1279	50	2
蚌埠市	4.4200	173	7	15.4248	137	12
淮南市	3.8568	188	8	19.7226	70	4
马鞍山市	5.5443	132	4	19.1501	75	5

续表

城市	公共服务指数			人力资源指数		
	2020年	全国排名	省内排名	2020年	全国排名	省内排名
淮北市	2.4462	240	14	15.7002	129	10
铜陵市	3.1708	217	12	16.0758	122	8
安庆市	4.4269	172	6	15.6658	131	11
黄山市	1.4303	274	16	16.0635	123	9
滁州市	5.2198	144	5	17.1308	102	7
阜阳市	6.7296	102	3	17.4106	100	6
宿州市	3.2696	206	10	13.2320	199	16
六安市	3.1987	214	11	20.2010	64	3
亳州市	2.6822	233	13	14.2136	166	15
池州市	1.9002	256	15	14.6395	157	14
宣城市	3.5328	196	9	15.1219	141	13

从安徽省城市的各分项指标省内排名来看，省会合肥市领先幅度较为明显，除了法治环境指数排在省内第3名，其他指标均位居第1名；芜湖市除了政务环境指数排名表现较差，排在省内第10名，其他指标均排在省内第2～3名；马鞍山市的金融服务指数、法治环境指数和政务环境指数排名表现相对不太理想，分别排在省内第11名、第11名和第7名；滁州市的法治环境指数排名较差，仅仅排在省内第13名，但公共服务指数、创新环境指数和政务环境指数排名表现较好，分别排在省内第5名、第4名和第6名；蚌埠市的公共服务指数、人力资源指数、创新环境指数和金融服务指数排名表现不太理想，分别排在省内第7名、第12名、第8名和第7名，但法治环境排名表现较为优异，位居省内第1名；六安市的公共服务指数和市场环境指数排名表现较差，分别排在省内第11名和第16名，但是其人力资源指数和金融服务指数排名表现相对较好，分别排在省内第3名和第4名。

表5-9-2　　安徽省城市营商环境分项指标评价结果（二）

城市	市场环境指数			创新环境指数		
	2020年	全国排名	省内排名	2020年	全国排名	省内排名
合肥市	19.9695	39	1	18.4186	15	1
芜湖市	17.4024	48	2	9.2238	34	2

续表

城市	市场环境指数			创新环境指数		
	2020年	全国排名	省内排名	2020年	全国排名	省内排名
蚌埠市	8.9305	124	6	2.1210	93	8
淮南市	4.1988	235	15	1.1834	146	10
马鞍山市	14.7101	61	3	3.0240	71	3
淮北市	5.7086	209	11	0.5385	203	16
铜陵市	9.8332	107	4	1.0958	151	12
安庆市	7.1718	165	8	2.1157	94	9
黄山市	5.9855	199	10	0.9073	163	14
滁州市	8.8988	126	7	2.6511	78	4
阜阳市	5.0039	220	13	2.1849	92	7
宿州市	5.7047	210	12	0.9385	160	13
六安市	4.1807	236	16	2.3622	89	6
亳州市	4.3879	229	14	1.1744	147	11
池州市	6.1125	191	9	0.8559	169	15
宣城市	9.1408	118	5	2.4117	87	5

宣城市的市场环境指数和创新环境指数排名表现较好，均排在省内第5名；淮南市的公共服务指数、人力资源指数和金融服务指数排名表现较好，分别排在省内第8名、第4名和第5名；铜陵市的公共服务指数、创新环境指数、金融服务指数和法治环境指数排名表现较差，分别排在省内第12名、第12名、第16名和第12名，但是市场环境指数和政务环境指数排名表现优异，分别位于省内第4名和第2名；阜阳市的金融服务指数排名较好，排在省内第2名，但市场环境指数和政务环境指数排名表现较差，分别排在省内第13名和第12名；黄山市的政务环境排名表现较好，位于省内第3名，但公共服务指数、创新环境指数和金融服务指数排名表现较差，分别排在省内第16名、第14名和第15名；亳州市的法治环境指数和金融服务指数排名表现较好，分别排在省内第7名和第6名；宿州市的政务环境指数排名较好，分别排在省内第4名，但人力资源指数、市场环境指数和创新环境指数排名表现较差，分别排在省内第16名、第12名和第13名。

表5-9-3　　安徽省城市营商环境分项指标评价结果（三）

城市	金融服务指数			法治环境指数			政务环境指数		
	2020年	全国排名	省内排名	2020年	全国排名	省内排名	2020年	全国排名	省内排名
合肥市	11.0102	23	1	49.2073	79	3	26.7621	31	1
芜湖市	3.2910	83	3	49.8283	68	2	14.1969	148	10
蚌埠市	2.1405	144	7	53.0209	37	1	17.3556	103	5
淮南市	2.2185	138	5	26.4852	260	16	13.0723	164	11
马鞍山市	2.0050	156	11	36.4595	163	11	16.1935	121	7
淮北市	1.0973	218	13	45.0256	135	8	9.1189	235	16
铜陵市	0.9793	230	16	36.3474	164	12	18.5691	84	2
安庆市	2.0906	151	10	48.2951	99	5	16.1752	122	8
黄山市	1.0814	221	15	37.0548	159	10	17.9775	91	3
滁州市	2.1213	146	8	30.0757	208	13	17.2679	104	6
阜阳市	4.3672	64	2	48.8833	84	4	12.1348	177	12
宿州市	2.0957	150	9	46.5164	120	6	17.9182	93	4
六安市	2.4592	129	4	44.0057	144	9	16.0228	125	9
亳州市	2.1744	143	6	45.3397	131	7	11.1768	202	14
池州市	1.0838	220	14	29.6310	214	15	11.3308	199	13
宣城市	1.6968	173	12	29.9309	211	14	10.5926	216	15

十、福建省城市营商环境评价结果

福建省地处中国东南沿海地区，下辖9个地级市（含1个副省级市）和1个综合实验区（见表5–10），本报告主要针对9个地级市的营商环境进行评价。2020年全国营商环境指数排名中，福建省下辖城市营商环境指数排名相对较好，有5个城市进入全国前150名，其中省会城市福州市、厦门市和泉州市均排在全国前50名，没有排在200名之后的城市，全省排名最差的宁德市也排在全国第188名。

表5-10　　福建省城市营商环境评价结果

城市	营商环境指数		省内排名		省内排名近1年变化	全国排名		全国排名近1年变化
	2019年	2020年	2019年	2020年		2019年	2020年	
厦门市	22.2101	22.5867	2	1	1	29	22	7
福州市	24.5235	21.5242	1	2	–1	23	28	–5
泉州市	19.9622	19.6262	3	3	0	40	35	5
漳州市	13.7517	12.4557	4	4	0	98	99	–1
南平市	12.5550	11.7560	6	5	1	119	114	5
莆田市	9.9537	10.4863	9	6	3	221	155	66
龙岩市	10.4170	10.2948	8	7	1	197	160	37
三明市	12.7043	10.0077	5	8	–3	117	171	–54
宁德市	12.2976	9.5318	7	9	–2	133	188	–55

从福建省城市7个分项指标的全国排名来看，创新环境指数、金融服务指数和政务环境指数排名表现较好，分别有8个、7个和7个城市排在前150名；公共服务指数、人力资源指数和法治环境指数排名表现一般，分别有4个、5个和4个城市排在全国前150名；市场环境指数排名表现优异，9个城市排名全部进入前150名，并且其中有7个城市排在全国前100名。见表5–10–1、表5–10–2、表5–10–3。

表5-10-1　　福建省城市营商环境分项指标评价结果（一）

城市	公共服务指数			人力资源指数		
	2020年	全国排名	省内排名	2020年	全国排名	省内排名
福州市	14.8160	33	1	31.4048	26	1
厦门市	9.0863	64	3	27.7320	34	2
莆田市	4.0488	182	7	13.2532	197	9
三明市	3.8816	186	8	16.8427	107	5
泉州市	12.0836	51	2	20.1811	65	3
漳州市	6.2971	111	4	19.1229	76	4
南平市	3.3841	201	9	14.2966	162	7
龙岩市	4.6251	163	5	14.0277	172	8
宁德市	4.4976	167	6	14.7864	151	6

从福建省城市的各分项指标省内排名来看，福州市、厦门市和泉州市排名领先幅度较为明显，福州市、泉州市和厦门市全部分项指标均排在省内第1～3名；莆田市的人力资源指数和金融服务指数排名表现较差，均排在省内

第9位；三明市的人力资源指数和市场环境指数排名表现较好，均排在省内第5名。

表5-10-2　　　　福建省城市营商环境分项指标评价结果（二）

城市	市场环境指数			创新环境指数		
	2020年	全国排名	省内排名	2020年	全国排名	省内排名
福州市	17.4853	47	3	9.1417	35	3
厦门市	21.2318	31	1	10.1915	30	2
莆田市	10.9299	96	7	1.3173	140	8
三明市	13.5411	68	5	1.3537	136	7
泉州市	20.7557	34	2	15.5532	20	1
漳州市	13.8094	65	4	3.3671	65	4
南平市	9.1450	117	8	0.9549	158	9
龙岩市	12.6218	76	6	2.4298	86	5
宁德市	9.1176	120	9	1.5074	123	6

南平市的公共服务指数、市场环境指数、创新环境指数和金融服务指数排名表现较差，分别排在省内第9名、第8名、第9名和第8名；宁德市的公共服务指数、人力资源指数、创新环境指数和金融服务指数排名表现较好，均排在省内第6名；其余城市的各个分项指标省内排名与营商环境指数的省内排名较为一致。

表5-10-3　　　　福建省城市营商环境分项指标评价结果（三）

城市	金融服务指数			法治环境指数			政务环境指数		
	2020年	全国排名	省内排名	2020年	全国排名	省内排名	2020年	全国排名	省内排名
福州市	10.6437	28	1	50.6587	56	2	26.2306	34	2
厦门市	8.2176	34	2	52.5173	41	1	39.1070	11	1
莆田市	1.8999	165	9	29.5662	216	6	18.7485	83	5
三明市	2.2334	137	7	22.6600	288	9	13.7591	156	8
泉州市	5.2362	52	3	50.2871	62	3	23.5065	45	3
漳州市	3.2402	84	4	34.1202	175	5	14.4548	144	7
南平市	1.9603	160	8	43.5926	146	4	19.5710	72	4
龙岩市	3.1024	88	5	23.8701	284	8	15.9117	126	6
宁德市	2.6038	119	6	28.2181	239	7	12.2205	173	9

十一、江西省城市营商环境评价结果

江西省地处中国东南地区，下辖11个地级市。2020年全国营商环境指数排名中，下辖城市排名表现一般（见表5-11），有5个城市进入全国前150名，有2个城市位于200名之后，其中南昌市、赣州市和九江市排在了全国前100名。但是对比2019年，江西省有5个城市的排名有所下降，其中鹰潭市和景德镇市下降幅度较大，分别下降了42名和31名。

表5-11　　　　江西省城市营商环境评价结果

城市	营商环境指数		省内排名		省内排名近1年变化	全国排名		全国排名近1年变化
	2019年	2020年	2019年	2020年		2019年	2020年	
南昌市	19.5672	19.4476	1	1	0	43	38	5
赣州市	15.4245	14.3442	2	2	0	71	72	-1
九江市	14.8225	13.8150	3	3	0	80	79	1
新余市	11.4981	11.4863	7	4	3	152	120	32
鹰潭市	13.4174	10.7091	4	5	-1	105	147	-42
吉安市	11.9647	10.6128	5	6	-1	142	151	-9
景德镇市	11.9265	9.9253	6	7	-1	143	174	-31
上饶市	10.4554	9.8297	8	8	0	195	178	17
宜春市	10.4333	9.3992	9	9	0	196	193	3
抚州市	9.2271	8.3231	11	10	1	248	237	11
萍乡市	9.4140	7.8556	10	11	-1	239	255	-16

从江西省城市6个分项指标的全国排名来看，创新环境指数排名表现优异，有9个城市进入了全国前150名；公共服务指数、市场环境指数和金融服务指数表现一般，均有5个城市进入全国前150名；法治环境指数排名表现较好，有6个城市排在全国前150名；政务环境指数排名表现也一般，只有4个城市排在全国前150名；人力资源指数排名表现较差，仅仅有4个城市排在全国前150名，且有3个城市排在全国200名之后。见表5-11-1、表5-11-2、表5-11-3。

表5-11-1　　　　江西省城市营商环境分项指标评价结果（一）

城市	公共服务指数			人力资源指数		
	2020年	全国排名	省内排名	2020年	全国排名	省内排名
南昌市	10.5361	56	1	38.6085	15	1
景德镇市	2.2103	247	10	12.5822	219	11
萍乡市	2.3989	241	9	14.0359	171	6
九江市	6.2720	113	4	17.8341	94	3
新余市	2.5706	236	8	14.3442	161	5
鹰潭市	1.5035	271	11	14.0229	173	7
赣州市	7.8434	81	2	21.3745	55	2
宜春市	5.6144	131	5	13.1278	202	9
上饶市	6.3731	110	3	14.9149	146	4
吉安市	4.1572	177	6	13.5416	190	8
抚州市	2.9277	225	7	12.6723	216	10

从江西省城市的各分项指标省内排名来看，省会南昌市领先幅度较大，除了法治环境指数排在省内第7名，其余6个分项指标全部稳居省内第1名；赣州市的法治环境指数排名较低，排在省内第5名，其他指标均排在省内第2～4名；新余市的公共服务指数、创新环境指数和金融服务指数排名表现较差，分别排在省内第8名、第11名和第11名，但法治环境指数排名表现优异，排在省内第1名；鹰潭市的公共服务指数、创新环境指数和金融服务指数排名较差，分别排在省内第11名、第8名和第10名。

表5-11-2　　　　江西省城市营商环境分项指标评价结果（二）

城市	市场环境指数			创新环境指数		
	2020年	全国排名	省内排名	2020年	全国排名	省内排名
南昌市	18.1267	45	1	7.1066	39	1
景德镇市	5.9611	200	10	0.9047	164	10
萍乡市	6.9278	170	8	1.4809	125	9
九江市	11.8166	83	2	2.9921	72	4
新余市	11.2665	93	3	0.5996	195	11
鹰潭市	8.6867	133	5	1.5128	121	8
赣州市	8.6889	132	4	5.1980	52	2
宜春市	7.6050	156	6	3.3145	67	3
上饶市	6.8749	172	9	2.3287	90	7
吉安市	7.2803	164	7	2.5792	80	5
抚州市	4.8472	223	11	2.5445	82	6

吉安市的政务环境指数排名表现较差，排在省内第10名；景德镇市的公共服务指数、人力资源指数、市场环境指数和创新环境指数排名较差，分别排在省内第10名、第11名、第10名和第10名，但法治环境指数排名表现较好，排在省内第3名；上饶市的公共服务指数、人力资源指数和金融服务指数排名表现较好，分别排在全省第3名、第4名和第4名；宜春市的公共服务指数、创新环境指数和金融服务指数排名表现较好，分别排在省内第5名、第3名和第3名；萍乡市的人力资源指数排名表现较好，排在省内第6名；抚州市的创新环境指数排名表现较好，排在省内第6名。

表5-11-3　　江西省城市营商环境分项指标评价结果（三）

城市	金融服务指数			法治环境指数			政务环境指数		
	2020年	全国排名	省内排名	2020年	全国排名	省内排名	2020年	全国排名	省内排名
南昌市	9.2072	30	1	40.1950	152	7	19.2690	75	1
景德镇市	0.8612	238	9	48.9226	83	3	11.0344	204	9
萍乡市	1.1624	215	8	25.1916	275	11	9.5702	229	11
九江市	2.1821	142	5	49.3019	76	2	18.1354	89	2
新余市	0.6746	257	11	49.4623	73	1	14.1447	149	4
鹰潭市	0.6983	253	10	47.6744	104	4	13.1869	161	5
赣州市	3.7504	74	2	46.5451	118	5	17.7429	94	3
宜春市	2.9470	92	3	27.0247	252	10	12.0361	180	8
上饶市	2.8895	96	4	28.7648	232	8	12.9736	167	6
吉安市	1.7133	171	6	45.9824	125	6	10.8257	212	10
抚州市	1.5886	180	7	27.5763	243	9	12.5229	169	7

十二、山东省城市营商环境评价结果

山东省地处中国东部沿海，下辖16个地级市（原莱芜市于2019年1月正式撤销）（见表5-12），2020年山东省城市营商环境的排名表现优异，下辖16个地级市全部排在全国前150名，其中有12个城市更是进入了全国前100名，表明山东省城市的营商环境整体处于相对较高水平。对比2019年排名，可以看出山东省有8个城市的营商环境排名有所上升，8个城市排名有所下降。

表5-12　　山东省城市营商环境评价结果

城市	营商环境指数		省内排名		省内排名近1年变化	全国排名		全国排名近1年变化
	2019年	2020年	2019年	2020年		2019年	2020年	
济南市	27.0839	27.8426	2	1	1	20	18	2
青岛市	28.6475	27.4934	1	2	–1	17	19	–2
烟台市	20.0257	19.6054	3	3	0	39	36	3
东营市	17.4209	18.4484	6	4	2	54	44	10
潍坊市	19.4171	18.1848	4	5	–1	44	46	–2
淄博市	17.0880	16.9737	8	6	2	58	49	9
威海市	18.1977	15.8539	5	7	–2	50	59	–9
济宁市	17.2163	15.3634	7	8	–1	57	63	–6
临沂市	16.7610	15.1998	9	9	0	59	64	–5
德州市	14.9832	13.9004	11	10	1	77	78	–1
滨州市	14.8596	13.7187	12	11	1	79	80	–1
聊城市	15.2361	13.3527	10	12	–2	75	87	–12
日照市	12.6162	12.3253	14	13	1	118	103	15
菏泽市	13.2058	12.2744	13	14	–1	109	104	5
泰安市	12.4634	11.5057	15	15	0	125	119	6
枣庄市	11.9732	11.1658	16	16	0	140	131	9

从山东省城市7个分项指标的全国排名来看，市场环境指数和创新环境指数排名表现优异，全部城市排名都进入了全国前150名；公共服务指数排名表现也较优异，有15个城市排进了全国前150名；金融服务指数、法治环境指数和政务环境指数排名表现较好，均有14个城市排进全国前150名；人力资源指数排名表现也较好，有12个城市排名进入了全国前150名。见表5–12–1、表5–12–2、表5–12–3。

表5-12-1　　山东省城市营商环境分项指标评价结果（一）

城市	公共服务指数			人力资源指数		
	2020年	全国排名	省内排名	2020年	全国排名	省内排名
济南市	13.9669	38	6	45.9079	13	1
青岛市	17.1804	23	2	35.3215	18	2
淄博市	12.2455	50	7	17.8214	95	7
枣庄市	5.1358	147	15	13.0493	204	16
东营市	8.7495	70	11	20.6324	59	4

续表

城市	公共服务指数			人力资源指数		
	2020年	全国排名	省内排名	2020年	全国排名	省内排名
烟台市	15.2037	32	5	23.1690	46	3
潍坊市	16.0189	29	3	18.2442	87	6
济宁市	11.0268	54	8	15.9548	124	9
泰安市	7.4413	86	12	15.9118	126	10
威海市	4.4996	166	16	16.1797	120	8
日照市	6.0835	120	14	15.0434	143	12
临沂市	15.8277	30	4	18.3020	86	5
德州市	6.2931	112	13	14.1883	167	13
聊城市	9.2271	62	9	14.0993	170	14
滨州市	28.0946	12	1	15.5866	133	11
菏泽市	8.8455	67	10	13.5788	185	15

从山东省城市的各分项指标省内排名来看，省会济南市并没有在各个方面处于领先地位，公共服务指数仅排在省内第6名，市场环境指数排在省内第5名，这导致了济南市营商环境被青岛市超越；青岛市的7个分项指标均位居省内第1～2名；东营市的公共服务指数、创新环境指数和金融服务指数排名都较差，分别排在省内第11名、第13名和第12名；威海市的公共服务指数和金融服务指数排名较差，分别排在省内第16名和第13名；滨州市的市场环境指数、金融服务指数、法治环境指数排名表现都较差，分别排在全省第14名、第14名和第16名。

表5-12-2　　山东省城市营商环境分项指标评价结果（二）

城市	市场环境指数			创新环境指数		
	2020年	全国排名	省内排名	2020年	全国排名	省内排名
济南市	20.0775	36	5	9.2445	33	2
青岛市	30.6697	15	1	12.0888	24	1
淄博市	18.1863	44	6	3.1998	69	6
枣庄市	8.6294	135	16	1.3248	138	16
东营市	25.7047	26	2	1.7148	110	13
烟台市	21.1700	32	3	5.3357	50	4
潍坊市	15.0550	57	7	6.3524	43	3
济宁市	11.5208	87	9	3.6683	61	5
泰安市	10.2038	102	11	1.8045	106	11

续表

城市	市场环境指数			创新环境指数		
	2020年	全国排名	省内排名	2020年	全国排名	省内排名
威海市	20.1572	35	4	2.9113	74	7
日照市	9.9655	106	13	1.4951	124	14
临沂市	12.2214	80	8	2.5313	83	9
德州市	11.4674	88	10	2.6017	79	8
聊城市	8.7074	131	15	1.3700	135	15
滨州市	9.8283	108	14	2.1074	95	10
菏泽市	10.1381	103	12	1.7793	108	12

德州市的公共服务指数和人力资源指数排名较差，均排在省内第13名，但是法治环境指数排名较高，排在省内第6名；临沂市的公共服务指数、人力资源指数和金融服务指数排名较高，分别排在省内第4名、第5名和第5名，但是政务环境指数排名表现较差，排在省内第13名；济宁市的创新环境指数表现较好，排在省内第5名；聊城市的金融服务指数排名表现较好，排在省内第4名，但是市场环境指数和创新环境指数排名表现较差，均排在省内第15名；泰安市的金融服务指数排名表现相对较好，排在省内第8名；其余城市的各分项指标省内排名表现与其营商环境指数省内排名表现较为一致。

表5-12-3　　　山东省城市营商环境分项指标评价结果（三）

城市	金融服务指数			法治环境指数			政务环境指数		
	2020年	全国排名	省内排名	2020年	全国排名	省内排名	2020年	全国排名	省内排名
济南市	16.3848	15	1	63.4296	7	1	37.7491	14	1
青岛市	13.0389	18	2	61.4339	9	2	34.0343	20	2
淄博市	3.6997	76	10	57.5088	18	3	19.6664	70	8
枣庄市	1.3032	206	16	46.3136	121	12	14.1202	150	14
东营市	2.6115	117	12	57.3855	20	4	25.3194	37	5
烟台市	6.1132	42	3	51.4827	49	8	25.3893	36	4
潍坊市	4.7740	57	6	51.3071	51	9	26.5827	32	3
济宁市	4.7645	58	7	50.9477	55	10	21.5220	53	7
泰安市	4.3788	63	8	29.3174	222	15	17.4192	102	11
威海市	2.4943	127	13	56.4963	23	5	21.7864	50	6
日照市	2.0700	153	15	53.7467	32	7	11.6797	186	16
临沂市	5.0138	55	5	49.4491	74	11	14.4696	143	13

续表

城市	金融服务指数			法治环境指数			政务环境指数		
	2020年	全国排名	省内排名	2020年	全国排名	省内排名	2020年	全国排名	省内排名
德州市	2.8555	100	11	54.3220	29	6	19.0489	78	10
聊城市	5.9001	47	4	45.2024	132	14	19.5791	71	9
滨州市	2.1049	149	14	26.4365	261	16	16.1116	123	12
菏泽市	3.7598	73	9	45.6015	127	13	13.3271	159	15

十三、河南省城市营商环境评价结果

河南省位于中国中部地区，是中国人口大省，下辖17个地级市。2020年全国营商环境指数排名中，河南省下辖城市营商环境指数排名表现相对较差（见表5-13），仅有7个城市进入全国前150名，其中只有郑州市和洛阳市进入了全国前100名，信阳市、开封市、安阳市、周口市、驻马店市和许昌市排在全国150~200名，其他4个城市排在全国200名之后。这表明河南省的城市营商环境处于较差水平。

表5-13　　河南省城市营商环境评价结果

城市	营商环境指数		省内排名		省内排名近1年变化	全国排名		全国排名近1年变化
	2019年	2020年	2019年	2020年		2019年	2020年	
郑州市	30.7633	30.1709	1	1	0	16	15	1
洛阳市	16.7044	15.9912	2	2	0	61	57	4
商丘市	12.9198	11.2998	3	3	0	115	125	−10
南阳市	11.9919	11.1608	7	4	3	139	132	7
新乡市	11.2577	11.0085	10	5	5	162	137	25
平顶山市	10.1240	10.6820	13	6	7	215	149	66
三门峡市	11.7604	10.6612	9	7	2	149	150	−1
信阳市	12.4349	10.0859	4	8	−4	126	166	−40
开封市	12.3934	10.0156	6	9	−3	129	170	−41
安阳市	12.4174	9.9309	5	10	−5	127	173	−46
周口市	11.8023	9.7274	8	11	−3	148	180	−32

续表

城市	营商环境指数		省内排名		省内排名近1年变化	全国排名		全国排名近1年变化
	2019年	2020年	2019年	2020年		2019年	2020年	
驻马店市	10.9677	9.4652	11	12	–1	176	190	–14
许昌市	9.0995	9.3865	15	13	2	250	195	55
漯河市	8.5206	9.1280	17	14	3	269	211	58
焦作市	9.0045	9.1208	16	15	1	253	212	41
鹤壁市	9.7208	8.6889	14	16	–2	228	224	4
濮阳市	10.7398	7.3223	12	17	–5	184	266	–82

从分项指标的全国排名来看，公共服务指数排名中有12个城市进入全国前150名；人力资源指数排名表现较差，仅有4个城市排在全国前150名，这与河南作为人口大省的地位不相符合，也间接说明河南省人口流失严重；市场环境指数排名表现优异，有16个城市排在全国前150名；创新环境指数排名表现也较好，有10个城市排在全国前150名；金融服务指数和法治环境指数排名表现较为一般，分别有9个和8个城市排在全国前150名；政务环境指数表现较差，仅有2个城市进入全国前150名，并且有12个城市排在200名之后。见表5–13–1、表5–13–2、表5–13–3。

表5-13-1　　河南省城市营商环境分项指标评价结果（一）

城市	公共服务指数			人力资源指数		
	2020年	全国排名	省内排名	2020年	全国排名	省内排名
郑州市	24.5606	14	1	55.0079	8	1
开封市	5.5313	133	12	13.0893	203	7
洛阳市	14.3303	36	2	18.8870	79	2
平顶山市	7.4180	88	5	13.9039	176	6
安阳市	7.3658	90	6	15.3376	138	4
濮阳市	4.1416	178	14	9.0355	272	16
新乡市	8.2677	77	4	15.6715	130	3
焦作市	7.0893	95	7	12.2373	228	10
鹤壁市	1.9919	253	17	9.4928	266	15
许昌市	4.7782	161	13	12.8019	212	8
漯河市	2.4576	238	16	9.6592	262	14
三门峡市	3.6921	194	15	12.2307	230	11
南阳市	8.8190	68	3	12.3801	223	9
商丘市	6.5634	103	8	14.5210	158	5

续表

城市	公共服务指数			人力资源指数		
	2020年	全国排名	省内排名	2020年	全国排名	省内排名
信阳市	6.1098	118	11	11.1400	250	13
周口市	6.1460	117	10	8.3827	281	17
驻马店市	6.3810	109	9	11.8206	238	12

从河南省城市的各分项指标省内排名来看，省会郑州市领先幅度较大，除了法治环境指数排名表现较差，仅排在省内第9名，其他指标省内排名均居于榜首；洛阳市的7个分项指数排名均排在省内第2～4名；驻马店市的市场环境指数排名表现较差，排在省内第16名，但政务环境指数排名表现较好，排在省内第5名；南阳市的人力资源指数和法治环境指数排名较差，分别排在省内第9名和第10名；开封市的公共服务指数、创新环境指数、金融服务指数和政务环境指数排名表现较差，分别排在省内第12名、第11名、第14名和第16名；三门峡市的公共服务指数、人力资源指数、创新环境指数和金融服务指数排名较差，分别位于全省第15名、第11名、第16名和第13名；平顶山市的市场环境指数和政务环境指数排名表现较差，均排在省内第13名，但是金融服务指数表现较好，排在省内第4名；新乡市的金融服务指数、法治环境指数和政务环境指数表现较差，分别排在全省第10名、第16名和第14名。

表5-13-2　　河南省城市营商环境分项指标评价结果（二）

城市	市场环境指数			创新环境指数		
	2020年	全国排名	省内排名	2020年	全国排名	省内排名
郑州市	30.8524	14	1	14.5130	22	1
开封市	9.0688	122	9	1.0478	154	11
洛阳市	19.9402	40	2	4.8363	55	2
平顶山市	8.3167	143	13	1.3758	134	9
安阳市	9.3226	112	8	1.1736	148	10
濮阳市	8.6789	134	11	0.6698	185	15
新乡市	19.2453	41	3	3.4068	64	3
焦作市	13.2407	73	5	1.6378	113	6
鹤壁市	8.3809	141	12	0.5577	201	17
许昌市	13.5309	69	4	2.8516	76	4
漯河市	8.0027	148	15	0.8623	168	13

续表

城市	市场环境指数			创新环境指数		
	2020年	全国排名	省内排名	2020年	全国排名	省内排名
三门峡市	11.8062	84	6	0.5736	199	16
南阳市	11.5539	86	7	2.5671	81	5
商丘市	8.1505	146	14	1.4673	126	7
信阳市	8.7239	130	10	0.8209	172	14
周口市	7.8246	152	17	0.9379	161	12
驻马店市	7.9514	149	16	1.3948	131	8

焦作市的公共服务指数、市场环境指数、创新环境指数和政务环境指数排名表现较好，分别排在省内第7名、第5名、第6名和第9名；商丘市的法治环境指数排名表现较好，排在省内第1名，但是市场环境指数和政务环境指数排名表现较差，分别排在省内第14名和第10名；许昌市的人力资源指数、市场环境指数和创新环境指数排名表现都不错，分别排在全省第8名、第4名和第4名；周口市金融服务指数和法治环境指数排名表现较好，分别排在省内第5名和第3名，但是人力资源指数和市场环境指数排名表现较差，均排在省内第17名；安阳市的公共服务指数、人力资源指数和政务环境指数排名表现较好，分别排在省内第6名、第4名和第6名，但是法治环境排名表现较差，排在省内第14名；鹤壁市的政务环境指数排名表现优异，排在省内第2名；信阳市的人力资源指数、创新环境指数和政务环境指数排名表现相对较差，分别排在省内第13名、第14名和第15名，但金融服务指数和法治环境指数排名表现较好，分别排在省内第7名和第4名；漯河市的法治环境指数和政务环境指数排名表现相对较好，均排在省内第8名。

表5-13-3　　河南省城市营商环境分项指标评价结果（三）

城市	金融服务指数			法治环境指数			政务环境指数		
	2020年	全国排名	省内排名	2020年	全国排名	省内排名	2020年	全国排名	省内排名
郑州市	18.2994	13	1	40.2936	151	9	31.0436	23	1
开封市	1.4573	191	14	46.6560	114	7	5.4722	274	16
洛阳市	3.6932	77	3	50.2070	63	2	11.4494	193	4
平顶山市	2.7331	109	4	46.9522	110	6	6.1646	265	13
安阳市	2.1170	147	8	31.0633	198	14	10.1803	222	6

续表

城市	金融服务指数			法治环境指数			政务环境指数		
	2020年	全国排名	省内排名	2020年	全国排名	省内排名	2020年	全国排名	省内排名
濮阳市	0.9129	234	15	31.5230	194	13	4.3611	279	17
新乡市	1.9537	161	10	28.7342	234	16	5.6888	271	14
焦作市	1.9025	164	11	24.3627	279	17	8.4558	247	9
鹤壁市	0.6388	263	17	33.3069	181	11	14.6592	138	2
许昌市	1.6108	179	12	29.7188	213	15	7.1904	258	11
漯河市	0.8323	244	16	45.0056	136	8	9.0356	236	8
三门峡市	1.4821	187	13	48.1203	102	5	9.2097	234	7
南阳市	4.1222	67	2	34.1378	174	10	12.2047	174	3
商丘市	2.1856	141	6	51.9100	46	1	7.8375	252	10
信阳市	2.1267	145	7	48.9791	82	4	5.6653	273	15
周口市	2.2006	140	5	49.1630	80	3	6.5820	262	12
驻马店市	2.1111	148	9	32.9913	185	12	11.4482	194	5

十四、湖北省城市营商环境评价结果

湖北省地处中国中部地区，也属于长江中游地区。下辖12个地级市和1个自治州，本报告主要针对12个地级市的营商环境进行评价（见表5–14）。2020年全国营商环境指数排名中，湖北省下辖城市营商环境指数排名表现相对较好，有8个城市进入全国前150名。其中，省会武汉市排在全国第11名，襄阳市和宜昌市分别排在全国第62名和第96名，有1个城市营商环境指数全国排名位于第150～200名，其余3个城市排在全国200名之后。

表5-14　　湖北省城市营商环境评价结果

城市	营商环境指数		省内排名		省内排名近1年变化	全国排名		全国排名近1年变化
	2019年	2020年	2019年	2020年		2019年	2020年	
武汉市	34.9518	36.4110	1	1	0	10	11	−1
襄阳市	13.7218	15.3948	3	2	1	99	62	37
宜昌市	15.2594	12.6818	2	3	−1	74	96	−22

续表

城市	营商环境指数		省内排名		省内排名近1年变化	全国排名		全国排名近1年变化
	2019年	2020年	2019年	2020年		2019年	2020年	
黄石市	11.0610	11.9034	7	4	3	172	110	62
荆门市	12.3109	11.3544	5	5	0	132	123	9
咸宁市	11.0051	11.2501	8	6	2	173	127	46
荆州市	13.2635	10.8640	4	7	–3	107	143	–36
孝感市	10.0115	10.8095	11	8	3	216	144	72
十堰市	11.2004	10.4484	6	9	–3	167	156	11
鄂州市	10.3862	9.1444	10	10	0	200	209	–9
黄冈市	10.8534	8.9386	9	11	–2	179	216	–37
随州市	7.1426	6.6240	12	12	0	284	278	6

从湖北省城市7个分项指标的全国排名来看，市场环境指数、创新环境指数和政务环境指数排名表现较好，分别有9个、9个和8个城市排在全国前150名；人力资源指数排名表现较差，仅有2个城市排在全国前150名；公共服务指数、金融服务指数和法治环境指数排名表现较一般，分别有5个、6个和6个城市排在全国前150名。见表5–14–1、表5–14–2、表5–14–3。

表5-14-1　　湖北省城市营商环境分项指标评价结果（一）

城市	公共服务指数			人力资源指数		
	2020年	全国排名	省内排名	2020年	全国排名	省内排名
武汉市	32.4048	9	1	51.3305	10	1
黄石市	4.8383	158	7	10.1285	257	7
十堰市	5.2182	145	5	11.5386	242	5
荆州市	5.2607	143	4	12.1379	232	4
宜昌市	8.0689	79	2	12.3671	224	3
襄阳市	7.1317	93	3	16.3835	116	2
鄂州市	1.7567	262	11	8.9490	275	11
荆门市	3.7236	193	9	9.0418	271	9
孝感市	4.4725	169	8	10.2481	255	6
黄冈市	4.8444	156	6	9.9218	260	8
咸宁市	2.8194	229	10	9.0094	273	10
随州市	1.6016	268	12	8.5849	279	12

从湖北省城市各分项指标省内排名来看，省会武汉市领先幅度较为明显，除了法治环境指数排在省内第6名，其他指标均高居省内榜首；襄阳市的7个分项指数均排在省内第2～4名；黄石市的创新环境指数和金融服务指数排名表现较差，分别排在省内第8名和第10名；孝感市的政务环境指数表现较差，排在省内第11名，但是创新环境指数和法治环境指数表现较好，分别位居全省第4名和第2名；咸宁市的公共服务指数和人力资源指数排名表现较差，均排在省内第10名，但是法治环境指数表现优异，排在省内第1名。

表5-14-2　　　湖北省城市营商环境分项指标评价结果（二）

城市	市场环境指数			创新环境指数		
	2020年	全国排名	省内排名	2020年	全国排名	省内排名
武汉市	45.2119	7	1	23.6541	10	1
黄石市	10.2727	101	6	1.3783	133	8
十堰市	8.9774	123	8	1.0956	152	10
荆州市	7.8426	151	10	2.0048	100	5
宜昌市	15.9470	53	3	3.6410	62	3
襄阳市	16.7087	50	2	4.1886	58	2
鄂州市	12.8361	75	4	0.4646	211	11
荆门市	11.4110	90	5	1.4127	128	7
孝感市	8.1819	144	9	2.0750	97	4
黄冈市	7.5359	158	11	1.5986	115	6
咸宁市	9.0740	121	7	1.1307	149	9
随州市	7.0971	166	12	0.4012	222	12

十堰市的公共服务、人力资源、金融服务和政务环境是其优势，分别排在省内第5名、第5名、第3名和第5名；荆州市的公共服务、人力资源是其优势，均排在省内第4名，但市场环境指数和政务环境指数排名表现较差，均排在省内第10名；鄂州市的市场环境指数排名表现较好，排在省内第4名；黄冈市的公共服务指数、创新环境指数和金融服务指数排名表现较好，分别排在省内第6名、第6名和第2名；其余城市的各个分项指标省内排名与其营商环境指数的省内排名较为一致。

表5-14-3　　湖北省城市营商环境分项指标评价结果（三）

城市	金融服务指数			法治环境指数			政务环境指数		
	2020年	全国排名	省内排名	2020年	全国排名	省内排名	2020年	全国排名	省内排名
武汉市	20.3132	10	1	45.5474	129	6	39.4604	9	1
黄石市	1.0445	227	10	35.9653	166	7	27.7169	27	2
十堰市	2.6729	113	3	31.0447	199	9	19.4566	73	5
荆州市	2.4572	130	6	46.5260	119	5	11.7061	185	10
宜昌市	2.5032	126	5	33.4361	180	8	19.7275	68	4
襄阳市	2.5259	123	4	48.1356	101	3	23.6032	44	3
鄂州市	0.4071	280	12	29.3904	220	10	16.9558	109	7
荆门市	1.3003	208	9	46.6177	115	4	17.7279	97	6
孝感市	1.7369	170	7	51.6634	48	2	10.9066	208	11
黄冈市	3.2167	85	2	28.8950	228	11	13.2096	160	9
咸宁市	1.4322	196	8	52.5192	40	1	16.5223	118	8
随州市	0.6714	258	11	23.7858	285	12	9.9465	226	12

十五、湖南省城市营商环境评价结果

湖南省地处中国中南部，下辖13个地级市和1个自治州，本报告主要针对13个地级市的营商环境进行评价（见表5-15）。2020年全国营商环境指数排名中，湖南省下辖城市营商环境指数排名表现相对较好，有10个城市的排名进入了前150名，其中省会长沙市排在全国第17名，怀化市和永州市排在全国第150~200名，张家界市排在全国200名之后。对比2019年，可以看到湖南省城市营商环境整体向好，大部分城市的排名有所提升，仅有3个城市的营商环境排名有所下降。

表5-15　　湖南省城市营商环境评价结果

城市	营商环境指数		省内排名		省内排名近1年变化	全国排名		全国排名近1年变化
	2019年	2020年	2019年	2020年		2019年	2020年	
长沙市	31.0242	28.0740	1	1	0	15	17	–2
株洲市	14.3901	14.3688	3	2	1	87	71	16

续表

城市	营商环境指数		省内排名		省内排名近1年变化	全国排名		全国排名近1年变化
	2019年	2020年	2019年	2020年		2019年	2020年	
衡阳市	12.8911	13.5904	5	3	2	116	82	34
郴州市	14.8094	13.5203	2	4	–2	81	85	–4
岳阳市	13.0053	12.9702	4	5	–1	113	88	25
湘潭市	12.2320	12.3523	8	6	2	135	102	33
娄底市	12.3352	11.7552	7	7	0	131	115	16
益阳市	11.6165	11.4312	9	8	1	150	121	29
常德市	10.4113	11.3668	11	9	2	198	122	76
邵阳市	12.3825	11.1227	6	10	–4	130	134	–4
怀化市	10.5887	9.9467	10	11	–1	190	172	18
永州市	9.6180	9.3785	12	12	0	232	196	36
张家界市	7.7306	7.6655	13	13	0	278	260	18

从分项指标的全国排名来看，人力资源指数和市场环境指数排名表现一般，分别有4个和6个城市排在全国前150名；公共服务指数、创新环境指数、金融服务指数、法治环境指数和政务环境指数排名表现较好，分别有10个、9个、10个、9个和9个城市排在全国前150名。总的来看，湖南省城市的分项指标排名较为均衡。见表5–15–1、表5–15–2、表5–15–3。

表5-15-1　　湖南省城市营商环境分项指标评价结果（一）

城市	公共服务指数			人力资源指数		
	2020年	全国排名	省内排名	2020年	全国排名	省内排名
长沙市	19.0080	20	1	46.0818	12	1
株洲市	6.9337	98	3	18.6377	82	2
湘潭市	4.7857	159	11	16.8173	108	3
衡阳市	7.9760	80	2	16.4712	114	4
邵阳市	6.2490	114	4	12.5293	221	12
岳阳市	5.8780	125	6	13.9480	174	7
常德市	5.5096	136	8	13.5122	191	8
张家界市	1.0144	286	13	14.2667	163	5
益阳市	4.0451	183	12	14.2634	164	6
永州市	5.8059	127	7	11.5031	244	13
郴州市	6.0002	123	5	13.4726	193	10
娄底市	5.3677	141	9	12.7982	213	11
怀化市	5.0764	149	10	13.4775	192	9

从湖南省城市的各分项指标省内排名来看，省会长沙市的领先幅度较为明显，除了法治环境指数排在省内第3名，其他指标全部稳居省内第1名；湘潭市的公共服务指数和法治环境指数排名表现较差，分别排在省内第11名和第10名，但人力资源指数、市场环境指数和创新环境指数排名表现较好，分别排在省内第3名、第2名和第3名；株洲市的金融服务指数和政务环境指数排名表现较差，分别排在省内第10名和第8名；衡阳市的市场环境指数排名表现较差，排在省内第7名；郴州市的人力资源指数和创新环境指数排名表现较差，分别排在省内第10名和第7名，但是法治环境排名表现较为优异，排在省内首位。

表5-15-2　　湖南省城市营商环境分项指标评价结果（二）

城市	市场环境指数			创新环境指数		
	2020年	全国排名	省内排名	2020年	全国排名	省内排名
长沙市	30.1264	17	1	10.8060	27	1
株洲市	11.9187	82	3	3.3541	66	2
湘潭市	11.9939	81	2	2.0945	96	3
衡阳市	7.6906	155	7	1.5752	116	4
邵阳市	4.3846	230	11	1.2682	144	8
岳阳市	9.2458	115	6	1.5413	118	5
常德市	10.0058	105	4	1.5379	119	6
张家界市	3.8683	244	12	0.1926	261	13
益阳市	6.0257	194	9	1.1117	150	9
永州市	6.2785	184	8	1.0348	155	10
郴州市	9.6956	110	5	1.2804	143	7
娄底市	5.8470	205	10	0.8181	173	12
怀化市	3.5696	247	13	0.9265	162	11

娄底市的人力资源指数、市场环境指数和创新环境指数排名表现较差，分别排在省内第11名、第10名和第12名；常德市的市场环境指数和金融服务指数排名表现较好，分别排在省内第4名和第2名，但是法治环境缺乏竞争力，排在省内第12名；邵阳市的公共服务指数、金融服务指数和法治环境指数排名表现较好，分别排在省内第4名、第5名和第6名；永州市的公共服务指数和市场环境指数排名表现相对于其他分项指标来说较好，分别排在省内第7名和第8名；张家界市的人力资源指数排名表现相对于其他分项指标来说较好，排在省内第5名。

表5-15-3　　湖南省城市营商环境分项指标评价结果（三）

城市	金融服务指数			法治环境指数			政务环境指数		
	2020年	全国排名	省内排名	2020年	全国排名	省内排名	2020年	全国排名	省内排名
长沙市	15.8894	16	1	53.1921	36	3	29.7869	25	1
株洲市	2.3305	135	10	53.9080	31	2	16.6784	117	8
湘潭市	2.5200	124	7	40.0439	154	10	17.4416	100	7
衡阳市	2.7396	108	4	50.6167	58	5	20.4052	59	2
邵阳市	2.7186	110	5	49.8268	69	6	13.7840	155	10
岳阳市	2.6966	111	6	51.1745	52	4	19.0419	79	4
常德市	3.1583	87	2	36.1889	165	12	17.9287	92	6
张家界市	0.6288	264	13	30.8873	200	13	10.5408	219	11
益阳市	2.4836	128	8	48.8654	86	8	15.7015	129	9
永州市	1.6580	176	11	39.5781	157	11	9.8574	227	12
郴州市	2.9143	94	3	55.2410	27	1	19.9451	65	3
娄底市	2.3640	133	9	49.7700	71	7	17.9932	90	5
怀化市	1.3450	203	12	48.4211	95	9	9.6359	228	13

十六、广东省城市营商环境评价结果

广东省地处中国南端沿海，下辖21个地级市。2020年全国营商环境指数排名中，广东省下辖城市营商环境指数排名表现相对较好（见表5–16），有14个城市的排名进入了前150名，其中有11个城市排在全国前100名之内，有3个城市排在全国第100～150名，有5个城市排在全国第150～200名，剩余2个城市排在全国第200名之后。可见广东省同样作为经济大省，它的城市营商环境分布并没有长三角地区均衡，整个省的营商环境基本上靠排名较前的几个城市在拉动。对比2019年营商环境指数排名可以看到，2020年排名上升的城市（13个）多于排名下降的城市（5个），其中茂名市上升幅度较大，从2019年的第147名上升到2020年的第93名，河源市和汕尾市下降幅度较大，分别从2019年的第90名和第202名下降到2020年的第157名和第256名。

表5-16　　　　　　　　广东省城市营商环境评价结果

城市	营商环境指数		省内排名		省内排名近1年变化	全国排名		全国排名近1年变化
	2019年	2020年	2019年	2020年		2019年	2020年	
深圳市	62.6486	63.8480	1	1	0	3	3	0
广州市	49.9888	48.5741	2	2	0	4	4	0
东莞市	31.2381	31.4662	3	3	0	14	14	0
佛山市	26.2068	28.3248	4	4	0	21	16	5
珠海市	23.8834	22.5477	5	5	0	24	23	1
中山市	20.4655	20.5733	6	6	0	36	32	4
惠州市	17.4897	16.5749	7	7	0	52	50	2
江门市	16.1838	15.8999	8	8	0	64	58	6
汕头市	14.6662	14.5299	9	9	0	83	70	13
肇庆市	14.3904	12.8945	10	10	0	86	90	–4
茂名市	11.8081	12.8428	13	11	2	147	93	54
清远市	12.2475	11.1817	12	12	0	134	129	5
韶关市	11.4158	10.7378	14	13	1	155	145	10
揭阳市	11.1844	10.6900	17	14	3	168	148	20
河源市	14.2393	10.4189	11	15	–4	90	157	–67
湛江市	11.3077	10.2633	15	16	–1	158	161	–3
云浮市	11.2381	10.0708	16	17	–1	166	168	–2
潮州市	10.4080	9.5820	18	18	0	199	184	15
阳江市	9.9995	9.4611	20	19	1	219	191	28
梅州市	9.0615	8.6362	21	20	1	252	227	25
汕尾市	10.3556	7.7485	19	21	–2	202	256	–54

从分项指标的全国排名来看，公共服务指数、金融服务指数、市场环境指数和政务环境指数排名较为一般，分别有12个、12个、13个和13个城市进入了全国前150名；人力资源指数和法治环境指数排名表现较好，均有15个城市进入全国前150名；创新环境指数排名表现优异，有20个城市排在全国前150名。由此可见，广东省城市的分项指标的排名相对均衡。见表5–16–1、表5–16–2、表5–16–3。

表5-16-1　　广东省城市营商环境分项指标评价结果（一）

城市	公共服务指数			人力资源指数		
	2020年	全国排名	省内排名	2020年	全国排名	省内排名
广州市	44.9921	4	1	74.2909	1	1
深圳市	39.4724	7	2	55.1389	7	2
珠海市	6.8853	101	10	26.9577	35	4
汕头市	7.2919	91	8	15.1521	140	14
佛山市	18.8980	21	4	28.9621	32	3
韶关市	4.5057	165	15	16.6389	109	12
河源市	2.6297	234	19	13.5478	189	17
梅州市	3.2098	212	18	14.9695	145	15
惠州市	10.6253	55	5	20.0597	66	6
汕尾市	1.6313	267	21	11.9097	236	20
东莞市	30.0954	10	3	23.2672	45	5
中山市	7.0752	96	9	19.1773	74	7
江门市	8.6516	72	6	16.9234	105	11
阳江市	3.8275	190	16	13.0038	205	18
湛江市	7.5056	84	7	18.5805	83	8
茂名市	4.9966	152	13	17.7970	97	9
肇庆市	5.7866	128	11	17.7146	98	10
清远市	5.5145	135	12	16.3603	117	13
潮州市	3.2507	208	17	12.9333	207	19
揭阳市	4.5230	164	14	9.6091	264	21
云浮市	1.8581	257	20	14.7840	152	16

从广东省城市的各分项指标省内排名来看，广州市和深圳市的领先幅度较为明显，7个分项指标的第1～3名都被这两个城市所占据；珠海市的公共服务指数排名相较于其他指标排名略低，排在省内第10名；中山市和惠州市的法治环境指数排名表现极差，分别排在省内第11名和第17名；江门市的人力资源指数排名表现相对其他指标较差，排在省内第11名；肇庆市的金融服务指数和政务环境指数排名表现较差，分别排在省内第14名和第13名；清远市的市场环境指数、创新环境指数和法治环境指数排名相较于其他指标排名略低，分别排在

省内第16名、第15名和第16名；汕头市的人力资源指数排名表现较差，排在省内第14名，但是法治环境指数排名表现优异，排在省内第5名；茂名市的创新环境指数排名表现较差，排在省内倒数第二名。

表5-16-2　　　　广东省城市营商环境分项指标评价结果（二）

城市	市场环境指数			创新环境指数		
	2020年	全国排名	省内排名	2020年	全国排名	省内排名
广州市	47.7178	5	2	46.7726	4	2
深圳市	68.2049	1	1	100.0000	1	1
珠海市	30.5879	16	4	10.1856	31	6
汕头市	9.2588	114	10	4.8591	54	9
佛山市	32.5241	12	3	23.1081	11	4
韶关市	6.2959	183	15	1.7609	109	14
河源市	5.8796	203	18	1.5699	117	16
梅州市	5.9910	198	17	1.4504	127	17
惠州市	26.7110	24	6	7.2311	38	7
汕尾市	4.1288	237	21	1.4122	129	18
东莞市	29.6445	20	5	27.0674	8	3
中山市	21.0948	33	7	15.8541	18	5
江门市	13.6069	67	8	5.5625	47	8
阳江市	8.1687	145	12	1.4056	130	19
湛江市	6.9499	169	14	2.0452	98	10
茂名市	8.3705	142	11	1.2129	145	20
肇庆市	11.3747	91	9	2.0098	99	11
清远市	6.0768	193	16	1.6772	111	15
潮州市	5.8045	206	19	1.9909	101	12
揭阳市	7.9477	150	13	1.9702	102	13
云浮市	4.3220	231	20	0.7467	177	21

湛江市的公共服务指数、人力资源指数、创新环境指数和金融服务指数排名相较于其他指标排名较好，分别排在省内第7名、第8名、第10名和第9名，但是法治环境构建方面较为薄弱，排在省内第20名；阳江市的市场环境指数和政务环境指数排名表现较好，分别排在省内第12名和第10名；揭阳市的人力资

源指数和政务环境指数排名表现较差，分别排在省内第21名和第19名，但是法治环境指数排名表现优异，排在省内第8名；云浮市的法治环境指数排名相较于其他指标排名较好，排在省内第7名，但公共服务指数、市场环境指数、创新环境指数和政务环境指数排名较差，分别排在省内第20名、第20名、第21名和第20名；梅州市的人力资源指数和金融服务指数排名表现相对其他指标较好，均排在省内第15名；其余城市的各个分项指标省内排名与其营商环境指数省内排名较为一致。

表5-16-3　　广东省城市营商环境分项指标评价结果（三）

城市	金融服务指数			法治环境指数			政务环境指数		
	2020年	全国排名	省内排名	2020年	全国排名	省内排名	2020年	全国排名	省内排名
广州市	31.7660	5	2	66.0408	5	2	47.5939	6	3
深圳市	44.3133	3	1	70.7081	3	1	71.3849	3	1
珠海市	4.4819	62	7	56.1562	25	6	33.7818	21	6
汕头市	2.8960	95	10	56.5053	22	5	19.7379	67	8
佛山市	8.1689	35	3	62.4762	8	3	35.5199	18	5
韶关市	1.9866	157	13	40.9530	150	15	13.0954	162	14
河源市	1.4430	194	16	48.5167	92	13	12.0447	179	16
梅州市	1.6417	177	15	29.4481	219	18	10.6800	214	18
惠州市	5.9678	45	5	31.1933	196	17	19.1092	76	9
汕尾市	0.6074	266	21	29.0518	224	19	12.5992	168	15
东莞市	7.5510	37	4	56.6169	21	4	54.4047	4	2
中山市	3.7811	72	8	50.1844	64	11	36.7165	16	4
江门市	5.0935	54	6	50.3629	61	10	22.5863	48	7
阳江市	1.0023	229	18	25.7600	271	21	18.4929	86	10
湛江市	3.3319	82	9	28.7411	233	20	10.8478	211	17
茂名市	2.6762	112	11	52.0511	44	9	15.8649	127	11
肇庆市	1.9141	162	14	48.5381	91	12	14.8046	136	13
清远市	2.6399	115	12	40.0545	153	16	15.5733	131	12
潮州市	0.6968	255	20	48.1367	100	14	7.1126	259	21
揭阳市	1.3790	200	17	52.9163	38	8	10.5602	217	19
云浮市	0.7388	249	19	53.6805	33	7	8.9023	239	20

十七、广西壮族自治区城市营商环境评价结果

广西壮族自治区地处中国华南地区，下辖14个地级市（见表5–17）。2020年全国营商环境指数排名中，广西壮族自治区下辖城市营商环境指数排名表现相对较差，只有4个城市营商环境指数排名进入全国前150名。其中，省会南宁市排在全国第39名，桂林市排在全国第50～100名，柳州市、防城港市排在全国第100～150名，梧州市、北海市、崇左市以及玉林市排在全国第150～200名，其他6个城市排在全国200名之后。

表5-17　　　　　　广西壮族自治区城市营商环境评价结果

城市	营商环境指数		省内排名		省内排名近1年变化	全国排名		全国排名近1年变化
	2019年	2020年	2019年	2020年		2019年	2020年	
南宁市	19.4034	19.2444	1	1	0	45	39	6
桂林市	14.8002	13.4200	2	2	0	82	86	–4
柳州市	11.2896	11.7693	4	3	1	160	113	47
防城港市	11.8475	10.9816	3	4	–1	145	139	6
梧州市	11.2476	10.2228	5	5	0	164	162	2
北海市	9.7652	9.6087	12	6	6	225	183	42
崇左市	10.9991	9.4507	6	7	–1	175	192	–17
玉林市	10.7858	9.3930	7	8	–1	183	194	–11
钦州市	10.2703	9.1291	10	9	1	208	210	–2
河池市	10.6110	8.8277	8	10	–2	189	220	–31
贺州市	9.9730	8.5865	11	11	0	220	229	–9
贵港市	8.6914	8.0777	13	12	1	263	247	16
百色市	10.3079	7.7157	9	13	–4	206	258	–52
来宾市	6.4679	6.9746	14	14	0	288	272	16

从广西壮族自治区城市7个分项指标的全国排名来看，政务环境指数和法治环境指数排名表现较好，分别有7个和8个城市排在全国前150名；公共服务指数、人力资源指数、市场环境指数、创新环境指数和金融服务指数排名表现较差，分别只有3个、4个、3个、3个和3个城市排在全国前150名之内。总的来看，公共服务低效、人力资源储备不足、市场环境和创新环境欠缺良好氛

围以及金融服务低效是制约广西壮族自治区城市营商环境提升的重要因素。见表5-17-1、表5-17-2、表5-17-3。

表5-17-1　广西壮族自治区城市营商环境分项指标评价结果（一）

城市	公共服务指数			人力资源指数		
	2020年	全国排名	省内排名	2020年	全国排名	省内排名
南宁市	12.4576	48	1	33.8942	22	1
柳州市	6.9599	97	3	18.2133	90	3
桂林市	4.7847	160	4	21.5013	53	2
梧州市	3.0438	221	7	13.2351	198	13
北海市	2.2820	245	11	14.7121	153	5
防城港市	1.8279	260	12	13.8386	179	9
钦州市	2.9516	224	9	12.7228	215	14
贵港市	3.0311	222	8	13.7149	183	11
玉林市	3.7938	192	5	13.9145	175	8
贺州市	1.6733	266	14	14.2195	165	7
百色市	7.4280	87	2	14.6450	155	6
河池市	2.7405	231	10	14.8012	150	4
来宾市	3.1078	218	6	13.7924	181	10
崇左市	1.6878	264	13	13.3941	195	12

从广西壮族自治区城市的各分项指标省内排名来看，省会南宁市除了市场环境指数排在省内第4名，其他指标均排在省内第1名；桂林市的市场环境指数排名表现较差，排在省内第6名；防城港市的公共服务指数、人力资源指数、创新环境指数和金融服务指数排名表现较差，分别排在省内第12名、第9名、第14名和第14名；柳州市的法治环境指数排名表现较差，排在省内第12名，但是市场环境指数排名表现优异，位居全省第1名；北海市的公共服务指数、金融服务指数和法治环境指数排名表现较差，分别排在省内第11名、第10名和第10名，但市场环境指数排名表现较好，排在全省第2名；钦州市的人力资源指数、金融服务指数和政务环境指数排名表现较差，分别排在省内第14名、第12名和第12名，但法治环境指数排名表现较好，排在省内第6名；崇左市的公共服务指数、人力资源指数、创新环境指数和金融服务指数排名表现较差，分别排在省内第13名、第12名、第12名和第11名，但法治环境指数排名表现较好，排在全省第5名。

表5-17-2　广西壮族自治区城市营商环境分项指标评价结果（二）

城市	市场环境指数			创新环境指数		
	2020年	全国排名	省内排名	2020年	全国排名	省内排名
南宁市	7.8086	153	4	2.8915	75	1
柳州市	11.1035	94	1	1.6528	112	2
桂林市	4.7966	225	6	1.3012	141	3
梧州市	3.5363	248	8	0.5275	206	6
北海市	8.4859	138	2	0.5935	196	5
防城港市	8.4239	139	3	0.0792	282	14
钦州市	4.2477	234	7	0.4297	216	8
贵港市	3.5110	249	9	0.3683	225	9
玉林市	3.0842	259	11	0.7783	175	4
贺州市	2.5775	269	13	0.2861	242	11
百色市	3.2277	256	10	0.4386	212	7
河池市	1.5690	284	14	0.2900	239	10
来宾市	2.8598	265	12	0.1427	273	13
崇左市	5.2713	216	5	0.1916	263	12

贵港市的公共服务指数、金融服务指数和政务环境指数排名表现较好，分别排在省内第8名、第5名和第7名；梧州市的人力资源指数排名表现较差，仅排在省内第13名；来宾市的公共服务指数排名表现较好，排在省内第6名；玉林市的金融服务指数和创新环境指数排名表现较好，均排在省内第4名；河池市的法治环境指数和人力资源指数排名表现较好，分别排在省内第3名和第4名，但市场环境指数和政务环境指数排名表现较差，均排在省内第14名；贺州市的人力资源指数排名相对较高，排在省内第7名，但公共服务指数排名表现较差，排在省内最后一名；百色市的公共服务指数、人力资源指数、创新环境指数以及金融服务指数排名表现较好，分别位居全省第2名、第6名、第7名和第8名。

表5-17-3　广西壮族自治区城市营商环境分项指标评价结果（三）

城市	金融服务指数			法治环境指数			政务环境指数		
	2020年	全国排名	省内排名	2020年	全国排名	省内排名	2020年	全国排名	省内排名
南宁市	11.4048	21	1	49.2373	77	1	27.0146	30	1
柳州市	2.5631	121	3	27.0632	250	12	19.9276	66	3
桂林市	2.7774	105	2	49.1048	81	2	21.5687	52	2

续表

城市	金融服务指数			法治环境指数			政务环境指数		
	2020年	全国排名	省内排名	2020年	全国排名	省内排名	2020年	全国排名	省内排名
梧州市	1.0597	226	6	44.9750	137	7	16.7658	114	5
北海市	0.8408	242	10	29.1135	223	10	17.7348	95	4
防城港市	0.3768	281	14	48.6918	89	4	16.2032	120	6
钦州市	0.6701	259	12	45.4475	130	6	9.5403	230	12
贵港市	1.0654	224	5	26.8380	255	13	14.2689	145	7
玉林市	1.4806	188	4	44.3288	142	8	10.0162	225	11
贺州市	0.8430	241	9	40.0141	155	9	10.9676	206	8
百色市	0.8629	237	8	27.0887	249	11	6.7767	260	13
河池市	0.9490	232	7	48.7799	88	3	5.9814	268	14
来宾市	0.5580	270	13	23.9761	283	14	10.0527	224	10
崇左市	0.7333	250	11	47.4886	105	5	10.0673	223	9

十八、四川省城市营商环境评价结果

四川省共辖18个地级市和3个自治州，本文主要针对这18个地级市营商环境进行评价（见表5–18）。2020年全国营商环境指数排名中，四川省下辖城市营商环境指数排名表现相对较差，有6个城市排在全国前150名，3个城市排在全国第150～200名，9个城市位于全国200名之后。其中省会成都市排在全国前10名，德阳市、绵阳市和攀枝花市排在全国第50～100名。总的来说，四川省城市营商环境整体上处于较差水平。

表5-18　　　　四川省城市营商环境评价结果

城市	营商环境指数		省内排名		省内排名近1年变化	全国排名		全国排名近1年变化
	2019年	2020年	2019年	2020年		2019年	2020年	
成都市	42.9538	42.5821	1	1	0	6	6	0
德阳市	14.1393	12.9483	2	2	0	92	89	3
绵阳市	13.4435	12.7536	4	3	1	104	94	10
攀枝花市	13.5090	12.5738	3	4	–1	103	97	6

续表

城市	营商环境指数		省内排名		省内排名近1年变化	全国排名		全国排名近1年变化
	2019年	2020年	2019年	2020年		2019年	2020年	
泸州市	11.2670	12.1401	5	5	0	161	106	55
宜宾市	11.1428	11.0299	6	6	0	169	136	33
乐山市	10.7120	10.5960	8	7	1	187	153	34
达州市	9.3119	10.0868	14	8	6	243	165	78
南充市	10.3856	10.0808	9	9	0	201	167	34
内江市	10.7221	9.3249	7	10	–3	186	201	–15
广元市	9.9156	9.2957	11	11	0	223	203	20
眉山市	9.3031	9.0519	15	12	3	244	213	31
广安市	9.7590	8.9443	12	13	–1	227	215	12
自贡市	8.4350	8.9255	16	14	2	271	217	54
雅安市	8.3498	8.4824	17	15	2	272	231	41
遂宁市	9.3617	8.2369	13	16	–3	242	239	3
资阳市	10.3490	8.1045	10	17	–7	203	245	–42
巴中市	6.9200	7.9915	18	18	0	287	249	38

从四川省城市7个分项指标的全国排名来看，市场环境指数、创新环境指数、金融服务指数和法治环境指数排名表现较差，分别有4个、3个、5个和5个城市进入全国前150名；人力资源指数排名和政务环境指数表现较好，均有11个城市排在全国前150名；公共服务指数排名表现一般，有8个城市排在全国前150名。整体来说，四川省城市营商环境的7个分项指标排名差距较大，充足的人力资本和良好的政务环境是其优势，但还是受限于法治环境、市场环境、创新环境和金融服务。见表5–18–1、表5–18–2、表5–18–3。

表5-18-1　　四川省城市营商环境分项指标评价结果（一）

城市	公共服务指数			人力资源指数		
	2020年	全国排名	省内排名	2020年	全国排名	省内排名
成都市	40.3216	6	1	64.8633	3	1
自贡市	3.4736	198	12	16.9873	104	6
攀枝花市	3.9797	184	9	18.8160	81	4
泸州市	5.9424	124	7	15.9346	125	8
德阳市	5.0819	148	8	20.8695	57	2
绵阳市	6.5372	104	2	20.5587	61	3
广元市	3.4436	200	13	14.8862	149	11

续表

城市	公共服务指数			人力资源指数		
	2020年	全国排名	省内排名	2020年	全国排名	省内排名
遂宁市	3.0498	219	15	12.8747	209	13
内江市	3.9502	185	10	8.8523	276	18
乐山市	6.4904	106	3	15.5341	135	10
南充市	6.1812	116	5	16.8507	106	7
宜宾市	6.0126	121	6	17.9153	92	5
广安市	2.9675	223	16	15.5777	134	9
达州市	6.4340	107	4	12.2362	229	14
资阳市	1.9594	255	18	11.1553	249	16
眉山市	3.8618	187	11	14.3578	159	12
巴中市	2.4476	239	17	10.9540	251	17
雅安市	3.2757	205	14	11.7277	240	15

从四川省城市的各分项指标省内排名来看，省会成都市“一家独大”，各项指标均位居省内榜首；攀枝花市的公共服务、创新环境和金融服务是阻碍其营商环境发展的重要因素，分别排在省内第9名、第12名和第14名；德阳市的公共服务指数和政务环境指数排名表现较差，分别排在省内第8名和第14名；达州市的人力资源、市场环境和政务环境是阻碍其营商环境发展的重要因素，分别排在省内第14名、第13名和第17名，但公共服务指数和法治环境指数排名表现较好，均排在省内第4名；广安市的公共服务指数和创新环境指数排名表现较差，分别排在省内第16名和第17名，但人力资源指数、市场环境指数和金融服务指数排名表现较好，均排在省内第9名；绵阳市的法治环境指数排名较差，位于全省第13名；泸州市的政务环境指数排名表现较差，仅排在省内第9名；乐山市的创新环境指数排名表现较差，排在省内第11名，但公共服务排名表现较好，排在省内第3名。

表5-18-2　　　四川省城市营商环境分项指标评价结果（二）

城市	市场环境指数			创新环境指数		
	2020年	全国排名	省内排名	2020年	全国排名	省内排名
成都市	45.2016	8	1	27.0338	9	1
自贡市	6.6760	176	8	0.8283	170	5

续表

城市	市场环境指数			创新环境指数		
	2020年	全国排名	省内排名	2020年	全国排名	省内排名
攀枝花市	12.5524	77	2	0.5359	204	12
泸州市	7.3587	162	7	0.8993	165	4
德阳市	10.6565	97	3	1.5122	122	3
绵阳市	8.5136	136	4	4.6622	57	2
广元市	4.0151	239	17	0.4001	223	15
遂宁市	5.7189	208	12	0.6045	194	10
内江市	4.8185	224	16	0.6224	190	8
乐山市	7.5320	160	6	0.5791	198	11
南充市	6.0161	196	11	0.6638	187	7
宜宾市	7.5903	157	5	0.7744	176	6
广安市	6.2332	185	9	0.3172	236	17
达州市	5.3935	215	13	0.6089	192	9
资阳市	5.0324	219	14	0.3632	227	16
眉山市	6.1438	188	10	0.4680	210	14
巴中市	3.0081	262	18	0.2467	250	18
雅安市	4.8821	221	15	0.4951	207	13

宜宾市的法治环境指数排名相较于其营商环境排名较低，排在省内第10名；南充市的公共服务指数、金融服务指数和政务环境指数排名表现较好，分别位居全省第5名、第3名和第6名，但法治环境排名表现较差，排在全省最后一名；眉山市的金融服务指数排名表现较差，排在省内第17名；雅安市的法治环境指数排名较好，排在省内第9名；遂宁市的创新环境指数排名表现相对较好，排在省内第10名；自贡市人力资源指数、市场环境指数和创新环境排名表现较好，分别排在全省第6名、第8名和第5名；内江市拥有良好的法治环境，法治环境指数排在全省第5名，但是人力资源指数、市场环境指数和政务环境指数排名表现较差，分别排在省内第18名、第16名和第16名；资阳市的法治环境指数的排名表现相较于其他指标来说更好，排在省内第7名；巴中市的政务环境指数的排名表现相较于其他指标更好，排在省内第7名。

表5-18-3　　　　四川省城市营商环境分项指标评价结果（三）

城市	金融服务指数			法治环境指数			政务环境指数		
	2020年	全国排名	省内排名	2020年	全国排名	省内排名	2020年	全国排名	省内排名
成都市	28.2726	8	1	58.6708	17	1	39.0738	12	1
自贡市	1.3397	204	13	26.5159	258	17	12.5213	170	15
攀枝花市	1.0758	223	14	39.9157	156	6	20.2550	61	3
泸州市	1.8027	167	7	48.3842	98	3	16.7404	115	9
德阳市	2.2142	139	5	48.3915	97	2	13.7267	157	14
绵阳市	3.4012	81	2	29.4938	218	13	21.6888	51	2
广元市	1.3470	202	12	31.1237	197	11	17.1300	107	5
遂宁市	1.0615	225	15	26.6877	256	16	13.8112	154	13
内江市	1.4390	195	10	46.6047	116	5	11.4138	196	16
乐山市	1.5518	182	8	33.1957	183	8	16.8223	113	8
南充市	2.9303	93	3	26.2763	263	18	17.0455	108	6
宜宾市	2.8025	104	4	31.9039	191	10	17.1681	105	4
广安市	1.4435	193	9	27.0618	251	15	15.0482	134	10
达州市	2.0276	155	6	46.6818	112	4	9.4237	231	17
资阳市	1.4248	197	11	37.0490	160	7	9.3956	233	18
眉山市	0.7653	248	17	30.1729	206	12	14.6341	140	11
巴中市	0.8510	239	16	28.4186	237	14	16.8234	112	7
雅安市	0.6917	256	18	32.3019	189	9	13.9422	152	12

十九、贵州省城市营商环境评价结果

贵州省地处中国西南腹地，下辖6个地级市和3个自治州，本报告主要针对6个地级市的营商环境进行评价（见表5–19）。2020年全国营商环境指数排名中，贵州省下辖城市营商环境指数排名表现一般，只有2个城市进入全国前100名，1个城市排在全国第150～200名。毕节市、铜仁市和安顺市的营商环境指数更是排在了全国200名之后。对比2019年的排名，可以看到毕节市和安顺市进步明显，分别从2019年的第245名和第254名上升至2020年的第205名和第218

名；铜仁市下降幅度较大，从2019年的第151名下降至2020年的第226名；省会贵阳市的全国排名变化幅度较小。

表5-19　　贵州省城市营商环境评价结果

城市	营商环境指数		省内排名		省内排名近1年变化	全国排名		全国排名近1年变化
	2019年	2020年	2019年	2020年		2019年	2020年	
贵阳市	21.3900	19.4886	1	1	0	35	37	–2
遵义市	13.0569	12.4610	2	2	0	112	98	14
六盘水市	10.8447	10.3728	4	3	1	181	159	22
毕节市	9.2899	9.2192	5	4	1	245	205	40
安顺市	8.9861	8.9208	6	5	1	254	218	36
铜仁市	11.5478	8.6571	3	6	–3	151	226	–75

从贵州省城市的各分项指标的全国排名来看，公共服务指数和创新环境指数排名表现一般，均有3个城市排在全国前150名；人力资源指数排名表现优异，6个城市全部排在全国前150名；市场环境指数、金融服务指数和法治环境指数排名表现较差，分别只有1个、2个和1个城市排在全国前150名；政务环境指数排名表现较好，有4个城市进入全国前150名。见表5–19–1、表5–19–2、表5–19–3。

表5-19-1　　贵州省城市营商环境分项指标评价结果（一）

城市	公共服务指数			人力资源指数		
	2020年	全国排名	省内排名	2020年	全国排名	省内排名
贵阳市	11.1475	53	1	33.7964	23	1
六盘水市	3.2366	210	5	18.1522	91	4
遵义市	9.0308	65	2	21.4863	54	2
安顺市	2.3910	242	6	16.2465	118	6
毕节市	6.5260	105	3	17.2196	101	5
铜仁市	3.2427	209	4	20.0433	67	3

从贵州省城市的各分项指标省内排名来看，省会贵阳市领先幅度较为明显，7个分项指标均居于全省第1名；遵义市各项指标也处于全省领先地位，除了法治环境指数排在省内第3名，其他各项指标均排在省内第2名。

表5-19-2　　　贵州省城市营商环境分项指标评价结果（二）

城市	市场环境指数			创新环境指数		
	2020年	全国排名	省内排名	2020年	全国排名	省内排名
贵阳市	12.4192	78	1	5.4715	48	1
六盘水市	6.3684	182	3	0.8144	174	4
遵义市	7.0235	167	2	1.8667	104	2
安顺市	3.9208	243	5	0.6802	184	6
毕节市	3.0533	261	6	1.8001	107	3
铜仁市	3.9881	240	4	0.7224	181	5

六盘水市的公共服务和金融服务指数排名表现较差，均排在省内第5名；毕节市的市场环境较差，排在省内最后一名；安顺市的法治环境指数排名表现较好，排在省内第2名；铜仁市的人力资源指数排名表现较好，排在省内第3名。

表5-19-3　　　贵州省城市营商环境分项指标评价结果（三）

城市	金融服务指数			法治环境指数			政务环境指数		
	2020年	全国排名	省内排名	2020年	全国排名	省内排名	2020年	全国排名	省内排名
贵阳市	8.4391	33	1	46.8984	111	1	27.3848	29	1
六盘水市	1.0951	219	5	30.5873	203	4	19.0936	77	3
遵义市	2.5667	120	2	30.7223	201	3	20.6181	58	2
安顺市	0.8475	240	6	31.2181	195	2	14.5742	141	4
毕节市	1.5300	183	3	27.3863	245	5	13.0748	163	5
铜仁市	1.3329	205	4	25.9232	266	6	11.1023	203	6

二十、云南省城市营商环境评价结果

云南省地处中国西南边陲，是中国通往东南亚、南亚的窗口。云南省下辖8个地级市和8个自治州，本文主要针对这8个地级市的营商环境进行评价（见表5–20）。2020年全国营商环境指数排名中，云南省下辖城市营商环境指数排名整体表现较差，只有2个城市进入全国前150名，其中省会城市昆明市排在全国第41名，排名较2019年下降了4名。

表5-20　　云南省城市营商环境评价结果

城市	营商环境指数		省内排名		省内排名近1年变化	全国排名		全国排名近1年变化
	2019年	2020年	2019年	2020年		2019年	2020年	
昆明市	20.3851	18.7666	1	1	0	37	41	–4
玉溪市	11.0676	11.6634	5	2	3	171	118	53
曲靖市	12.4956	10.4038	2	3	–1	123	158	–35
普洱市	11.3310	9.3702	4	4	0	157	198	–41
丽江市	12.0504	8.5661	3	5	–2	137	230	–93
昭通市	7.8059	7.5819	8	6	2	276	262	14
临沧市	8.7270	6.8746	6	7	–1	259	275	–16
保山市	8.2567	6.6136	7	8	–1	274	279	–5

从云南省城市的各分项指标的全国排名来看，公共服务指数、市场环境指数、创新环境指数、金融服务指数和政务环境指数排名表现较差，分别有2个、1个、1个、1个和2个城市排在全国前150名；人力资源指数排名表现优异，有7个城市排在全国前150名；法治环境指数排名表现较好，有4个城市排在全国前150名。总的来看，基础设施建设、市场环境整治、创新环境提升、金融服务效率提高以及政务环境的改善是提升云南省城市营商环境的几个主要因素。见表5–20–1、表5–20–2、表5–20–3。

表5-20-1　　云南省城市营商环境分项指标评价结果（一）

城市	公共服务指数			人力资源指数		
	2020年	全国排名	省内排名	2020年	全国排名	省内排名
昆明市	16.4344	27	1	34.6345	19	1
昭通市	4.0832	181	3	22.9249	47	2
曲靖市	8.9483	66	2	16.5507	112	5
玉溪市	3.8435	189	4	15.7569	128	7
普洱市	1.7278	263	6	17.5223	99	4
保山市	2.2292	246	5	13.5645	187	8
丽江市	0.8526	288	8	18.2387	88	3
临沧市	1.3478	277	7	16.4164	115	6

从云南省城市的各分项指标的省内排名来看，省会昆明市处于绝对领先地

位，除了法治环境指数排在省内第7名，其余6个分项指标均排在全省第1名；玉溪市的人力资源指数排名表现较差，排在全省第7名；曲靖市的政务环境指数排名表现较差，排在省内第6名。

表5-20-2　　云南省城市营商环境分项指标评价结果（二）

城市	市场环境指数			创新环境指数		
	2020年	全国排名	省内排名	2020年	全国排名	省内排名
昆明市	11.6123	85	1	6.0340	46	1
昭通市	0.6516	287	8	0.1915	264	5
曲靖市	3.8321	245	3	0.5880	197	3
玉溪市	7.4064	161	2	0.8721	167	2
普洱市	2.0659	279	6	0.2525	248	4
保山市	2.5486	271	4	0.1787	267	7
丽江市	2.1155	278	5	0.1821	266	6
临沧市	1.9254	281	7	0.1635	268	8

普洱市的金融服务指数排名较差，仅排在省内第7名；丽江市的公共服务指数排名表现较差，排在省内最后一名；昭通市的公共服务指数和人力资源指数排名表现较好，分别排在省内第3名和第2名；保山市的市场环境指数排名表现较好，排在省内第4名；其余城市的各个分项指标省内排名与其营商环境指数的省内排名较为一致。

表5-20-3　　云南省城市营商环境分项指标评价结果（三）

城市	金融服务指数			法治环境指数			政务环境指数		
	2020年	全国排名	省内排名	2020年	全国排名	省内排名	2020年	全国排名	省内排名
昆明市	11.0574	22	1	28.9920	225	7	26.0098	35	1
昭通市	0.7897	246	4	27.2114	248	8	3.7643	283	8
曲靖市	1.2407	213	2	50.0222	67	1	4.8507	276	6
玉溪市	1.1761	214	3	45.5765	128	3	18.3165	88	2
普洱市	0.5974	267	7	47.2367	107	2	8.8113	242	3
保山市	0.6217	265	6	29.3808	221	6	5.3606	275	5
丽江市	0.6560	262	5	43.9265	145	4	5.7780	269	4
临沧市	0.3619	282	8	32.7355	186	5	3.7919	282	7

二十一、陕西省城市营商环境评价结果

陕西省位于中国西北地区，下辖10个地级市（见表5–21），2020年全国营商环境指数排名中，陕西省下辖城市营商环境指数排名整体表现较差，有3个城市排名进入全国前150名，安康市、渭南市和宝鸡市排在全国第150～200名，其余4个城市均排在全国200名之后。对比2019年排名，可以看到陕西省有4个城市排名有所上升，5个城市排名下降，其中汉中市排名下降幅度较大，从2019年的第170名下降到2020年的第208名。总体来讲，陕西省城市营商环境近两年发展势头不容乐观。

表5-21　　　　陕西省城市营商环境评价结果

城市	营商环境指数		省内排名		省内排名近1年变化	全国排名		全国排名近1年变化
	2019年	2020年	2019年	2020年		2019年	2020年	
西安市	32.8591	32.8508	1	1	0	12	12	0
榆林市	12.5141	11.3329	3	2	1	121	124	–3
咸阳市	12.5516	11.2256	2	3	–1	120	128	–8
安康市	10.6521	9.8382	5	4	1	188	177	11
渭南市	10.5007	9.5338	6	5	1	192	187	5
宝鸡市	10.4906	9.3337	7	6	1	193	200	–7
汉中市	11.1106	9.1756	4	7	–3	170	208	–38
延安市	9.7019	8.8206	8	8	0	231	221	10
铜川市	9.2494	8.2260	9	9	0	247	240	7
商洛市	8.6686	6.9148	10	10	0	265	273	–8

从陕西省城市的各分项指标全国排名来看，公共服务指数、人力资源指数、创新环境指数、金融服务指数、法治环境指数和政务环境指数排名表现较差，分别有4个、3个、2个、4个、3个和3个城市排在全国前150名；市场环境指数排名表现一般，有5个城市进入全国150名之内。总的来看，加大公共服务力度、积累人力资本储备、培育创新环境、提高金融服务效率、营造良好法治和政务环境氛围是提升陕西省城市营商环境的重要途径。见表5–21–1、表5–21–2、表5–21–3。

表5-21-1　　陕西省城市营商环境分项指标评价结果（一）

城市	公共服务指数			人力资源指数		
	2020年	全国排名	省内排名	2020年	全国排名	省内排名
西安市	23.0337	15	1	57.9744	5	1
铜川市	1.5074	270	10	11.5005	245	8
宝鸡市	4.7060	162	5	11.9840	235	6
咸阳市	5.8478	126	3	13.5619	188	4
渭南市	5.2076	146	4	9.9373	259	9
汉中市	4.1150	179	6	12.8712	210	5
安康市	1.8320	259	9	11.9025	237	7
商洛市	1.8489	258	8	8.9492	274	10
延安市	3.2327	211	7	15.0050	144	3
榆林市	8.1939	78	2	16.1778	121	2

从陕西省城市的各分项指标省内排名来看，省会西安市处于绝对领先地位，7个分项指标都稳居全省第1名；榆林市的金融服务指数、法治环境指数和政务环境指数排名表现较差，分别排在省内第5名、第6名和第8名，其他指标都排在省内第2～4名；铜川市的公共服务、市场环境、创新环境和金融服务表现都较差，四种指数均排在省内第10名，但是法治环境和政务环境指数排名表现较好，分别位于全省第4名和第6名；延安市的法治环境指数排名表现相较于其他指标差，排在省内第10名，但人力资源指数、市场环境指数和政务环境指数排名表现较好，分别排在省内第3名、第4名和第5名。

表5-21-2　　陕西省城市营商环境分项指标评价结果（二）

城市	市场环境指数			创新环境指数		
	2020年	全国排名	省内排名	2020年	全国排名	省内排名
西安市	31.3089	13	1	15.6188	19	1
铜川市	4.6228	226	10	0.0932	278	10
宝鸡市	12.4044	79	3	1.5305	120	2
咸阳市	8.0954	147	5	0.9926	157	3
渭南市	6.9927	168	6	0.5622	200	5
汉中市	6.8208	173	7	0.4826	208	6
安康市	6.6639	177	8	0.2752	245	9
商洛市	4.8544	222	9	0.3276	235	8
延安市	9.1402	119	4	0.4301	215	7
榆林市	16.7434	49	2	0.9450	159	4

宝鸡市的市场环境和创新环境指标排名表现优异，排在省内第3名和第2名，但是政务环境指数排名表现太差，位于最后一名；安康市的法治环境指数排名优异，高居省内第2名，但其他6个分项指数排名表现都较差；渭南市的金融服务和政务服务相对高效，均排在省内第2名，但人力资源指数和法治环境指数排名表现较差，均位于省内第9名；汉中市的金融服务和政务环境排名表现较好，分别排在省内第4名和第3名，但法治环境指数排名表现较差，排在第8名；其余城市的各个分项指标省内排名与其营商环境指数省内排名较为一致。

表5-21-3　　陕西省城市营商环境分项指标评价结果（三）

城市	金融服务指数			法治环境指数			政务环境指数		
	2020年	全国排名	省内排名	2020年	全国排名	省内排名	2020年	全国排名	省内排名
西安市	19.3849	12	1	52.2011	42	1	36.8839	15	1
铜川市	0.4588	276	10	36.8021	162	4	12.1229	178	6
宝鸡市	1.9025	163	6	35.9539	167	5	5.7281	270	10
咸阳市	2.6295	116	3	44.8081	140	3	13.8378	153	4
渭南市	2.8597	99	2	28.8189	230	9	18.7867	82	2
汉中市	2.5165	125	4	29.5911	215	8	14.6370	139	3
安康市	1.4165	198	7	48.8654	85	2	10.9209	207	7
商洛市	0.8349	243	9	31.5471	193	7	8.2521	248	9
延安市	0.8757	236	8	26.6071	257	10	12.3819	171	5
榆林市	1.9696	159	5	33.1762	184	6	9.4053	232	8

二十二、甘肃省城市营商环境评价结果

甘肃省地处中国西北地区，下辖12个地级市和2个自治州，本报告主要针对12个地级市的营商环境进行评价（见表5–22）。2020年全国营商环境指数排名中，甘肃省下辖城市营商环境指数排名表现相对较差，仅有2个城市排在全国前150名，且有9个城市排在全国200名之后，表明甘肃省城市营商环境整体处于较低水平。对比2019年，可以看到有8个城市排名有所下降，表明甘肃省城市营商环境近两年进步不明显。

表5-22　　甘肃省城市营商环境评价结果

城市	营商环境指数		省内排名		省内排名近1年变化	全国排名		全国排名近1年变化
	2019年	2020年	2019年	2020年		2019年	2020年	
兰州市	18.4521	15.7873	1	1	0	49	60	−11
嘉峪关市	12.5118	12.1686	2	2	0	122	105	17
酒泉市	10.1803	9.5709	3	3	0	211	186	25
白银市	8.8671	9.2015	7	4	3	257	206	51
金昌市	8.9229	8.3642	6	5	1	256	234	22
庆阳市	9.6163	7.8857	4	6	−2	233	254	−21
张掖市	8.8431	7.4844	8	7	1	258	264	−6
陇南市	9.5517	7.3792	5	8	−3	235	265	−30
定西市	8.6168	7.0629	9	9	0	267	269	−2
武威市	8.5006	6.8159	10	10	0	270	276	−6
平凉市	7.7128	6.3019	12	11	1	279	281	−2
天水市	8.1782	5.8272	11	12	−1	275	285	−10

从甘肃省城市7个分项指标的全国排名来看，公共服务指数、人力资源指数、市场环境指数、法治环境指数和政务环境排名表现都较差，分别有2个、4个、2个、5个和2个城市排在前150名；创新环境指数和金融服务指数排名表现极差，均只有1个城市排在全国前150名。总的来看，甘肃省需要从7个分项指标所对应的各个维度着手，进一步提升其城市营商环境。见表5–22–1、表5–22–2、表5–22–3。

表5-22-1　　甘肃省城市营商环境分项指标评价结果（一）

城市	公共服务指数			人力资源指数		
	2020年	全国排名	省内排名	2020年	全国排名	省内排名
兰州市	12.9116	46	1	31.1425	27	1
嘉峪关市	5.6725	129	2	15.2362	139	2
金昌市	1.5200	269	9	12.8463	211	7
白银市	2.9058	227	3	12.3597	225	10
天水市	2.1552	249	4	13.2292	201	6
酒泉市	1.1288	283	12	12.5171	222	9
张掖市	1.2851	281	11	15.1105	142	3

续表

城市	公共服务指数			人力资源指数		
	2020年	全国排名	省内排名	2020年	全国排名	省内排名
武威市	1.9917	254	7	12.0062	234	11
定西市	2.1059	250	5	12.5310	220	8
陇南市	1.4532	273	10	10.4567	254	12
平凉市	2.0355	251	6	13.4477	194	5
庆阳市	1.6851	265	8	14.8960	148	4

从甘肃省城市的各分项指标省内排名来看，省会兰州市除了法治环境指数排名表现较差，排在省内第6名，其他指标均排在省内第1～2名；嘉峪关市的创新环境指数和金融服务指数排名表现较差，均排在省内第11名，其他指标均位居省内第1～3名；金昌市的公共服务指数、创新环境指数、金融服务指数和政务环境指数排名表现较差，分别排在省内第9名、第9名、第12名和第11名；白银市的人力资源指数和市场环境指数排名表现较差，分别排在省内第10名和第7名，但是具有优异的法治环境，法治环境指数高居省内第2名；酒泉市的公共服务指数和人力资源指数排名表现较差，分别排在省内第12名和第9名，但是金融服务指数和法治环境指数排名表现较好，分别排在全省第2名和第1名。

表5-22-2　　　甘肃省城市营商环境分项指标评价结果（二）

城市	市场环境指数			创新环境指数		
	2020年	全国排名	省内排名	2020年	全国排名	省内排名
兰州市	8.8990	125	2	2.3910	88	1
嘉峪关市	14.3564	63	1	0.1601	270	11
金昌市	6.0045	197	3	0.2356	253	9
白银市	2.5225	272	7	0.3308	234	6
天水市	1.2468	285	9	0.3044	238	7
酒泉市	5.6928	211	4	0.5402	202	3
张掖市	3.0649	260	5	0.6972	183	2
武威市	2.0592	280	8	0.4212	218	4
定西市	0.2535	289	12	0.1920	262	10
陇南市	0.3604	288	11	0.2378	252	8
平凉市	0.7095	286	10	0.1496	272	12
庆阳市	2.7108	267	6	0.3483	231	5

张掖市的公共服务指数、金融服务指数和法治环境指数排名表现较差，分别排在省内第11名、第10名和第10名，但人力资源指数、创新环境指数和政务环境指数排名表现较好，分别排在省内第3名、第2名和第4名；平凉市的公共服务指数和人力资源指数排名表现较好，分别排在省内第6名和第5名；定西市的公共服务指数和政务环境指数排名表现较好，分别排在省内第5名和第3名，但市场环境指数排名表现较差，位于省内最后一名；武威市的创新环境指数和金融服务指数在省内具有一定优势，创新环境指数和金融服务指数分别排在省内第4名和第5名；天水市的公共服务指数、人力资源指数和金融服务指数排名表现较好，分别排在省内第4名、第6名和第3名；陇南市的法治环境指数排名表现相对于其他指标较好，排在省内第4名，但人力资源指数和市场环境指数排名表现较差，分别排在省内第12名和第11名；其余城市的各个分项指标省内排名与营商环境指数省内排名较为一致。

表5-22-3　　甘肃省城市营商环境分项指标评价结果（三）

城市	金融服务指数			法治环境指数			政务环境指数		
	2020年	全国排名	省内排名	2020年	全国排名	省内排名	2020年	全国排名	省内排名
兰州市	7.4023	38	1	35.3743	170	6	18.9193	80	1
嘉峪关市	0.2582	287	11	46.0765	124	3	14.7228	137	2
金昌市	0.1898	288	12	42.9968	148	5	6.3008	264	11
白银市	0.6597	261	6	46.6570	113	2	11.4603	192	5
天水市	0.8964	235	3	25.4069	274	11	4.0782	281	12
酒泉市	1.2732	209	2	46.9835	109	1	11.3316	198	6
张掖市	0.4485	279	10	25.7232	272	10	12.1414	176	4
武威市	0.6990	252	5	25.8749	268	9	11.0121	205	7
定西市	0.5857	268	7	27.5575	244	8	13.0461	166	3
陇南市	0.4520	277	9	44.8739	139	4	6.3189	263	10
平凉市	0.5689	269	8	24.8336	277	12	8.5459	246	9
庆阳市	0.7065	251	4	35.0687	172	7	8.8457	240	8

二十三、宁夏回族自治区城市营商环境评价结果

宁夏回族自治区地处中国西部地区，下辖5个地级市（见表5–23）。2020年全国营商环境指数排名中，宁夏回族自治区下辖城市营商环境指数排名表现较差，仅有银川市1个城市排在全国前150名，固原市排在全国第150～200名，中卫市、石嘴山市和吴忠市排在全国200名之外，由此可见宁夏回族自治区城市营商环境处于较低水平。对比2019年排名，可以看到有3个城市的营商环境排名有所上升，有2个城市排名有所下降，其中固原市排名上升幅度较大，从2019年的第255名上升至2020年的第176名，中卫市排名下降幅度较大，从2019年的第154名下降至2020年的第219名。总体来说，宁夏回族自治区城市营商环境虽然处于较低水平，但从近两年排名来看，排名稳中有进，势头良好。

表5-23　　宁夏回族自治区城市营商环境评价结果

城市	营商环境指数		省内排名		省内排名近1年变化	全国排名		全国排名近1年变化
	2019年	2020年	2019年	2020年		2019年	2020年	
银川市	14.1076	13.5622	1	1	0	93	84	9
固原市	8.9586	9.8393	4	2	2	255	176	79
中卫市	11.4229	8.8337	2	3	–1	154	219	–65
石嘴山市	10.2710	8.6946	3	4	–1	207	223	–16
吴忠市	8.5268	8.2225	5	5	0	268	241	27

从宁夏回族自治区城市的7个分项指标全国排名来看，人力资源指数排名表现较好，有4个城市排在全国前150名；创新环境指数、金融服务指数排名表现较差，均有1个城市排在全国前150名；公共服务指数、市场环境指数、法治环境指数和政务环境指数排名表现一般，均有2个城市排在全国150名以内。见表5–23–1、表5–23–2、表5–23–3。

表5-23-1　宁夏回族自治区城市营商环境分项指标评价结果（一）

城市	公共服务指数			人力资源指数		
	2020年	全国排名	省内排名	2020年	全国排名	省内排名
银川市	12.0239	52	1	21.8242	52	1
石嘴山市	6.2045	115	2	12.3439	226	5

续表

城市	公共服务指数			人力资源指数		
	2020年	全国排名	省内排名	2020年	全国排名	省内排名
吴忠市	3.4613	199	4	15.5126	136	4
中卫市	4.9774	153	3	15.7847	127	3
固原市	1.0927	284	5	18.2143	89	2

从宁夏回族自治区城市的7个分项指标省内排名来看，省会银川市领先幅度较大，除了法治环境指数排在全省第4名，其他指数均位居全省第1名；石嘴山市的人力资源指数和法治环境指数排名表现较差，均排在省内第5名，但公共服务指数、市场环境指数和政务环境指数排名表现较好，均排在省内第2名。

表5-23-2　宁夏回族自治区城市营商环境分项指标评价结果（二）

城市	市场环境指数			创新环境指数		
	2020年	全国排名	省内排名	2020年	全国排名	省内排名
银川市	10.6194	98	1	1.6280	114	1
石嘴山市	8.8396	129	2	0.4154	220	3
吴忠市	4.1156	238	3	0.5320	205	2
中卫市	3.2891	254	4	0.3792	224	4
固原市	1.6269	282	5	0.1241	275	5

固原市的公共服务指数、市场环境指数、创新环境指数和金融服务指数排名表现较差，均排在省内第5名，但是法治环境指数排名表现优异，排在省内第1名；中卫市的法治环境较好，法治环境指数排在省内第2名，但政务环境指数排名表现较差，排在省内第5名；吴忠市的创新环境指数和金融服务指数排名表现较好，均排在省内第2名。

表5-23-3　宁夏回族自治区城市营商环境分项指标评价结果（三）

城市	金融服务指数			法治环境指数			政务环境指数		
	2020年	全国排名	省内排名	2020年	全国排名	省内排名	2020年	全国排名	省内排名
银川市	4.6686	61	1	27.2491	247	4	21.4842	54	1
石嘴山市	0.4504	278	3	23.2122	287	5	14.2357	147	2
吴忠市	0.5420	272	2	27.7575	242	3	12.1484	175	3
中卫市	0.3413	283	4	44.3612	141	2	4.5455	278	5
固原市	0.2672	286	5	50.1204	65	1	10.8563	210	4

第六章　重点区域城市群营商环境评价结果分析

本章将对京津冀、长三角、粤港澳大湾区、东北地区、长江经济带和黄河流域这6个重点区域的城市群内城市营商环境评价结果进行比较，探讨这6个城市群内城市营商环境的现状；并对比分析各城市群内城市的7个分项指标的全国排名情况。

一、京津冀城市群营商环境评价结果

京津冀城市群的概念由首都经济圈发展而来，包括北京、天津两大直辖市，河北省的张家口、承德、秦皇岛、唐山、沧州、衡水、廊坊、保定、石家庄、邢台、邯郸等11个地级市和定州、辛集2个省直管市以及河南省的安阳市。本报告仅对14个城市进行分析。结果见表6–1。

2020年全国营商环境指数排名中，京津冀城市群内的城市营商环境指数排名表现较好，有10个城市排在全国前150名，秦皇岛市、张家口市和安阳市排在全国第150～200名，只有衡水市排在全国200名之外。由此可见京津冀城市群内的城市营商环境处于较高水平。对比2019年排名，可以看到仅有2个城市的营商环境排名有所上升，有10个城市排名有所下降，其中邢台市、承德市、张家口市和安阳市排名下降幅度较大，分别下降82名、70名、68名和46名。总体来说，京津冀城市群内的城市营商环境虽然处于较高水平，但从近两年排名来看，排名有下降的趋势。

表6-1　　京津冀城市群营商环境评价结果

城市	营商环境指数		群内排名		群内排名近1年变化	全国排名		全国排名近1年变化
	2019年	2020年	2019年	2020年		2019年	2020年	
北京市	78.5325	73.3013	1	1	0	1	1	0
天津市	42.0217	38.3720	2	2	0	7	8	–1
石家庄市	21.5449	19.8300	3	3	0	33	34	–1
唐山市	17.3913	16.5671	6	4	2	55	52	3
沧州市	19.5721	14.9437	4	5	–1	42	65	–23
廊坊市	17.4349	14.9398	5	6	–1	53	66	–13
保定市	15.3612	14.2992	8	7	1	73	73	0
邯郸市	13.5188	12.1011	11	8	3	102	107	–5
邢台市	16.7184	10.8735	7	9	–2	60	142	–82
承德市	15.0884	10.7302	9	10	–1	76	146	–70
秦皇岛市	11.2501	10.5742	13	11	2	163	154	9
张家口市	13.7777	10.1686	10	12	–2	96	164	–68
安阳市	12.4174	9.9309	12	13	–1	127	173	–46
衡水市	10.3223	8.6313	14	14	0	205	228	–23

从京津冀城市群的7个分项指标的全国排名来看，公共服务指数、创新环境指数和金融服务指数排名表现优异，有13个、12个和14个城市排名都进入了全国前150名；人力资源指数和市场环境指数排名表现较好，分别有9个和10个城市排名进入了全国前150名；法治环境指数和政务环境指数排名表现一般，均有7个城市排在全国前150名。见表6–1–1、表6–1–2、表6–1–3。

表6-1-1　　京津冀城市群营商环境分项指标评价结果（一）

城市	公共服务指数			人力资源指数		
	2020年	全国排名	群内排名	2020年	全国排名	群内排名
北京市	60.2947	2	1	66.7295	2	1
天津市	34.0516	8	2	43.0766	14	2
石家庄市	15.7968	31	4	33.9169	21	3
唐山市	20.6109	18	3	20.4225	62	6
邯郸市	13.1355	44	5	14.1828	168	11
张家口市	5.5066	137	12	13.8602	178	12
保定市	12.3639	49	6	26.8004	36	5
沧州市	10.0925	58	7	19.0926	77	8
秦皇岛市	5.5303	134	11	19.8826	69	7

续表

城市	公共服务指数			人力资源指数		
	2020年	全国排名	群内排名	2020年	全国排名	群内排名
邢台市	8.7710	69	8	14.3495	160	10
廊坊市	6.8974	100	10	29.1834	31	4
承德市	5.4170	140	13	13.7552	182	13
衡水市	4.4771	168	14	12.0547	233	14
安阳市	7.3658	90	9	15.3376	138	9

从京津冀城市群的各分项指标在城市群内排名来看，北京市和天津市处于绝对领先的地位，7个分项指标均分列第1名和第2名；石家庄市和唐山市的法治环境排名表现较差，在城市群内分别排第8名和第11名；沧州市的人力资源指数和政务环境指数排名表现较差，均排在第8名；廊坊市的公共服务指数和政务环境指数排名表现较差，分别排在第10名和第9名；保定市的创新环境指数排名表现较好，排在第4名，但法治环境指数排名表现较差，排在第12名；邯郸市的公共服务指数和政务环境指数排名表现较好，均排在第5名，但人力资源指数和法治环境指数排名表现较差，分别排在第11名和第13名。

表6-1-2　　京津冀城市群营商环境分项指标评价结果（二）

城市	市场环境指数			创新环境指数		
	2020年	全国排名	群内排名	2020年	全国排名	群内排名
北京市	48.4204	4	1	82.4079	2	1
天津市	29.8311	19	2	29.0155	7	2
石家庄市	18.5937	43	4	5.1419	53	3
唐山市	21.2375	30	3	2.6841	77	5
邯郸市	11.2870	92	7	1.8614	105	9
张家口市	5.8916	201	14	0.7259	180	13
保定市	10.0309	104	8	3.2661	68	4
沧州市	13.2347	74	6	2.2549	91	7
秦皇岛市	8.3979	140	10	1.2932	142	11
邢台市	7.7485	154	11	1.8915	103	8
廊坊市	13.3168	71	5	2.4715	84	6
承德市	6.6908	175	12	0.6659	186	14
衡水市	6.5333	178	13	1.3187	139	10
安阳市	9.3226	112	9	1.1736	148	12

邢台市的政务环境指数排名表现较差，排在第13名；承德市的公共服务指数、人力资源指数、创新环境指数排名表现较差，分别排在第13名、第13名和第14名，但法治环境指数排名表现较好，排在第5名；秦皇岛市的人力资源指数和政务环境指数排名表现较好，均排在第7名，但法治环境指数排名表现较差，排在最后一名；张家口市的法治环境指数排名表现较好，排在第4名；安阳市的公共服务指数、人力资源指数、市场环境指数和法治环境指数排名表现相对较好，均排在第9名。

表6-1-3　　京津冀城市群营商环境分项指标评价结果（三）

城市	金融服务指数			法治环境指数			政务环境指数		
	2020年	全国排名	群内排名	2020年	全国排名	群内排名	2020年	全国排名	群内排名
北京市	100.0000	1	1	77.9823	1	1	78.8350	2	1
天津市	31.7828	4	2	63.8984	6	2	45.4566	7	2
石家庄市	10.9607	24	3	35.3874	169	8	24.1987	41	3
唐山市	7.9441	36	4	29.7216	212	11	17.7337	96	4
邯郸市	5.7951	49	6	26.3188	262	13	16.8662	111	5
张家口市	3.0522	90	12	53.3737	35	4	3.1717	287	14
保定市	7.3228	39	5	28.2297	238	12	16.7241	116	6
沧州市	4.9849	56	7	55.3549	26	3	13.0617	165	8
秦皇岛市	3.2058	86	11	24.2302	282	14	16.0316	124	7
邢台市	3.5738	79	10	45.1505	133	7	6.0550	267	13
廊坊市	4.7049	60	8	47.1796	108	6	11.5717	188	9
承德市	3.6840	78	9	50.3869	60	5	7.7303	253	12
衡水市	2.5410	122	13	30.0979	207	10	10.5521	218	10
安阳市	2.1170	147	14	31.0633	198	9	10.1803	222	11

二、长三角城市群营商环境评价结果

长江三角洲城市群（简称“长三角城市群”）以上海为中心，位于长江入海之前的冲积平原，根据国务院批准的《长江三角洲城市群发展规划》，长三角城市群包括上海，江苏省的南京、无锡、常州、苏州、南通、盐城、扬州、镇江、泰州，浙江省的杭州、宁波、嘉兴、湖州、绍兴、金华、舟山、台州，安徽省的合肥、芜湖、马鞍山、铜陵、安庆、滁州、池州、宣城等26个城市，区域面积21.17万平方公里，约占中国面积的2.2%。

2020年全国营商环境指数排名中，长三角城市群内的城市营商环境指数排名表现优异，有24个城市排在全国前150名，宣城市排在全国第150～200名，只有池州市排在全国200名之外。由此可见长三角城市群内的城市营商环境处于较高水平。与2019年相比，可以看到有9个城市的营商环境排名有所上升，有12个城市排名有所下降，其中宣城市排名下降幅度较大，从2019年的第165名下降至2020年的第199名；池州市排名上升幅度较大，从2019年的第262名上升至2020年的第235名。总体来说，长三角城市群内的城市营商环境处于较高水平，尤其是江苏省、浙江省的城市营商环境普遍较好。见表6–2。

表6-2　　长三角城市群营商环境评价结果

城市	营商环境指数		群内排名		群内排名近1年变化	全国排名		全国排名近1年变化
	2019年	2020年	2019年	2020年		2019年	2020年	
上海市	75.1965	71.8482	1	1	0	2	2	0
苏州市	41.6451	38.8657	2	2	0	8	7	1
杭州市	39.3613	37.9721	3	3	0	9	9	0
南京市	34.6255	36.7596	4	4	0	11	10	1
宁波市	32.2010	31.7554	5	5	0	13	13	0
无锡市	27.7514	27.1647	6	6	0	18	20	–2
合肥市	27.5136	24.5443	7	7	0	19	21	–2
常州市	22.0492	22.1958	12	8	4	32	24	8
嘉兴市	23.4114	21.5290	8	9	–1	25	27	–2
绍兴市	22.0918	21.3618	11	10	1	31	29	2
南通市	22.2103	21.1595	9	11	–2	28	31	–3
金华市	22.1129	19.8979	10	12	–2	30	33	–3
台州市	21.5158	18.8712	13	13	0	34	40	–6
扬州市	17.8914	17.0436	15	14	1	51	48	3
镇江市	19.0788	16.4806	14	15	–1	47	53	–6
泰州市	17.3030	16.1591	16	16	0	56	54	2
芜湖市	16.5575	16.0075	17	17	0	62	56	6

续表

城市	营商环境指数		群内排名		群内排名近1年变化	全国排名		全国排名近1年变化
	2019年	2020年	2019年	2020年		2019年	2020年	
盐城市	16.0759	14.8136	19	18	1	66	67	–1
湖州市	16.4590	14.7717	18	19	–1	63	68	–5
舟山市	15.7009	14.5903	20	20	0	69	69	0
马鞍山市	14.1913	12.7400	21	21	0	91	95	–4
安庆市	13.6625	11.9764	22	22	0	100	109	–9
铜陵市	11.8255	11.0934	24	23	1	146	135	11
滁州市	12.0237	11.0010	23	24	–1	138	138	0
宣城市	11.2444	9.3676	25	25	0	165	199	–34
池州市	8.6928	8.3515	26	26	0	262	235	27

从长三角城市群的7个分项指标的全国排名来看，人力资源指数、市场环境指数、创新环境指数和政务环境指数排名表现优异，分别有25个、24个、24个和24个城市排进全国前150名；公共服务指数、金融服务指数和法治环境指数排名表现较好，分别有21个、20个和19个城市排名进入全国前150名。见表6–2–1、表6–2–2、表6–2–3。

表6-2-1　　长三角城市群营商环境分项指标评价结果（一）

城市	公共服务指数			人力资源指数		
	2020年	全国排名	群内排名	2020年	全国排名	群内排名
上海市	72.3481	1	1	64.8301	4	1
南京市	24.5841	13	4	55.2148	6	2
无锡市	22.2156	17	6	24.7841	39	9
常州市	14.6305	34	8	25.0242	37	7
苏州市	40.5648	5	2	34.1260	20	6
南通市	13.7155	40	10	23.8688	42	10
盐城市	9.6623	60	14	16.2307	119	22
扬州市	7.4732	85	16	19.5888	71	15
镇江市	6.9335	99	19	19.0395	78	17
泰州市	8.3747	75	15	17.0077	103	21
杭州市	29.4246	11	3	49.4574	11	3
嘉兴市	12.5654	47	11	24.8743	38	8
湖州市	7.1123	94	18	18.5585	85	19
舟山市	1.2393	282	26	21.9436	51	13

续表

城市	公共服务指数			人力资源指数		
	2020年	全国排名	群内排名	2020年	全国排名	群内排名
金华市	10.2133	57	12	22.2782	49	11
绍兴市	14.4107	35	9	20.5918	60	14
台州市	9.9136	59	13	18.8432	80	18
宁波市	22.9984	16	5	35.8325	17	5
宣城市	3.5328	196	23	15.1219	141	25
滁州市	5.2198	144	21	17.1308	102	20
池州市	1.9002	256	25	14.6395	157	26
合肥市	16.5956	26	7	38.0680	16	4
铜陵市	3.1708	217	24	16.0758	122	23
马鞍山市	5.5443	132	20	19.1501	75	16
芜湖市	7.2555	92	17	22.1279	50	12
安庆市	4.4269	172	22	15.6658	131	24

从长三角城市群的各分项指标在城市群内排名来看，上海市处于绝对领先地位，7个分项指数均排在首位；公共服务指数的排名中，苏州市、杭州市、南京市和宁波市分别排在第2～5名，安庆市、宣城市、铜陵市、池州市和舟山市排在最后5名；人力资源指数排名中，南京市、杭州市、合肥市和宁波市分别排在第2～5名，盐城市、铜陵市、安庆市、宣城市和池州市排在最后5名；市场环境指数排名中，苏州市、无锡市、杭州市和宁波市分别排在第2～5名，铜陵市、宣城市、滁州市、安庆市和池州市排在最后5名；创新环境指数排名中，苏州市、杭州市、宁波市和南京市分别排在第2～5名，宣城市、安庆市、舟山市、铜陵市和池州市排在最后5名。

表6-2-2　　　　长三角城市群营商环境分项指标评价结果（二）

城市	市场环境指数			创新环境指数		
	2020年	全国排名	群内排名	2020年	全国排名	群内排名
上海市	60.5499	2	1	71.3834	3	1
南京市	29.2809	22	7	22.9677	13	5
无锡市	37.3423	9	3	17.0386	16	7
常州市	29.3794	21	6	10.5988	28	12
苏州市	46.9560	6	2	40.7573	5	2
南通市	26.6734	25	9	12.1585	23	9

续表

城市	市场环境指数			创新环境指数		
	2020年	全国排名	群内排名	2020年	全国排名	群内排名
盐城市	14.9482	59	19	8.2338	36	16
扬州市	21.5014	29	11	9.5678	32	14
镇江市	20.0710	37	12	6.9492	41	18
泰州市	19.9835	38	13	6.9268	42	19
杭州市	36.7731	10	4	30.3911	6	3
嘉兴市	27.0158	23	8	10.9090	25	10
湖州市	17.6527	46	15	8.0698	37	17
舟山市	14.8302	60	20	1.3902	132	24
金华市	15.8648	54	18	10.3500	29	13
绍兴市	22.7972	27	10	16.1323	17	8
台州市	15.9677	52	17	10.8928	26	11
宁波市	35.8899	11	5	23.0106	12	4
宣城市	9.1408	118	23	2.4117	87	22
滁州市	8.8988	126	24	2.6511	78	21
池州市	6.1125	191	26	0.8559	169	26
合肥市	19.9695	39	14	18.4186	15	6
铜陵市	9.8332	107	22	1.0958	151	25
马鞍山市	14.7101	61	21	3.0240	71	20
芜湖市	17.4024	48	16	9.2238	34	15
安庆市	7.1718	165	25	2.1157	94	23

金融服务指数排名中，杭州市、南京市、苏州市和宁波市分别排在第2～5名，马鞍山市、舟山市、宣城市、池州市和铜陵市排在最后5名；法治环境指数排名中，南京市、宁波市、台州市和杭州市排在第2～5名，铜陵市、湖州市、滁州市、宣城市和池州市排在最后5名；政务环境指数排名中，南京市、苏州市、杭州市和宁波市排在第2～5名，马鞍山市、安庆市、芜湖市、池州市和宣城市排在最后5名。通过以上分析可以看到各分项指数排在最后5名的大多为安徽省的城市，而排在前5名的多数为江浙两省的城市。这表明了在长三角城市群中，安徽省的城市处于边缘地位，而江苏省和浙江省的城市在上海市的辐射下，呈现出“一星两强”的格局。

表6-2-3　　长三角城市群营商环境分项指标评价结果（三）

城市	金融服务指数			法治环境指数			政务环境指数		
	2020年	全国排名	群内排名	2020年	全国排名	群内排名	2020年	全国排名	群内排名
上海市	72.3819	2	1	77.9045	2	1	85.5579	1	1
南京市	21.7704	9	3	60.9599	10	2	50.6065	5	2
无锡市	10.1297	29	7	51.9867	45	9	34.9302	19	6
常州市	6.5735	40	10	46.2317	123	18	30.9446	24	8
苏州市	19.9682	11	4	56.3534	24	7	39.1634	10	3
南通市	8.9804	31	8	49.3442	75	13	22.7707	47	13
盐城市	5.3006	51	14	36.9894	161	20	19.7220	69	17
扬州市	3.8623	71	18	49.2104	78	14	18.8233	81	18
镇江市	4.0184	69	17	45.7108	126	19	22.3852	49	14
泰州市	4.7070	59	15	48.4688	94	16	18.4152	87	20
杭州市	28.8928	7	2	59.4703	14	5	38.5615	13	4
嘉兴市	6.0624	43	11	51.7282	47	10	27.6144	28	9
湖州市	4.0466	68	16	34.0818	176	23	20.3169	60	16
舟山市	1.7639	169	23	49.5686	72	12	23.0558	46	12
金华市	5.9488	46	12	54.0080	30	8	31.9925	22	7
绍兴市	5.8657	48	13	57.4392	19	6	24.3217	40	11
台州市	8.7700	32	9	59.9891	13	4	21.4279	55	15
宁波市	17.3551	14	5	60.2923	12	3	36.4212	17	5
宣城市	1.6968	173	24	29.9309	211	25	10.5926	216	26
滁州市	2.1213	146	20	30.0757	208	24	17.2679	104	21
池州市	1.0838	220	25	29.6310	214	26	11.3308	199	25
合肥市	11.0102	23	6	49.2073	79	15	26.7621	31	10
铜陵市	0.9793	230	26	36.3474	164	22	18.5691	84	19
马鞍山市	2.0050	156	22	36.4595	163	21	16.1935	121	22
芜湖市	3.2910	83	19	49.8283	68	11	14.1969	148	24
安庆市	2.0906	151	21	48.2951	99	17	16.1752	122	23

三、粤港澳大湾区城市群营商环境评价结果

粤港澳大湾区由香港、澳门两个特别行政区和广东省广州、深圳、珠海、佛山、惠州、东莞、中山、江门、肇庆9个珠三角城市组成，总面积5.6万平方公里，2018年末总人口已达7000万，是中国开放程度最高、经济活力最强的区域之一，在国家发展大局中具有重要战略地位。考虑到数据的可获取性等因素，本报告针对广州、深圳等9个城市营商环境进行分析。

2020年全国营商环境指数排名中，粤港澳大湾区城市群内的城市营商环境指数排名表现优异，所有城市全部排在全国前100名。由此可见大湾区城市群内的城市营商环境处于中国顶尖水平。对比2019年的排名，可以看到5个城市的营商环境排名有所上升，仅肇庆市排名有所下降，并且只下降了4名，排名上升的城市幅度也在10名以内。另外，2019年大湾区内城市营商环境的群内排名与2020年一致，表明大湾区城市营商环境排名相对稳定。总体来说，大湾区城市群内的城市营商环境处于国内顶尖水平，是中国城市营商环境改革的标杆典范。见表6–3。

表6-3　　　　　　大湾区城市群营商环境评价结果

城市	营商环境指数		群内排名		群内排名近1年变化	全国排名		全国排名近1年变化
	2019年	2020年	2019年	2020年		2019年	2020年	
深圳市	62.6486	63.8480	1	1	0	3	3	0
广州市	49.9888	48.5741	2	2	0	4	4	0
东莞市	31.2381	31.4662	3	3	0	14	14	0
佛山市	26.2068	28.3248	4	4	0	21	16	5
珠海市	23.8834	22.5477	5	5	0	24	23	1
中山市	20.4655	20.5733	6	6	0	36	32	4
惠州市	17.4897	16.5749	7	7	0	52	50	2
江门市	16.1838	15.8999	8	8	0	64	58	6
肇庆市	14.3904	12.8945	9	9	0	86	90	–4

从大湾区城市群的7个分项指标的全国排名来看，7个分项指数排名表现十分优异，其中公共服务指数、人力资源指数、市场环境指数、创新环境指数和政务

环境指数排名中，所有城市均排进了全国前150名，9个城市的市场环境指数和创新环境指数排名更是都进入了全国前100名；金融服务指数和法治环境指数排名中，也都只有1个城市未进入前150名。这表明了粤港澳大湾区城市群走在了中国的前列，市场环境和创新氛围更是引领着全国。见表6–3–1、表6–3–2、表6–3–3。

表6-3-1　　大湾区城市群营商环境分项指标评价结果（一）

城市	公共服务指数			人力资源指数		
	2020年	全国排名	群内排名	2020年	全国排名	群内排名
广州市	44.9921	4	1	74.2909	1	1
深圳市	39.4724	7	2	55.1389	7	2
珠海市	6.8853	101	8	26.9577	35	4
佛山市	18.8980	21	4	28.9621	32	3
惠州市	10.6253	55	5	20.0597	66	6
东莞市	30.0954	10	3	23.2672	45	5
中山市	7.0752	96	7	19.1773	74	7
江门市	8.6516	72	6	16.9234	105	9
肇庆市	5.7866	128	9	17.7146	98	8

从大湾区城市群的各分项指标在城市群内排名来看，深圳市处于领先地位，7个分项指数均位于第1～2名；广州市除了政务环境指数排在第3名，其他6个分项指数也均排在第1～2名；珠海市的公共服务指数和金融服务指数排名相对较差，分别排在第8名和第7名；中山市的金融服务指数排名表现较差，排在第8名，但政务环境指数排名表现较好，排在第4名。

表6-3-2　　大湾区城市群营商环境分项指标评价结果（二）

城市	市场环境指数			创新环境指数		
	2020年	全国排名	群内排名	2020年	全国排名	群内排名
广州市	47.7178	5	2	46.7726	4	2
深圳市	68.2049	1	1	100.0000	1	1
珠海市	30.5879	16	4	10.1856	31	6
佛山市	32.5241	12	3	23.1081	11	4
惠州市	26.7110	24	6	7.2311	38	7
东莞市	29.6445	20	5	27.0674	8	3
中山市	21.0948	33	7	15.8541	18	5
江门市	13.6069	67	8	5.5625	47	8
肇庆市	11.3747	91	9	2.0098	99	9

惠州市的公共服务指数和金融服务指数排名表现相对较好，均排在第5名，但法治环境指数排名表现较差，排在最后一名；江门市的公共服务指数、金融服务指数和法治环境指数排名表现较好，均排在第6名；其余未提到的城市，其各分项指标排名基本与营商环境指数排名较为一致。

表6-3-3　　大湾区城市群营商环境分项指标评价结果（三）

城市	金融服务指数			法治环境指数			政务环境指数		
	2020年	全国排名	群内排名	2020年	全国排名	群内排名	2020年	全国排名	群内排名
广州市	31.7660	5	2	66.0408	5	2	47.5939	6	3
深圳市	44.3133	3	1	70.7081	3	1	71.3849	3	1
珠海市	4.4819	62	7	56.1562	25	5	33.7818	21	6
佛山市	8.1689	35	3	62.4762	8	3	35.5199	18	5
惠州市	5.9678	45	5	31.1933	196	9	19.1092	76	8
东莞市	7.5510	37	4	56.6169	21	4	54.4047	4	2
中山市	3.7811	72	8	50.1844	64	7	36.7165	16	4
江门市	5.0935	54	6	50.3629	61	6	22.5863	48	7
肇庆市	1.9141	162	9	48.5381	91	8	14.8046	136	9

四、东北地区城市群营商环境评价结果

东北地区曾是全国经济最为活跃的地区之一，拥有最广阔、最肥沃的平原土地，是中国最重要的商品粮供应基地之一，还拥有种类最丰富、储量最高的矿产资源，是中国最重要的制造业基地之一。改革开放后，在市场化改革、资源枯竭等内外部环境变化的背景下，计划经济时代建立起来的体系庞大的国有经济，适应不了新的环境，东北发展陷入滞缓，加之缺少应对产业衰退的有效经验，使东北一些结构单一地区面临巨大的转型压力。本报告将对东北三省的34个地级市进行分析。

2020年全国营商环境指数排名中，东北地区城市群的城市营商环境指数排名表现极差，只有6个城市排在全国前150名，分别是沈阳市、大连市、哈尔滨

市、长春市、大庆市和吉林市；葫芦岛市和丹东市排在全国第150～200名，其余26个城市排在全国200名之外，由此可见东北地区城市群内的城市营商环境水平不容乐观。对比2019年营商环境指数排名，可以看到有10个城市的营商环境排名有所上升，有22个城市排名有所下降。其中吉林市、鞍山市、松原市、本溪市、齐齐哈尔市、四平市、牡丹江市、黑河市、通化市和双鸭山市排名下降幅度较大，下降幅度均超过30名；而排名上升幅度超过20名的只有丹东市、白山市和抚顺市。我们发现东北地区城市群中营商环境排在全国前100名的城市大多数为省会城市或工业强市，说明东北地区的城市营商环境整体水平较差，还需要进一步优化改善。见表6–4。

表6-4　东北地区城市群营商环境评价结果

城市	营商环境指数		群内排名		群内排名近1年变化	全国排名		全国排名近1年变化
	2019年	2020年	2019年	2020年		2019年	2020年	
沈阳市	23.3274	22.1952	1	1	0	26	25	1
大连市	22.3946	21.9231	2	2	0	27	26	1
哈尔滨市	20.2378	18.6962	3	3	0	38	42	–4
长春市	18.7636	18.5213	4	4	0	48	43	5
大庆市	13.8760	12.8887	6	5	1	94	91	3
吉林市	14.3276	11.2589	5	6	–1	89	126	–37
葫芦岛市	11.8937	10.0601	8	7	1	144	169	–25
丹东市	10.1502	9.7386	15	8	7	214	179	35
绥化市	10.0011	9.3094	17	9	8	218	202	16
佳木斯市	10.8482	9.1943	9	10	–1	180	207	–27
白山市	9.4018	9.0111	23	11	12	240	214	26
锦州市	10.1673	8.6600	13	12	1	212	225	–13
盘锦市	9.5847	8.4073	20	13	7	234	233	1
营口市	9.7865	8.3341	19	14	5	224	236	–12
鞍山市	11.9694	8.3073	7	15	–8	141	238	–97
松原市	10.7315	8.2065	11	16	–5	185	242	–57
辽源市	9.3928	8.1191	24	17	7	241	243	–2
辽阳市	9.4976	8.1135	22	18	4	237	244	–7
抚顺市	7.2752	7.9434	30	19	11	282	251	31
本溪市	9.9298	7.8878	18	20	–2	222	252	–30
齐齐哈尔市	10.8355	7.6995	10	21	–11	182	259	–77

续表

城市	营商环境指数		群内排名		群内排名近1年变化	全国排名		全国排名近1年变化
	2019年	2020年	2019年	2020年		2019年	2020年	
四平市	10.1872	7.6179	12	22	−10	210	261	−51
牡丹江市	10.0071	7.0499	16	23	−7	217	270	−53
黑河市	10.1627	7.0230	14	24	−10	213	271	−58
朝阳市	7.5431	6.9139	29	25	4	281	274	7
白城市	8.7069	6.6792	26	26	0	261	277	−16
阜新市	8.6838	6.4579	27	27	0	264	280	−16
七台河市	7.6342	6.2860	28	28	0	280	282	−2
铁岭市	7.2312	6.1360	31	29	2	283	283	0
通化市	9.5266	5.9601	21	30	−9	236	284	−48
鸡西市	7.0777	5.4107	32	31	1	285	286	−1
双鸭山市	9.1773	5.4036	25	32	−7	249	287	−38
鹤岗市	6.9880	5.2341	33	33	0	286	288	−2
伊春市	6.1784	4.8400	34	34	0	289	289	0

从东北城市群的7个分项指标的全国排名来看，公共服务指数、人力资源指数、市场环境指数、创新环境指数、金融服务指数、法治环境指数和政务环境指数排名表现都较差，分别有10个、5个、6个、4个、11个、10个和8个城市排进了前150名。见表6–4–1、表6–4–2、表6–4–3。

表6-4-1　　　东北地区城市群营商环境分项指标评价结果（一）

城市	公共服务指数			人力资源指数		
	2020年	全国排名	群内排名	2020年	全国排名	群内排名
沈阳市	19.7244	19	1	30.1986	29	2
大连市	16.7440	25	3	27.7514	33	4
鞍山市	8.6815	71	5	9.5170	265	19
抚顺市	5.4405	138	10	11.7604	239	9
本溪市	4.4612	171	12	10.0492	258	16
丹东市	3.3354	203	16	8.0821	285	30
锦州市	4.1092	180	13	12.1643	231	8
营口市	7.7817	82	7	5.4777	288	33
阜新市	2.5904	235	23	9.6390	263	18
辽阳市	4.4668	170	11	12.6639	217	7
铁岭市	2.9122	226	21	8.3693	283	28
朝阳市	3.8154	191	14	10.2472	256	15

续表

城市	公共服务指数			人力资源指数		
	2020年	全国排名	群内排名	2020年	全国排名	群内排名
盘锦市	3.1981	215	18	8.8215	277	24
葫芦岛市	3.4745	197	15	11.1771	248	13
长春市	13.7708	39	4	31.0427	28	1
吉林市	7.6101	83	8	14.6446	156	6
四平市	3.0479	220	20	11.2547	246	11
辽源市	1.3367	278	31	9.4172	269	22
通化市	2.4587	237	24	9.7936	261	17
白山市	1.4651	272	29	8.6743	278	25
白城市	1.3162	280	33	8.4427	280	26
松原市	2.1827	248	26	11.2327	247	12
哈尔滨市	17.8313	22	2	30.1898	30	3
齐齐哈尔市	5.6164	130	9	11.5170	243	10
牡丹江市	3.1921	216	19	10.8061	253	14
佳木斯市	2.7383	232	22	9.2974	270	23
鸡西市	2.2977	244	25	8.3768	282	27
鹤岗市	1.8169	261	28	8.0493	286	31
双鸭山市	2.0318	252	27	9.4376	267	20
七台河市	0.9407	287	34	9.4299	268	21
黑河市	1.3202	279	32	6.5312	287	32
伊春市	1.3505	276	30	4.9844	289	34
大庆市	8.4405	74	6	19.2738	73	5
绥化市	3.2063	213	17	8.2347	284	29

从东北城市群的各分项指标在城市群内排名来看，除了法治环境指数外，其他6个分项指数前4名都被沈阳市、哈尔滨市、长春市和大连市所占据；从公共服务指数排名看，沈阳市、哈尔滨市、大连市、长春市和鞍山市排在第1~5名，而伊春市、辽源市、黑河市、白城市和七台河市排在最后5名；从人力资源指数排名看，长春市、沈阳市、哈尔滨市、大连市和大庆市排在第1~5名，而丹东市、鹤岗市、黑河市、营口市和伊春市排在最后5名，这表明人力资源主要集中于高校众多、工业发达的大型城市；从市场环境指数排名看，大连市、沈阳市、长春市、哈尔滨市和大庆市排在第1~5名，而铁岭市、鹤岗市、绥化市、阜新市和伊春市排在最后5名，且排在最后10名的城市中有7个是黑

龙江省的城市，3个是辽宁省的城市；从创新环境指数排名看，大连市、沈阳市、哈尔滨市、长春市和鞍山市排在第1～5名，而鹤岗市、白山市、伊春市、黑河市和双鸭山市排在最后5名，而排在最后10名的城市中有6个为黑龙江省的城市，表明黑龙江省的城市在创新投入产出上有所欠缺。

表6-4-2　　东北地区城市群营商环境分项指标评价结果（二）

城市	市场环境指数			创新环境指数		
	2020年	全国排名	群内排名	2020年	全国排名	群内排名
沈阳市	14.9649	58	2	6.1080	45	2
大连市	21.7181	28	1	6.9671	40	1
鞍山市	6.1982	186	10	0.7435	178	5
抚顺市	5.7871	207	14	0.3650	226	13
本溪市	5.4051	214	15	0.1566	271	25
丹东市	4.2609	233	19	0.4362	214	10
锦州市	4.4831	228	18	0.6288	189	7
营口市	7.5358	159	7	0.2486	249	18
阜新市	2.2555	277	33	0.2010	260	23
辽阳市	5.2434	217	16	0.3594	229	14
铁岭市	2.3482	274	30	0.2085	257	21
朝阳市	2.8640	264	26	0.2252	254	19
盘锦市	11.4454	89	6	0.4158	219	11
葫芦岛市	3.2939	252	22	0.4145	221	12
长春市	14.3806	62	3	4.7476	56	4
吉林市	7.3326	163	8	0.6108	191	8
四平市	3.2925	253	23	0.2681	246	17
辽源市	5.8829	202	13	0.0922	279	28
通化市	4.4849	227	17	0.4763	209	9
白山市	6.4003	179	9	0.0759	283	31
白城市	3.1597	258	24	0.2064	258	22
松原市	6.0202	195	12	0.1050	277	27
哈尔滨市	14.1380	64	4	5.3751	49	3
齐齐哈尔市	2.4860	273	29	0.1914	265	24
牡丹江市	6.0919	192	11	0.2877	240	15
佳木斯市	3.9744	241	20	0.2780	244	16
鸡西市	2.9327	263	25	0.1407	274	26
鹤岗市	2.3382	275	31	0.0821	281	30

续表

城市	市场环境指数			创新环境指数		
	2020年	全国排名	群内排名	2020年	全国排名	群内排名
双鸭山市	3.3007	251	21	0.0146	289	34
七台河市	2.7047	268	28	0.0872	280	29
黑河市	2.7462	266	27	0.0376	288	33
伊春市	1.5850	283	34	0.0644	286	32
大庆市	13.2955	72	5	0.7214	182	6
绥化市	2.2976	276	32	0.2153	256	20

从金融服务指数排名看，沈阳市、大连市、哈尔滨市、长春市和大庆市排在第1～5名，而黑河市、七台河市、辽源市、鹤岗市和伊春市排在最后5名，且最后10名中有5个城市为黑龙江省的城市，剩下5个城市为吉林省城市，这表明黑龙江省和吉林省城市的融资效率普遍较低；从法治环境指数排名看，排在前10名的有4个黑龙江省城市、4个辽宁省城市、2个吉林省城市，而排在后10名的有6个黑龙江省城市、3个辽宁省城市以及1个吉林省城市；从政务环境指数排名看，排在前10名的有6个辽宁省城市、2个黑龙江省城市、2个吉林省城市，而排在后10名的有7个黑龙江省城市、2个吉林省城市和1个辽宁省城市，这表明黑龙江省城市的政务环境有待进一步改善。

表6-4-3　　　东北地区城市群营商环境分项指标评价结果（三）

城市	金融服务指数			法治环境指数			政务环境指数		
	2020年	全国排名	群内排名	2020年	全国排名	群内排名	2020年	全国排名	群内排名
沈阳市	14.5407	17	1	51.3173	50	3	28.2198	26	1
大连市	12.5081	19	2	52.8312	39	1	25.2444	38	3
鞍山市	2.3559	134	11	29.5570	217	19	8.1810	249	25
抚顺市	1.4993	185	17	28.9246	227	21	8.8204	241	22
本溪市	1.5192	184	16	33.5516	177	12	8.6264	244	23
丹东市	1.3010	207	22	48.8099	87	5	14.9682	135	8
锦州市	2.7630	106	7	32.5205	187	15	11.9046	181	10
营口市	2.3766	132	10	28.0867	240	24	13.4156	158	9
阜新市	1.4899	186	18	24.9940	276	32	10.2142	221	20
辽阳市	1.4770	189	19	28.8267	229	22	10.6614	215	18
铁岭市	1.2583	210	23	25.8329	270	30	8.5883	245	24

续表

城市	金融服务指数			法治环境指数			政务环境指数		
	2020年	全国排名	群内排名	2020年	全国排名	群内排名	2020年	全国排名	群内排名
朝阳市	2.3794	131	9	23.5390	286	34	10.8688	209	16
盘锦市	1.5815	181	15	28.9656	226	20	11.2762	201	15
葫芦岛市	1.7101	172	13	45.0658	134	9	16.9535	110	6
长春市	10.9007	26	4	33.2460	182	14	26.4691	33	2
吉林市	2.0905	152	12	52.1662	43	2	7.9934	250	26
四平市	1.0791	222	25	30.5038	204	17	11.5078	190	13
辽源市	0.5010	274	32	31.7539	192	16	15.7282	128	7
通化市	1.2517	212	24	26.5145	259	27	3.5927	285	32
白山市	0.8109	245	28	47.7891	103	8	10.7884	213	17
白城市	1.0320	228	26	29.9971	209	18	10.3730	220	19
松原市	0.9657	231	27	33.4858	179	13	11.8796	183	11
哈尔滨市	12.0186	20	3	35.9008	168	11	21.1547	57	4
齐齐哈尔市	2.9930	91	6	25.4645	273	31	11.5500	189	12
牡丹江市	2.7401	107	8	27.2939	246	26	5.6851	272	29
佳木斯市	1.4495	192	20	48.3948	96	7	11.2949	200	14
鸡西市	1.3717	201	21	26.0339	265	28	3.5962	284	31
鹤岗市	0.4922	275	33	28.0642	241	25	3.4058	286	33
双鸭山市	0.7848	247	29	24.2625	281	33	4.2795	280	30
七台河市	0.5428	271	31	28.8059	231	23	8.9976	238	21
黑河市	0.6973	254	30	48.6255	90	6	3.0702	288	34
伊春市	0.3241	284	34	25.8961	267	29	6.6942	261	28
大庆市	3.0678	89	5	50.1005	66	4	7.7253	254	27
绥化市	1.6339	178	14	43.5008	147	10	17.4742	99	5

五、长江经济带城市群营商环境评价结果

长江经济带覆盖上海、江苏、浙江、安徽、江西、湖北、湖南、重庆、四川、云南、贵州等11个省市，面积约205.23万平方公里，占全国的21.4%，人

口和生产总值均超过全国的40%。2016年9月，《长江经济带发展规划纲要》正式印发，确立了以长江三角洲城市群、长江中游城市群和成渝城市群为“三极”的发展格局，充分发挥中心城市的辐射作用，打造长江经济带的三大增长极。本报告主要对长江三角洲城市群、长江中游城市群和成渝城市群内的70个地级市进行分析。

2020年全国营商环境指数排名中，长江经济带内的城市营商环境指数排名表现较好，有50个城市排在全国前150名，吉安市、乐山市、达州市、南充市、景德镇市、上饶市、宜春市和宣城市排在全国第150～200名，其余12个城市排在全国200名之外，由此可见长江经济带内的城市营商环境水平较高。对比2019年排名，可以看到有39个城市的营商环境排名有所上升，有24个城市排名有所下降，其中宜昌市、荆州市、鹰潭市、景德镇市、宣城市、黄冈市和资阳市排名下降幅度较大，分别下降了22名、36名、42名、31名、34名、37名和42名，而泸州市、黄石市、常德市、孝感市、达州市和自贡市排名上升幅度较大，分别上升了55名、62名、76名、72名、78名和54名。我们发现长江经济带中营商环境排在全国前100名的城市大多数为省会城市和长江三角洲城市群内的城市，而排在全国200名之后的全部为长江中游城市群和成渝城市群内的城市，说明长江经济带的城市营商环境分布不均衡。总体来说，长江经济带内的城市营商环境在长三角城市群的引领下处于中国较高水平。见表6–5。

表6-5　　长江经济带城市群营商环境评价结果

城市	营商环境指数		群内排名		群内排名近1年变化	全国排名		全国排名近1年变化
	2019年	2020年	2019年	2020年		2019年	2020年	
上海市	75.1965	71.8482	1	1	0	2	2	0
重庆市	44.3002	45.1449	2	2	0	5	5	0
成都市	42.9538	42.5821	3	3	0	6	6	0
苏州市	41.6451	38.8657	4	4	0	8	7	1
杭州市	39.3613	37.9721	5	5	0	9	9	0
南京市	34.6255	36.7596	7	6	1	11	10	1
武汉市	34.9518	36.4110	6	7	–1	10	11	–1
宁波市	32.2010	31.7554	8	8	0	13	13	0
长沙市	31.0242	28.0740	9	9	0	15	17	–2

续表

城市	营商环境指数		群内排名		群内排名近1年变化	全国排名		全国排名近1年变化
	2019年	2020年	2019年	2020年		2019年	2020年	
无锡市	27.7514	27.1647	10	10	0	18	20	-2
合肥市	27.5136	24.5443	11	11	0	19	21	-2
常州市	22.0492	22.1958	16	12	4	32	24	8
嘉兴市	23.4114	21.5290	12	13	-1	25	27	-2
绍兴市	22.0918	21.3618	15	14	1	31	29	2
南通市	22.2103	21.1595	13	15	-2	28	31	-3
金华市	22.1129	19.8979	14	16	-2	30	33	-3
南昌市	19.5672	19.4476	18	17	1	43	38	5
台州市	21.5158	18.8712	17	18	-1	34	40	-6
扬州市	17.8914	17.0436	20	19	1	51	48	3
镇江市	19.0788	16.4806	19	20	-1	47	53	-6
泰州市	17.3030	16.1591	21	21	0	56	54	2
芜湖市	16.5575	16.0075	22	22	0	62	56	6
襄阳市	13.7218	15.3948	31	23	8	99	62	37
盐城市	16.0759	14.8136	24	24	0	66	67	-1
湖州市	16.4590	14.7717	23	25	-2	63	68	-5
舟山市	15.7009	14.5903	25	26	-1	69	69	0
株洲市	14.3901	14.3688	28	27	1	87	71	16
九江市	14.8225	13.8150	27	28	-1	80	79	1
衡阳市	12.8911	13.5904	37	29	8	116	82	34
岳阳市	13.0053	12.9702	36	30	6	113	88	25
德阳市	14.1393	12.9483	30	31	-1	92	89	3
绵阳市	13.4435	12.7536	33	32	1	104	94	10
马鞍山市	14.1913	12.7400	29	33	-4	91	95	-4
宜昌市	15.2594	12.6818	26	34	-8	74	96	-22
湘潭市	12.2320	12.3523	40	35	5	135	102	33
泸州市	11.2670	12.1401	47	36	11	161	106	55
安庆市	13.6625	11.9764	32	37	-5	100	109	-9
黄石市	11.0610	11.9034	50	38	12	172	110	62
娄底市	12.3352	11.7552	38	39	-1	131	115	16
新余市	11.4981	11.4863	46	40	6	152	120	32
益阳市	11.6165	11.4312	45	41	4	150	121	29
常德市	10.4113	11.3668	57	42	15	198	122	76
荆门市	12.3109	11.3544	39	43	-4	132	123	9

续表

城市	营商环境指数		群内排名		群内排名近1年变化	全国排名		全国排名近1年变化
	2019年	2020年	2019年	2020年		2019年	2020年	
咸宁市	11.0051	11.2501	51	44	7	173	127	46
铜陵市	11.8255	11.0934	44	45	–1	146	135	11
宜宾市	11.1428	11.0299	49	46	3	169	136	33
滁州市	12.0237	11.0010	41	47	–6	138	138	0
荆州市	13.2635	10.8640	35	48	–13	107	143	–36
孝感市	10.0115	10.8095	61	49	12	216	144	72
鹰潭市	13.4174	10.7091	34	50	–16	105	147	–42
吉安市	11.9647	10.6128	42	51	–9	142	151	–9
乐山市	10.7120	10.5960	54	52	2	187	153	34
达州市	9.3119	10.0868	65	53	12	243	165	78
南充市	10.3856	10.0808	59	54	5	201	167	34
景德镇市	11.9265	9.9253	43	55	–12	143	174	–31
上饶市	10.4554	9.8297	55	56	–1	195	178	17
宜春市	10.4333	9.3992	56	57	–1	196	193	3
宣城市	11.2444	9.3676	48	58	–10	165	199	–34
内江市	10.7221	9.3249	53	59	–6	186	201	–15
鄂州市	10.3862	9.1444	58	60	–2	200	209	–9
眉山市	9.3031	9.0519	66	61	5	244	213	31
广安市	9.7590	8.9443	62	62	0	227	215	12
黄冈市	10.8534	8.9386	52	63	–11	179	216	–37
自贡市	8.4350	8.9255	69	64	5	271	217	54
雅安市	8.3498	8.4824	70	65	5	272	231	41
池州市	8.6928	8.3515	68	66	2	262	235	27
抚州市	9.2271	8.3231	67	67	0	248	237	11
遂宁市	9.3617	8.2369	64	68	–4	242	239	3
资阳市	10.3490	8.1045	60	69	–9	203	245	–42
萍乡市	9.4140	7.8556	63	70	–7	239	255	–16

从长江经济带的7个分项指标的全国排名来看，创新环境指数和政务环境指数排名表现较好，分别有52个和51个城市排进了前150名；公共服务指数、人力资源指数、市场环境指数、金融服务指数和法治环境指数排名表现一般，分别有44个、44个、45个、43个和42个城市排进了前150名。见表6–5–1、表6–5–2、表6–5–3。

表6-5-1　长江经济带城市群营商环境分项指标评价结果（一）

城市	公共服务指数			人力资源指数		
	2020年	全国排名	群内排名	2020年	全国排名	群内排名
上海市	72.3481	1	1	64.8301	4	2
重庆市	56.4971	3	2	51.6116	9	4
南京市	24.5841	13	7	55.2148	6	3
无锡市	22.2156	17	9	24.7841	39	14
常州市	14.6305	34	12	25.0242	37	12
苏州市	40.5648	5	3	34.1260	20	11
南通市	13.7155	40	14	23.8688	42	15
盐城市	9.6623	60	19	16.2307	119	37
扬州市	7.4732	85	23	19.5888	71	22
镇江市	6.9335	99	28	19.0395	78	24
泰州市	8.3747	75	20	17.0077	103	31
杭州市	29.4246	11	6	49.4574	11	6
嘉兴市	12.5654	47	15	24.8743	38	13
湖州市	7.1123	94	26	18.5585	85	27
舟山市	1.2393	282	70	21.9436	51	18
金华市	10.2133	57	17	22.2782	49	16
绍兴市	14.4107	35	13	20.5918	60	20
台州市	9.9136	59	18	18.8432	80	25
宁波市	22.9984	16	8	35.8325	17	10
宣城市	3.5328	196	55	15.1219	141	43
滁州市	5.2198	144	43	17.1308	102	30
池州市	1.9002	256	67	14.6395	157	45
合肥市	16.5956	26	11	38.0680	16	9
铜陵市	3.1708	217	58	16.0758	122	38
马鞍山市	5.5443	132	39	19.1501	75	23
芜湖市	7.2555	92	24	22.1279	50	17
安庆市	4.4269	172	49	15.6658	131	40
南昌市	10.5361	56	16	38.6085	15	8
景德镇市	2.2103	247	65	12.5822	219	58
萍乡市	2.3989	241	64	14.0359	171	49
九江市	6.2720	113	33	17.8341	94	29
新余市	2.5706	236	63	14.3442	161	47
鹰潭市	1.5035	271	69	14.0229	173	50

续表

城市	公共服务指数			人力资源指数		
	2020年	全国排名	群内排名	2020年	全国排名	群内排名
宜春市	5.6144	131	38	13.1278	202	54
上饶市	6.3731	110	32	14.9149	146	44
吉安市	4.1572	177	50	13.5416	190	52
抚州市	2.9277	225	61	12.6723	216	57
武汉市	32.4048	9	5	51.3305	10	5
黄石市	4.8383	158	46	10.1285	257	65
荆州市	5.2607	143	42	12.1379	232	61
宜昌市	8.0689	79	21	12.3671	224	59
襄阳市	7.1317	93	25	16.3835	116	36
鄂州市	1.7567	262	68	8.9490	275	69
荆门市	3.7236	193	54	9.0418	271	67
孝感市	4.4725	169	48	10.2481	255	64
黄冈市	4.8444	156	45	9.9218	260	66
咸宁市	2.8194	229	62	9.0094	273	68
长沙市	19.0080	20	10	46.0818	12	7
株洲市	6.9337	98	27	18.6377	82	26
湘潭市	4.7857	159	47	16.8173	108	34
衡阳市	7.9760	80	22	16.4712	114	35
岳阳市	5.8780	125	37	13.9480	174	51
常德市	5.5096	136	40	13.5122	191	53
益阳市	4.0451	183	51	14.2634	164	48
娄底市	5.3677	141	41	12.7982	213	56
成都市	40.3216	6	4	64.8633	3	1
自贡市	3.4736	198	56	16.9873	104	32
泸州市	5.9424	124	36	15.9346	125	39
德阳市	5.0819	148	44	20.8695	57	19
绵阳市	6.5372	104	29	20.5587	61	21
遂宁市	3.0498	219	59	12.8747	209	55
内江市	3.9502	185	52	8.8523	276	70
乐山市	6.4904	106	30	15.5341	135	42
南充市	6.1812	116	34	16.8507	106	33
宜宾市	6.0126	121	35	17.9153	92	28
广安市	2.9675	223	60	15.5777	134	41

续表

城市	公共服务指数			人力资源指数		
	2020年	全国排名	群内排名	2020年	全国排名	群内排名
达州市	6.4340	107	31	12.2362	229	60
资阳市	1.9594	255	66	11.1553	249	63
眉山市	3.8618	187	53	14.3578	159	46
雅安市	3.2757	205	57	11.7277	240	62

从长江经济带城市的各分项指标在城市群内排名来看，上海市除了人力资源指数排在第2名，其他6个分项指数均位列第1名；从公共服务指数排名看，上海市、重庆市、苏州市、成都市、武汉市、杭州市、南京市、宁波市、无锡市和长沙市排在第1～10名，而抚州市、咸宁市、新余市、萍乡市、景德镇市、资阳市、池州市、鄂州市、鹰潭市和舟山市排在最后10名；从人力资源指数排名看，成都市、上海市、南京市、重庆市、武汉市、杭州市、长沙市、南昌市、合肥市和宁波市排在第1～10名，而荆州市、雅安市、资阳市、孝感市、黄石市、黄冈市、荆门市、咸宁市、鄂州市和内江市排在最后10名，这表明人力资源主要集中于省会城市；从市场环境指数排名看，上海市、重庆市、苏州市、武汉市、成都市、无锡市、杭州市、宁波市、长沙市和常州市排在第1～10名，而益阳市、南充市、景德镇市、娄底市、遂宁市、达州市、资阳市、雅安市、抚州市和内江市排在最后10名，这表明位于长江三角洲的城市市场环境更好，而位于成渝城市群的城市市场环境较差；从创新环境指数排名看，上海市、苏州市、杭州市、成都市、武汉市、宁波市、南京市、重庆市、合肥市和无锡市排在第1～10名，而内江市、达州市、遂宁市、新余市、乐山市、雅安市、眉山市、鄂州市、资阳市和广安市排在最后10名，最后10名城市大部分为成渝城市群内的城市，表明这些城市在创新投入产出上有所欠缺。

表6-5-2　　长江经济带城市群营商环境分项指标评价结果（二）

城市	市场环境指数			创新环境指数		
	2020年	全国排名	群内排名	2020年	全国排名	群内排名
上海市	60.5499	2	1	71.3834	3	1
重庆市	50.7630	3	2	22.4636	14	8
南京市	29.2809	22	11	22.9677	13	7

续表

城市	市场环境指数			创新环境指数		
	2020年	全国排名	群内排名	2020年	全国排名	群内排名
无锡市	37.3423	9	6	17.0386	16	10
常州市	29.3794	21	10	10.5988	28	16
苏州市	46.9560	6	3	40.7573	5	2
南通市	26.6734	25	13	12.1585	23	12
盐城市	14.9482	59	26	8.2338	36	20
扬州市	21.5014	29	15	9.5678	32	18
镇江市	20.0710	37	16	6.9492	41	23
泰州市	19.9835	38	17	6.9268	42	24
杭州市	36.7731	10	7	30.3911	6	3
嘉兴市	27.0158	23	12	10.9090	25	13
湖州市	17.6527	46	20	8.0698	37	21
舟山市	14.8302	60	27	1.3902	132	49
金华市	15.8648	54	25	10.3500	29	17
绍兴市	22.7972	27	14	16.1323	17	11
台州市	15.9677	52	23	10.8928	26	14
宁波市	35.8899	11	8	23.0106	12	6
宣城市	9.1408	118	40	2.4117	87	35
滁州市	8.8988	126	42	2.6511	78	32
池州市	6.1125	191	60	0.8559	169	56
合肥市	19.9695	39	18	18.4186	15	9
铜陵市	9.8332	107	38	1.0958	151	53
马鞍山市	14.7101	61	28	3.0240	71	30
芜湖市	17.4024	48	21	9.2238	34	19
安庆市	7.1718	165	54	2.1157	94	37
南昌市	18.1267	45	19	7.1066	39	22
景德镇市	5.9611	200	63	0.9047	164	54
萍乡市	6.9278	170	55	1.4809	125	47
九江市	11.8166	83	32	2.9921	72	31
新余市	11.2665	93	34	0.5996	195	64
鹰潭市	8.6867	133	43	1.5128	121	45
宜春市	7.6050	156	48	3.3145	67	29
上饶市	6.8749	172	56	2.3287	90	36
吉安市	7.2803	164	53	2.5792	80	33
抚州市	4.8472	223	69	2.5445	82	34

续表

城市	市场环境指数			创新环境指数		
	2020年	全国排名	群内排名	2020年	全国排名	群内排名
武汉市	45.2119	7	4	23.6541	10	5
黄石市	10.2727	101	36	1.3783	133	50
荆州市	7.8426	151	46	2.0048	100	40
宜昌市	15.9470	53	24	3.6410	62	27
襄阳市	16.7087	50	22	4.1886	58	26
鄂州市	12.8361	75	29	0.4646	211	68
荆门市	11.4110	90	33	1.4127	128	48
孝感市	8.1819	144	45	2.0750	97	39
黄冈市	7.5359	158	50	1.5986	115	41
咸宁市	9.0740	121	41	1.1307	149	51
长沙市	30.1264	17	9	10.8060	27	15
株洲市	11.9187	82	31	3.3541	66	28
湘潭市	11.9939	81	30	2.0945	96	38
衡阳市	7.6906	155	47	1.5752	116	42
岳阳市	9.2458	115	39	1.5413	118	43
常德市	10.0058	105	37	1.5379	119	44
益阳市	6.0257	194	61	1.1117	150	52
娄底市	5.8470	205	64	0.8181	173	58
成都市	45.2016	8	5	27.0338	9	4
自贡市	6.6760	176	57	0.8283	170	57
泸州市	7.3587	162	52	0.8993	165	55
德阳市	10.6565	97	35	1.5122	122	46
绵阳市	8.5136	136	44	4.6622	57	25
遂宁市	5.7189	208	65	0.6045	194	63
内江市	4.8185	224	70	0.6224	190	61
乐山市	7.5320	160	51	0.5791	198	65
南充市	6.0161	196	62	0.6638	187	60
宜宾市	7.5903	157	49	0.7744	176	59
广安市	6.2332	185	58	0.3172	236	70
达州市	5.3935	215	66	0.6089	192	62
资阳市	5.0324	219	67	0.3632	227	69
眉山市	6.1438	188	59	0.4680	210	67
雅安市	4.8821	221	68	0.4951	207	66

从金融服务指数排名看，上海市、重庆市、杭州市、成都市、南京市、武汉市、苏州市、宁波市、长沙市和合肥市排在第1～10名，而池州市、遂宁市、黄石市、铜陵市、景德镇市、眉山市、鹰潭市、雅安市、新余市和鄂州市排在最后10名，这表明长江经济带的省会城市的融资效率普遍较高，而长江中游城市群和成渝城市群内城市的融资效率较差；从法治环境指数排名看，排在前10名的有8个长江三角洲城市群内的城市以及2个成渝城市群内的城市，而排在后10名的有6个长江中游城市、4个成渝城市群内城市，这表明长三角城市的法治环境普遍较好，而长江中游城市群和成渝城市群需要进一步提升法治环境；从政务环境指数排名看，排在前10名的有7个长三角城市群内的城市、2个成渝城市群内的城市以及1个长江中游城市群内的城市，且有4个城市为省会城市，而排在后10名的有7个长江中游城市群内的城市和3个成渝城市群内的城市，这表明长江中游城市群的政务环境较差，长三角城市群的政务环境较好。

表6-5-3　　长江经济带城市群营商环境分项指标评价结果（三）

城市	金融服务指数			法治环境指数			政务环境指数		
	2020年	全国排名	群内排名	2020年	全国排名	群内排名	2020年	全国排名	群内排名
上海市	72.3819	2	1	77.9045	2	1	85.5579	1	1
重庆市	29.5830	6	2	67.1447	4	2	45.2845	8	3
南京市	21.7704	9	5	60.9599	10	3	50.6065	5	2
无锡市	10.1297	29	11	51.9867	45	14	34.9302	19	9
常州市	6.5735	40	15	46.2317	123	39	30.9446	24	11
苏州市	19.9682	11	7	56.3534	24	9	39.1634	10	5
南通市	8.9804	31	13	49.3442	75	23	22.7707	47	19
盐城市	5.3006	51	19	36.9894	161	46	19.7220	69	26
扬州市	3.8623	71	23	49.2104	78	25	18.8233	81	29
镇江市	4.0184	69	22	45.7108	126	41	22.3852	49	20
泰州市	4.7070	59	20	48.4688	94	29	18.4152	87	31
杭州市	28.8928	7	3	59.4703	14	6	38.5615	13	7
嘉兴市	6.0624	43	16	51.7282	47	15	27.6144	28	14
湖州市	4.0466	68	21	34.0818	176	51	20.3169	60	24
舟山市	1.7639	169	48	49.5686	72	21	23.0558	46	18
金华市	5.9488	46	17	54.0080	30	10	31.9925	22	10

续表

城市	金融服务指数			法治环境指数			政务环境指数		
	2020年	全国排名	群内排名	2020年	全国排名	群内排名	2020年	全国排名	群内排名
绍兴市	5.8657	48	18	57.4392	19	8	24.3217	40	16
台州市	8.7700	32	14	59.9891	13	5	21.4279	55	22
宁波市	17.3551	14	8	60.2923	12	4	36.4212	17	8
宣城市	1.6968	173	51	29.9309	211	58	10.5926	216	67
滁州市	2.1213	146	43	30.0757	208	57	17.2679	104	37
池州市	1.0838	220	61	29.6310	214	59	11.3308	199	63
合肥市	11.0102	23	10	49.2073	79	26	26.7621	31	15
铜陵市	0.9793	230	64	36.3474	164	48	18.5691	84	30
马鞍山市	2.0050	156	46	36.4595	163	47	16.1935	121	45
芜湖市	3.2910	83	25	49.8283	68	19	14.1969	148	50
安庆市	2.0906	151	44	48.2951	99	32	16.1752	122	46
南昌市	9.2072	30	12	40.1950	152	43	19.2690	75	27
景德镇市	0.8612	238	65	48.9226	83	27	11.0344	204	64
萍乡市	1.1624	215	60	25.1916	275	70	9.5702	229	68
九江市	2.1821	142	42	49.3019	76	24	18.1354	89	32
新余市	0.6746	257	69	49.4623	73	22	14.1447	149	51
鹰潭市	0.6983	253	67	47.6744	104	34	13.1869	161	56
宜春市	2.9470	92	28	27.0247	252	66	12.0361	180	60
上饶市	2.8895	96	30	28.7648	232	63	12.9736	167	57
吉安市	1.7133	171	50	45.9824	125	40	10.8257	212	66
抚州市	1.5886	180	52	27.5763	243	64	12.5229	169	58
武汉市	20.3132	10	6	45.5474	129	42	39.4604	9	4
黄石市	1.0445	227	63	35.9653	166	50	27.7169	27	13
荆州市	2.4572	130	38	46.5260	119	38	11.7061	185	61
宜昌市	2.5032	126	36	33.4361	180	52	19.7275	68	25
襄阳市	2.5259	123	34	48.1356	101	33	23.6032	44	17
鄂州市	0.4071	280	70	29.3904	220	61	16.9558	109	40
荆门市	1.3003	208	59	46.6177	115	36	17.7279	97	35
孝感市	1.7369	170	49	51.6634	48	16	10.9066	208	65
黄冈市	3.2167	85	26	28.8950	228	62	13.2096	160	55
咸宁市	1.4322	196	56	52.5192	40	13	16.5223	118	44
长沙市	15.8894	16	9	53.1921	36	12	29.7869	25	12
株洲市	2.3305	135	40	53.9080	31	11	16.6784	117	43

续表

城市	金融服务指数			法治环境指数			政务环境指数		
	2020年	全国排名	群内排名	2020年	全国排名	群内排名	2020年	全国排名	群内排名
湘潭市	2.5200	124	35	40.0439	154	44	17.4416	100	36
衡阳市	2.7396	108	32	50.6167	58	18	20.4052	59	23
岳阳市	2.6966	111	33	51.1745	52	17	19.0419	79	28
常德市	3.1583	87	27	36.1889	165	49	17.9287	92	34
益阳市	2.4836	128	37	48.8654	86	28	15.7015	129	47
娄底市	2.3640	133	39	49.7700	71	20	17.9932	90	33
成都市	28.2726	8	4	58.6708	17	7	39.0738	12	6
自贡市	1.3397	204	58	26.5159	258	68	12.5213	170	59
泸州市	1.8027	167	47	48.3842	98	31	16.7404	115	42
德阳市	2.2142	139	41	48.3915	97	30	13.7267	157	54
绵阳市	3.4012	81	24	29.4938	218	60	21.6888	51	21
遂宁市	1.0615	225	62	26.6877	256	67	13.8112	154	53
内江市	1.4390	195	55	46.6047	116	37	11.4138	196	62
乐山市	1.5518	182	53	33.1957	183	53	16.8223	113	41
南充市	2.9303	93	29	26.2763	263	69	17.0455	108	39
宜宾市	2.8025	104	31	31.9039	191	55	17.1681	105	38
广安市	1.4435	193	54	27.0618	251	65	15.0482	134	48
达州市	2.0276	155	45	46.6818	112	35	9.4237	231	69
资阳市	1.4248	197	57	37.0490	160	45	9.3956	233	70
眉山市	0.7653	248	66	30.1729	206	56	14.6341	140	49
雅安市	0.6917	256	68	32.3019	189	54	13.9422	152	52

六、黄河流域城市群营商环境评价结果

黄河自古以来被喻为中国的“母亲河”，但其生态脆弱，水土流失严重，导致部分流域生态破坏严重。构建黄河生态经济带战略，强化顶层设计，统筹推进黄河流域及相关省区生态安全、环境良好、经济社会合理发展，意义重大。黄河流域位于中国北方，自西向东分别流经青海、四川、甘肃、宁夏、内蒙古、陕西、山西、河南及山东等9个省份，因此黄河流域所涉及的城市数量众多，本报告受篇幅所限，仅报告黄河流域沿线的城市。

2020年全国营商环境指数排名中，黄河流域城市群内的城市营商环境指数排名表现较一般，有19个城市排在全国前150名，吕梁市、开封市和乌海市排在全国第150～200名，其余11个城市排在全国200名之外。由此可见黄河流域城市群内的城市营商环境水平分布较均匀。对比2019年排名可以看到，有18个城市的营商环境排名有所上升，有15个城市排名有所下降，其中开封市、中卫市、巴彦淖尔市、临汾市和濮阳市排名下降幅度较大，分别下降了41名、65名、44名、37名和82名，而鄂尔多斯市、呼和浩特市、新乡市、吕梁市、白银市、焦作市和吴忠市排名上升幅度较大，分别上升了29名、24名、25名、39名、51名、41名和27名。我们发现黄河流域城市群中营商环境排在全国前100名的城市大多数为省会城市和黄河中、下游城市，而排在全国200名之后的全部为黄河中、上游城市，说明黄河流域沿线的城市营商环境分布不均衡。总体来说，黄河流域城市群内的城市营商环境还需要进一步改善。见表6-6。

表6-6　　黄河流域城市群营商环境评价结果

城市	营商环境指数		群内排名		群内排名近1年变化	全国排名		全国排名近1年变化
	2019年	2020年	2019年	2020年		2019年	2020年	
郑州市	30.7633	30.1709	1	1	0	16	15	1
济南市	27.0839	27.8426	2	2	0	20	18	2
东营市	17.4209	18.4484	5	3	2	54	44	10
太原市	19.5834	17.3298	3	4	–1	41	47	–6
淄博市	17.0880	16.9737	6	5	1	58	49	9
鄂尔多斯市	14.6479	16.0817	11	6	5	84	55	29
洛阳市	16.7044	15.9912	7	7	0	61	57	4
兰州市	18.4521	15.7873	4	8	–4	49	60	–11
呼和浩特市	13.5821	13.9647	14	9	5	101	77	24
德州市	14.9832	13.9004	9	10	–1	77	78	–1
滨州市	14.8596	13.7187	10	11	–1	79	80	–1
包头市	14.3612	13.6921	12	12	0	88	81	7
银川市	14.1076	13.5622	13	13	0	93	84	9
聊城市	15.2361	13.3527	8	14	–6	75	87	–12
泰安市	12.4634	11.5057	17	15	2	125	119	6

续表

城市	营商环境指数		群内排名		群内排名近1年变化	全国排名		全国排名近1年变化
	2019年	2020年	2019年	2020年		2019年	2020年	
榆林市	12.5141	11.3329	16	16	0	121	124	–3
西宁市	13.2438	11.1774	15	17	–2	108	130	–22
新乡市	11.2577	11.0085	21	18	3	162	137	25
三门峡市	11.7604	10.6612	19	19	0	149	150	–1
吕梁市	10.5424	10.6063	23	20	3	191	152	39
开封市	12.3934	10.0156	18	21	–3	129	170	–41
乌海市	10.3235	9.3732	24	22	2	204	197	7
白银市	8.8671	9.2015	32	23	9	257	206	51
焦作市	9.0045	9.1208	31	24	7	253	212	41
中卫市	11.4229	8.8337	20	25	–5	154	219	–65
延安市	9.7019	8.8206	28	26	2	231	221	10
石嘴山市	10.2710	8.6946	25	27	–2	207	223	–16
运城市	9.4184	8.4794	29	28	1	238	232	6
吴忠市	8.5268	8.2225	33	29	4	268	241	27
巴彦淖尔市	10.2232	7.8869	26	30	–4	209	253	–44
忻州市	9.0765	7.7308	30	31	–1	251	257	–6
临汾市	9.7635	7.5434	27	32	–5	226	263	–37
濮阳市	10.7398	7.3223	22	33	–11	184	266	–82

从黄河流域城市群的7个分项指标的全国排名来看，公共服务指数、人力资源指数、市场环境指数和金融服务指数排名表现较好，分别有23个、19个、24个和19个城市排进了前150名；创新环境指数和法治环境指数排名表现较差，分别有15个和13个城市排进了前150名；政务环境指数排名表现一般，有17个城市排在全国前150名。见表6–6–1、表6–6–2、表6–6–3。

表6-6-1　　黄河流域城市群营商环境分项指标评价结果（一）

城市	公共服务指数			人力资源指数		
	2020年	全国排名	群内排名	2020年	全国排名	群内排名
太原市	13.5053	42	8	31.4299	25	3
忻州市	2.7539	230	33	10.8641	252	32
吕梁市	4.3566	174	26	13.8700	177	23
临汾市	5.4322	139	23	13.7967	180	24
运城市	8.3531	76	15	13.6995	184	25
鄂尔多斯市	14.0447	37	5	21.1529	56	6

续表

城市	公共服务指数			人力资源指数		
	2020年	全国排名	群内排名	2020年	全国排名	群内排名
巴彦淖尔市	3.2561	207	30	12.2675	227	29
呼和浩特市	8.4826	73	14	20.7592	58	7
包头市	16.3925	28	3	17.8798	93	11
乌海市	4.8435	157	25	14.6717	154	20
济南市	13.9669	38	6	45.9079	13	2
淄博市	12.2455	50	10	17.8214	95	12
泰安市	7.4413	86	18	15.9118	126	14
聊城市	9.2271	62	12	14.0993	170	22
德州市	6.2931	112	20	14.1883	167	21
滨州市	28.0945	12	1	15.5866	133	17
东营市	8.7495	70	13	20.6324	59	8
郑州市	24.5605	14	2	55.0079	8	1
开封市	5.5313	133	22	13.0893	203	26
洛阳市	14.3303	36	4	18.8870	79	10
濮阳市	4.1416	178	27	9.0355	272	33
新乡市	8.2677	77	16	15.6715	130	16
焦作市	7.0893	95	19	12.2373	228	30
三门峡市	3.6921	194	28	12.2307	230	31
延安市	3.2327	211	31	15.0050	144	19
榆林市	8.1939	78	17	16.1778	121	13
兰州市	12.9115	46	9	31.1425	27	4
白银市	2.9058	227	32	12.3597	225	27
西宁市	13.5822	41	7	19.9247	68	9
银川市	12.0239	52	11	21.8242	52	5
石嘴山市	6.2045	115	21	12.3439	226	28
吴忠市	3.4613	199	29	15.5126	136	18
中卫市	4.9774	153	24	15.7847	127	15

从黄河流域城市群的各分项指标在城市群内排名来看，郑州市除了法治环境指数排名表现较差，仅排在第14名，其他6个分项指数均位列第1～2名；从公共服务指数排名看，滨州市、郑州市、包头市、洛阳市和鄂尔多斯市排在第1～5名，而吴忠市、巴彦淖尔市、延安市、白银市和忻州市排在最后5名；从人力资源指数排名看，郑州市、济南市、太原市、兰州市和银川市排在第1～5

名，而巴彦淖尔市、焦作市、三门峡市、忻州市和濮阳市排在最后5名，这表明人力资源主要集中于省会城市；从市场环境指数排名看，郑州市、鄂尔多斯市、东营市、济南市和洛阳市排在第1～5名，而临汾市、中卫市、运城市、忻州市和白银市排在最后5名，这表明位于黄河下游的城市市场环境更好，而位于中上游的城市市场环境较差；从创新环境指数排名看，郑州市、济南市、太原市、洛阳市和新乡市排在第1～5名，而吕梁市、临汾市、忻州市、巴彦淖尔市和乌海市排在最后5名，最后10名城市全部为黄河中、上游城市，表明这些城市在创新投入产出上有所欠缺。

表6-6-2　　黄河流域城市群营商环境分项指标评价结果（二）

城市	市场环境指数			创新环境指数		
	2020年	全国排名	群内排名	2020年	全国排名	群内排名
太原市	10.9411	95	14	5.2119	51	3
忻州市	3.1685	257	32	0.2834	243	31
吕梁市	5.1894	218	27	0.3105	237	29
临汾市	3.5071	250	29	0.2862	241	30
运城市	3.2343	255	31	0.6622	188	22
鄂尔多斯市	30.0478	18	2	0.8222	171	20
巴彦淖尔市	6.3777	180	25	0.2433	251	32
呼和浩特市	13.6671	66	10	1.3391	137	15
包头市	16.7060	51	9	1.0879	153	16
乌海市	10.5096	100	16	0.1626	269	33
济南市	20.0775	36	4	9.2445	33	2
淄博市	18.1863	44	7	3.1998	69	6
泰安市	10.2038	102	17	1.8045	106	10
聊城市	8.7074	131	23	1.3700	135	14
德州市	11.4674	88	13	2.6017	79	7
滨州市	9.8283	108	18	2.1074	95	9
东营市	25.7047	26	3	1.7148	110	11
郑州市	30.8524	14	1	14.5130	22	1
开封市	9.0688	122	20	1.0478	154	17
洛阳市	19.9402	40	5	4.8363	55	4
濮阳市	8.6789	134	24	0.6698	185	21
新乡市	19.2453	41	6	3.4068	64	5
焦作市	13.2407	73	11	1.6378	113	12

续表

城市	市场环境指数			创新环境指数		
	2020年	全国排名	群内排名	2020年	全国排名	群内排名
三门峡市	11.8062	84	12	0.5736	199	23
延安市	9.1402	119	19	0.4301	215	25
榆林市	16.7434	49	8	0.9450	159	18
兰州市	8.8990	125	21	2.3910	88	8
白银市	2.5225	272	33	0.3308	234	28
西宁市	6.1716	187	26	0.8928	166	19
银川市	10.6194	98	15	1.6280	114	13
石嘴山市	8.8396	129	22	0.4154	220	26
吴忠市	4.1156	238	28	0.5320	205	24
中卫市	3.2891	254	30	0.3792	224	27

从金融服务指数排名看，郑州市、济南市、太原市、兰州市和呼和浩特市排在第1～5名，而白银市、吴忠市、乌海市、石嘴山市和中卫市排在最后5名，这表明黄河流域沿线的省会城市的融资效率普遍较高，而黄河上游城市的融资效率较差，这主要是由于黄河上游城市经济水平较差、人口较少、产业较单一、工业基础薄弱，导致城市的金融服务较差；从法治环境指数排名看，排在前10名的有5个黄河下游城市、3个黄河中游城市、2个黄河上游城市，而排在后10名的有6个黄河上游城市、3个黄河中游城市以及1个黄河下游城市，这表明黄河下游城市的法治环境普遍较好，而上游城市需要进一步提升法治环境；从政务环境指数排名看，排在前10名的有5个黄河下游城市、2个黄河中游城市、3个黄河上游城市，且有6个城市为省会城市，而排在后10名的有1个黄河下游城市、6个黄河中游城市以及3个黄河上游城市，这表明黄河中游城市的政务环境较差，黄河下游城市的政务环境更好。

表6-6-3　　黄河流域城市群营商环境分项指标评价结果（三）

城市	金融服务指数			法治环境指数			政务环境指数		
	2020年	全国排名	群内排名	2020年	全国排名	群内排名	2020年	全国排名	群内排名
太原市	10.9080	25	3	35.2836	171	17	20.0132	64	5
忻州市	1.4028	199	26	46.2702	122	11	2.2189	289	33
吕梁市	1.7749	168	23	50.5527	59	6	11.5056	191	21

续表

城市	金融服务指数			法治环境指数			政务环境指数		
	2020年	全国排名	群内排名	2020年	全国排名	群内排名	2020年	全国排名	群内排名
临汾市	2.6567	114	16	29.9788	210	21	4.6242	277	30
运城市	2.8171	103	15	28.4918	236	24	8.7685	243	26
鄂尔多斯市	2.8202	101	14	51.0066	53	5	17.6524	98	11
巴彦淖尔市	2.2438	136	18	24.4471	278	30	11.8929	182	20
呼和浩特市	5.9864	44	5	38.1365	158	15	17.4395	101	12
包头市	3.5320	80	12	32.1442	190	19	14.2534	146	16
乌海市	0.5137	273	31	25.8451	269	29	14.5572	142	15
济南市	16.3848	15	2	63.4296	7	1	37.7491	14	1
淄博市	3.6997	76	10	57.5088	18	2	19.6664	70	6
泰安市	4.3788	63	8	29.3174	222	22	17.4192	102	13
聊城市	5.9001	47	6	45.2024	132	12	19.5791	71	7
德州市	2.8555	100	13	54.3220	29	4	19.0489	78	8
滨州市	2.1049	149	19	26.4365	261	28	16.1116	123	14
东营市	2.6115	117	17	57.3855	20	3	25.3194	37	3
郑州市	18.2994	13	1	40.2936	151	14	31.0436	23	2
开封市	1.4573	191	25	46.6560	114	10	5.4722	274	29
洛阳市	3.6932	77	11	50.2070	63	7	11.4494	193	23
濮阳市	0.9129	234	27	31.5230	194	20	4.3611	279	32
新乡市	1.9537	161	21	28.7342	234	23	5.6888	271	28
焦作市	1.9025	164	22	24.3627	279	31	8.4558	247	27
三门峡市	1.4821	187	24	48.1203	102	8	9.2097	234	25
延安市	0.8757	236	28	26.6071	257	27	12.3819	171	18
榆林市	1.9696	159	20	33.1762	184	18	9.4053	232	24
兰州市	7.4023	38	4	35.3743	170	16	18.9193	80	9
白银市	0.6597	261	29	46.6570	113	9	11.4603	192	22
西宁市	3.7094	75	9	17.5727	289	33	18.5201	85	10
银川市	4.6686	61	7	27.2491	247	26	21.4842	54	4
石嘴山市	0.4504	278	32	23.2122	287	32	14.2357	147	17
吴忠市	0.5420	272	30	27.7575	242	25	12.1484	175	19
中卫市	0.3413	283	33	44.3612	141	13	4.5455	278	31

第七章　进一步优化城市营商环境的政策建议

一、完善公共服务建设，助力企业高效运营

一是医疗保险方面。进一步简化社保参保、转移接续等手续，扩大养老、医疗、失业等保险覆盖面，实现养老保险关系转移接续“一地办理”，推动实现医保关系转移接续线上办理。推动将城乡各类用人单位全部纳入失业保险覆盖范围，研究建立灵活就业人员参加失业保险新模式，制定并出台失业保险关系转移办法。建立困难群众主动发现机制，借助大数据筛选等办法，使符合条件的困难群众及时得到保障。简化工伤保险领域证明材料和事项，压减工伤认定和劳动能力鉴定办理时限，研究建立新就业形态人员职业伤害保险制度。优化医疗服务，参保群众可自主选择使用社保卡（含电子社保卡）、医保电子凭证就医购药。推进居民健康档案及身份识别、电子病历、诊疗信息、报告单结果等信息在不同医院互通互认，并严格保护个人隐私，减少群众重复办卡，避免不必要的重复检查。

二是水电气方面，加强互联网、大数据技术的应用，优化水电气费等的缴纳流程。优化水电气暖网等公用事业服务，清理报装过程中的附加审批要件和手续，加快实现报装、查询、缴费等业务全程网上办。优化外线施工办理流程，对涉及的工程规划许可、绿化许可、路政许可、占掘路许可、物料堆放许可等环节实行并联审批，探索实行接入工程告知承诺制。

具体可借鉴杭州市聚焦水电气报装提高办理效率的做法。杭州市完善市政公用配套，明确在做地阶段将供水、供电、供气等市政公用管线配套至地铁红线边界，企业市政公用服务报装实现“一窗受理”。在用电报装方面，小微企业由4个环节压缩到2个，平均接电时长压缩68%，供电企业全额承担表箱及以上供配电设施、土建工程等费用，实现小微企业零投资；大中型企业由6个压

减为3个，供电企业平均办电时长压缩62.8%，大中型企业由政府和供电公司共同出资并延伸投资到红线。在用水报装方面，办理环节由11个精减至2个，申请材料由11份降至0份，报装接通时间压缩至1天。用气报装方面，办理环节由9个减少至2个，申请材料实现系统共享，无须用户提供额外材料，办理时限压缩至1天。

二、加大人才吸引力，稳定扩大就业

一是人力资源方面，稳定和扩大就业，破除影响就业特别是新就业形态的各种不合理限制；加快调整相关准入标准、职业资格、社会保障、人事管理等政策，适应并促进多元化的新就业形态；加强教育、人力资源社会保障、公安等部门业务协同和就业信息共享，做好就业保障和服务。二是加大就业服务供给，把灵活就业、共享用工岗位信息纳入公共就业服务范围，对设立劳务市场或零工市场给予支持、提供便利。督促地方清理对职业资格培训和技能培训类民办学校在管理人员从业经验、培训工种数量等方面设定的不合理要求。推进流动人员人事档案信息互联，加快推行“一点存档、多点服务”。三是为人才发展和进步营造优良环境，吸引高水平人才落户就业，创造有利于创新人才施展才能和发展的环境，完善人才培养渠道，为创新创业提供源源不断的后备力量；促进区域内科技交流与合作，营造有利于科技信息充分流动的环境氛围。

具体可借鉴天津市实施的“海河英才”行动计划。该文件加大了人才引进力度，特别是对战略性新兴产业领军企业急需人才，采取“企业提名单、政府接单办”方式予以引进。截至2019年底，通过“海河英才”行动计划，为来津人才提供“一站式”服务，对来津创新创业顶尖领军人物给予科研经费、成果转化及生活补贴等资助，累计引进人才24.8万人。

三、加强市场监管，打造“透明”市场环境

一是完善“双随机、一公开”监管，组织对各地区落实行政执法公示制度、执法全过程记录制度、重大执法决定法制审核制度的有关情况开展抽查。进一步制定并出台规范行政裁量权基准制度的指导意见，推动各地区、各相关部门加快明确执法裁量基准。指导地方将“双随机、一公开”监管与企业信用风险分类管理等结合起来，减少对守法诚信企业的检查次数。拓展部门联合“双随机、一公开”监管覆盖范围，将更多事项纳入联合抽查范围。二是持续推进“互联网+监管”，加强部分重点监管领域数据汇集，进一步完善国家“互联网+监管”系统风险预警模型，形成风险预警线索推送、处置和反馈机制，提升监管智能化水平。依法依规推进社会信用体系建设，进一步制定并出台规范公共信用信息纳入范围、失信惩戒和信用修复的有关意见。三是加快完善各领域监管标准体系，实施标准“领跑者”制度，鼓励行业制定更高水平自律标准，推动产品竞争力提高和产业转型升级。根据不同行业特点，合理分配国家、区域、省市县之间的监管力量，加强薄弱环节建设。四是规范地方城市管理部门执法行为，制定并公布城管执法标准和要求，加大对随意执法等行为的查处力度，降低对市场主体正常生产经营活动的影响。

具体可借鉴深圳市的做法，深圳市紧扣企业诉求，从实际出发，多措并举、综合施策，努力解决企业反映集中的突出问题，营造良好的市场环境。一方面，深圳市聚焦产业用地，保障了企业发展的空间需求。划定不少于270平方公里的工业区块线，推出30平方公里土地面向全球进行招商引资，吸引更多优质企业参与深圳发展。搭建全市统一公开、常设的产业空间资源供需服务平台，上线122个创新型产业用房项目，用房面积约为755万平方米，拓展产业空间资源供需服务。同时，在加大政府统筹力度、促进工业区升级改造、强化产业空间管理等方面提出多项举措，促进产业创新引领，引导产业平稳转型和有序升级。另一方面，深圳市推广“双随机、一公开”，不断优化市场监管，深

圳市完善“双随机、一公开”联席会议制度，参与范围由国务院层面规定的16个部门扩展至27个，将具有行政检查事项的行政监管部门全部纳入，加快全市“双随机、一公开”监管平台建设。

四、促进地方创新环境改革，培育创新创业土壤

一是提高创新的公共服务水平。重点建设科技创新公共服务平台，加强在技术转移、技术服务、科技金融等方面进行具体协调和指导，引导和支持更多的创业者围绕创新发展迫切需要的配套服务等方面进行创业，通过专业化、社会化、市场化的精准科技服务，实现低成本创新创业。强化创业大厦、众创空间、孵化基地等服务创新创业的平台功能，促进公共科技资源开放共享，扩大科技服务覆盖面。二是便利企业获取各类创新资源，加强专利等知识产权信息服务，对专利权人有意愿开放许可的专利，集中公开相关专利基础数据、交易费用等信息，方便企业获取和实施。加强高校、科研院所、企业的协同创新，推动持续创新，促使创新资源能被更加高效利用；引导学术论文等数据服务提供商降低论文等资源获取费用，推动研究机构、高校等依法依规向社会开放最新研究成果信息。三是加强知识产权保护，从制度上保障创新创业的合法权益，从根本上解决创新创业的动力问题，增强创新创业的效果，激发区域创新创业潜力。

在创新创业方面做得较好的城市大多集中在长三角和珠三角区域，例如南京市将打造“创新名城”作为其过去三年的目标，并交出了硬核成绩单，主要体现在：新型研发机构质量大幅跃升，近三年来400新型研发机构孵化引进科技企业5850家，技术合同成交额从2017年的284.75亿元增至2019年的591.25亿元。此外南京高端人才集聚。到2019年，南京拥有148名科技顶尖专家，培育创新型企业家344名，引进2862名海内外高层次人才，115名国内外院士来南京创新创业。

五、优化企业融资服务，增加普惠金融力度

让企业特别是中小微企业融资更加便利、更加优惠，推动国有大型商业银行创新对中小微企业的信贷服务模式，利用大数据等技术解决“首贷难”“续贷难”等问题。一是鼓励商业银行运用大数据等技术建立风险定价和管控模型，优化再造对中小微企业的信贷发放流程和模式，推行线上服务、“不见面”审批等便捷信贷服务。二是完善商业银行绩效评价，督促商业银行改进贷款尽职免责标准和流程，引导商业银行落实普惠型小微企业贷款政策。督促金融机构公开普惠型小微企业贷款延期操作程序，压缩办理时限，做到应延尽延。三是完善水电气、纳税、社保等领域信用评价标准和指标体系，充分运用各类信用信息平台，加强相关信用信息共享以及在信贷发放方面的应用，支持普惠金融更好发展。

厦门市制定的关于金融方面支持民营企业发展的政策，正向激励了各银行机构发挥信贷主渠道作用，持续加大民营企业融资支持力度。厦门市还建立了应急还贷服务机制，为临时资金周转困难的企业提供“无偿、短期”应急还贷。推进政策性融资担保体系建设，服务小微企业发展。

六、提升司法效率，营造良好法治环境

发挥法治引领和保障作用，坚持依法行政、依法办事，政府部门要主动与立法及司法机构沟通协调，及时推动相关法律法规调整和授权工作。落实好《优化营商环境条例》，巩固已有改革成果，将行之有效并可长期坚持的做法逐步上升为制度规范，以法治手段维护公平竞争环境，保障各项改革依法有序推进。

一是抓好《优化营商环境条例》组织实施和督促落实，委托第三方机构对条例实施情况进行评估，梳理分析条例执行中的经验做法和存在问题，并有针对性地提出改进措施。二是优化立案、审判工作方式，大力推进立审执破一体化建设，实行由立案庭（诉讼服务中心）集中立案、审理的方式，快速有效化解矛盾纠纷，尽量减少诉讼对企业正常生产及经营造成不利影响。积极探索买卖合同纠纷案件执行工作并入立案庭的工作模式，实现买卖合同立审执一体化，着力提高买卖合同案件自动履行率。三是突出智慧法院，充分利用互联网、大数据等技术，构建法院公开网、移动微法院等为载体的网上立案通道，真正做到“让数据多跑路、让群众少跑路”，实现“立案一次不用跑”的目标。

具体可借鉴银川市和厦门市的相关做法。银川市设立了企业注销专区，推行企业注销联办服务，实施企业注销“套餐式服务”，为纳税人提供清税证明免办、即办和“承诺制”容缺办等服务。健全“执转破”工作机制，设立破产费专项基金，为“无产可破”案件提供费用支持。厦门市成立了金融司法协同中心，深化案件“当场立、自助立、网上立、就近立”改革，线上线下功能有机结合、互补联动，为当事人提供更多立案、诉讼通道。出台《厦门市失信被执行人联合惩戒与执行联动机制建设行动方案及考评办法（2019—2021）》，明确各执行联动单位工作任务，解决涉金融类案件执行中找人难、调查难、控财产慢等问题，提升金融财产案件执行工作查人控物工作效率。

七、深化“放管服”改革，优化政务环境

一是充分发挥“一站式”服务功能，提升政务服务标准化水平，持续改进窗口服务，推进线上线下全面融合，普遍推行首问负责、一次告知、一窗受理、并联办理、限时办结等制度。制定并发布政务服务评价工作指南和政务服务“一次一评”“一事一评”工作规范，推动各地区、各部门规范化实施政

务服务“好差评”制度。二是推动更多事项集成办理，加快实现一窗受理、限时办结、最多跑一次，减少办事环节和所需证明材料；大力推行“一件事一次办”，从企业和群众“办成一件事”角度出发，将涉及的相关审批服务事项打包，提供“开办餐馆”“开办旅馆”等套餐式、主题式集成服务，公布标准化的办事指南和流程，由一家牵头部门统一受理、配合部门分头办理，实行一表申请、一套材料、一次提交、限时办结，避免企业和群众来回跑。三是推动政务服务“跨省通办”，推进标准化建设和电子证照跨省互认，加强全国一体化政务服务平台“跨省通办”服务能力。从教育、社保、医疗、养老、婚育和企业登记、经营许可办理等领域入手，加快推进政务服务“跨省通办”。建立权威高效的数据共享机制，推动数据信息标准化，加快政务数据共享，并保障数据安全，保护隐私，防止滥用或泄露。四是整合非紧急类政务服务热线，力争做到“一号响应”。提高改革协同性，下放审批监管事项时要同步下沉相关专业人员和技术力量，合理分配监管力量，创新监管方式，提升基层承接能力。部门之间要加强统筹协调，提升“放管服”改革的整体成效。支持地方探索创新，鼓励地方从当地实际出发，先行先试推进“放管服”改革。通过综合授权等方式，支持地方深化“放管服”改革，形成更多可复制推广的经验做法，以点带面推动全国营商环境优化。建立健全常态化政企沟通机制，充分听取各方面意见，对企业诉求“接诉即办”。

八、加快“数字化”发展，完善数字经济营商环境

数字经济在全球范围内蓬勃发展，各国正加快制度转型步伐。世界银行、国际电信联盟、联合国等六个国际组织在开展各类国别评价时，均将数字经济营商环境相关指标纳入评价框架。中国数字经济进入快速发展阶段，但也存在准入事项数量多、条件严、手续繁等突出问题，属地化管理、多头监管、办理条件模糊等进一步增加办证数量和难度，与数字经济跨行业融合、跨地域

经营、快速迭代等特点不相适应，因此亟须加快完善数字经济营商环境。对此我们建议，建设数字基础设施，放宽市场准入，降低使用成本，促进数字红利普惠分享；完善数字创新环境，加快数字人才培养，培育创新文化，强化数字知识产权保护；营造公平竞争和权益保护环境，构建竞争性市场，落实平台责任，保护合法权益；构筑隐私保护和数据安全环境，夯实网络安全根基，强化个人信息保护，平衡好发展与安全的关系；改善政府监管和服务环境，推行包容监管，加快建设数字政府，优化线上政务服务。

具体可借鉴衢州市的数字政府建设。衢州市在全省率先开发应用“一窗受理”平台，依托“一窗受理”云平台，打通了72个国家级、省级系统和所有市级系统，全市域共用一个平台，共享企业信息、人口信息、不动产信息等65类信息数据，847项业务实现“全市通办”，900余个事项实现乡镇受理、市县审批。同时，开发可信电子证照管理系统，归集403类300多万本电子证照和批文，特别是将与投资项目相关的33类电子批文启用入库，为投资项目全程审批提供数据支撑。推进无差别受理改革，采取“一次取号、一窗受理、一套标准、一网通办、一次办结”模式，推进事项无差别、窗口无差别、系统无差别、人员无差别和地域无差别的“无差别受理”。有968项纳入“无差别受理”事项。推进“掌上办”，实现18个部门2560个事项和企业服务事项“掌上办”，交通出行、社会保险、医疗卫生、教育职考、惠企政策等14类60余项事项移动端可查询。

主要参考文献

[1] 李志军. 中国城市营商环境评价[M]. 中国发展出版社，2019.

[2] 李志军，等. 中国城市营商环境评价及有关建议[J]. 江苏社会科学，2019（2）：30–42，257.

[3] 王一明. 百年大变局、高质量发展与构建新发展格局[J]. 管理世界，2020（12）：1–12.

[4] Asaftei G，Kumbhakar S C，Mantescu D. Ownership，Business Environment and Productivity Change[J]. *Journal of Comparative Economics*，2008，36（3）：498–509.

[5] 董志强，魏下海，汤灿晴. 制度软环境与经济发展——基于30个大城市营商环境的经验研究. 管理世界，2012（4）：9–20.

[6] 向景，刘中虎. 借鉴国际经验优化我国税务营商环境[J]. 国际税收，2013（8）：57–61.

[7] 王绍乐，刘中虎. 中国税务营商环境测度研究[J]. 广东财经大学学报，2014，29（3）：33–39.

[8] 魏下海，董志强. 城市商业制度环境影响劳动者工资扭曲吗？——基于世界银行和中国工业企业数据的经验研究[J]. 财经研究，2014，40（5）：4–18.

[9] Escaleras M，Chiang E P. Fiscal Decentralization and Institutional Quality on the Business Environment[J]. *Economics Letters*，2017，159（7）：161–163.

[10] 后向东. 论营商环境中政务公开的地位和作用[J]. 中国行政管理，2019（2）：17–22.

[11] 李娟，马丽莎. 营商环境对企业家精神的影响研究[J]. 商业经济，2020（2）：105–107.

[12] Zhang A，Huang G Q，Liu X. Impacts of Business Environment Changes on Global Manufacturing in the Chinese Greater Pearl River Delta：a Supply Chain Perspective[J]. *Applied Economics*，2012，44（34）：4505–4514.

[13] 董彪，李仁玉，李新刚. 我国法治化国际化营商环境建设研究——基于《营商环境报告》的分析[J]. 商业经济研究，2016（13）：141–143.

[14] 宋林霖，何成祥. 优化营商环境视阈下放管服改革的逻辑与推进路径——基于世界银行营商环境指标体系的分析[J]. 中国行政管理，2018（4）：67–72.

[15] 马相东，王跃生. 新时代吸引外资新方略：从招商政策优惠到营商环境优化[J]. 中共中央党校学报，2018，22（4）：112–121.

[16] 史亚洲. 民营经济高质量发展的营商环境问题研究[J]. 人文杂志，2019（9）：121–128.

[17] 杨传开，蒋程虹. 全球城市营商环境测度及对北京和上海的政策启示[J]. 经济体制改革，2019（4）：34–41.

[18] 杜运周，刘秋辰，程建青. 什么样的营商环境生态产生城市高创业活跃度？——基于制度组态的分析[J]. 管理世界，2020，36（9）：141–155.

[19] 陈太义，王燕，赵晓松. 营商环境、企业信心与企业高质量发展——来自2018年中国企业综合调查（CEGS）的经验证据[J]. 宏观质量研究，2020，8（2）：110–128.

[20] 冯笑，王永进，刘灿雷. 行政审批效率与中国制造业出口——基于行政审批中心建立的“准自然实验”[J]. 财经研究，2018，44（10）：98–110.

[21] 陈伟伟，张琦. 系统优化我国区域营商环境的逻辑框架和思路[J]. 改革，2019（5）：70–79.

[22] 聂辉华，张彧，江艇. 中国地区腐败对企业全要素生产率的影响[J]. 中国软科学，2014（5）：37–48.

[23] 辛大楞，辛立国. 营商环境与企业产品质量升级——基于腐败视角的分析[J]. 财贸研究，2019，30（3）：85–98.

[24] 褚红丽. 新型政商关系的构建：“亲”上加“清”[J]. 山东大学学报（哲学社会科学版），2018（5）：140–149.

[25] 廖福崇. “放管服”改革优化了营商环境吗？——基于6144家民营企业数据的统计分析[J]. 当代经济管理，2020，42（7）：74–82.

[26] 张三保，曹锐. 中国城市营商环境的动态演进、空间差异与优化策略[J]. 经济学家，2019（12）：78–88.

[27] 丁鼎，高强，李宪翔. 我国城市营商环境建设历程及评价——以36个省会城市、直辖市及计划单列市为例[J]. 宏观经济管理，2020（1）：55–66.

[28] 谢红星. 营商法治环境评价的中国思路与体系——基于法治化视角[J]. 湖北社会科学，2019（3）：138–147.

[29] 赵海怡. 中国地方营商法治环境的优化方向及评价标准[J]. 山东大学学报（哲学社会科学版），2019（3）：108–114.

[30] 冯烨. 法治化营商环境评估指标体系构建[J]. 理论探索，2020（2）：120–128.

[31] 佟明亮. 法制环境、金融市场化程度与民营企业贷款——来自2012年世界银行中国营商环境企业调查的证据[J]. 技术经济与管理研究，2015（10）：73-78.
[32] 杨进，张攀. 地区法治环境与企业绩效——基于中国营商环境调查数据的实证研究[J]. 山西财经大学学报，2018，40（9）：1-17.
[33] 刘俊海. 营商环境法治化的关键[J]. 中国流通经济，2019，33（8）：3-10.
[34] 钱玉文. 我国法治化营商环境构建路径探析——以江苏省经验为研究样本[J]. 上海财经大学学报，2020，22（3）：138-152.
[35] 袁莉. 营商法治环境评价内容与标准——基于推动民营经济高质量发展的视角[J]. 西南民族大学学报（人文社科版），2020，41（10）：98-103.
[36] 张光南，宋冉. 中国交通对“中国制造”的要素投入影响研究[J]. 经济研究，2013，48（7）：63-75.
[37] Holl A. Highways and Productivity in Manufacturing Firms[J]. *Journal of Urban Economics*，2016（4），93：131-151.
[38] 张梦婷，俞峰，钟昌标，林发勤. 高铁网络、市场准入与企业生产率[J]. 中国工业经济，2018（5）：137-156.
[39] 王巍，马慧. 本地交通基础设施建设对企业区位选择的异质性影响——基于中国地级市制造业细分行业层面的实证分析[J]. 西部论坛，2019，29（6）：97-109.
[40] 王必达，苏婧. 运输效率、空间集聚与区域协调发展[J]. 世界经济文汇，2019（4）：104-120.
[41] 刘晴，胡甜甜，邵智. 交通基础设施对企业内外销关系的影响机制分析：基于新经济地理运输成本的视角[J]. 世界经济研究，2020（5）：17-33，135.
[42] 余明桂，潘红波. 金融发展、商业信用与产品市场竞争[J]. 管理世界，2010（8）：117-129.
[43] Shahbaz M，Solarin S A，Mahmood H，et al. Does Financial Development Reduce CO_2 Emissions in Malaysian Economy? A Time Series Analysis[J]. *Economic Modelling*，2013，35（6）：145-152.
[44] 喻坤，李治国，张晓蓉，徐剑刚. 企业投资效率之谜：融资约束假说与货币政策冲击[J]. 经济研究，2014，49（5）：106-120.
[45] 刘胜强，林志军，孙芳城，陈汉文. 融资约束、代理成本对企业R&D投资的影响——基于我国上市公司的经验证据[J]. 会计研究，2015（11）：62-68，97.
[46] 徐浩，张美莎. 营商环境、关系型融资与技术创新[J]. 当代财经，2019（12）：73-83.
[47] 郑馨，周先波，陈宏辉，杨甜. 东山再起：怎样的国家制度设计能够促进失败再

创业？——基于56个国家7年混合数据的证据[J]. 管理世界，2019，35（7）：136-151，181.

[48] 张玉明，张永红，张明霞. 营商环境优化是否有利于降低民企债务成本？[J]. 会计之友，2020（21）：9-17.

[49] 窦炜，郝晓敏，方俊. 信贷配给、金融发展水平与企业创新[J]. 商业研究，2019（6）：81-93.

[50] 谢朝华，邓亚波，刘玲杉，裴文婷. 银行信贷影响实体经济增长的区域性差异研究[J]. 财经理论与实践，2020，41（3）：31-38.

[51] 吴侃，冉渝. 信贷供给、资本结构动态调整与企业投资[J]. 财会通讯，2020（21）：99-103.

[52] 侯燕飞，陈仲常. 中国"人口流动-经济增长收敛谜题"——基于新古典内生经济增长模型的分析与检验[J]. 中国人口·资源与环境，2016，26（9）：11-19.

[53] 刘娜，邵全. 论人力资本集聚对劳动力市场的影响[J]. 学术交流，2020（9）：94-101，192.

[54] 齐长安. 我国农村劳动力转移的减贫效应研究[J]. 技术经济与管理研究，2020（9）：102-105.

[55] 程名望，张家平，李礼连. 互联网发展、劳动力转移和劳动生产率提升[J]. 世界经济文汇，2020（5）：1-17.

[56] 林炜. 企业创新激励：来自中国劳动力成本上升的解释[J]. 管理世界，2013（10）：95-105.

[57] 程晨，王萌萌. 企业劳动力成本与全要素生产率——"倒逼"机制的考察[J]. 南开经济研究，2016（3）：118-132.

[58] 赵富森. 劳动力成本上升是否影响了制造业的出口技术复杂度[J]. 国际经贸探索，2020，36（8）：23-37.

[59] 刘晓光，刘嘉桐. 劳动力成本与中小企业融资约束[J]. 金融研究，2020（9）：117-135.

[60] Ciftci M，Cready W M. Scale Effects of R&D as Reflected in Earnings and Returns[J]. *Journal of Accounting and Economics*，2011，52（1）：62-80.

[61] 王郁蓉，师萍. 创新环境对创新力和创新绩效的作用机制与对策研究[J]. 科学管理研究，2015，33（5）：17-20.

[62] 尚勇敏，周冯琦，林兰. 开放式创新对节能环保企业创新绩效的影响[J]. 科技进步与对策，2020（11）：1-9.

[63] 侯贵生，宋文轩，杨磊. 创新节奏与速度、创新质量对企业绩效的影响——基于时

间视角的研究. 软科学，2020（11）：1–10.
[64] 吴传清，邓明亮. 科技创新、对外开放与长江经济带高质量发展[J]. 科技进步与对策，2019，36（3）：33–41.
[65] 雷挺，栗继祖. 营商环境优化如何激发企业的创新活力——内在机制及创新边际[J]. 山西财经大学学报，2020，42（12）：30–39.
[66] 潘娟，张玉喜. 政府、企业、金融机构科技金融投入的创新绩效[J]. 科学学研究，2018，36（5）：831–838，846.
[67] 安晨雨，王素，陈玉文. 政府科技资助对企业R&D投入的门槛效应研究——基于中国医药制造业省际面板数据的实证研究[J]. 科技管理研究，2018，38（16）：131–138.
[68] 周泽将，李鼎. 轻资产运营对企业R&D投入的影响研究：以中国上市公司为例[J]. 管理评论，2019，31（6）：91–101.
[69] 王光荣. 营商环境提升：补齐社会环境短板[J]. 重庆社会科学，2019（2）：26–34.
[70] 杨武，田雪姣. 技术创新、市场化进程与企业兴衰[J]. 科学学研究，2018，36（9）：1686–1693.
[71] 解维敏，桑凌. 市场环境、参股银行业与企业银行贷款[J]. 系统工程理论与实践，2020，40（4）：863–874.
[72] 王金凤，于飞，冯立杰，岳俊举. 市场环境影响下颠覆式创新实现路径研究——基于小米公司案例的扎根分析[J]. 科技进步与对策，2020，37（5）：1–9.
[73] 周超，刘夏，辜转. 营商环境与中国对外直接投资——基于投资动机的视角[J]. 国际贸易问题，2017（10）：143–152.
[74] 王正新，周乾. 营商环境如何影响中国企业对“一带一路”沿线国家直接投资[J]. 财经论丛，2019（9）：42–52.
[75] 周超，刘夏，任洁. 外商直接投资对于东道国营商环境的改善效应研究——来自34个“一带一路”沿线国家的证据[J]. 国际商务（对外经济贸易大学学报），2019（1）：59–71.
[76] Branstetter L，Lima F，Taylor L J，et al. Do Entry Regulations Deter Entrepreneurship and Job Creation? Evidence from Recent Reforms in Portugal[J]. *The Economic Journal*, 2014，124（577）：805–832.
[77] 张应武，刘凌博. 营商环境改善能否促进外商直接投资[J]. 国际商务（对外经济贸易大学学报），2020（1）：59–70.
[78] 刘帷韬. 我国国家中心城市营商环境评价[J]. 中国流通经济，2020，34（9）：79–88.

[79] 张卫东，夏蕾. 营商环境对大众创业的影响效应——来自商事制度改革的证据[J]. 改革，2020（9）：94–103.

[80] 李国强，马晓白. 构建中国特色营商环境评价体系恰逢其时[N]. 中国经济时报，2018–9–26（5）

[81] 许志端，阮舟一龙. 营商环境、技术创新和企业绩效——基于我国省级层面的经验证据[J]. 厦门大学学报（哲学社会科学版），2019（5）：123–134.

[82] 尚炜伦. 营商环境对民营企业创新绩效的影响[J]. 国际经济合作，2020（5）：127–134.

[83] 杨枝煌，刘泽黎，李斐. 构建有中国特色的营商环境评价体系[J]. 国际经济合作，2020（5）：96–107.

[84] Demirgüç–Kunt A，Love I，Maksimovic V. Business Environment and the Incorporation Decision[M]. *The World Bank*，2004.

[85] Li D，Ferreira M P. Institutional Environment and Firms' Sources of Financial Capital in Central and Eastern Europe[J]. *Journal of Business Research*，2011，64（4）：371–376.

[86] Bah E，Fang L. Impact of the Business Environment on Output and Productivity in Africa[J]. *Journal of Development Economics*，2015，114（1）：159–171.

[87] Contractor F J，Dangol R，Nuruzzaman N，et al. How do Country Regulations and Business Environment Impact Foreign Direct Investment （FDI） Inflows? [J]. *International Business Review*，2019，29（2）：101640.

[88] Nam V H，Bao Tram H. Business Environment and Innovation Persistence：the Case of Small–and medium–sized Enterprises in Vietnam[J]. *Economics of Innovation and New Technology*，2019：1–23.

[89] Belas J，J á n Dvorsk，Zden ě k Strn á d，et al. Improvement of the Quality of Business Environment Model：Case of the SME Segment[J]. *Engineering Economics*，2019，30（5）：601–611.

[90] Gogokhia T，Berulava G. Business Environment Reforms，Innovation and Firm Productivity in Transition Economies[J]. *Eurasian Business Review*，2020：1–25.

[91] Khazaei M，Azizi M. How Financial Performance of World' s Top Companies are Related to Business Environment? [J]. *Applied Economics*，2020（1）：1–15.

[92] 刘英奎，吴文军，李媛. 中国营商环境建设及其评价研究[J]. 区域经济评论，2020（1）：70–78.

[93] 满姗，吴相利. 国内外营商环境评价指标体系的比较解读与启示[J]. 统计与咨询，

2018（3）：27–30.
[94] 刘智勇，魏丽丽. 我国营商环境建设研究综述：发展轨迹、主要成果与未来方向[J]. 当代经济管理，2020，42（2）：22–27.
[95] 钱佳慧，罗晶钰，韩滨阳，徐滔. 我国营商环境评价现状研究[J]. 中国市场，2020（26）：59–60.
[96] 杨涛. 营商环境评价指标体系构建研究——基于鲁苏浙粤四省的比较分析[J]. 商业经济研究，2015（13）：28–31.
[97] 孙丽燕. 外贸中小企业面临的国内营商环境研究. 北京：中国商务出版社，2016.
[98] 魏淑艳，孙峰. 东北地区投资营商环境评估与优化对策[J]. 长白学刊，2017（6）：84–92.
[99] 张国勇，娄成武. 基于制度嵌入性的营商环境优化研究——以辽宁省为例[J]. 东北大学学报（社会科学版），2018，20（3）：277–283.
[100] 潘勇，温素清，高堃，张嘉兴，石宏涛，邱玲. 营商环境监测评价指标体系研究[J]. 市场研究，2019（6）：12–15.
[101] 刘刚，梁晗. 外部性视角下营商环境的优化——基于企业需求导向的研究[J]. 中国行政管理，2019（11）：52–59.
[102] 张三保，康璧成，张志学. 中国省份营商环境评价指标体系与量化分析[J]. 经济管理，2020，42（4）：5–19.
[103] 钱佳慧，韩滨阳，罗晶钰，沈超. 我国区域营商环境评价指标体系研究[J]. 中国商论，2020（17）：143–144.
[104] 李瑞峰. 如何构建更加和谐的营商环境[J]. 人民论坛，2018（11）：82–83.
[105] 王晓玲.辽宁自贸试验区营商环境评价与优化[J].东北财经大学学报，2018，118（4）：90–96.
[106] 戴魁早.制度环境、区域差异与知识生产效率——来自中国省际高技术产业的经验证据[J].科学学研究，2015（3）：369–377.
[107] 严成樑，李涛，兰伟.金融发展、创新与二氧化碳排放[J].金融研究，2016（1）：14–30.
[108] 杜传文，黄节根.货币政策、融资约束与企业投资[J].财经科学，2018（4）：15–28.
[109] 阳立高，谢锐，贺正楚，韩峰，孙玉磊.劳动力成本上升对制造业结构升级的影响研究-——基于中国制造业细分行业数据的实证分析[J].中国软科学，2014（12）：136–147.
[110] 李丹丹.人力资本与区域劳动生产率的收敛性研究[J].审计与经济研究，2018

（5）：100–109.

[111] 周瑞芳. 改善营商环境促进企业发展——基于中小企业生存与发展危机的分析[J]. 中国集体经济，2008（Z2）：59–60.

[112] 陈刚.法官异地交流与司法效率——来自高院院长的经验证据[J].经济学（季刊），2012，11（4）：1171–1192.

[113] 郑方辉，王正，魏红征.营商法治环境指数：评价体系与广东实证[J].广东社会科学，2019（5）：214–223，256.

[114] 肖旭，戚聿东.产业数字化转型的价值维度与理论逻辑[J].改革，2019（8）：61–70.

[115] 魏红征. 法治化营商环境评价指标体系研究[D].华南理工大学，2019.

[116] 马冉. 政务营商环境研究[D].对外经济贸易大学，2019.

[117] 刘练军.司法效率的性质[J].浙江社会科学，2011（11）：67–74，157.

[118] 周洲，夏晓宇，冉戎.司法保护、法律服务与科技创新[J].科研管理，2019，40（2）：44–53.

[119] 罗骁. 司法满意度："悖论"与诠释[D].华南理工大学，2018.

[120] 郑方辉，罗骁.法治社会第三方评价：体系、实证与审视[J].理论探讨，2018（3）：25–32.

[121] 谭玮，郑方辉.法治社会指数：评价主体与指标体系[J].理论探索，2017（5）：115–122.

[122] 谭玮. 法治社会评价体系研究[D].华南理工大学，2017.

[123] 周祖成，杨惠琪.法治如何定量——我国法治评估量化方法评析[J].法学研究，2016，38（3）：20–35.

[124] 王小鲁，樊纲，余静文.中国分省份市场化指数报告（2016）[M].社会科学文献出版社，2017.

[125] 邓忠奇，高廷帆，朱峰.地区差距与供给侧结构性改革——"三期叠加"下的内生增长[J].经济研究，2020，55（10）：22–37.

附　录

附录一

各分项指标评价结果与排名

附表1-1　　2019～2020年城市公共服务指数及其排名

城市		标准化值		同类型城市排名		近一年排名变化	全国排名
		2019年	2020年	2019年	2020年		
直辖市	上海市	73.0775	72.3481	1	1	0	1
	北京市	60.8832	60.2947	2	2	0	2
	重庆市	54.5936	56.4971	3	3	0	3
	天津市	33.8590	34.0516	4	4	0	8
计划单列市	深圳市	39.9906	39.4724	1	1	0	7
	宁波市	22.4115	22.9984	2	2	0	16
	青岛市	18.5102	17.1804	3	3	0	23
	大连市	15.6270	16.7440	4	4	0	25
	厦门市	8.7615	9.0863	5	5	0	64
省会城市	广州市	44.8715	44.9921	1	1	0	4
	成都市	40.1031	40.3216	2	2	0	6
	武汉市	31.8952	32.4048	3	3	0	9
	杭州市	28.9241	29.4246	4	4	0	11
	南京市	24.5379	24.5841	5	5	0	13
	郑州市	24.4980	24.5606	6	6	0	14
	西安市	22.0042	23.0337	7	7	0	15
	沈阳市	20.4559	19.7244	8	8	0	19
	长沙市	17.4905	19.0080	10	9	1	20
	哈尔滨市	17.5681	17.8313	9	10	–1	22
	乌鲁木齐市	16.6935	16.8339	12	11	1	24
	合肥市	15.6123	16.5956	14	12	2	26
	昆明市	16.0174	16.4344	13	13	0	27
	石家庄市	16.6943	15.7968	11	14	–3	31
	福州市	14.4132	14.8160	15	15	0	33
	济南市	14.2081	13.9669	16	16	0	38
	长春市	13.6310	13.7708	18	17	1	39

续表

城市		标准化值		同类型城市排名		近一年排名变化	全国排名
		2019年	2020年	2019年	2020年		
省会城市	西宁市	13.5364	13.5822	19	18	1	41
	太原市	13.8130	13.5053	17	19	−2	42
	兰州市	13.2607	12.9116	20	20	0	46
	南宁市	12.1466	12.4576	21	21	0	48
	银川市	9.4954	12.0239	24	22	2	52
	贵阳市	11.7026	11.1475	22	23	−1	53
	南昌市	10.3751	10.5361	23	24	−1	56
	呼和浩特市	7.9396	8.4826	25	25	0	73
	海口市	4.0162	4.1839	26	26	0	176
	拉萨市	1.1080	1.0671	27	27	0	285
地级市	苏州市	41.1472	40.5648	1	1	0	5
	东莞市	29.4014	30.0954	2	2	0	10
	滨州市	23.8425	28.0946	3	3	0	12
	无锡市	21.9189	22.2156	4	4	0	17
	唐山市	20.4363	20.6109	5	5	0	18
	佛山市	20.2354	18.8980	6	6	0	21
	包头市	14.6466	16.3925	10	7	3	28
	潍坊市	15.7070	16.0189	7	8	−1	29
	临沂市	15.1230	15.8277	8	9	−1	30
	烟台市	14.9897	15.2037	9	10	−1	32
	常州市	14.2658	14.6305	12	11	1	34
	绍兴市	13.9129	14.4107	13	12	1	35
	洛阳市	14.2726	14.3303	11	13	−2	36
	鄂尔多斯市	12.7629	14.0447	19	14	5	37
	南通市	13.4663	13.7155	14	15	−1	40
	温州市	13.1884	13.2687	17	16	1	43
	邯郸市	13.3216	13.1355	16	17	−1	44
	徐州市	13.3470	13.0133	15	18	−3	45
	嘉兴市	12.8447	12.5654	18	19	−1	47
	保定市	12.4907	12.3639	21	20	1	49
	淄博市	12.5037	12.2455	20	21	−1	50
	泉州市	12.0496	12.0836	22	22	0	51
	济宁市	10.8647	11.0268	23	23	0	54
	惠州市	10.2582	10.6253	24	24	0	55

续表

城市		标准化值		同类型城市排名		近一年排名变化	全国排名
		2019年	2020年	2019年	2020年		
地级市	金华市	9.8111	10.2133	26	25	1	57
	沧州市	9.5481	10.0925	30	26	4	58
	台州市	9.6527	9.9136	28	27	1	59
	盐城市	9.6593	9.6623	27	28	−1	60
	通辽市	8.8469	9.5253	33	29	4	61
	聊城市	8.7483	9.2271	34	30	4	62
	乌兰察布市	8.5036	9.1895	38	31	7	63
	遵义市	9.6464	9.0308	29	32	−3	65
	曲靖市	8.5424	8.9483	36	33	3	66
	菏泽市	8.5246	8.8455	37	34	3	67
	南阳市	8.3508	8.8190	41	35	6	68
	邢台市	8.1143	8.7710	44	36	8	69
	东营市	8.4236	8.7495	40	37	3	70
	鞍山市	8.7032	8.6815	35	38	−3	71
	江门市	8.4910	8.6516	39	39	0	72
	大庆市	8.9241	8.4405	31	40	−9	74
	泰州市	8.0975	8.3747	45	41	4	75
	运城市	8.8749	8.3531	32	42	−10	76
	新乡市	8.2775	8.2677	42	43	−1	77
	榆林市	7.8147	8.1939	46	44	2	78
	宜昌市	8.1317	8.0689	43	45	−2	79
	衡阳市	7.6068	7.9760	47	46	1	80
	赣州市	9.8207	7.8434	25	47	−22	81
	营口市	7.1228	7.7817	59	48	11	82
	吉林市	7.4905	7.6101	49	49	0	83
	湛江市	7.4797	7.5056	50	50	0	84
	扬州市	7.4304	7.4732	51	51	0	85
	泰安市	7.3601	7.4413	54	52	2	86
	百色市	5.6678	7.4280	87	53	34	87
	平顶山市	7.3932	7.4180	52	54	−2	88
	宿迁市	7.3733	7.3901	53	55	−2	89
	安阳市	7.5667	7.3658	48	56	−8	90
	汕头市	7.2078	7.2919	57	57	0	91

续表

城市		标准化值		同类型城市排名		近一年排名变化	全国排名
		2019年	2020年	2019年	2020年		
地级市	芜湖市	7.2949	7.2555	55	58	–3	92
	襄阳市	7.1195	7.1317	60	59	1	93
	湖州市	7.0090	7.1123	63	60	3	94
	焦作市	7.1388	7.0893	58	61	–3	95
	中山市	7.2444	7.0752	56	62	–6	96
	柳州市	6.9757	6.9599	64	63	1	97
	株洲市	7.0963	6.9337	61	64	–3	98
	镇江市	6.8725	6.9335	65	65	0	99
	廊坊市	7.0611	6.8974	62	66	–4	100
	珠海市	6.2571	6.8853	70	67	3	101
	阜阳市	6.2243	6.7296	73	68	5	102
	商丘市	6.5613	6.5634	66	69	–3	103
	绵阳市	6.2741	6.5372	69	70	–1	104
	毕节市	6.5593	6.5260	67	71	–4	105
	乐山市	6.2212	6.4904	74	72	2	106
	达州市	6.1539	6.4340	76	73	3	107
	淮安市	6.1139	6.4259	77	74	3	108
	驻马店市	5.6328	6.3810	89	75	14	109
	上饶市	6.2425	6.3731	71	76	–5	110
	漳州市	6.0758	6.2971	78	77	1	111
	德州市	6.0088	6.2931	80	78	2	112
	九江市	6.0252	6.2720	79	79	0	113
	邵阳市	5.6268	6.2490	90	80	10	114
	石嘴山市	6.5438	6.2045	68	81	–13	115
	南充市	6.2294	6.1812	72	82	–10	116
	周口市	5.5265	6.1460	95	83	12	117
	信阳市	5.4170	6.1098	99	84	15	118
	连云港市	6.1978	6.0930	75	85	–10	119
	日照市	5.4710	6.0835	96	86	10	120
	宜宾市	5.4361	6.0126	98	87	11	121
	赤峰市	5.6100	6.0110	91	88	3	122
	郴州市	5.7114	6.0002	84	89	–5	123
	泸州市	5.2383	5.9424	106	90	16	124

续表

城市		标准化值		同类型城市排名		近一年排名变化	全国排名
		2019年	2020年	2019年	2020年		
地级市	岳阳市	5.9498	5.8780	81	91	−10	125
	咸阳市	5.6562	5.8478	88	92	−4	126
	永州市	5.5941	5.8059	92	93	−1	127
	肇庆市	5.8062	5.7866	83	94	−11	128
	嘉峪关市	5.1725	5.6725	107	95	12	129
	齐齐哈尔市	5.5668	5.6164	93	96	−3	130
	宜春市	5.2483	5.6144	104	97	7	131
	马鞍山市	5.5323	5.5443	94	98	−4	132
	开封市	5.8312	5.5313	82	99	−17	133
	秦皇岛市	5.6951	5.5303	86	100	−14	134
	清远市	5.1023	5.5145	109	101	8	135
	常德市	5.4423	5.5096	97	102	−5	136
	张家口市	5.3529	5.5066	101	103	−2	137
	抚顺市	5.3793	5.4405	100	104	−4	138
	临汾市	5.0983	5.4322	110	105	5	139
	承德市	5.7028	5.4170	85	106	−21	140
	娄底市	5.0000	5.3677	113	107	6	141
	长治市	4.9373	5.2968	116	108	8	142
	荆州市	5.3529	5.2607	102	109	−7	143
	滁州市	4.9689	5.2198	115	110	5	144
	十堰市	5.1675	5.2182	108	111	−3	145
	渭南市	5.2447	5.2076	105	112	−7	146
	枣庄市	5.2640	5.1358	103	113	−10	147
	德阳市	5.0123	5.0819	111	114	−3	148
	怀化市	4.9358	5.0764	117	115	2	149
	晋城市	4.9893	5.0596	114	116	−2	150
	晋中市	4.7574	5.0331	120	117	3	151
	茂名市	5.0067	4.9966	112	118	−6	152
	中卫市	4.5647	4.9774	130	119	11	153
	衢州市	4.7165	4.9691	126	120	6	154
	大同市	4.7424	4.9477	123	121	2	155
	黄冈市	4.7461	4.8444	122	122	0	156
	乌海市	4.7321	4.8435	124	123	1	157

续表

城市		标准化值		同类型城市排名		近一年排名变化	全国排名
		2019年	2020年	2019年	2020年		
地级市	黄石市	4.7295	4.8383	125	124	1	158
	湘潭市	4.8964	4.7857	118	125	−7	159
	桂林市	4.7494	4.7847	121	126	−5	160
	许昌市	4.6857	4.7782	128	127	1	161
	宝鸡市	4.8650	4.7060	119	128	−9	162
	龙岩市	4.6924	4.6251	127	129	−2	163
	揭阳市	4.2783	4.5230	137	130	7	164
	韶关市	4.2320	4.5057	139	131	8	165
	威海市	4.4673	4.4996	133	132	1	166
	宁德市	4.0974	4.4976	142	133	9	167
	衡水市	4.4176	4.4771	134	134	0	168
	孝感市	4.3273	4.4725	135	135	0	169
	辽阳市	4.2037	4.4668	141	136	5	170
	本溪市	4.5272	4.4612	131	137	−6	171
	安庆市	4.3014	4.4269	136	138	−2	172
	蚌埠市	4.2472	4.4200	138	139	−1	173
	吕梁市	3.9015	4.3566	145	140	5	174
	阳泉市	3.5904	4.2551	162	141	21	175
	吉安市	3.8099	4.1572	148	142	6	177
	濮阳市	3.7952	4.1416	152	143	9	178
	汉中市	4.0526	4.1150	143	144	−1	179
	锦州市	4.2204	4.1092	140	145	−5	180
	昭通市	4.6775	4.0832	129	146	−17	181
	莆田市	3.7640	4.0488	153	147	6	182
	益阳市	3.9134	4.0451	144	148	−4	183
	攀枝花市	3.8055	3.9797	149	149	0	184
	内江市	3.7276	3.9502	155	150	5	185
	三明市	3.8979	3.8816	146	151	−5	186
	眉山市	3.7559	3.8618	154	152	2	187
	淮南市	3.8846	3.8568	147	153	−6	188
	玉溪市	3.8054	3.8435	150	154	−4	189
	阳江市	3.6399	3.8275	157	155	2	190
	朝阳市	3.4921	3.8154	164	156	8	191

续表

城市		标准化值		同类型城市排名		近一年排名变化	全国排名
		2019年	2020年	2019年	2020年		
地级市	玉林市	3.6017	3.7938	159	157	2	192
	荆门市	3.6537	3.7236	156	158	−2	193
	三门峡市	3.5995	3.6921	160	159	1	194
	海东市	3.1264	3.5633	178	160	18	195
	宣城市	3.2210	3.5328	173	161	12	196
	葫芦岛市	3.2476	3.4745	172	162	10	197
	自贡市	3.4188	3.4736	166	163	3	198
	吴忠市	3.8002	3.4613	151	164	−13	199
	广元市	3.5515	3.4436	163	165	−2	200
	南平市	3.4354	3.3841	165	166	−1	201
	呼伦贝尔市	3.6168	3.3426	158	167	−9	202
	丹东市	3.4148	3.3354	167	168	−1	203
	丽水市	3.1060	3.3215	180	169	11	204
	雅安市	3.3059	3.2757	169	170	−1	205
	宿州市	3.2109	3.2696	174	171	3	206
	巴彦淖尔市	3.3613	3.2561	168	172	−4	207
	潮州市	3.5953	3.2507	161	173	−12	208
	铜仁市	2.9558	3.2427	184	174	10	209
	六盘水市	4.4777	3.2366	132	175	−43	210
	延安市	2.9837	3.2327	183	176	7	211
	梅州市	3.1260	3.2098	179	177	2	212
	绥化市	3.2562	3.2063	170	178	−8	213
	六安市	3.1267	3.1987	177	179	−2	214
	盘锦市	2.9463	3.1981	185	180	5	215
	牡丹江市	3.2525	3.1921	171	181	−10	216
	铜陵市	3.0908	3.1708	181	182	−1	217
	来宾市	2.2758	3.1078	207	183	24	218
	遂宁市	3.0434	3.0498	182	184	−2	219
	四平市	2.6762	3.0479	194	185	9	220
	梧州市	2.7354	3.0438	187	186	1	221
	贵港市	2.8757	3.0311	186	187	−1	222
	广安市	2.7120	2.9675	189	188	1	223
	钦州市	2.7095	2.9516	192	189	3	224

续表

城市		标准化值		同类型城市排名		近一年排名变化	全国排名
		2019年	2020年	2019年	2020年		
地级市	抚州市	2.7100	2.9277	191	190	1	225
	铁岭市	3.1280	2.9122	176	191	-15	226
	白银市	2.5444	2.9058	199	192	7	227
	克拉玛依市	2.7117	2.8927	190	193	-3	228
	咸宁市	2.6291	2.8194	195	194	1	229
	忻州市	2.5756	2.7539	198	195	3	230
	河池市	2.7134	2.7405	188	196	-8	231
	佳木斯市	2.6974	2.7383	193	197	-4	232
	亳州市	2.5309	2.6822	201	198	3	233
	河源市	2.5266	2.6297	202	199	3	234
	阜新市	2.5385	2.5904	200	200	0	235
	新余市	2.5954	2.5706	196	201	-5	236
	通化市	2.3077	2.4587	206	202	4	237
	漯河市	2.5851	2.4576	197	203	-6	238
	巴中市	2.2276	2.4476	210	204	6	239
	淮北市	2.4783	2.4462	203	205	-2	240
	萍乡市	2.4126	2.3989	204	206	-2	241
	安顺市	3.1571	2.3910	175	207	-32	242
	朔州市	2.1510	2.3091	215	208	7	243
	鸡西市	2.4003	2.2977	205	209	-4	244
	北海市	2.1028	2.2820	217	210	7	245
	保山市	2.2383	2.2292	209	211	-2	246
	景德镇市	2.1845	2.2103	212	212	0	247
	松原市	2.1367	2.1827	216	213	3	248
	天水市	2.0147	2.1552	220	214	6	249
	定西市	2.1814	2.1059	213	215	-2	250
	平凉市	2.2122	2.0355	211	216	-5	251
	双鸭山市	2.0461	2.0318	218	217	1	252
	鹤壁市	2.0200	1.9919	219	218	1	253
	武威市	1.6516	1.9917	229	219	10	254
	资阳市	1.9132	1.9594	221	220	1	255
	池州市	1.7654	1.9002	226	221	5	256
	云浮市	1.9115	1.8581	222	222	0	257

续表

城市		标准化值		同类型城市排名		近一年排名变化	全国排名
		2019年	2020年	2019年	2020年		
地级市	商洛市	2.2493	1.8489	208	223	–15	258
	安康市	1.7312	1.8320	227	224	3	259
	防城港市	1.5249	1.8279	232	225	7	260
	鹤岗市	1.8679	1.8169	223	226	–3	261
	鄂州市	1.7966	1.7567	224	227	–3	262
	普洱市	1.5776	1.7278	231	228	3	263
	崇左市	1.6044	1.6878	230	229	1	264
	庆阳市	1.4305	1.6851	238	230	8	265
	贺州市	1.4965	1.6733	233	231	2	266
	汕尾市	1.4735	1.6313	234	232	2	267
	随州市	1.6739	1.6016	228	233	–5	268
	金昌市	1.2848	1.5200	242	234	8	269
	铜川市	1.7680	1.5074	225	235	–10	270
	鹰潭市	1.3870	1.5035	239	236	3	271
	白山市	1.4724	1.4651	235	237	–2	272
	陇南市	2.1734	1.4532	214	238	–24	273
	黄山市	1.3568	1.4303	240	239	1	274
	三亚市	1.4434	1.4272	237	240	–3	275
	伊春市	1.2082	1.3505	245	241	4	276
	临沧市	1.2575	1.3478	244	242	2	277
	辽源市	1.0909	1.3367	248	243	5	278
	黑河市	1.1253	1.3202	246	244	2	279
	白城市	1.3491	1.3162	241	245	–4	280
	张掖市	1.2640	1.2851	243	246	–3	281
	舟山市	1.4671	1.2393	236	247	–11	282
	酒泉市	0.9775	1.1288	250	248	2	283
	固原市	0.9951	1.0927	249	249	0	284
	张家界市	1.0918	1.0144	247	250	–3	286
	七台河市	0.8890	0.9407	251	251	0	287
	丽江市	0.6920	0.8526	252	252	0	288
	儋州市	0.4076	0.4177	253	253	0	289

附表1-2　　2019～2020年城市人力资源指数及其排名

城市		标准化值		同类型城市排名		近一年排名变化	全国排名
		2019年	2020年	2019年	2020年		
直辖市	北京市	76.2030	66.7295	1	1	0	2
	上海市	68.0513	64.8301	2	2	0	4
	重庆市	53.4858	51.6116	3	3	0	9
	天津市	47.4096	43.0766	4	4	0	14
计划单列市	深圳市	53.1847	55.1389	1	1	0	7
	宁波市	36.4491	35.8325	3	2	1	17
	青岛市	38.1758	35.3215	2	3	−1	18
	大连市	33.0890	27.7514	4	4	0	33
	厦门市	30.0181	27.7320	5	5	0	34
省会城市	广州市	72.1660	74.2909	1	1	0	1
	成都市	61.3675	64.8633	2	2	0	3
	西安市	59.5976	57.9744	3	3	0	5
	南京市	57.6070	55.2148	4	4	0	6
	郑州市	52.4152	55.0079	6	5	1	8
	武汉市	55.2653	51.3305	5	6	−1	10
	杭州市	49.5715	49.4574	7	7	0	11
	长沙市	47.6611	46.0818	9	8	1	12
	济南市	48.0923	45.9079	8	9	−1	13
	南昌市	40.3095	38.6085	10	10	0	15
	合肥市	39.5119	38.0680	11	11	0	16
	昆明市	38.6792	34.6345	12	12	0	19
	石家庄市	34.7616	33.9169	18	13	5	21
	南宁市	36.2545	33.8942	15	14	1	22
	贵阳市	36.6435	33.7964	14	15	−1	23
	拉萨市	34.4958	31.5216	21	16	5	24
	太原市	34.9085	31.4299	16	17	−1	25
	福州市	34.7558	31.4048	19	18	1	26
	兰州市	34.8079	31.1425	17	19	−2	27
	长春市	34.5799	31.0427	20	20	0	28
	沈阳市	34.4077	30.1986	22	21	1	29
	哈尔滨市	36.7344	30.1898	13	22	−9	30
	乌鲁木齐市	27.6932	23.6470	23	23	0	44
	银川市	25.7053	21.8242	24	24	0	52

续表

城市		标准化值		同类型城市排名		近一年排名变化	全国排名
		2019年	2020年	2019年	2020年		
省会城市	呼和浩特市	24.9726	20.7592	25	25	0	58
	西宁市	23.6280	19.9247	26	26	0	68
	海口市	23.5328	19.5555	27	27	0	72
地级市	苏州市	39.1330	34.1260	1	1	0	20
	廊坊市	33.8774	29.1834	2	2	0	31
	佛山市	28.9296	28.9621	9	3	6	32
	珠海市	29.7726	26.9577	4	4	0	35
	保定市	26.9967	26.8004	17	5	12	36
	常州市	29.6934	25.0242	5	6	−1	37
	嘉兴市	28.1783	24.8743	11	7	4	38
	无锡市	31.7220	24.7841	3	8	−5	39
	克拉玛依市	28.9364	24.3918	8	9	−1	40
	衢州市	28.9891	24.3052	7	10	−3	41
	南通市	29.3097	23.8688	6	11	−5	42
	丽水市	28.1804	23.7996	10	12	−2	43
	东莞市	27.2529	23.2672	15	13	2	45
	烟台市	27.5091	23.1690	13	14	−1	46
	昭通市	20.2328	22.9249	88	15	73	47
	温州市	27.2632	22.4959	14	16	−2	48
	金华市	26.7604	22.2782	18	17	1	49
	芜湖市	25.2200	22.1279	21	18	3	50
	舟山市	27.8553	21.9436	12	19	−7	51
	桂林市	25.9589	21.5013	20	20	0	53
	遵义市	27.2396	21.4863	16	21	−5	54
	赣州市	23.1761	21.3745	41	22	19	55
	鄂尔多斯市	23.2278	21.1529	40	23	17	56
	德阳市	24.3785	20.8695	30	24	6	57
	东营市	23.8575	20.6324	33	25	8	59
	绍兴市	24.5984	20.5918	27	26	1	60
	绵阳市	24.4786	20.5587	29	27	2	61
	唐山市	24.3733	20.4225	31	28	3	62
	徐州市	24.6437	20.3447	25	29	−4	63
	六安市	22.3884	20.2010	52	30	22	64

续表

城市		标准化值		同类型城市排名		近一年排名变化	全国排名
		2019年	2020年	2019年	2020年		
地级市	泉州市	24.7500	20.1811	24	31	–7	65
	惠州市	23.3080	20.0597	39	32	7	66
	铜仁市	26.4704	20.0433	19	33	–14	67
	秦皇岛市	24.6364	19.8826	26	34	–8	69
	淮南市	23.0965	19.7226	42	35	7	70
	扬州市	24.7871	19.5888	23	36	–13	71
	大庆市	23.9408	19.2738	32	37	–5	73
	中山市	22.7687	19.1773	48	38	10	74
	马鞍山市	22.2068	19.1501	56	39	17	75
	漳州市	22.4208	19.1229	50	40	10	76
	沧州市	23.0009	19.0926	43	41	2	77
	镇江市	24.5765	19.0395	28	42	–14	78
	洛阳市	21.4781	18.8870	70	43	27	79
	台州市	23.7803	18.8432	35	44	–9	80
	攀枝花市	22.9757	18.8160	45	45	0	81
	株洲市	20.6946	18.6377	78	46	32	82
	湛江市	22.0202	18.5805	59	47	12	83
	晋中市	22.8908	18.5776	46	48	–2	84
	湖州市	22.2847	18.5585	54	49	5	85
	临沂市	23.6822	18.3020	36	50	–14	86
	潍坊市	24.8343	18.2442	22	51	–29	87
	丽江市	21.6106	18.2387	68	52	16	88
	固原市	22.2654	18.2143	55	53	2	89
	柳州市	22.1137	18.2133	57	54	3	90
	六盘水市	22.9960	18.1522	44	55	–11	91
	宜宾市	20.3269	17.9153	85	56	29	92
	包头市	22.8469	17.8798	47	57	–10	93
	九江市	20.4973	17.8341	80	58	22	94
	淄博市	23.7991	17.8214	34	59	–25	95
	三亚市	22.1040	17.8165	58	60	–2	96
	茂名市	20.3376	17.7970	83	61	22	97
	肇庆市	21.7952	17.7146	65	62	3	98
	普洱市	23.6746	17.5223	37	63	–26	99

续表

城市		标准化值		同类型城市排名		近一年排名变化	全国排名
		2019年	2020年	2019年	2020年		
地级市	阜阳市	20.7249	17.4106	77	64	13	100
	毕节市	21.5753	17.2196	69	65	4	101
	滁州市	21.1247	17.1308	73	66	7	102
	泰州市	22.6617	17.0077	49	67	–18	103
	自贡市	23.3317	16.9873	38	68	–30	104
	江门市	20.9818	16.9234	75	69	6	105
	南充市	19.9661	16.8507	96	70	26	106
	三明市	21.4582	16.8427	71	71	0	107
	湘潭市	21.8566	16.8173	62	72	–10	108
	韶关市	20.2867	16.6389	86	73	13	109
	海东市	21.0209	16.5630	74	74	0	110
	连云港市	21.8378	16.5554	63	75	–12	111
	曲靖市	20.0923	16.5507	94	76	18	112
	淮安市	21.6287	16.5225	67	77	–10	113
	衡阳市	18.3618	16.4712	141	78	63	114
	临沧市	21.6419	16.4164	66	79	–13	115
	襄阳市	20.1860	16.3835	91	80	11	116
	清远市	21.8000	16.3603	64	81	–17	117
	安顺市	20.4252	16.2465	81	82	–1	118
	盐城市	22.0198	16.2307	60	83	–23	119
	威海市	21.2089	16.1797	72	84	–12	120
	榆林市	20.4095	16.1778	82	85	–3	121
	铜陵市	19.6484	16.0758	104	86	18	122
	黄山市	19.9183	16.0635	98	87	11	123
	济宁市	22.4087	15.9548	51	88	–37	124
	泸州市	20.2803	15.9346	87	89	–2	125
	泰安市	22.0116	15.9118	61	90	–29	126
	中卫市	18.6611	15.7847	128	91	37	127
	玉溪市	20.6543	15.7569	79	92	–13	128
	淮北市	19.8304	15.7002	101	93	8	129
	新乡市	18.9469	15.6715	120	94	26	130
	安庆市	18.1333	15.6658	147	95	52	131
	儋州市	19.3420	15.6327	107	96	11	132

续表

城市		标准化值		同类型城市排名		近一年排名变化	全国排名
		2019年	2020年	2019年	2020年		
地级市	滨州市	20.7475	15.5866	76	97	-21	133
	广安市	20.1919	15.5777	90	98	-8	134
	乐山市	19.9257	15.5341	97	99	-2	135
	吴忠市	18.8804	15.5126	123	100	23	136
	蚌埠市	19.7556	15.4248	102	101	1	137
	安阳市	16.9479	15.3376	193	102	91	138
	嘉峪关市	22.3700	15.2362	53	103	-50	139
	汕头市	19.1461	15.1521	111	104	7	140
	宣城市	19.8421	15.1219	100	105	-5	141
	张掖市	19.8441	15.1105	99	106	-7	142
	日照市	19.1436	15.0434	112	107	5	143
	延安市	20.3288	15.0050	84	108	-24	144
	梅州市	20.1609	14.9695	92	109	-17	145
	上饶市	17.8687	14.9149	157	110	47	146
	赤峰市	19.0231	14.9048	118	111	7	147
	庆阳市	20.0739	14.8960	95	112	-17	148
	广元市	20.1480	14.8862	93	113	-20	149
	河池市	19.5643	14.8012	105	114	-9	150
	宁德市	20.2221	14.7864	89	115	-26	151
	云浮市	18.5045	14.7840	136	116	20	152
	北海市	18.2147	14.7121	145	117	28	153
	乌海市	19.0661	14.6717	115	118	-3	154
	百色市	19.2120	14.6450	109	119	-10	155
	吉林市	18.7666	14.6446	125	120	5	156
	池州市	18.0576	14.6395	149	121	28	157
	商丘市	18.9155	14.5210	122	122	0	158
	眉山市	18.3302	14.3578	142	123	19	159
	邢台市	18.8184	14.3495	124	124	0	160
	新余市	17.4598	14.3442	172	125	47	161
	南平市	19.2764	14.2966	108	126	-18	162
	张家界市	18.5311	14.2667	133	127	6	163
	益阳市	17.4912	14.2634	171	128	43	164
	贺州市	19.0461	14.2195	116	129	-13	165

续表

城市		标准化值		同类型城市排名		近一年排名变化	全国排名
		2019年	2020年	2019年	2020年		
地级市	亳州市	17.4316	14.2136	174	130	44	166
	德州市	19.1121	14.1883	114	131	−17	167
	邯郸市	19.7293	14.1828	103	132	−29	168
	呼伦贝尔市	19.0090	14.1601	119	133	−14	169
	聊城市	19.1660	14.0993	110	134	−24	170
	萍乡市	17.5146	14.0359	168	135	33	171
	龙岩市	19.0310	14.0277	117	136	−19	172
	鹰潭市	18.6215	14.0229	130	137	−7	173
	岳阳市	17.8393	13.9480	158	138	20	174
	玉林市	18.6521	13.9145	129	139	−10	175
	平顶山市	17.2317	13.9039	181	140	41	176
	吕梁市	18.5611	13.8700	131	141	−10	177
	张家口市	18.9246	13.8602	121	142	−21	178
	防城港市	17.8378	13.8386	159	143	16	179
	临汾市	17.9281	13.7967	154	144	10	180
	来宾市	18.5441	13.7924	132	145	−13	181
	承德市	18.7439	13.7552	126	146	−20	182
	贵港市	17.9249	13.7149	155	147	8	183
	运城市	17.6905	13.6995	163	148	15	184
	菏泽市	19.3431	13.5788	106	149	−43	185
	乌兰察布市	19.1431	13.5702	113	150	−37	186
	保山市	18.0997	13.5645	148	151	−3	187
	咸阳市	8.9319	13.5619	253	152	101	188
	河源市	17.9736	13.5478	152	153	−1	189
	吉安市	16.9639	13.5416	188	154	34	190
	常德市	18.4744	13.5122	137	155	−18	191
	怀化市	18.7361	13.4775	127	156	−29	192
	郴州市	18.5118	13.4726	135	157	−22	193
	平凉市	17.5083	13.4477	170	158	12	194
	崇左市	17.8227	13.3941	160	159	1	195
	宿迁市	18.5189	13.3738	134	160	−26	196
	莆田市	18.1676	13.2532	146	161	−15	197
	梧州市	16.9569	13.2351	189	162	27	198

续表

城市		标准化值		同类型城市排名		近一年排名变化	全国排名
		2019年	2020年	2019年	2020年		
地级市	宿州市	17.5084	13.2320	169	163	6	199
	晋城市	18.3742	13.2299	140	164	–24	200
	天水市	17.5935	13.2292	165	165	0	201
	宜春市	16.5546	13.1278	204	166	38	202
	开封市	17.5169	13.0893	167	167	0	203
	枣庄市	17.9201	13.0493	156	168	–12	204
	阳江市	17.2413	13.0038	180	169	11	205
	大同市	18.3174	13.0036	143	170	–27	206
	潮州市	17.0780	12.9333	184	171	13	207
	通辽市	18.0405	12.8797	150	172	–22	208
	遂宁市	16.5636	12.8747	203	173	30	209
	汉中市	18.2760	12.8712	144	174	–30	210
	金昌市	16.9483	12.8463	192	175	17	211
	许昌市	16.9524	12.8019	191	176	15	212
	娄底市	16.0870	12.7982	209	177	32	213
	长治市	17.9455	12.7353	153	178	–25	214
	钦州市	17.3714	12.7228	176	179	–3	215
	抚州市	17.7118	12.6723	162	180	–18	216
	辽阳市	16.9468	12.6639	194	181	13	217
	朔州市	17.1332	12.6579	183	182	1	218
	景德镇市	17.0346	12.5822	186	183	3	219
	定西市	17.6000	12.5310	164	184	–20	220
	邵阳市	18.4697	12.5293	138	185	–47	221
	酒泉市	17.3317	12.5171	178	186	–8	222
	南阳市	18.0050	12.3801	151	187	–36	223
	宜昌市	17.3358	12.3671	177	188	–11	224
	白银市	17.1632	12.3597	182	189	–7	225
	石嘴山市	16.8388	12.3439	196	190	6	226
	巴彦淖尔市	18.4171	12.2675	139	191	–52	227
	焦作市	15.8759	12.2373	212	192	20	228
	达州市	16.7353	12.2362	200	193	7	229
	三门峡市	16.5927	12.2307	202	194	8	230
	锦州市	16.4754	12.1643	205	195	10	231

续表

城市		标准化值		同类型城市排名		近一年排名变化	全国排名
		2019年	2020年	2019年	2020年		
地级市	荆州市	17.7472	12.1379	161	196	−35	232
	衡水市	16.7691	12.0547	197	197	0	233
	武威市	17.4356	12.0062	173	198	−25	234
	宝鸡市	17.5278	11.9840	166	199	−33	235
	汕尾市	15.1151	11.9097	224	200	24	236
	安康市	17.0006	11.9025	187	201	−14	237
	驻马店市	15.6375	11.8206	214	202	12	238
	抚顺市	16.3668	11.7604	206	203	3	239
	雅安市	16.7506	11.7277	199	204	−5	240
	阳泉市	16.2258	11.5642	208	205	3	241
	十堰市	16.6465	11.5386	201	206	−5	242
	齐齐哈尔市	17.3139	11.5170	179	207	−28	243
	永州市	16.9560	11.5031	190	208	−18	244
	铜川市	15.7753	11.5005	213	209	4	245
	四平市	15.9463	11.2547	211	210	1	246
	松原市	15.0708	11.2327	226	211	15	247
	葫芦岛市	15.4700	11.1771	217	212	5	248
	资阳市	17.4206	11.1553	175	213	−38	249
	信阳市	16.8845	11.1400	195	214	−19	250
	巴中市	15.9468	10.9540	210	215	−5	251
	忻州市	15.5125	10.8641	215	216	−1	252
	牡丹江市	17.0490	10.8061	185	217	−32	253
	陇南市	15.5072	10.4567	216	218	−2	254
	孝感市	15.3444	10.2481	220	219	1	255
	朝阳市	14.0060	10.2472	238	220	18	256
	黄石市	14.9116	10.1285	227	221	6	257
	本溪市	14.6501	10.0492	230	222	8	258
	渭南市	16.7572	9.9373	198	223	−25	259
	黄冈市	15.1250	9.9218	222	224	−2	260
	通化市	14.1933	9.7936	236	225	11	261
	漯河市	15.4503	9.6592	218	226	−8	262
	阜新市	15.3651	9.6390	219	227	−8	263
	揭阳市	14.4967	9.6091	232	228	4	264

续表

城市		标准化值		同类型城市排名		近一年排名变化	全国排名
		2019年	2020年	2019年	2020年		
地级市	鞍山市	14.8599	9.5170	228	229	–1	265
	鹤壁市	13.2759	9.4928	247	230	17	266
	双鸭山市	16.2663	9.4376	207	231	–24	267
	七台河市	14.2994	9.4299	235	232	3	268
	辽源市	13.4981	9.4172	243	233	10	269
	佳木斯市	15.1215	9.2974	223	234	–11	270
	荆门市	13.9668	9.0418	240	235	5	271
	濮阳市	15.1830	9.0355	221	236	–15	272
	咸宁市	13.4763	9.0094	244	237	7	273
	商洛市	13.9864	8.9492	239	238	1	274
	鄂州市	13.4158	8.9490	245	239	6	275
	内江市	14.6926	8.8523	229	240	–11	276
	盘锦市	13.0398	8.8215	248	241	7	277
	白山市	13.3632	8.6743	246	242	4	278
	随州市	13.5184	8.5849	242	243	–1	279
	白城市	13.7062	8.4427	241	244	–3	280
	周口市	15.0856	8.3827	225	245	–20	281
	鸡西市	14.4819	8.3768	233	246	–13	282
	铁岭市	12.5167	8.3693	249	247	2	283
	绥化市	10.1611	8.2347	251	248	3	284
	丹东市	12.1904	8.0821	250	249	1	285
	鹤岗市	14.5075	8.0493	231	250	–19	286
	黑河市	14.0584	6.5312	237	251	–14	287
	营口市	14.3395	5.4777	234	252	–18	288
	伊春市	9.8494	4.9844	252	253	–1	289

附表1-3　　2019～2020年城市市场环境指数及其排名

城市		标准化值		同类型城市排名		近一年排名变化	全国排名
		2019年	2020年	2019年	2020年		
直辖市	上海市	56.7939	60.5499	1	1	0	2
	重庆市	48.0835	50.7630	3	2	1	3
	北京市	49.5421	48.4204	2	3	−1	4
	天津市	35.6361	29.8311	4	4	0	19
计划单列市	深圳市	65.2284	68.2049	1	1	0	1
	宁波市	34.6924	35.8899	2	2	0	11
	青岛市	30.7264	30.6697	3	3	0	15
	大连市	20.7346	21.7181	5	4	1	28
	厦门市	22.2023	21.2318	4	5	−1	31
省会城市	广州市	45.5290	47.7178	1	1	0	5
	武汉市	38.5177	45.2119	2	2	0	7
	成都市	37.8520	45.2016	3	3	0	8
	杭州市	35.2674	36.7731	4	4	0	10
	西安市	25.2764	31.3089	8	5	3	13
	郑州市	28.7062	30.8524	5	6	−1	14
	长沙市	27.6530	30.1264	6	7	−1	17
	南京市	27.4964	29.2809	7	8	−1	22
	济南市	17.9824	20.0775	13	9	4	36
	合肥市	18.1556	19.9695	12	10	2	39
	石家庄市	19.1239	18.5937	9	11	−2	43
	南昌市	18.3846	18.1267	10	12	−2	45
	福州市	18.2297	17.4853	11	13	−2	47
	沈阳市	13.5523	14.9649	15	14	1	58
	长春市	14.9214	14.3806	14	15	−1	62
	哈尔滨市	12.2265	14.1380	17	16	1	64
	呼和浩特市	13.5142	13.6671	16	17	−1	66
	贵阳市	11.5523	12.4192	18	18	0	78
	昆明市	11.3017	11.6123	19	19	0	85
	太原市	10.0450	10.9411	21	20	1	95
	银川市	10.6964	10.6194	20	21	−1	98
	乌鲁木齐市	9.9755	10.5862	22	22	0	99
	海口市	8.8078	9.4233	23	23	0	111
	兰州市	8.5090	8.8990	25	24	1	125

续表

城市		标准化值		同类型城市排名		近一年排名变化	全国排名
		2019年	2020年	2019年	2020年		
省会城市	拉萨市	8.4344	8.8710	26	25	1	127
	南宁市	8.6215	7.8086	24	26	−2	153
	西宁市	6.6385	6.1716	27	27	0	187
地级市	苏州市	45.8801	46.9560	1	1	0	6
	无锡市	35.0558	37.3423	2	2	0	9
	佛山市	32.5587	32.5241	3	3	0	12
	珠海市	29.6330	30.5879	5	4	1	16
	鄂尔多斯市	28.7801	30.0478	7	5	2	18
	东莞市	30.5197	29.6445	4	6	−2	20
	常州市	28.8224	29.3794	6	7	−1	21
	嘉兴市	25.2293	27.0158	10	8	2	23
	惠州市	18.4858	26.7110	21	9	12	24
	南通市	25.7513	26.6734	8	10	−2	25
	东营市	25.2546	25.7047	9	11	−2	26
	绍兴市	22.9980	22.7972	11	12	−1	27
	扬州市	20.8072	21.5014	16	13	3	29
	唐山市	20.1067	21.2375	17	14	3	30
	烟台市	19.8064	21.1700	19	15	4	32
	中山市	21.2128	21.0948	13	16	−3	33
	泉州市	21.1089	20.7557	14	17	−3	34
	威海市	20.8271	20.1572	15	18	−3	35
	镇江市	21.6885	20.0710	12	19	−7	37
	泰州市	20.0967	19.9835	18	20	−2	38
	洛阳市	18.2113	19.9402	22	21	1	40
	新乡市	9.7338	19.2453	72	22	50	41
	克拉玛依市	18.8601	18.9979	20	23	−3	42
	淄博市	18.1325	18.1863	23	24	−1	44
	湖州市	16.6274	17.6527	25	25	0	46
	芜湖市	15.8943	17.4024	29	26	3	48
	榆林市	15.4379	16.7434	33	27	6	49
	襄阳市	16.1151	16.7087	27	28	−1	50
	包头市	16.0850	16.7060	28	29	−1	51
	台州市	15.8250	15.9677	30	30	0	52

续表

城市		标准化值		同类型城市排名		近一年排名变化	全国排名
		2019年	2020年	2019年	2020年		
地级市	宜昌市	16.4512	15.9470	26	31	−5	53
	金华市	17.1047	15.8648	24	32	−8	54
	温州市	15.4667	15.8248	31	33	−2	55
	徐州市	15.4411	15.7703	32	34	−2	56
	潍坊市	14.7547	15.0550	34	35	−1	57
	盐城市	14.5748	14.9482	35	36	−1	59
	舟山市	14.1568	14.8302	36	37	−1	60
	马鞍山市	12.9951	14.7101	43	38	5	61
	嘉峪关市	10.2504	14.3564	64	39	25	63
	漳州市	13.6663	13.8094	38	40	−2	65
	江门市	12.8148	13.6069	46	41	5	67
	三明市	13.2942	13.5411	40	42	−2	68
	许昌市	12.9635	13.5309	44	43	1	69
	淮安市	13.5829	13.3653	39	44	−5	70
	廊坊市	12.8713	13.3168	45	45	0	71
	大庆市	13.2569	13.2955	41	46	−5	72
	焦作市	13.0365	13.2407	42	47	−5	73
	沧州市	14.0961	13.2347	37	48	−11	74
	鄂州市	12.4662	12.8361	48	49	−1	75
	龙岩市	12.2882	12.6218	49	50	−1	76
	攀枝花市	12.6268	12.5524	47	51	−4	77
	宝鸡市	11.8414	12.4044	51	52	−1	79
	临沂市	11.8290	12.2214	52	53	−1	80
	湘潭市	11.3062	11.9939	56	54	2	81
	株洲市	11.5369	11.9187	55	55	0	82
	九江市	9.9170	11.8166	70	56	14	83
	三门峡市	11.3055	11.8062	57	57	0	84
	南阳市	11.1271	11.5539	58	58	0	86
	济宁市	11.7571	11.5208	53	59	−6	87
	德州市	11.6608	11.4674	54	60	−6	88
	盘锦市	10.2055	11.4454	66	61	5	89
	荆门市	10.5523	11.4110	61	62	−1	90
	肇庆市	9.5143	11.3747	78	63	15	91

续表

城市		标准化值		同类型城市排名		近一年排名变化	全国排名
		2019年	2020年	2019年	2020年		
地级市	邯郸市	11.0592	11.2870	59	64	-5	92
	新余市	11.9372	11.2665	50	65	-15	93
	柳州市	10.3389	11.1035	63	66	-3	94
	莆田市	10.8601	10.9299	60	67	-7	96
	德阳市	10.1146	10.6565	68	68	0	97
	乌海市	9.0092	10.5096	87	69	18	100
	黄石市	9.8458	10.2727	71	70	1	101
	泰安市	10.4814	10.2038	62	71	-9	102
	菏泽市	9.3573	10.1381	81	72	9	103
	保定市	9.5947	10.0309	76	73	3	104
	常德市	8.9526	10.0058	89	74	15	105
	日照市	9.9908	9.9655	69	75	-6	106
	铜陵市	9.3985	9.8332	80	76	4	107
	滨州市	10.2460	9.8283	65	77	-12	108
	三亚市	9.1137	9.8183	83	78	5	109
	郴州市	8.5531	9.6956	94	79	15	110
	安阳市	9.0807	9.3226	84	80	4	112
	宿迁市	9.4684	9.2791	79	81	-2	113
	汕头市	9.5977	9.2588	75	82	-7	114
	岳阳市	8.6460	9.2458	92	83	9	115
	连云港市	10.1649	9.1756	67	84	-17	116
	南平市	9.0611	9.1450	85	85	0	117
	宣城市	8.2684	9.1408	100	86	14	118
	延安市	8.1168	9.1402	105	87	18	119
	宁德市	8.9086	9.1176	91	88	3	120
	咸宁市	8.5492	9.0740	95	89	6	121
	开封市	9.0413	9.0688	86	90	-4	122
	十堰市	8.4797	8.9774	96	91	5	123
	蚌埠市	8.4422	8.9305	98	92	6	124
	滁州市	8.0950	8.8988	109	93	16	126
	衢州市	8.5621	8.8672	93	94	-1	128
	石嘴山市	8.1031	8.8396	108	95	13	129
	信阳市	8.2065	8.7239	102	96	6	130

续表

城市		标准化值		同类型城市排名		近一年排名变化	全国排名
		2019年	2020年	2019年	2020年		
地级市	聊城市	9.6734	8.7074	74	97	−23	131
	赣州市	7.0067	8.6889	130	98	32	132
	鹰潭市	8.0263	8.6867	111	99	12	133
	濮阳市	8.4708	8.6789	97	100	−3	134
	枣庄市	8.9852	8.6294	88	101	−13	135
	绵阳市	7.7667	8.5136	114	102	12	136
	丽水市	8.1927	8.4949	103	103	0	137
	北海市	9.2202	8.4859	82	104	−22	138
	防城港市	9.7008	8.4239	73	105	−32	139
	秦皇岛市	7.6995	8.3979	116	106	10	140
	鹤壁市	8.1112	8.3809	107	107	0	141
	茂名市	8.9492	8.3705	90	108	−18	142
	平顶山市	8.0185	8.3167	112	109	3	143
	孝感市	7.9050	8.1819	113	110	3	144
	阳江市	7.3600	8.1687	124	111	13	145
	商丘市	7.7443	8.1505	115	112	3	146
	咸阳市	9.5442	8.0954	77	113	−36	147
	漯河市	7.5385	8.0027	120	114	6	148
	驻马店市	8.2525	7.9514	101	115	−14	149
	揭阳市	8.0463	7.9477	110	116	−6	150
	荆州市	7.4630	7.8426	121	117	4	151
	周口市	7.3042	7.8246	126	118	8	152
	邢台市	7.6380	7.7485	117	119	−2	154
	衡阳市	7.5913	7.6906	119	120	−1	155
	宜春市	6.6800	7.6050	138	121	17	156
	宜宾市	7.0919	7.5903	129	122	7	157
	黄冈市	7.6136	7.5359	118	123	−5	158
	营口市	7.4189	7.5358	123	124	−1	159
	乐山市	7.2704	7.5320	127	125	2	160
	玉溪市	7.4601	7.4064	122	126	−4	161
	泸州市	6.9619	7.3587	131	127	4	162
	吉林市	8.1123	7.3326	106	128	−22	163
	吉安市	6.1319	7.2803	148	129	19	164

续表

城市		标准化值		同类型城市排名		近一年排名变化	全国排名
		2019年	2020年	2019年	2020年		
地级市	安庆市	6.8589	7.1718	134	130	4	165
	随州市	6.8687	7.0971	133	131	2	166
	遵义市	6.8396	7.0235	136	132	4	167
	渭南市	6.5029	6.9927	142	133	9	168
	湛江市	6.8458	6.9499	135	134	1	169
	萍乡市	7.3474	6.9278	125	135	–10	170
	晋城市	5.9180	6.9022	154	136	18	171
	上饶市	5.5889	6.8749	166	137	29	172
	汉中市	6.3402	6.8208	144	138	6	173
	朔州市	6.5243	6.7387	141	139	2	174
	承德市	6.7494	6.6908	137	140	–3	175
	自贡市	6.6283	6.6760	139	141	–2	176
	安康市	5.8484	6.6639	159	142	17	177
	衡水市	6.8809	6.5333	132	143	–11	178
	白山市	7.1711	6.4003	128	144	–16	179
	巴彦淖尔市	5.8497	6.3777	158	145	13	180
	呼伦贝尔市	6.2374	6.3729	145	146	–1	181
	六盘水市	6.5296	6.3684	140	147	–7	182
	韶关市	6.0923	6.2959	149	148	1	183
	永州市	5.4995	6.2785	169	149	20	184
	广安市	5.9110	6.2332	156	150	6	185
	鞍山市	6.0598	6.1982	151	151	0	186
	眉山市	6.1927	6.1438	147	152	–5	188
	通辽市	5.9177	6.1414	155	153	2	189
	赤峰市	5.4399	6.1403	172	154	18	190
	池州市	5.8308	6.1125	160	155	5	191
	牡丹江市	6.0710	6.0919	150	156	–6	192
	清远市	6.0392	6.0768	153	157	–4	193
	益阳市	5.6946	6.0257	163	158	5	194
	松原市	8.1522	6.0202	104	159	–55	195
	南充市	5.6145	6.0161	165	160	5	196
	金昌市	5.0975	6.0045	186	161	25	197
	梅州市	5.3631	5.9910	175	162	13	198

续表

城市		标准化值		同类型城市排名		近一年排名变化	全国排名
		2019年	2020年	2019年	2020年		
地级市	黄山市	5.6760	5.9855	164	163	1	199
	景德镇市	6.4144	5.9611	143	164	−21	200
	张家口市	5.7704	5.8916	161	165	−4	201
	辽源市	8.3358	5.8829	99	166	−67	202
	河源市	5.4742	5.8796	171	167	4	203
	长治市	5.3605	5.8689	176	168	8	204
	娄底市	5.2979	5.8470	179	169	10	205
	潮州市	5.8931	5.8045	157	170	−13	206
	抚顺市	5.4279	5.7871	173	171	2	207
	遂宁市	5.5016	5.7189	168	172	−4	208
	淮北市	6.2018	5.7086	146	173	−27	209
	宿州市	5.1022	5.7047	185	174	11	210
	酒泉市	5.5873	5.6928	167	175	−8	211
	晋中市	5.1248	5.6156	184	176	8	212
	阳泉市	5.3649	5.5636	174	177	−3	213
	本溪市	5.3329	5.4051	177	178	−1	214
	达州市	5.1589	5.3935	183	179	4	215
	崇左市	4.8243	5.2713	190	180	10	216
	辽阳市	4.7134	5.2434	193	181	12	217
	吕梁市	3.9169	5.1894	207	182	25	218
	资阳市	5.2459	5.0324	182	183	−1	219
	阜阳市	4.5145	5.0039	195	184	11	220
	雅安市	4.8661	4.8821	188	185	3	221
	商洛市	4.4617	4.8544	196	186	10	222
	抚州市	5.2836	4.8472	180	187	−7	223
	内江市	4.7902	4.8185	192	188	4	224
	桂林市	5.3007	4.7966	178	189	−11	225
	铜川市	5.0324	4.6228	187	190	−3	226
	通化市	5.7030	4.4849	162	191	−29	227
	锦州市	4.3247	4.4831	198	192	6	228
	亳州市	4.1510	4.3879	200	193	7	229
	邵阳市	4.0467	4.3846	203	194	9	230
	云浮市	5.4842	4.3220	170	195	−25	231

续表

城市		标准化值		同类型城市排名		近一年排名变化	全国排名
		2019年	2020年	2019年	2020年		
地级市	乌兰察布市	4.3599	4.2839	197	196	1	232
	丹东市	4.0085	4.2609	204	197	7	233
	钦州市	4.8037	4.2477	191	198	–7	234
	淮南市	3.9753	4.1988	205	199	6	235
	六安市	3.8817	4.1807	208	200	8	236
	汕尾市	3.6821	4.1288	212	201	11	237
	吴忠市	4.1404	4.1156	201	202	–1	238
	广元市	3.8231	4.0151	209	203	6	239
	铜仁市	3.7560	3.9881	211	204	7	240
	佳木斯市	4.6632	3.9744	194	205	–11	241
	大同市	3.4995	3.9310	215	206	9	242
	安顺市	4.0645	3.9208	202	207	–5	243
	张家界市	3.7632	3.8683	210	208	2	244
	曲靖市	3.9740	3.8321	206	209	–3	245
	儋州市	3.3362	3.6552	219	210	9	246
	怀化市	3.5241	3.5696	213	211	2	247
	梧州市	5.2724	3.5363	181	212	–31	248
	贵港市	3.3856	3.5110	217	213	4	249
	临汾市	3.3381	3.5071	218	214	4	250
	双鸭山市	3.1417	3.3007	222	215	7	251
	葫芦岛市	2.9868	3.2939	224	216	8	252
	四平市	4.8635	3.2925	189	217	–28	253
	中卫市	3.2419	3.2891	220	218	2	254
	运城市	2.7587	3.2343	230	219	11	255
	百色市	4.3006	3.2277	199	220	–21	256
	忻州市	2.8850	3.1685	227	221	6	257
	白城市	6.0487	3.1597	152	222	–70	258
	玉林市	3.5009	3.0842	214	223	–9	259
	张掖市	3.0408	3.0649	223	224	–1	260
	毕节市	3.4764	3.0533	216	225	–9	261
	巴中市	2.8306	3.0081	229	226	3	262
	鸡西市	2.9120	2.9327	226	227	–1	263
	朝阳市	2.7425	2.8640	231	228	3	264

续表

城市		标准化值		同类型城市排名		近一年排名变化	全国排名
		2019年	2020年	2019年	2020年		
地级市	来宾市	2.9687	2.8598	225	229	−4	265
	黑河市	2.8318	2.7462	228	230	−2	266
	庆阳市	2.1856	2.7108	240	231	9	267
	七台河市	2.5159	2.7047	234	232	2	268
	贺州市	2.4708	2.5775	236	233	3	269
	海东市	2.7179	2.5647	232	234	−2	270
	保山市	2.4740	2.5486	235	235	0	271
	白银市	2.3105	2.5225	239	236	3	272
	齐齐哈尔市	3.1854	2.4860	221	237	−16	273
	铁岭市	2.0227	2.3482	243	238	5	274
	鹤岗市	2.4589	2.3382	237	239	−2	275
	绥化市	2.7045	2.2976	233	240	−7	276
	阜新市	2.3133	2.2555	238	241	−3	277
	丽江市	2.1786	2.1155	241	242	−1	278
	普洱市	1.9686	2.0659	245	243	2	279
	武威市	2.0527	2.0592	242	244	−2	280
	临沧市	1.9999	1.9254	244	245	−1	281
	固原市	1.5109	1.6269	248	246	2	282
	伊春市	1.6044	1.5850	246	247	−1	283
	河池市	1.5959	1.5690	247	248	−1	284
	天水市	1.1786	1.2468	249	249	0	285
	平凉市	0.8353	0.7095	250	250	0	286
	昭通市	0.6895	0.6516	251	251	0	287
	陇南市	0.3443	0.3604	252	252	0	288
	定西市	0.2777	0.2535	253	253	0	289

附表1-4　　　　2019～2020年城市创新环境指数及其排名

城市		标准化值		同类型城市排名		近一年排名变化	全国排名
		2019年	2020年	2019年	2020年		
直辖市	北京市	96.3856	82.4079	1	1	0	2
	上海市	84.0371	71.3834	2	2	0	3
	天津市	34.3440	29.0155	3	3	0	7
	重庆市	23.8533	22.4636	4	4	0	14
计划单列市	深圳市	89.1796	100.0000	1	1	0	1
	宁波市	24.8213	23.0106	2	2	0	12
	青岛市	16.0952	12.0888	3	3	0	24
	厦门市	9.8923	10.1915	4	4	0	30
	大连市	5.1797	6.9671	5	5	0	40
省会城市	广州市	50.0986	46.7726	1	1	0	4
	杭州市	31.5701	30.3911	2	2	0	6
	成都市	26.0264	27.0338	4	3	1	9
	武汉市	26.4136	23.6541	3	4	−1	10
	南京市	23.6121	22.9677	5	5	0	13
	合肥市	18.9490	18.4186	6	6	0	15
	西安市	17.5016	15.6188	7	7	0	19
	郑州市	14.2757	14.5130	8	8	0	22
	长沙市	11.7736	10.8060	9	9	0	27
	济南市	9.7417	9.2445	10	10	0	33
	福州市	7.7760	9.1417	11	11	0	35
	南昌市	6.6255	7.1066	14	12	2	39
	沈阳市	6.6829	6.1080	13	13	0	45
	昆明市	5.9934	6.0340	15	14	1	46
	贵阳市	4.7584	5.4715	19	15	4	48
	哈尔滨市	6.7704	5.3751	12	16	−4	49
	太原市	4.9344	5.2119	17	17	0	51
	石家庄市	4.7823	5.1419	18	18	0	53
	长春市	5.5606	4.7476	16	19	−3	56
	南宁市	1.4461	2.8915	23	20	3	75
	乌鲁木齐市	2.9373	2.4656	20	21	−1	85
	兰州市	2.8393	2.3910	21	22	−1	88
	银川市	2.0228	1.6280	22	23	−1	114
	呼和浩特市	1.3375	1.3391	24	24	0	137
	海口市	0.7982	1.0105	25	25	0	156

续表

城市		标准化值		同类型城市排名		近一年排名变化	全国排名
		2019年	2020年	2019年	2020年		
省会城市	西宁市	0.7413	0.8928	26	26	0	166
	拉萨市	0.5241	0.3613	27	27	0	228
地级市	苏州市	40.7779	40.7573	1	1	0	5
	东莞市	25.4754	27.0674	2	2	0	8
	佛山市	23.1090	23.1081	3	3	0	11
	无锡市	18.9233	17.0386	4	4	0	16
	绍兴市	15.3634	16.1323	7	5	2	17
	中山市	18.4725	15.8541	5	6	–1	18
	泉州市	13.8308	15.5532	8	7	1	20
	温州市	15.8042	15.2506	6	8	–2	21
	南通市	12.3889	12.1585	9	9	0	23
	嘉兴市	11.1122	10.9090	12	10	2	25
	台州市	10.6950	10.8928	14	11	3	26
	常州市	10.8814	10.5988	13	12	1	28
	金华市	10.5323	10.3500	15	13	2	29
	珠海市	11.6608	10.1856	10	14	–4	31
	扬州市	8.5519	9.5678	17	15	2	32
	芜湖市	11.5153	9.2238	11	16	–5	34
	盐城市	7.8787	8.2338	19	17	2	36
	湖州市	7.0560	8.0698	22	18	4	37
	惠州市	8.7732	7.2311	16	19	–3	38
	镇江市	8.5391	6.9492	18	20	–2	41
	泰州市	6.3295	6.9268	23	21	2	42
	潍坊市	7.1469	6.3524	21	22	–1	43
	徐州市	7.6694	6.2933	20	23	–3	44
	江门市	5.4086	5.5625	25	24	1	47
	烟台市	5.9821	5.3357	24	25	–1	50
	赣州市	5.1213	5.1980	26	26	0	52
	汕头市	5.1009	4.8591	27	27	0	54
	洛阳市	4.3845	4.8363	29	28	1	55
	绵阳市	2.9917	4.6622	44	29	15	57
	襄阳市	4.1513	4.1886	30	30	0	58
	宿迁市	2.9883	4.0742	45	31	14	59
	淮安市	4.6617	4.0587	28	32	–4	60

续表

城市		标准化值		同类型城市排名		近一年排名变化	全国排名
		2019年	2020年	2019年	2020年		
地级市	济宁市	4.0719	3.6683	31	33	−2	61
	宜昌市	3.8236	3.6410	33	34	−1	62
	丽水市	3.5804	3.4586	36	35	1	63
	新乡市	3.0682	3.4068	43	36	7	64
	漳州市	3.2616	3.3671	40	37	3	65
	株洲市	3.2674	3.3541	39	38	1	66
	宜春市	3.3629	3.3145	38	39	−1	67
	保定市	3.1329	3.2661	41	40	1	68
	淄博市	3.6501	3.1998	35	41	−6	69
	衢州市	3.0842	3.1714	42	42	0	70
	马鞍山市	3.4562	3.0240	37	43	−6	71
	九江市	2.3636	2.9921	59	44	15	72
	连云港市	4.0650	2.9474	32	45	−13	73
	威海市	3.7221	2.9113	34	46	−12	74
	许昌市	2.7768	2.8516	48	47	1	76
	唐山市	2.6160	2.6841	51	48	3	77
	滁州市	2.8020	2.6511	46	49	−3	78
	德州市	1.9982	2.6017	66	50	16	79
	吉安市	2.4638	2.5792	55	51	4	80
	南阳市	2.5093	2.5671	52	52	0	81
	抚州市	2.3050	2.5445	61	53	8	82
	临沂市	2.7900	2.5313	47	54	−7	83
	廊坊市	2.4757	2.4715	54	55	−1	84
	龙岩市	2.6839	2.4298	49	56	−7	86
	宣城市	2.3445	2.4117	60	57	3	87
	六安市	2.4173	2.3622	56	58	−2	89
	上饶市	1.9070	2.3287	70	59	11	90
	沧州市	1.9974	2.2549	67	60	7	91
	阜阳市	1.8017	2.1849	75	61	14	92
	蚌埠市	2.6357	2.1210	50	62	−12	93
	安庆市	2.3822	2.1157	57	63	−6	94
	滨州市	2.4960	2.1074	53	64	−11	95
	湘潭市	1.9652	2.0945	68	65	3	96
	孝感市	2.3651	2.0750	58	66	−8	97

续表

城市		标准化值		同类型城市排名		近一年排名变化	全国排名
		2019年	2020年	2019年	2020年		
地级市	湛江市	1.8837	2.0452	71	67	4	98
	肇庆市	1.8269	2.0098	74	68	6	99
	荆州市	2.1632	2.0048	62	69	–7	100
	潮州市	2.1457	1.9909	63	70	–7	101
	揭阳市	2.0671	1.9702	64	71	–7	102
	邢台市	1.6251	1.8915	82	72	10	103
	遵义市	1.8687	1.8667	72	73	–1	104
	邯郸市	1.7712	1.8614	77	74	3	105
	泰安市	2.0400	1.8045	65	75	–10	106
	毕节市	1.5487	1.8001	88	76	12	107
	菏泽市	1.3426	1.7793	102	77	25	108
	韶关市	1.5879	1.7609	85	78	7	109
	东营市	1.9251	1.7148	69	79	–10	110
	清远市	1.3893	1.6772	99	80	19	111
	柳州市	1.5220	1.6528	91	81	10	112
	焦作市	1.6789	1.6378	80	82	–2	113
	黄冈市	1.7583	1.5986	78	83	–5	115
	衡阳市	1.6468	1.5752	81	84	–3	116
	河源市	1.4091	1.5699	98	85	13	117
	岳阳市	1.5177	1.5413	92	86	6	118
	常德市	1.4313	1.5379	97	87	10	119
	宝鸡市	1.4456	1.5305	94	88	6	120
	鹰潭市	1.0106	1.5128	129	89	40	121
	德阳市	1.7567	1.5122	79	90	–11	122
	宁德市	1.3016	1.5074	104	91	13	123
	日照市	1.2397	1.4951	111	92	19	124
	萍乡市	1.5577	1.4809	87	93	–6	125
	商丘市	1.4807	1.4673	93	94	–1	126
	梅州市	1.5602	1.4504	86	95	–9	127
	荆门市	1.4433	1.4127	96	96	0	128
	汕尾市	0.9926	1.4122	131	97	34	129
	阳江市	1.2491	1.4056	109	98	11	130
	驻马店市	1.3561	1.3948	101	99	2	131
	舟山市	1.5949	1.3902	84	100	–16	132

续表

城市		标准化值		同类型城市排名		近一年排名变化	全国排名
		2019年	2020年	2019年	2020年		
地级市	黄石市	1.0442	1.3783	124	101	23	133
	平顶山市	1.2686	1.3758	108	102	6	134
	聊城市	1.6031	1.3700	83	103	–20	135
	三明市	1.8677	1.3537	73	104	–31	136
	枣庄市	1.3113	1.3248	103	105	–2	138
	衡水市	1.3600	1.3187	100	106	–6	139
	莆田市	1.2750	1.3173	107	107	0	140
	桂林市	1.4447	1.3012	95	108	–13	141
	秦皇岛市	1.7872	1.2932	76	109	–33	142
	郴州市	1.1127	1.2804	118	110	8	143
	邵阳市	1.0329	1.2682	127	111	16	144
	茂名市	1.0748	1.2129	121	112	9	145
	淮南市	1.5418	1.1834	89	113	–24	146
	亳州市	1.2854	1.1744	106	114	–8	147
	安阳市	1.2478	1.1736	110	115	–5	148
	咸宁市	1.1225	1.1307	117	116	1	149
	益阳市	1.0375	1.1117	125	117	8	150
	铜陵市	1.5412	1.0958	90	118	–28	151
	十堰市	1.2918	1.0956	105	119	–14	152
	包头市	1.1715	1.0879	115	120	–5	153
	开封市	0.9888	1.0478	132	121	11	154
	永州市	1.1078	1.0348	119	122	–3	155
	咸阳市	1.1945	0.9926	114	123	–9	157
	南平市	1.0786	0.9549	120	124	–4	158
	榆林市	1.2084	0.9450	112	125	–13	159
	宿州市	0.9029	0.9385	134	126	8	160
	周口市	0.9990	0.9379	130	127	3	161
	怀化市	0.9613	0.9265	133	128	5	162
	黄山市	1.0663	0.9073	122	129	–7	163
	景德镇市	0.5811	0.9047	165	130	35	164
	泸州市	1.0649	0.8993	123	131	–8	165
	玉溪市	1.1972	0.8721	113	132	–19	167
	漯河市	0.7482	0.8623	151	133	18	168
	池州市	0.8791	0.8559	138	134	4	169

续表

城市		标准化值		同类型城市排名		近一年排名变化	全国排名
		2019年	2020年	2019年	2020年		
地级市	自贡市	0.7633	0.8283	148	135	13	170
	鄂尔多斯市	0.6968	0.8222	156	136	20	171
	信阳市	0.8890	0.8209	136	137	–1	172
	娄底市	0.6722	0.8181	158	138	20	173
	六盘水市	0.9027	0.8144	135	139	–4	174
	玉林市	0.4003	0.7783	186	140	46	175
	宜宾市	1.1678	0.7744	116	141	–25	176
	云浮市	0.8619	0.7467	141	142	–1	177
	鞍山市	0.8689	0.7435	140	143	–3	178
	晋中市	0.7571	0.7396	149	144	5	179
	张家口市	0.7123	0.7259	155	145	10	180
	铜仁市	1.0177	0.7224	128	146	–18	181
	大庆市	0.8148	0.7214	143	147	–4	182
	张掖市	0.4609	0.6972	173	148	25	183
	安顺市	0.5986	0.6802	163	149	14	184
	濮阳市	0.8123	0.6698	144	150	–6	185
	承德市	0.6212	0.6659	161	151	10	186
	南充市	0.5854	0.6638	164	152	12	187
	运城市	0.7367	0.6622	153	153	0	188
	锦州市	0.8869	0.6288	137	154	–17	189
	内江市	0.5434	0.6224	168	155	13	190
	吉林市	1.0347	0.6108	126	156	–30	191
	达州市	0.6762	0.6089	157	157	0	192
	大同市	0.6640	0.6067	159	158	1	193
	遂宁市	0.5754	0.6045	167	159	8	194
	新余市	0.7536	0.5996	150	160	–10	195
	北海市	0.6149	0.5935	162	161	1	196
	曲靖市	0.8465	0.5880	142	162	–20	197
	乐山市	0.7949	0.5791	146	163	–17	198
	三门峡市	0.5799	0.5736	166	164	2	199
	渭南市	0.7299	0.5622	154	165	–11	200
	鹤壁市	0.4479	0.5577	177	166	11	201
	酒泉市	0.1038	0.5402	242	167	75	202
	淮北市	0.6417	0.5385	160	168	–8	203

续表

城市		标准化值		同类型城市排名		近一年排名变化	全国排名
		2019年	2020年	2019年	2020年		
地级市	攀枝花市	0.7685	0.5359	147	169	−22	204
	吴忠市	0.4031	0.5320	184	170	14	205
	梧州市	0.4105	0.5275	182	171	11	206
	雅安市	0.4469	0.4951	179	172	7	207
	汉中市	0.8059	0.4826	145	173	−28	208
	通化市	0.8738	0.4763	139	174	−35	209
	眉山市	0.4144	0.4680	181	175	6	210
	鄂州市	0.7376	0.4646	152	176	−24	211
	百色市	0.4423	0.4386	180	177	3	212
	赤峰市	0.3596	0.4373	194	178	16	213
	丹东市	0.4511	0.4362	174	179	−5	214
	延安市	0.4969	0.4301	172	180	−8	215
	钦州市	0.1622	0.4297	232	181	51	216
	长治市	0.5235	0.4247	169	182	−13	217
	武威市	0.1315	0.4212	239	183	56	218
	盘锦市	0.4087	0.4158	183	184	−1	219
	石嘴山市	0.2268	0.4154	219	185	34	220
	葫芦岛市	0.0302	0.4145	251	186	65	221
	随州市	0.4473	0.4012	178	187	−9	222
	广元市	0.5040	0.4001	170	188	−18	223
	中卫市	0.2502	0.3792	211	189	22	224
	贵港市	0.3339	0.3683	201	190	11	225
	抚顺市	0.3583	0.3650	195	191	4	226
	资阳市	0.3416	0.3632	199	192	7	227
	辽阳市	0.2946	0.3594	206	193	13	229
	晋城市	0.3550	0.3521	196	194	2	230
	庆阳市	0.3927	0.3483	188	195	−7	231
	克拉玛依市	0.3910	0.3481	189	196	−7	232
	三亚市	0.3989	0.3402	187	197	−10	233
	白银市	0.2675	0.3308	210	198	12	234
	商洛市	0.4509	0.3276	175	199	−24	235
	广安市	0.3184	0.3172	203	200	3	236
	吕梁市	0.4970	0.3105	171	201	−30	237
	天水市	0.3741	0.3044	191	202	−11	238

续表

城市		标准化值		同类型城市排名		近一年排名变化	全国排名
		2019年	2020年	2019年	2020年		
地级市	河池市	0.3248	0.2900	202	203	−1	239
	牡丹江市	0.3476	0.2877	198	204	−6	240
	临汾市	0.4485	0.2862	176	205	−29	241
	贺州市	0.3099	0.2861	204	206	−2	242
	忻州市	0.3843	0.2834	190	207	−17	243
	佳木斯市	0.3626	0.2780	193	208	−15	244
	安康市	0.4026	0.2752	185	209	−24	245
	四平市	0.2301	0.2681	216	210	6	246
	朔州市	0.2764	0.2531	208	211	−3	247
	普洱市	0.3477	0.2525	197	212	−15	248
	营口市	0.3361	0.2486	200	213	−13	249
	巴中市	0.2268	0.2467	218	214	4	250
	巴彦淖尔市	0.1981	0.2433	225	215	10	251
	陇南市	0.1488	0.2378	235	216	19	252
	金昌市	0.1986	0.2356	224	217	7	253
	朝阳市	0.2260	0.2252	220	218	2	254
	呼伦贝尔市	0.3680	0.2214	192	219	−27	255
	绥化市	0.2968	0.2153	205	220	−15	256
	铁岭市	0.2825	0.2085	207	221	−14	257
	白城市	0.1722	0.2064	229	222	7	258
	阳泉市	0.2696	0.2029	209	223	−14	259
	阜新市	0.2390	0.2010	212	224	−12	260
	张家界市	0.2295	0.1926	217	225	−8	261
	定西市	0.2224	0.1920	221	226	−5	262
	崇左市	0.1562	0.1916	234	227	7	263
	昭通市	0.2023	0.1915	222	228	−6	264
	齐齐哈尔市	0.2351	0.1914	214	229	−15	265
	丽江市	0.2342	0.1821	215	230	−15	266
	保山市	0.1995	0.1787	223	231	−8	267
	临沧市	0.1634	0.1635	231	232	−1	268
	乌海市	0.1469	0.1626	236	233	3	269
	嘉峪关市	0.0000	0.1601	253	234	19	270
	本溪市	0.2359	0.1566	213	235	−22	271
	平凉市	0.1810	0.1496	227	236	−9	272

续表

城市		标准化值		同类型城市排名		近一年排名变化	全国排名
		2019年	2020年	2019年	2020年		
地级市	来宾市	0.1593	0.1427	233	237	–4	273
	鸡西市	0.1817	0.1407	226	238	–12	274
	固原市	0.1064	0.1241	241	239	2	275
	通辽市	0.1760	0.1092	228	240	–12	276
	松原市	0.1422	0.1050	238	241	–3	277
	铜川市	0.1655	0.0932	230	242	–12	278
	辽源市	0.1076	0.0922	240	243	–3	279
	七台河市	0.0871	0.0872	244	244	0	280
	鹤岗市	0.0743	0.0821	248	245	3	281
	防城港市	0.0868	0.0792	245	246	–1	282
	白山市	0.1441	0.0759	237	247	–10	283
	儋州市	0.0541	0.0731	250	248	2	284
	乌兰察布市	0.0997	0.0691	243	249	–6	285
	伊春市	0.0833	0.0644	247	250	–3	286
	海东市	0.0856	0.0554	246	251	–5	287
	黑河市	0.0570	0.0376	249	252	–3	288
	双鸭山市	0.0014	0.0146	252	253	–1	289

附表1-5　　2019～2020年城市金融服务指数及其排名

城市		标准化值		同类型城市排名		近一年排名变化	全国排名
		2019年	2020年	2019年	2020年		
直辖市	北京市	100.0000	100.0000	1	1	0	1
	上海市	74.5341	72.3819	2	2	0	2
	天津市	34.7586	31.7828	3	3	0	4
	重庆市	30.2147	29.5830	4	4	0	6
计划单列市	深圳市	43.1491	44.3133	1	1	0	3
	宁波市	17.4651	17.3551	2	2	0	14
	青岛市	13.2785	13.0389	3	3	0	18
	大连市	13.2256	12.5081	4	4	0	19
	厦门市	8.6613	8.2176	5	5	0	34
省会城市	广州市	30.5011	31.7660	1	1	0	5
	杭州市	28.1146	28.8928	3	2	1	8
	成都市	28.9380	28.2726	2	3	−1	10
	南京市	21.1811	21.7704	4	4	0	7
	武汉市	20.3359	20.3132	5	5	0	9
	西安市	19.5652	19.3849	6	6	0	13
	郑州市	18.5517	18.2994	7	7	0	12
	济南市	16.9968	16.3848	8	8	0	17
	长沙市	15.7550	15.8894	9	9	0	16
	沈阳市	14.0919	14.5407	10	10	0	20
	哈尔滨市	13.1437	12.0186	11	11	0	50
	南宁市	11.1544	11.4048	14	12	2	23
	昆明市	11.4488	11.0574	12	13	−1	22
	合肥市	11.1905	11.0102	13	14	−1	24
	石家庄市	10.4057	10.9607	18	15	3	28
	太原市	11.0918	10.9080	15	16	−1	15
	长春市	10.5672	10.9007	17	17	0	26
	福州市	10.8545	10.6437	16	18	−2	75
	南昌市	8.9878	9.2072	19	19	0	25
	贵阳市	8.3627	8.4391	20	20	0	38
	兰州市	7.7002	7.4023	21	21	0	21
	海口市	7.4823	6.1983	22	22	0	61
	呼和浩特市	6.1057	5.9864	23	23	0	33
	乌鲁木齐市	5.8678	5.6711	24	24	0	30
	银川市	4.7886	4.6686	25	25	0	44

续表

城市		标准化值		同类型城市排名		近一年排名变化	全国排名
		2019年	2020年	2019年	2020年		
省会城市	西宁市	3.8857	3.7094	26	26	0	41
	拉萨市	2.6523	2.6062	27	27	0	118
地级市	苏州市	19.8344	19.9682	1	1	0	11
	温州市	11.1045	10.7635	2	2	0	27
	无锡市	10.6375	10.1297	3	3	0	29
	南通市	9.3005	8.9804	4	4	0	31
	台州市	8.6955	8.7700	5	5	0	32
	佛山市	8.2980	8.1689	6	6	0	35
	唐山市	8.0884	7.9441	7	7	0	36
	东莞市	7.2216	7.5510	8	8	0	37
	保定市	7.0588	7.3228	9	9	0	39
	常州市	6.5606	6.5735	10	10	0	40
	烟台市	6.4570	6.1132	11	11	0	42
	嘉兴市	6.0510	6.0624	14	12	2	43
	惠州市	5.7886	5.9678	17	13	4	45
	金华市	6.3651	5.9488	12	14	–2	46
	聊城市	5.9163	5.9001	16	15	1	47
	绍兴市	6.2705	5.8657	13	16	–3	48
	邯郸市	6.0283	5.7951	15	17	–2	49
	盐城市	5.3209	5.3006	19	18	1	51
	泉州市	5.5156	5.2362	18	19	–1	52
	徐州市	5.1996	5.2252	20	20	0	53
	江门市	4.7184	5.0935	27	21	6	54
	临沂市	4.8542	5.0138	26	22	4	55
	沧州市	4.8980	4.9849	23	23	0	56
	潍坊市	4.8927	4.7740	24	24	0	57
	济宁市	4.9028	4.7645	22	25	–3	58
	泰州市	4.8771	4.7070	25	26	–1	59
	廊坊市	4.9248	4.7049	21	27	–6	60
	珠海市	4.5556	4.4819	28	28	0	62
	泰安市	4.0809	4.3788	35	29	6	63
	阜阳市	4.1022	4.3672	33	30	3	64
	晋中市	4.4407	4.1384	29	31	–2	65
	连云港市	3.9435	4.1298	38	32	6	66

续表

城市		标准化值		同类型城市排名		近一年排名变化	全国排名
		2019年	2020年	2019年	2020年		
地级市	南阳市	4.1553	4.1222	30	33	–3	67
	湖州市	3.9774	4.0466	37	34	3	68
	镇江市	4.1187	4.0184	31	35	–4	69
	淮安市	3.8808	3.9710	39	36	3	70
	扬州市	4.1129	3.8623	32	37	–5	71
	中山市	3.7046	3.7811	42	38	4	72
	菏泽市	3.4935	3.7598	44	39	5	73
	赣州市	3.9988	3.7504	36	40	–4	74
	淄博市	3.7224	3.6997	41	41	0	76
	洛阳市	3.8257	3.6932	40	42	–2	77
	承德市	4.0987	3.6840	34	43	–9	78
	邢台市	3.2754	3.5738	50	44	6	79
	包头市	3.4903	3.5320	45	45	0	80
	绵阳市	3.3904	3.4012	47	46	1	81
	湛江市	3.1384	3.3319	53	47	6	82
	芜湖市	3.3069	3.2910	49	48	1	83
	漳州市	3.1757	3.2402	52	49	3	84
	黄冈市	3.1881	3.2167	51	50	1	85
	秦皇岛市	3.5183	3.2058	43	51	–8	86
	常德市	3.0952	3.1583	54	52	2	87
	龙岩市	3.0178	3.1024	55	53	2	88
	大庆市	3.3087	3.0678	48	54	–6	89
	张家口市	2.9642	3.0522	60	55	5	90
	齐齐哈尔市	3.4290	2.9930	46	56	–10	91
	宜春市	2.8488	2.9470	69	57	12	92
	南充市	2.9710	2.9303	59	58	1	93
	郴州市	2.7479	2.9143	75	59	16	94
	汕头市	2.8192	2.8960	71	60	11	95
	上饶市	2.7511	2.8895	74	61	13	96
	衢州市	2.9779	2.8730	58	62	–4	97
	长治市	2.8246	2.8674	70	63	7	98
	渭南市	2.8638	2.8597	68	64	4	99
	德州市	2.9548	2.8555	61	65	–4	100

续表

城市		标准化值		同类型城市排名		近一年排名变化	全国排名
		2019年	2020年	2019年	2020年		
地级市	鄂尔多斯市	2.9027	2.8202	66	66	0	101
	丽水市	2.9420	2.8189	62	67	−5	102
	运城市	2.7545	2.8171	73	68	5	103
	宜宾市	2.5652	2.8025	87	69	18	104
	桂林市	2.9408	2.7774	63	70	−7	105
	锦州市	2.3264	2.7630	97	71	26	106
	牡丹江市	2.6473	2.7401	81	72	9	107
	衡阳市	2.9292	2.7396	64	73	−9	108
	平顶山市	2.6107	2.7331	82	74	8	109
	邵阳市	2.9876	2.7186	57	75	−18	110
	岳阳市	2.9106	2.6966	65	76	−11	111
	茂名市	2.4567	2.6762	94	77	17	112
	十堰市	2.6587	2.6729	79	78	1	113
	临汾市	2.5123	2.6567	90	79	11	114
	清远市	2.5827	2.6399	85	80	5	115
	咸阳市	2.5917	2.6295	84	81	3	116
	东营市	2.9930	2.6115	56	82	−26	117
	宁德市	2.8670	2.6038	67	83	−16	119
	遵义市	2.7763	2.5667	72	84	−12	120
	柳州市	2.4330	2.5631	96	85	11	121
	衡水市	2.7308	2.5410	76	86	−10	122
	襄阳市	2.6555	2.5259	80	87	−7	123
	湘潭市	2.5747	2.5200	86	88	−2	124
	汉中市	2.5950	2.5165	83	89	−6	125
	宜昌市	2.6793	2.5032	77	90	−13	126
	威海市	2.5193	2.4943	89	91	−2	127
	益阳市	2.6656	2.4836	78	92	−14	128
	六安市	2.4981	2.4592	91	93	−2	129
	荆州市	2.2791	2.4572	100	94	6	130
	朝阳市	2.4351	2.3794	95	95	0	131
	营口市	2.4856	2.3766	93	96	−3	132
	娄底市	2.1667	2.3640	107	97	10	133
	鞍山市	2.5556	2.3559	88	98	−10	134

续表

城市		标准化值		同类型城市排名		近一年排名变化	全国排名
		2019年	2020年	2019年	2020年		
地级市	株洲市	2.4953	2.3305	92	99	−7	135
	巴彦淖尔市	2.1253	2.2438	111	100	11	136
	三明市	2.2307	2.2334	104	101	3	137
	淮南市	2.2901	2.2185	98	102	−4	138
	德阳市	2.1058	2.2142	113	103	10	139
	周口市	2.2385	2.2006	103	104	−1	140
	商丘市	2.0833	2.1856	116	105	11	141
	九江市	2.0816	2.1821	117	106	11	142
	亳州市	2.0518	2.1744	118	107	11	143
	蚌埠市	2.2596	2.1405	102	108	−6	144
	信阳市	2.2796	2.1267	99	109	−10	145
	滁州市	2.0008	2.1213	123	110	13	146
	安阳市	2.1359	2.1170	109	111	−2	147
	驻马店市	2.1084	2.1111	112	112	0	148
	滨州市	2.2715	2.1049	101	113	−12	149
	宿州市	2.1516	2.0957	108	114	−6	150
	安庆市	2.2203	2.0906	106	115	−9	151
	吉林市	2.2212	2.0905	105	116	−11	152
	日照市	2.0433	2.0700	120	117	3	153
	晋城市	2.0868	2.0277	114	118	−4	154
	达州市	1.9299	2.0276	128	119	9	155
	马鞍山市	2.0868	2.0050	115	120	−5	156
	韶关市	1.9216	1.9866	129	121	8	157
	赤峰市	1.9527	1.9825	125	122	3	158
	榆林市	2.1296	1.9696	110	123	−13	159
	南平市	2.0485	1.9603	119	124	−5	160
	新乡市	2.0325	1.9537	121	125	−4	161
	肇庆市	1.9457	1.9141	127	126	1	162
	宝鸡市	1.9700	1.9025	124	127	−3	163
	焦作市	2.0076	1.9025	122	128	−6	164
	莆田市	1.9517	1.8999	126	129	−3	165
	宿迁市	1.8379	1.8652	131	130	1	166
	泸州市	1.8041	1.8027	132	131	1	167

续表

城市		标准化值		同类型城市排名		近一年排名变化	全国排名
		2019年	2020年	2019年	2020年		
地级市	吕梁市	1.7794	1.7749	137	132	5	168
	舟山市	1.7974	1.7639	134	133	1	169
	孝感市	1.7925	1.7369	135	134	1	170
	吉安市	1.8008	1.7133	133	135	-2	171
	葫芦岛市	1.6290	1.7101	143	136	7	172
	宣城市	1.6819	1.6968	140	137	3	173
	大同市	1.8730	1.6939	130	138	-8	174
	三亚市	1.7417	1.6870	139	139	0	175
	永州市	1.7798	1.6580	136	140	-4	176
	梅州市	1.6728	1.6417	141	141	0	177
	绥化市	1.7618	1.6339	138	142	-4	178
	许昌市	1.6662	1.6108	142	143	-1	179
	抚州市	1.5457	1.5886	148	144	4	180
	盘锦市	1.5079	1.5815	152	145	7	181
	乐山市	1.6160	1.5518	144	146	-2	182
	毕节市	1.5311	1.5300	149	147	2	183
	本溪市	1.5521	1.5192	147	148	-1	184
	抚顺市	1.5217	1.4993	151	149	2	185
	阜新市	1.5273	1.4899	150	150	0	186
	三门峡市	1.4089	1.4821	165	151	14	187
	玉林市	1.4669	1.4806	155	152	3	188
	辽阳市	1.4629	1.4770	156	153	3	189
	呼伦贝尔市	1.5730	1.4685	145	154	-9	190
	开封市	1.4273	1.4573	163	155	8	191
	佳木斯市	1.5563	1.4495	146	156	-10	192
	广安市	1.4581	1.4435	157	157	0	193
	河源市	1.4308	1.4430	162	158	4	194
	内江市	1.4670	1.4390	154	159	-5	195
	咸宁市	1.3330	1.4322	172	160	12	196
	资阳市	1.3656	1.4248	169	161	8	197
	安康市	1.3527	1.4165	170	162	8	198
	忻州市	1.4259	1.4028	164	163	1	199
	揭阳市	1.4517	1.3790	158	164	-6	200

续表

城市		标准化值		同类型城市排名		近一年排名变化	全国排名
		2019年	2020年	2019年	2020年		
地级市	鸡西市	1.4022	1.3717	166	165	1	201
	广元市	1.2792	1.3470	175	166	9	202
	怀化市	1.4451	1.3450	159	167	−8	203
	自贡市	1.3066	1.3397	174	168	6	204
	铜仁市	1.3778	1.3329	168	169	−1	205
	枣庄市	1.4001	1.3032	167	170	−3	206
	丹东市	1.5004	1.3010	153	171	−18	207
	荆门市	1.3497	1.3003	171	172	−1	208
	酒泉市	1.4366	1.2732	161	173	−12	209
	铁岭市	1.4422	1.2583	160	174	−14	210
	朔州市	1.1546	1.2575	181	175	6	211
	通化市	1.2567	1.2517	177	176	1	212
	曲靖市	1.3146	1.2407	173	177	−4	213
	玉溪市	1.2123	1.1761	179	178	1	214
	萍乡市	1.1479	1.1624	182	179	3	215
	通辽市	1.2500	1.1442	178	180	−2	216
	阳泉市	1.0737	1.1248	188	181	7	217
	淮北市	1.1673	1.0973	180	182	−2	218
	六盘水市	1.1179	1.0951	186	183	3	219
	池州市	1.0715	1.0838	190	184	6	220
	黄山市	1.0725	1.0814	189	185	4	221
	四平市	1.2614	1.0791	176	186	−10	222
	攀枝花市	1.1454	1.0758	183	187	−4	223
	贵港市	1.1258	1.0654	184	188	−4	224
	遂宁市	1.0811	1.0615	187	189	−2	225
	梧州市	0.9846	1.0597	195	190	5	226
	黄石市	1.0636	1.0445	192	191	1	227
	白城市	1.1207	1.0320	185	192	−7	228
	阳江市	1.0205	1.0023	193	193	0	229
	铜陵市	0.9784	0.9793	196	194	2	230
	松原市	1.0638	0.9657	191	195	−4	231
	河池市	0.9408	0.9490	197	196	1	232
	乌兰察布市	1.0016	0.9330	194	197	−3	233

续表

城市		标准化值		同类型城市排名		近一年排名变化	全国排名
		2019年	2020年	2019年	2020年		
地级市	濮阳市	0.9110	0.9129	201	198	3	234
	天水市	0.9059	0.8964	202	199	3	235
	延安市	0.9375	0.8757	198	200	–2	236
	百色市	0.8851	0.8629	203	201	2	237
	景德镇市	0.8656	0.8612	205	202	3	238
	巴中市	0.8832	0.8510	204	203	1	239
	安顺市	0.9302	0.8475	199	204	–5	240
	贺州市	0.7985	0.8430	211	205	6	241
	北海市	0.9183	0.8408	200	206	–6	242
	商洛市	0.8464	0.8349	206	207	–1	243
	漯河市	0.8458	0.8323	207	208	–1	244
	白山市	0.8015	0.8109	210	209	1	245
	昭通市	0.8257	0.7897	209	210	–1	246
	双鸭山市	0.8452	0.7848	208	211	–3	247
	眉山市	0.7747	0.7653	213	212	1	248
	云浮市	0.7789	0.7388	212	213	–1	249
	崇左市	0.7537	0.7333	214	214	0	250
	庆阳市	0.7188	0.7065	217	215	2	251
	武威市	0.6885	0.6990	220	216	4	252
	鹰潭市	0.6812	0.6983	222	217	5	253
	黑河市	0.7506	0.6973	215	218	–3	254
	潮州市	0.7069	0.6968	219	219	0	255
	雅安市	0.7340	0.6917	216	220	–4	256
	新余市	0.6702	0.6746	223	221	2	257
	随州市	0.6607	0.6714	225	222	3	258
	钦州市	0.6859	0.6701	221	223	–2	259
	克拉玛依市	0.5700	0.6672	236	224	12	260
	白银市	0.7096	0.6597	218	225	–7	261
	丽江市	0.6596	0.6560	226	226	0	262
	鹤壁市	0.6640	0.6388	224	227	–3	263
	张家界市	0.6571	0.6288	227	228	–1	264
	保山市	0.6388	0.6217	228	229	–1	265
	汕尾市	0.5864	0.6074	232	230	2	266

续表

城市		标准化值		同类型城市排名		近一年排名变化	全国排名
		2019年	2020年	2019年	2020年		
地级市	普洱市	0.6243	0.5974	229	231	–2	267
	定西市	0.6173	0.5857	230	232	–2	268
	平凉市	0.5952	0.5689	231	233	–2	269
	来宾市	0.5750	0.5580	233	234	–1	270
	七台河市	0.4951	0.5428	240	235	5	271
	吴忠市	0.5437	0.5420	237	236	1	272
	乌海市	0.5734	0.5137	234	237	–3	273
	辽源市	0.5413	0.5010	238	238	0	274
	鹤岗市	0.5705	0.4922	235	239	–4	275
	铜川市	0.4825	0.4588	241	240	1	276
	陇南市	0.4969	0.4520	239	241	–2	277
	石嘴山市	0.4453	0.4504	243	242	1	278
	张掖市	0.4729	0.4485	242	243	–1	279
	鄂州市	0.4083	0.4071	244	244	0	280
	防城港市	0.3822	0.3768	246	245	1	281
	临沧市	0.3870	0.3619	245	246	–1	282
	中卫市	0.3748	0.3413	248	247	1	283
	伊春市	0.3798	0.3241	247	248	–1	284
	海东市	0.3103	0.2914	249	249	0	285
	固原市	0.2905	0.2672	250	250	0	286
	嘉峪关市	0.2649	0.2582	251	251	0	287
	金昌市	0.2264	0.1898	252	252	0	288
	儋州市	0.0000	0.0000	253	253	0	289

附表1-6　　2019～2020年城市法治环境指数及其排名

城市		标准化值		同类型城市排名		近一年排名变化	全国排名
		2019年	2020年	2019年	2020年		
直辖市	北京市	76.9754	77.9823	1	1	0	1
	上海市	70.1096	77.9045	2	2	0	2
	重庆市	62.3081	67.1447	4	3	1	4
	天津市	68.5630	63.8984	3	4	−1	6
计划单列市	深圳市	71.0273	70.7081	1	1	0	3
	青岛市	61.4153	61.4339	2	2	0	9
	宁波市	57.6558	60.2923	3	3	0	12
	大连市	54.5671	52.8312	4	4	0	39
	厦门市	48.0568	52.5173	5	5	0	41
省会城市	广州市	67.6217	66.0408	1	1	0	5
	济南市	57.1703	63.4296	5	2	3	7
	南京市	58.8775	60.9599	4	3	1	10
	杭州市	59.5020	59.4703	3	4	−1	14
	海口市	49.3359	59.4669	12	5	7	15
	成都市	60.5226	58.6708	2	6	−4	17
	长沙市	57.0035	53.1921	6	7	−1	36
	西安市	51.4314	52.2011	8	8	0	42
	沈阳市	56.8719	51.3173	7	9	−2	50
	福州市	46.4165	50.6587	14	10	4	56
	南宁市	50.2452	49.2373	11	11	0	77
	合肥市	50.6430	49.2073	10	12	−2	79
	贵阳市	51.1704	46.8984	9	13	−4	111
	武汉市	46.2825	45.5474	15	14	1	129
	乌鲁木齐市	46.6782	44.9649	13	15	−2	138
	拉萨市	33.7715	44.0182	19	16	3	143
	郑州市	31.6822	40.2936	22	17	5	151
	南昌市	29.9804	40.1950	25	18	7	152
	呼和浩特市	31.3000	38.1365	24	19	5	158
	哈尔滨市	35.2989	35.9008	17	20	−3	168
	石家庄市	31.9417	35.3874	21	21	0	169
	兰州市	33.8205	35.3743	18	22	−4	170
	太原市	32.1547	35.2836	20	23	−3	171
	长春市	31.3750	33.2460	23	24	−1	182
	昆明市	44.4410	28.9920	16	25	−9	225

续表

城市		标准化值		同类型城市排名		近一年排名变化	全国排名
		2019年	2020年	2019年	2020年		
省会城市	银川市	24.7864	27.2491	26	26	0	247
	西宁市	15.1844	17.5727	27	27	0	289
地级市	佛山市	50.7614	62.4762	23	1	22	8
	温州市	59.9473	60.9525	2	2	0	11
	台州市	55.0686	59.9891	11	3	8	13
	连云港市	58.6322	58.9546	3	4	−1	16
	淄博市	60.9802	57.5088	1	5	−4	18
	绍兴市	57.4885	57.4392	4	6	−2	19
	东营市	55.1315	57.3855	10	7	3	20
	东莞市	51.1919	56.6169	19	8	11	21
	汕头市	52.4391	56.5053	13	9	4	22
	威海市	55.8075	56.4963	7	10	−3	23
	苏州市	56.1168	56.3534	6	11	−5	24
	珠海市	55.5071	56.1562	9	12	−3	25
	沧州市	51.3414	55.3549	17	13	4	26
	郴州市	52.5581	55.2410	12	14	−2	27
	徐州市	55.6952	55.1571	8	15	−7	28
	德州市	51.8968	54.3220	15	16	−1	29
	金华市	45.9746	54.0080	73	17	56	30
	株洲市	49.3615	53.9080	33	18	15	31
	日照市	46.2417	53.7467	70	19	51	32
	云浮市	51.9856	53.6805	14	20	−6	33
	通辽市	48.7497	53.4169	43	21	22	34
	张家口市	51.3709	53.3737	16	22	−6	35
	蚌埠市	49.4817	53.0209	32	23	9	37
	揭阳市	49.6699	52.9163	30	24	6	38
	咸宁市	46.9904	52.5192	61	25	36	40
	吉林市	50.5504	52.1662	27	26	1	43
	茂名市	47.3742	52.0511	58	27	31	44
	无锡市	50.6471	51.9867	25	28	−3	45
	商丘市	48.7164	51.9100	45	29	16	46
	嘉兴市	51.1125	51.7282	20	30	−10	47
	孝感市	49.1862	51.6634	35	31	4	48
	烟台市	50.3057	51.4827	28	32	−4	49

续表

城市		标准化值		同类型城市排名		近一年排名变化	全国排名
		2019年	2020年	2019年	2020年		
地级市	潍坊市	46.3091	51.3071	68	33	35	51
	岳阳市	45.0883	51.1745	86	34	52	52
	鄂尔多斯市	42.2234	51.0066	112	35	77	53
	三亚市	56.1784	50.9748	5	36	–31	54
	济宁市	46.0950	50.9477	72	37	35	55
	淮安市	49.0693	50.6520	36	38	–2	57
	衡阳市	44.0751	50.6167	96	39	57	58
	吕梁市	45.6063	50.5527	80	40	40	59
	承德市	49.0444	50.3869	37	41	–4	60
	江门市	50.8604	50.3629	22	42	–20	61
	泉州市	46.4994	50.2871	67	43	24	62
	洛阳市	50.9524	50.2070	21	44	–23	63
	中山市	48.6687	50.1844	47	45	2	64
	固原市	49.5286	50.1204	31	46	–15	65
	大庆市	46.7123	50.1005	66	47	19	66
	曲靖市	51.3245	50.0222	18	48	–30	67
	芜湖市	45.8202	49.8283	76	49	27	68
	邵阳市	43.8481	49.8268	97	50	47	69
	衢州市	47.3313	49.7978	59	51	8	70
	娄底市	50.6879	49.7700	24	52	–28	71
	舟山市	48.7679	49.5686	42	53	–11	72
	新余市	43.6890	49.4623	101	54	47	73
	临沂市	46.7960	49.4491	65	55	10	74
	南通市	50.1283	49.3442	29	56	–27	75
	九江市	47.7581	49.3019	53	57	–4	76
	扬州市	46.8214	49.2104	64	58	6	78
	周口市	48.8981	49.1630	40	59	–19	80
	桂林市	48.3211	49.1048	50	60	–10	81
	信阳市	49.0100	48.9791	38	61	–23	82
	景德镇市	46.8694	48.9226	62	62	0	83
	阜阳市	48.2696	48.8833	51	63	–12	84
	安康市	42.5428	48.8654	111	64	47	85
	益阳市	47.6841	48.8654	54	65	–11	86
	丹东市	46.2781	48.8099	69	66	3	87

续表

城市		标准化值		同类型城市排名		近一年排名变化	全国排名
		2019年	2020年	2019年	2020年		
地级市	河池市	45.6267	48.7799	78	67	11	88
	防城港市	46.2033	48.6918	71	68	3	89
	黑河市	44.6552	48.6255	89	69	20	90
	肇庆市	46.8466	48.5381	63	70	−7	91
	河源市	48.7179	48.5167	44	71	−27	92
	晋中市	47.6186	48.4996	55	72	−17	93
	泰州市	47.4318	48.4688	56	73	−17	94
	怀化市	44.7811	48.4211	87	74	13	95
	佳木斯市	44.6060	48.3948	90	75	15	96
	德阳市	45.8641	48.3915	74	76	−2	97
	泸州市	43.5407	48.3842	105	77	28	98
	安庆市	48.0268	48.2951	52	78	−26	99
	潮州市	42.1694	48.1367	114	79	35	100
	襄阳市	45.8466	48.1356	75	80	−5	101
	三门峡市	45.4119	48.1203	83	81	2	102
	白山市	48.5078	47.7891	48	82	−34	103
	鹰潭市	48.9500	47.6744	39	83	−44	104
	崇左市	44.2567	47.4886	91	84	7	105
	赤峰市	48.5008	47.3034	49	85	−36	106
	普洱市	50.6125	47.2367	26	86	−60	107
	廊坊市	43.5856	47.1796	104	87	17	108
	酒泉市	47.1128	46.9835	60	88	−28	109
	平顶山市	36.0834	46.9522	127	89	38	110
	达州市	41.3333	46.6818	118	90	28	112
	白银市	33.7700	46.6570	139	91	48	113
	开封市	49.2818	46.6560	34	92	−58	114
	荆门市	48.7023	46.6177	46	93	−47	115
	内江市	42.1990	46.6047	113	94	19	116
	海东市	41.8923	46.5881	116	95	21	117
	赣州市	45.1366	46.5451	85	96	−11	118
	荆州市	43.6098	46.5260	103	97	6	119
	宿州市	45.7350	46.5164	77	98	−21	120
	枣庄市	44.2515	46.3136	92	99	−7	121
	忻州市	45.6069	46.2702	79	100	−21	122

续表

城市		标准化值		同类型城市排名		近一年排名变化	全国排名
		2019年	2020年	2019年	2020年		
地级市	常州市	41.9052	46.2317	115	101	14	123
	嘉峪关市	44.1527	46.0765	94	102	–8	124
	吉安市	44.7616	45.9824	88	103	–15	125
	镇江市	44.1235	45.7108	95	104	–9	126
	菏泽市	43.0201	45.6015	108	105	3	127
	玉溪市	30.4813	45.5765	151	106	45	128
	钦州市	43.5037	45.4475	106	107	–1	130
	亳州市	48.8031	45.3397	41	108	–67	131
	聊城市	43.7962	45.2024	98	109	–11	132
	邢台市	42.8385	45.1505	109	110	–1	133
	葫芦岛市	47.3876	45.0658	57	111	–54	134
	淮北市	30.6929	45.0256	148	112	36	135
	漯河市	29.2061	45.0056	162	113	49	136
	梧州市	45.4468	44.9750	82	114	–32	137
	陇南市	43.7136	44.8739	100	115	–15	139
	咸阳市	42.7506	44.8081	110	116	–6	140
	中卫市	41.8279	44.3612	117	117	0	141
	玉林市	43.2310	44.3288	107	118	–11	142
	六安市	41.2534	44.0057	119	119	0	144
	丽江市	45.2771	43.9265	84	120	–36	145
	南平市	41.1205	43.5926	120	121	–1	146
	绥化市	43.6548	43.5008	102	122	–20	147
	金昌市	38.6558	42.9968	126	123	3	148
	克拉玛依市	40.0956	41.7973	122	124	–2	149
	韶关市	39.4739	40.9530	123	125	–2	150
	清远市	33.7317	40.0545	140	126	14	153
	湘潭市	36.0625	40.0439	128	127	1	154
	贺州市	35.0637	40.0141	135	128	7	155
	攀枝花市	39.1946	39.9157	124	129	–5	156
	永州市	40.4235	39.5781	121	130	–9	157
	黄山市	45.5945	37.0548	81	131	–50	159
	资阳市	35.6706	37.0490	133	132	1	160
	盐城市	35.7568	36.9894	131	133	–2	161
	铜川市	43.7959	36.8021	99	134	–35	162

续表

城市		标准化值		同类型城市排名		近一年排名变化	全国排名
		2019年	2020年	2019年	2020年		
地级市	马鞍山市	35.6693	36.4595	134	135	−1	163
	铜陵市	38.8143	36.3474	125	136	−11	164
	常德市	32.5582	36.1889	142	137	5	165
	黄石市	35.7083	35.9653	132	138	−6	166
	宝鸡市	34.0664	35.9539	138	139	−1	167
	庆阳市	35.8845	35.0687	130	140	−10	172
	宿迁市	34.0921	34.3401	137	141	−4	173
	南阳市	30.5753	34.1378	150	142	8	174
	漳州市	29.6099	34.1202	156	143	13	175
	湖州市	34.3536	34.0818	136	144	−8	176
	本溪市	27.1781	33.5516	189	145	44	177
	呼伦贝尔市	27.9829	33.5015	178	146	32	178
	松原市	27.3479	33.4858	185	147	38	179
	宜昌市	44.2373	33.4361	93	148	−55	180
	鹤壁市	31.1786	33.3069	145	149	−4	181
	乐山市	27.0412	33.1957	194	150	44	183
	榆林市	30.2751	33.1762	152	151	1	184
	驻马店市	33.0714	32.9913	141	152	−11	185
	临沧市	31.8133	32.7355	143	153	−10	186
	锦州市	28.1267	32.5205	174	154	20	187
	晋城市	28.5589	32.4003	170	155	15	188
	雅安市	31.4492	32.3019	144	156	−12	189
	包头市	27.6634	32.1442	179	157	22	190
	宜宾市	27.6108	31.9039	181	158	23	191
	辽源市	29.8450	31.7539	154	159	−5	192
	商洛市	30.8991	31.5471	147	160	−13	193
	濮阳市	30.6389	31.5230	149	161	−12	194
	安顺市	29.2065	31.2181	161	162	−1	195
	惠州市	31.0235	31.1933	146	163	−17	196
	广元市	27.4465	31.1237	182	164	18	197
	安阳市	35.9114	31.0633	129	165	−36	198
	十堰市	26.6241	31.0447	196	166	30	199
	张家界市	24.8664	30.8873	222	167	55	200
	遵义市	26.4169	30.7223	197	168	29	201

续表

城市		标准化值		同类型城市排名		近一年排名变化	全国排名
		2019年	2020年	2019年	2020年		
地级市	丽水市	29.6272	30.5950	155	169	–14	202
	六盘水市	24.7448	30.5873	224	170	54	203
	四平市	27.2217	30.5038	186	171	15	204
	长治市	26.8497	30.3405	195	172	23	205
	眉山市	29.1098	30.1729	164	173	–9	206
	衡水市	25.2420	30.0979	216	174	42	207
	滁州市	28.7945	30.0757	167	175	–8	208
	白城市	26.1581	29.9971	203	176	27	209
	临汾市	28.1208	29.9788	175	177	–2	210
	宣城市	28.9755	29.9309	165	178	–13	211
	唐山市	25.1591	29.7216	217	179	38	212
	许昌市	26.1887	29.7188	202	180	22	213
	池州市	27.1775	29.6310	190	181	9	214
	汉中市	25.0812	29.5911	219	182	37	215
	莆田市	20.3870	29.5662	250	183	67	216
	鞍山市	22.8473	29.5570	236	184	52	217
	绵阳市	27.3569	29.4938	184	185	–1	218
	梅州市	28.4108	29.4481	172	186	–14	219
	鄂州市	28.4850	29.3904	171	187	–16	220
	保山市	29.4338	29.3808	158	188	–30	221
	泰安市	27.2046	29.3174	187	189	–2	222
	北海市	26.0750	29.1135	204	190	14	223
	汕尾市	24.1961	29.0518	230	191	39	224
	盘锦市	29.1386	28.9656	163	192	–29	226
	抚顺市	22.1231	28.9246	244	193	51	227
	黄冈市	23.5959	28.8950	233	194	39	228
	辽阳市	27.6525	28.8267	180	195	–15	229
	渭南市	27.1717	28.8189	191	196	–5	230
	七台河市	28.9389	28.8059	166	197	–31	231
	上饶市	28.0610	28.7648	176	198	–22	232
	湛江市	24.4681	28.7411	228	199	29	233
	新乡市	28.3458	28.7342	173	200	–27	234
	大同市	21.9720	28.5202	246	201	45	235
	运城市	23.6614	28.4918	232	202	30	236

续表

城市		标准化值		同类型城市排名		近一年排名变化	全国排名
		2019年	2020年	2019年	2020年		
地级市	巴中市	22.7835	28.4186	238	203	35	237
	保定市	24.2370	28.2297	229	204	25	238
	宁德市	26.2216	28.2181	201	205	–4	239
	营口市	21.3761	28.0867	249	206	43	240
	鹤岗市	25.4869	28.0642	211	207	4	241
	吴忠市	29.2737	27.7575	159	208	–49	242
	抚州市	25.6265	27.5763	209	209	0	243
	定西市	28.7570	27.5575	168	210	–42	244
	毕节市	21.7862	27.3863	248	211	37	245
	牡丹江市	28.0157	27.2939	177	212	–35	246
	昭通市	29.2624	27.2114	160	213	–53	248
	百色市	26.3634	27.0887	200	214	–14	249
	柳州市	23.4544	27.0632	234	215	19	250
	广安市	25.4378	27.0618	214	216	–2	251
	宜春市	25.0278	27.0247	221	217	4	252
	乌兰察布市	25.5998	26.9287	210	218	–8	253
	朔州市	25.1460	26.8525	218	219	–1	254
	贵港市	25.3233	26.8380	215	220	–5	255
	遂宁市	22.6795	26.6877	239	221	18	256
	延安市	29.4716	26.6071	157	222	–65	257
	自贡市	25.0457	26.5159	220	223	–3	258
	通化市	28.6629	26.5145	169	224	–55	259
	淮南市	25.7535	26.4852	206	225	–19	260
	滨州市	23.8529	26.4365	231	226	5	261
	邯郸市	22.8202	26.3188	237	227	10	262
	南充市	22.0601	26.2763	245	228	17	263
	阳泉市	26.4086	26.1170	198	229	–31	264
	鸡西市	25.4641	26.0339	212	230	–18	265
	铜仁市	25.7292	25.9232	207	231	–24	266
	伊春市	23.2996	25.8961	235	232	3	267
	武威市	26.4042	25.8749	199	233	–34	268
	乌海市	27.2045	25.8451	188	234	–46	269
	铁岭市	22.1556	25.8329	242	235	7	270
	阳江市	30.0953	25.7600	153	236	–83	271

续表

城市		标准化值		同类型城市排名		近一年排名变化	全国排名
		2019年	2020年	2019年	2020年		
地级市	张掖市	27.1615	25.7232	192	237	−45	272
	齐齐哈尔市	27.1253	25.4645	193	238	−45	273
	天水市	24.7598	25.4069	223	239	−16	274
	萍乡市	24.5436	25.1916	227	240	−13	275
	阜新市	25.4624	24.9940	213	241	−28	276
	平凉市	25.6767	24.8336	208	242	−34	277
	巴彦淖尔市	22.4827	24.4471	241	243	−2	278
	焦作市	0.7494	24.3627	253	244	9	279
	儋州市	27.3614	24.2963	183	245	−62	280
	双鸭山市	24.7240	24.2625	225	246	−21	281
	秦皇岛市	22.1268	24.2302	243	247	−4	282
	来宾市	24.5642	23.9761	226	248	−22	283
	龙岩市	15.6495	23.8701	252	249	3	284
	随州市	22.5263	23.7858	240	250	−10	285
	朝阳市	21.8874	23.5390	247	251	−4	286
	石嘴山市	25.9103	23.2122	205	252	−47	287
	三明市	17.2029	22.6600	251	253	−2	288

附表1-7　　2019～2020年城市政务环境指数及其排名

城市		标准化值		同类型城市排名		近一年排名变化	全国排名
		2019年	2020年	2019年	2020年		
直辖市	上海市	98.0763	85.5579	1	1	0	1
	北京市	89.2193	78.8350	2	2	0	2
	天津市	48.4285	45.4566	3	3	0	7
	重庆市	43.5652	45.2845	4	4	0	8
计划单列市	深圳市	79.5731	71.3849	1	1	0	3
	厦门市	36.4937	39.1070	3	2	1	11
	宁波市	40.3969	36.4212	2	3	−1	17
	青岛市	33.2533	34.0343	4	4	0	20
	大连市	25.0631	25.2444	5	5	0	38
省会城市	南京市	37.1506	50.6065	9	1	8	5
	广州市	58.3446	47.5939	1	2	−1	6
	武汉市	29.7296	39.4604	16	3	13	9
	成都市	51.7235	39.0738	2	4	−2	12
	杭州市	49.2931	38.5615	3	5	−2	13
	济南市	35.4245	37.7491	12	6	6	14
	西安市	40.8279	36.8839	8	7	1	15
	郑州市	45.5204	31.0436	7	8	−1	23
	长沙市	48.4921	29.7869	4	9	−5	25
	沈阳市	28.4107	28.2198	17	10	7	26
	贵阳市	35.4668	27.3848	11	11	0	29
	南宁市	26.2361	27.0146	18	12	6	30
	合肥市	46.2426	26.7621	6	13	−7	31
	长春市	24.9139	26.4691	22	14	8	33
	福州市	46.5162	26.2306	5	15	−10	34
	昆明市	22.8329	26.0098	24	16	8	35
	石家庄市	36.5702	24.1987	10	17	−7	41
	海口市	26.2014	24.0273	19	18	1	43
	银川市	24.8179	21.4842	23	19	4	54
	乌鲁木齐市	12.4774	21.2771	27	20	7	56
	哈尔滨市	24.9430	21.1547	21	21	0	57
	太原市	34.3264	20.0132	13	22	−9	64
	拉萨市	13.5688	19.3778	26	23	3	74
	南昌市	25.7787	19.2690	20	24	−4	75

续表

城市		标准化值		同类型城市排名		近一年排名变化	全国排名
		2019年	2020年	2019年	2020年		
省会城市	兰州市	33.3501	18.9193	14	25	–11	80
	西宁市	29.7394	18.5201	15	26	–11	85
	呼和浩特市	15.8109	17.4395	25	27	–2	101
地级市	东莞市	54.2548	54.4047	1	1	0	4
	苏州市	53.4503	39.1634	2	2	0	10
	中山市	30.5879	36.7165	20	3	17	16
	佛山市	27.7406	35.5199	26	4	22	18
	无锡市	32.9873	34.9302	12	5	7	19
	珠海市	40.3390	33.7818	7	6	1	21
	金华市	46.1959	31.9925	4	7	–3	22
	常州市	28.8345	30.9446	25	8	17	24
	黄石市	18.3396	27.7169	130	9	121	27
	嘉兴市	38.5855	27.6144	8	10	–2	28
	潍坊市	31.2391	26.5827	18	11	7	32
	烟台市	25.2235	25.3893	44	12	32	36
	东营市	16.9314	25.3194	151	13	138	37
	徐州市	24.2745	24.9270	55	14	41	39
	绍兴市	25.8099	24.3217	41	15	26	40
	温州市	46.4601	24.1238	3	16	–13	42
	襄阳市	10.6865	23.6032	223	17	206	44
	泉州市	24.8271	23.5065	46	18	28	45
	舟山市	25.2893	23.0558	42	19	23	46
	南通市	24.4329	22.7707	50	20	30	47
	江门市	21.5708	22.5863	83	21	62	48
	镇江市	31.9808	22.3852	13	22	–9	49
	威海市	31.3681	21.7864	17	23	–6	50
	绵阳市	26.4835	21.6888	36	24	12	51
	桂林市	26.0595	21.5687	38	25	13	52
	济宁市	30.0404	21.5220	22	26	–4	53
	台州市	38.0779	21.4279	9	27	–18	55
	遵义市	21.0644	20.6181	90	28	62	58
	衡阳市	18.4211	20.4052	129	29	100	59
	湖州市	29.8694	20.3169	23	30	–7	60

续表

城市		标准化值		同类型城市排名		近一年排名变化	全国排名
		2019年	2020年	2019年	2020年		
地级市	攀枝花市	22.6084	20.2550	73	31	42	61
	丽水市	33.5885	20.1817	11	32	−21	62
	宿迁市	24.3040	20.1066	54	33	21	63
	郴州市	27.0533	19.9451	33	34	−1	65
	柳州市	16.2442	19.9276	163	35	128	66
	汕头市	18.9434	19.7379	120	36	84	67
	宜昌市	23.8166	19.7275	63	37	26	68
	盐城市	23.8811	19.7220	59	38	21	69
	淄博市	11.4590	19.6664	214	39	175	70
	聊城市	27.2693	19.5791	29	40	−11	71
	南平市	21.3865	19.5710	85	41	44	72
	十堰市	22.6757	19.4566	72	42	30	73
	惠州市	29.3016	19.1092	24	43	−19	76
	六盘水市	19.7778	19.0936	105	44	61	77
	德州市	23.5554	19.0489	66	45	21	78
	岳阳市	19.7795	19.0419	104	46	58	79
	扬州市	22.3719	18.8233	75	47	28	81
	渭南市	19.7917	18.7867	103	48	55	82
	莆田市	16.7481	18.7485	155	49	106	83
	铜陵市	18.3028	18.5691	132	50	82	84
	阳江市	16.0892	18.4929	165	51	114	86
	泰州市	21.6697	18.4152	82	52	30	87
	玉溪市	19.1338	18.3165	115	53	62	88
	九江市	26.0932	18.1354	37	54	−17	89
	娄底市	19.2187	17.9932	111	55	56	90
	黄山市	27.6593	17.9775	27	56	−29	91
	常德市	10.3075	17.9287	225	57	168	92
	宿州市	13.9825	17.9182	196	58	138	93
	赣州市	23.6154	17.7429	64	59	5	94
	北海市	16.6472	17.7348	156	60	96	95
	唐山市	23.5486	17.7337	67	61	6	96
	荆门市	18.6386	17.7279	127	62	65	97
	鄂尔多斯市	14.4664	17.6524	189	63	126	98

续表

城市		标准化值		同类型城市排名		近一年排名变化	全国排名
		2019年	2020年	2019年	2020年		
地级市	绥化市	19.3901	17.4742	108	64	44	99
	湘潭市	14.9059	17.4416	184	65	119	100
	泰安市	18.9787	17.4192	119	66	53	102
	蚌埠市	21.3582	17.3556	86	67	19	103
	滁州市	21.9701	17.2679	79	68	11	104
	宜宾市	19.2899	17.1681	110	69	41	105
	衢州市	27.6328	17.1364	28	70	−42	106
	广元市	18.5003	17.1300	128	71	57	107
	南充市	19.1641	17.0455	112	72	40	108
	鄂州市	21.4266	16.9558	84	73	11	109
	葫芦岛市	24.3362	16.9535	53	74	−21	110
	邯郸市	23.0023	16.8662	71	75	−4	111
	巴中市	8.8295	16.8234	237	76	161	112
	乐山市	17.5577	16.8223	142	77	65	113
	梧州市	18.3262	16.7658	131	78	53	114
	泸州市	10.7364	16.7404	221	79	142	115
	保定市	26.9764	16.7241	34	80	−46	116
	株洲市	17.9361	16.6784	139	81	58	117
	咸宁市	14.9303	16.5223	182	82	100	118
	长治市	23.0298	16.3993	70	83	−13	119
	防城港市	18.6484	16.2032	126	84	42	120
	马鞍山市	24.5521	16.1935	49	85	−36	121
	安庆市	25.1692	16.1752	45	86	−41	122
	滨州市	23.5588	16.1116	65	87	−22	123
	秦皇岛市	16.9130	16.0316	152	88	64	124
	六安市	14.5850	16.0228	188	89	99	125
	龙岩市	17.3002	15.9117	145	90	55	126
	茂名市	9.3125	15.8649	234	91	143	127
	辽源市	19.1483	15.7282	114	92	22	128
	益阳市	14.8513	15.7015	186	93	93	129
	淮安市	20.0453	15.6891	99	94	5	130
	清远市	22.2488	15.5733	77	95	−18	131
	晋城市	4.8348	15.3728	245	96	149	132

续表

城市		标准化值		同类型城市排名		近一年排名变化	全国排名
		2019年	2020年	2019年	2020年		
地级市	大同市	13.9711	15.1788	198	97	101	133
	广安市	17.5100	15.0482	143	98	45	134
	丹东市	15.2506	14.9682	177	99	78	135
	肇庆市	23.8167	14.8046	62	100	–38	136
	嘉峪关市	15.9191	14.7228	167	101	66	137
	鹤壁市	19.5007	14.6592	107	102	5	138
	汉中市	25.2804	14.6370	43	103	–60	139
	眉山市	13.1463	14.6341	203	104	99	140
	安顺市	11.2604	14.5742	215	105	110	141
	乌海市	17.1592	14.5572	148	106	42	142
	临沂市	22.2644	14.4696	76	107	–31	143
	漳州市	23.3377	14.4548	68	108	–40	144
	贵港市	15.4150	14.2689	174	109	65	145
	包头市	19.0586	14.2534	116	110	6	146
	石嘴山市	19.0423	14.2357	117	111	6	147
	芜湖市	16.6050	14.1969	158	112	46	148
	新余市	14.1120	14.1447	193	113	80	149
	枣庄市	15.4394	14.1202	172	114	58	150
	三亚市	23.8468	14.1024	61	115	–54	151
	雅安市	8.5953	13.9422	238	116	122	152
	咸阳市	27.2582	13.8378	30	117	–87	153
	遂宁市	20.5265	13.8112	95	118	–23	154
	邵阳市	21.1543	13.7840	89	119	–30	155
	三明市	30.4784	13.7591	21	120	–99	156
	德阳市	20.3178	13.7267	96	121	–25	157
	营口市	19.2899	13.4156	109	122	–13	158
	菏泽市	17.2978	13.3271	146	123	23	159
	黄冈市	24.1941	13.2096	57	124	–67	160
	鹰潭市	27.0894	13.1869	32	125	–93	161
	韶关市	15.6687	13.0954	170	126	44	162
	毕节市	12.7179	13.0748	207	127	80	163
	淮南市	20.9282	13.0723	91	128	–37	164
	沧州市	42.7128	13.0617	6	129	–123	165

续表

城市		标准化值		同类型城市排名		近一年排名变化	全国排名
		2019年	2020年	2019年	2020年		
地级市	定西市	17.3753	13.0461	144	130	14	166
	上饶市	16.6374	12.9736	157	131	26	167
	汕尾市	31.0569	12.5992	19	132	–113	168
	抚州市	14.8737	12.5229	185	133	52	169
	自贡市	4.0877	12.5213	248	134	114	170
	延安市	12.1681	12.3819	210	135	75	171
	连云港市	19.6507	12.3327	106	136	–30	172
	宁德市	27.1064	12.2205	31	137	–106	173
	南阳市	15.4151	12.2047	173	138	35	174
	吴忠市	9.5618	12.1484	232	139	93	175
	张掖市	15.7634	12.1414	169	140	29	176
	阜阳市	19.8326	12.1348	100	141	–41	177
	铜川市	9.2418	12.1229	235	142	93	178
	河源市	33.6359	12.0447	10	143	–133	179
	宜春市	18.1757	12.0361	135	144	–9	180
	锦州市	20.7972	11.9046	92	145	–53	181
	巴彦淖尔市	23.2144	11.8929	69	146	–77	182
	松原市	26.7457	11.8796	35	147	–112	183
	朔州市	17.7504	11.8619	140	148	–8	184
	荆州市	24.3449	11.7061	52	149	–97	185
	日照市	15.3920	11.6797	175	150	25	186
	赤峰市	17.9632	11.5722	138	151	–13	187
	廊坊市	25.9656	11.5717	39	152	–113	188
	齐齐哈尔市	24.4227	11.5500	51	153	–102	189
	四平市	24.7891	11.5078	47	154	–107	190
	吕梁市	11.2227	11.5056	216	155	61	191
	白银市	13.6055	11.4603	201	156	45	192
	洛阳市	15.2225	11.4494	178	157	21	193
	驻马店市	18.0828	11.4482	137	158	–21	194
	儋州市	10.3942	11.4204	224	159	65	195
	内江市	18.1273	11.4138	136	160	–24	196
	晋中市	16.7710	11.3326	154	161	–7	197
	酒泉市	11.0235	11.3316	220	162	58	198

续表

城市		标准化值		同类型城市排名		近一年排名变化	全国排名
		2019年	2020年	2019年	2020年		
地级市	池州市	12.2289	11.3308	209	163	46	199
	佳木斯市	18.1830	11.2949	134	164	−30	200
	盘锦市	16.3639	11.2762	161	165	−4	201
	亳州市	9.8320	11.1768	229	166	63	202
	铜仁市	24.2545	11.1023	56	167	−111	203
	景德镇市	21.1833	11.0344	87	168	−81	204
	武威市	17.1078	11.0121	149	169	−20	205
	贺州市	18.9894	10.9676	118	170	−52	206
	安康市	16.3164	10.9209	162	171	−9	207
	孝感市	2.2179	10.9066	252	172	80	208
	朝阳市	12.7940	10.8688	205	173	32	209
	固原市	1.5367	10.8563	253	174	79	210
	湛江市	17.7046	10.8478	141	175	−34	211
	吉安市	18.7536	10.8257	123	176	−53	212
	白山市	7.3878	10.7884	240	177	63	213
	梅州市	9.5865	10.6800	230	178	52	214
	辽阳市	17.2611	10.6614	147	179	−32	215
	宣城市	20.2879	10.5926	97	180	−83	216
	揭阳市	11.1091	10.5602	219	181	38	217
	衡水市	19.8286	10.5521	101	182	−81	218
	张家界市	10.6871	10.5408	222	183	39	219
	白城市	18.2106	10.3730	133	184	−51	220
	阜新市	18.9336	10.2142	121	185	−64	221
	安阳市	21.8627	10.1803	80	186	−106	222
	崇左市	18.6615	10.0673	125	187	−62	223
	来宾市	2.2203	10.0527	251	188	63	224
	玉林市	15.4630	10.0162	171	189	−18	225
	随州市	9.4310	9.9465	233	190	43	226
	永州市	6.2341	9.8574	243	191	52	227
	怀化市	11.1350	9.6359	217	192	25	228
	萍乡市	16.4177	9.5702	160	193	−33	229
	钦州市	13.7335	9.5403	199	194	5	230
	达州市	3.8694	9.4237	249	195	54	231

续表

城市		标准化值		同类型城市排名		近一年排名变化	全国排名
		2019年	2020年	2019年	2020年		
地级市	榆林市	16.2435	9.4053	164	196	–32	232
	资阳市	18.9260	9.3956	122	197	–75	233
	三门峡市	14.6414	9.2097	187	198	–11	234
	淮北市	13.9714	9.1189	197	199	–2	235
	漯河市	10.1651	9.0356	226	200	26	236
	海东市	2.8654	9.0102	250	201	49	237
	七台河市	13.3154	8.9976	202	202	0	238
	云浮市	12.7224	8.9023	206	203	3	239
	庆阳市	15.3842	8.8457	176	204	–28	240
	抚顺市	4.6987	8.8204	246	205	41	241
	普洱市	13.6057	8.8113	200	206	–6	242
	运城市	14.1995	8.7685	192	207	–15	243
	本溪市	21.7817	8.6264	81	208	–127	244
	铁岭市	14.0457	8.5883	195	209	–14	245
	平凉市	12.9691	8.5459	204	210	–6	246
	焦作市	19.7927	8.4558	102	211	–109	247
	商洛市	15.1963	8.2521	179	212	–33	248
	鞍山市	31.5174	8.1810	16	213	–197	249
	吉林市	24.1921	7.9934	58	214	–156	250
	乌兰察布市	25.8796	7.8452	40	215	–175	251
	商丘市	16.8689	7.8375	153	216	–63	252
	承德市	31.9772	7.7303	14	217	–203	253
	大庆市	11.1200	7.7253	218	218	0	254
	克拉玛依市	14.2268	7.6485	191	219	–28	255
	阳泉市	20.6414	7.6226	93	220	–127	256
	通辽市	8.5354	7.4902	239	221	18	257
	许昌市	4.1596	7.1904	247	222	25	258
	潮州市	11.8550	7.1126	211	223	–12	259
	百色市	20.6359	6.7767	94	224	–130	260
	伊春市	12.5313	6.6942	208	225	–17	261
	周口市	14.9294	6.5820	183	226	–43	262
	陇南市	15.8648	6.3189	168	227	–59	263
	金昌市	9.9600	6.3008	228	228	0	264

续表

城市		标准化值		同类型城市排名		近一年排名变化	全国排名
		2019年	2020年	2019年	2020年		
地级市	平顶山市	6.9151	6.1646	242	229	13	265
	呼伦贝尔市	31.9687	6.0829	15	230	–215	266
	邢台市	43.4261	6.0550	5	231	–226	267
	河池市	15.1832	5.9814	180	232	–52	268
	丽江市	24.7763	5.7780	48	233	–185	269
	宝鸡市	9.5762	5.7281	231	234	–3	270
	新乡市	14.0954	5.6888	194	235	–41	271
	牡丹江市	18.6694	5.6851	124	236	–112	272
	信阳市	16.5491	5.6653	159	237	–78	273
	开封市	14.9629	5.4722	181	238	–57	274
	保山市	11.7720	5.3606	212	239	–27	275
	曲靖市	14.3182	4.8507	190	240	–50	276
	临汾市	17.0171	4.6242	150	241	–91	277
	中卫市	21.1748	4.5455	88	242	–154	278
	濮阳市	22.0002	4.3611	78	243	–165	279
	双鸭山市	22.3988	4.2795	74	244	–170	280
	天水市	15.9478	4.0782	166	245	–79	281
	临沧市	11.5213	3.7919	213	246	–33	282
	昭通市	5.9031	3.7643	244	247	–3	283
	鸡西市	8.8303	3.5962	236	248	–12	284
	通化市	20.0672	3.5927	98	249	–151	285
	鹤岗市	10.1166	3.4058	227	250	–23	286
	张家口市	23.8797	3.1717	60	251	–191	287
	黑河市	19.1583	3.0702	113	252	–139	288
	忻州市	7.3220	2.2189	241	253	–12	289

附录二

有关文件①

优化营商环境条例②

（2019年10月8日国务院第66次常务会议通过）

第一章　总　则

第一条　为了持续优化营商环境，不断解放和发展社会生产力，加快建设现代化经济体系，推动高质量发展，制定本条例。

第二条　本条例所称营商环境，是指企业等市场主体在市场经济活动中所涉及的体制机制性因素和条件。

第三条　国家持续深化简政放权、放管结合、优化服务改革，最大限度减少政府对市场资源的直接配置，最大限度减少政府对市场活动的直接干预，加强和规范事中事后监管，着力提升政务服务能力和水平，切实降低制度性交易成本，更大激发市场活力和社会创造力，增强发展动力。

各级人民政府及其部门应当坚持政务公开透明，以公开为常态、不公开为例外，全面推进决策、执行、管理、服务、结果公开。

第四条　优化营商环境应当坚持市场化、法治化、国际化原则，以市场主体需求为导向，以深刻转变政府职能为核心，创新体制机制、强化协同联动、完善法治保障，对标国际先进水平，为各类市场主体投资兴业营造稳定、公平、透明、可预期的

---

①　本部分摘录了中共中央办公厅、国务院办公厅印发的关于优化营商环境的相关文件，以及北京市、上海市、广州市、深圳经济特区的优化营商环境条例。

②　本条例摘自中华人民共和国中央人民政府网站，网址：http://www.gov.cn/zhengce/content/2019-10/23/content_5443963.htm。

良好环境。

第五条　国家加快建立统一开放、竞争有序的现代市场体系，依法促进各类生产要素自由流动，保障各类市场主体公平参与市场竞争。

第六条　国家鼓励、支持、引导非公有制经济发展，激发非公有制经济活力和创造力。

国家进一步扩大对外开放，积极促进外商投资，平等对待内资企业、外商投资企业等各类市场主体。

第七条　各级人民政府应当加强对优化营商环境工作的组织领导，完善优化营商环境的政策措施，建立健全统筹推进、督促落实优化营商环境工作的相关机制，及时协调、解决优化营商环境工作中的重大问题。

县级以上人民政府有关部门应当按照职责分工，做好优化营商环境的相关工作。县级以上地方人民政府根据实际情况，可以明确优化营商环境工作的主管部门。

国家鼓励和支持各地区、各部门结合实际情况，在法治框架内积极探索原创性、差异化的优化营商环境具体措施；对探索中出现失误或者偏差，符合规定条件的，可以予以免责或者减轻责任。

第八条　国家建立和完善以市场主体和社会公众满意度为导向的营商环境评价体系，发挥营商环境评价对优化营商环境的引领和督促作用。

开展营商环境评价，不得影响各地区、各部门正常工作，不得影响市场主体正常生产经营活动或者增加市场主体负担。

任何单位不得利用营商环境评价谋取利益。

第九条　市场主体应当遵守法律法规，恪守社会公德和商业道德，诚实守信、公平竞争，履行安全、质量、劳动者权益保护、消费者权益保护等方面的法定义务，在国际经贸活动中遵循国际通行规则。

第二章　市场主体保护

第十条　国家坚持权利平等、机会平等、规则平等，保障各种所有制经济平等受到法律保护。

第十一条　市场主体依法享有经营自主权。对依法应当由市场主体自主决策的各类事项，任何单位和个人不得干预。

第十二条　国家保障各类市场主体依法平等使用资金、技术、人力资源、土地使用权及其他自然资源等各类生产要素和公共服务资源。

各类市场主体依法平等适用国家支持发展的政策。政府及其有关部门在政府资金安排、土地供应、税费减免、资质许可、标准制定、项目申报、职称评定、人力资源政策等方面，应当依法平等对待各类市场主体，不得制定或者实施歧视性政策措施。

第十三条　招标投标和政府采购应当公开透明、公平公正，依法平等对待各类所有制和不同地区的市场主体，不得以不合理条件或者产品产地来源等进行限制或者排斥。

政府有关部门应当加强招标投标和政府采购监管，依法纠正和查处违法违规行为。

第十四条　国家依法保护市场主体的财产权和其他合法权益，保护企业经营者人身和财产安全。

严禁违反法定权限、条件、程序对市场主体的财产和企业经营者个人财产实施查封、冻结和扣押等行政强制措施；依法确需实施前述行政强制措施的，应当限定在所必需的范围内。

禁止在法律、法规规定之外要求市场主体提供财力、物力或者人力的摊派行为。市场主体有权拒绝任何形式的摊派。

第十五条　国家建立知识产权侵权惩罚性赔偿制度，推动建立知识产权快速协同保护机制，健全知识产权纠纷多元化解决机制和知识产权维权援助机制，加大对知识产权的保护力度。

国家持续深化商标注册、专利申请便利化改革，提高商标注册、专利申请审查效率。

第十六条　国家加大中小投资者权益保护力度，完善中小投资者权益保护机制，保障中小投资者的知情权、参与权，提升中小投资者维护合法权益的便利度。

第十七条　除法律、法规另有规定外，市场主体有权自主决定加入或者退出行业协会商会等社会组织，任何单位和个人不得干预。

除法律、法规另有规定外，任何单位和个人不得强制或者变相强制市场主体参加评比、达标、表彰、培训、考核、考试以及类似活动，不得借前述活动向市场主体收费或者变相收费。

第十八条　国家推动建立全国统一的市场主体维权服务平台，为市场主体提供高效、便捷的维权服务。

第三章 市场环境

第十九条 国家持续深化商事制度改革，统一企业登记业务规范，统一数据标准和平台服务接口，采用统一社会信用代码进行登记管理。

国家推进“证照分离”改革，持续精简涉企经营许可事项，依法采取直接取消审批、审批改为备案、实行告知承诺、优化审批服务等方式，对所有涉企经营许可事项进行分类管理，为企业取得营业执照后开展相关经营活动提供便利。除法律、行政法规规定的特定领域外，涉企经营许可事项不得作为企业登记的前置条件。

政府有关部门应当按照国家有关规定，简化企业从申请设立到具备一般性经营条件所需办理的手续。在国家规定的企业开办时限内，各地区应当确定并公开具体办理时间。

企业申请办理住所等相关变更登记的，有关部门应当依法及时办理，不得限制。除法律、法规、规章另有规定外，企业迁移后其持有的有效许可证件不再重复办理。

第二十条 国家持续放宽市场准入，并实行全国统一的市场准入负面清单制度。市场准入负面清单以外的领域，各类市场主体均可以依法平等进入。

各地区、各部门不得另行制定市场准入性质的负面清单。

第二十一条 政府有关部门应当加大反垄断和反不正当竞争执法力度，有效预防和制止市场经济活动中的垄断行为、不正当竞争行为以及滥用行政权力排除、限制竞争的行为，营造公平竞争的市场环境。

第二十二条 国家建立健全统一开放、竞争有序的人力资源市场体系，打破城乡、地区、行业分割和身份、性别等歧视，促进人力资源有序社会性流动和合理配置。

第二十三条 政府及其有关部门应当完善政策措施、强化创新服务，鼓励和支持市场主体拓展创新空间，持续推进产品、技术、商业模式、管理等创新，充分发挥市场主体在推动科技成果转化中的作用。

第二十四条 政府及其有关部门应当严格落实国家各项减税降费政策，及时研究解决政策落实中的具体问题，确保减税降费政策全面、及时惠及市场主体。

第二十五条 设立政府性基金、涉企行政事业性收费、涉企保证金，应当有法律、行政法规依据或者经国务院批准。对政府性基金、涉企行政事业性收费、涉企保证金以及实行政府定价的经营服务性收费，实行目录清单管理并向社会公开，目录清单之外的前述收费和保证金一律不得执行。推广以金融机构保函替代现金缴纳涉企保证金。

第二十六条　国家鼓励和支持金融机构加大对民营企业、中小企业的支持力度，降低民营企业、中小企业综合融资成本。

金融监督管理部门应当完善对商业银行等金融机构的监管考核和激励机制，鼓励、引导其增加对民营企业、中小企业的信贷投放，并合理增加中长期贷款和信用贷款支持，提高贷款审批效率。

商业银行等金融机构在授信中不得设置不合理条件，不得对民营企业、中小企业设置歧视性要求。商业银行等金融机构应当按照国家有关规定规范收费行为，不得违规向服务对象收取不合理费用。商业银行应当向社会公开开设企业账户的服务标准、资费标准和办理时限。

第二十七条　国家促进多层次资本市场规范健康发展，拓宽市场主体融资渠道，支持符合条件的民营企业、中小企业依法发行股票、债券以及其他融资工具，扩大直接融资规模。

第二十八条　供水、供电、供气、供热等公用企事业单位应当向社会公开服务标准、资费标准等信息，为市场主体提供安全、便捷、稳定和价格合理的服务，不得强迫市场主体接受不合理的服务条件，不得以任何名义收取不合理费用。各地区应当优化报装流程，在国家规定的报装办理时限内确定并公开具体办理时间。

政府有关部门应当加强对公用企事业单位运营的监督管理。

第二十九条　行业协会商会应当依照法律、法规和章程，加强行业自律，及时反映行业诉求，为市场主体提供信息咨询、宣传培训、市场拓展、权益保护、纠纷处理等方面的服务。

国家依法严格规范行业协会商会的收费、评比、认证等行为。

第三十条　国家加强社会信用体系建设，持续推进政务诚信、商务诚信、社会诚信和司法公信建设，提高全社会诚信意识和信用水平，维护信用信息安全，严格保护商业秘密和个人隐私。

第三十一条　地方各级人民政府及其有关部门应当履行向市场主体依法作出的政策承诺以及依法订立的各类合同，不得以行政区划调整、政府换届、机构或者职能调整以及相关责任人更替等为由违约毁约。因国家利益、社会公共利益需要改变政策承诺、合同约定的，应当依照法定权限和程序进行，并依法对市场主体因此受到的损失予以补偿。

第三十二条　国家机关、事业单位不得违约拖欠市场主体的货物、工程、服务等账款，大型企业不得利用优势地位拖欠中小企业账款。

县级以上人民政府及其有关部门应当加大对国家机关、事业单位拖欠市场主体账款的清理力度，并通过加强预算管理、严格责任追究等措施，建立防范和治理国家机关、事业单位拖欠市场主体账款的长效机制。

第三十三条　政府有关部门应当优化市场主体注销办理流程，精简申请材料、压缩办理时间、降低注销成本。对设立后未开展生产经营活动或者无债权债务的市场主体，可以按照简易程序办理注销。对有债权债务的市场主体，在债权债务依法解决后及时办理注销。

县级以上地方人民政府应当根据需要建立企业破产工作协调机制，协调解决企业破产过程中涉及的有关问题。

第四章　政务服务

第三十四条　政府及其有关部门应当进一步增强服务意识，切实转变工作作风，为市场主体提供规范、便利、高效的政务服务。

第三十五条　政府及其有关部门应当推进政务服务标准化，按照减环节、减材料、减时限的要求，编制并向社会公开政务服务事项（包括行政权力事项和公共服务事项，下同）标准化工作流程和办事指南，细化量化政务服务标准，压缩自由裁量权，推进同一事项实行无差别受理、同标准办理。没有法律、法规、规章依据，不得增设政务服务事项的办理条件和环节。

第三十六条　政府及其有关部门办理政务服务事项，应当根据实际情况，推行当场办结、一次办结、限时办结等制度，实现集中办理、就近办理、网上办理、异地可办。需要市场主体补正有关材料、手续的，应当一次性告知需要补正的内容；需要进行现场踏勘、现场核查、技术审查、听证论证的，应当及时安排、限时办结。

法律、法规、规章以及国家有关规定对政务服务事项办理时限有规定的，应当在规定的时限内尽快办结；没有规定的，应当按照合理、高效的原则确定办理时限并按时办结。各地区可以在国家规定的政务服务事项办理时限内进一步压减时间，并应当向社会公开；超过办理时间的，办理单位应当公开说明理由。

地方各级人民政府已设立政务服务大厅的，本行政区域内各类政务服务事项一般应当进驻政务服务大厅统一办理。对政务服务大厅中部门分设的服务窗口，应当创造条件整合为综合窗口，提供一站式服务。

第三十七条 国家加快建设全国一体化在线政务服务平台（以下称一体化在线平台），推动政务服务事项在全国范围内实现“一网通办”。除法律、法规另有规定或者涉及国家秘密等情形外，政务服务事项应当按照国务院确定的步骤，纳入一体化在线平台办理。

国家依托一体化在线平台，推动政务信息系统整合，优化政务流程，促进政务服务跨地区、跨部门、跨层级数据共享和业务协同。政府及其有关部门应当按照国家有关规定，提供数据共享服务，及时将有关政务服务数据上传至一体化在线平台，加强共享数据使用全过程管理，确保共享数据安全。

国家建立电子证照共享服务系统，实现电子证照跨地区、跨部门共享和全国范围内互信互认。各地区、各部门应当加强电子证照的推广应用。

各地区、各部门应当推动政务服务大厅与政务服务平台全面对接融合。市场主体有权自主选择政务服务办理渠道，行政机关不得限定办理渠道。

第三十八条 政府及其有关部门应当通过政府网站、一体化在线平台，集中公布涉及市场主体的法律、法规、规章、行政规范性文件和各类政策措施，并通过多种途径和方式加强宣传解读。

第三十九条 国家严格控制新设行政许可。新设行政许可应当按照行政许可法和国务院的规定严格设定标准，并进行合法性、必要性和合理性审查论证。对通过事中事后监管或者市场机制能够解决以及行政许可法和国务院规定不得设立行政许可的事项，一律不得设立行政许可，严禁以备案、登记、注册、目录、规划、年检、年报、监制、认定、认证、审定以及其他任何形式变相设定或者实施行政许可。

法律、行政法规和国务院决定对相关管理事项已作出规定，但未采取行政许可管理方式的，地方不得就该事项设定行政许可。对相关管理事项尚未制定法律、行政法规的，地方可以依法就该事项设定行政许可。

第四十条 国家实行行政许可清单管理制度，适时调整行政许可清单并向社会公布，清单之外不得违法实施行政许可。

国家大力精简已有行政许可。对已取消的行政许可，行政机关不得继续实施或者变相实施，不得转由行业协会商会或者其他组织实施。

对实行行政许可管理的事项，行政机关应当通过整合实施、下放审批层级等多种方式，优化审批服务，提高审批效率，减轻市场主体负担。符合相关条件和要求的，可以按照有关规定采取告知承诺的方式办理。

第四十一条　县级以上地方人民政府应当深化投资审批制度改革，根据项目性质、投资规模等分类规范投资审批程序，精简审批要件，简化技术审查事项，强化项目决策与用地、规划等建设条件落实的协同，实行与相关审批在线并联办理。

第四十二条　设区的市级以上地方人民政府应当按照国家有关规定，优化工程建设项目（不包括特殊工程和交通、水利、能源等领域的重大工程）审批流程，推行并联审批、多图联审、联合竣工验收等方式，简化审批手续，提高审批效能。

在依法设立的开发区、新区和其他有条件的区域，按照国家有关规定推行区域评估，由设区的市级以上地方人民政府组织对一定区域内压覆重要矿产资源、地质灾害危险性等事项进行统一评估，不再对区域内的市场主体单独提出评估要求。区域评估的费用不得由市场主体承担。

第四十三条　作为办理行政审批条件的中介服务事项（以下称法定行政审批中介服务）应当有法律、法规或者国务院决定依据；没有依据的，不得作为办理行政审批的条件。中介服务机构应当明确办理法定行政审批中介服务的条件、流程、时限、收费标准，并向社会公开。

国家加快推进中介服务机构与行政机关脱钩。行政机关不得为市场主体指定或者变相指定中介服务机构；除法定行政审批中介服务外，不得强制或者变相强制市场主体接受中介服务。行政机关所属事业单位、主管的社会组织及其举办的企业不得开展与本机关所负责行政审批相关的中介服务，法律、行政法规另有规定的除外。

行政机关在行政审批过程中需要委托中介服务机构开展技术性服务的，应当通过竞争性方式选择中介服务机构，并自行承担服务费用，不得转嫁给市场主体承担。

第四十四条　证明事项应当有法律、法规或者国务院决定依据。

设定证明事项，应当坚持确有必要、从严控制的原则。对通过法定证照、法定文书、书面告知承诺、政府部门内部核查和部门间核查、网络核验、合同凭证等能够办理，能够被其他材料涵盖或者替代，以及开具单位无法调查核实的，不得设定证明事项。

政府有关部门应当公布证明事项清单，逐项列明设定依据、索要单位、开具单位、办理指南等。清单之外，政府部门、公用企事业单位和服务机构不得索要证明。各地区、各部门之间应当加强证明的互认共享，避免重复索要证明。

第四十五条　政府及其有关部门应当按照国家促进跨境贸易便利化的有关要求，依法削减进出口环节审批事项，取消不必要的监管要求，优化简化通关流程，提高通关效率，清理规范口岸收费，降低通关成本，推动口岸和国际贸易领域相关业务统一通过国际贸易“单一窗口”办理。

第四十六条　税务机关应当精简办税资料和流程，简并申报缴税次数，公开涉税事项办理时限，压减办税时间，加大推广使用电子发票的力度，逐步实现全程网上办税，持续优化纳税服务。

第四十七条　不动产登记机构应当按照国家有关规定，加强部门协作，实行不动产登记、交易和缴税一窗受理、并行办理，压缩办理时间，降低办理成本。在国家规定的不动产登记时限内，各地区应当确定并公开具体办理时间。

国家推动建立统一的动产和权利担保登记公示系统，逐步实现市场主体在一个平台上办理动产和权利担保登记。纳入统一登记公示系统的动产和权利范围另行规定。

第四十八条　政府及其有关部门应当按照构建亲清新型政商关系的要求，建立畅通有效的政企沟通机制，采取多种方式及时听取市场主体的反映和诉求，了解市场主体生产经营中遇到的困难和问题，并依法帮助其解决。

建立政企沟通机制，应当充分尊重市场主体意愿，增强针对性和有效性，不得干扰市场主体正常生产经营活动，不得增加市场主体负担。

第四十九条　政府及其有关部门应当建立便利、畅通的渠道，受理有关营商环境的投诉和举报。

第五十条　新闻媒体应当及时、准确宣传优化营商环境的措施和成效，为优化营商环境创造良好舆论氛围。

国家鼓励对营商环境进行舆论监督，但禁止捏造虚假信息或者歪曲事实进行不实报道。

第五章　监管执法

第五十一条　政府有关部门应当严格按照法律法规和职责，落实监管责任，明确监管对象和范围、厘清监管事权，依法对市场主体进行监管，实现监管全覆盖。

第五十二条　国家健全公开透明的监管规则和标准体系。国务院有关部门应当分领域制定全国统一、简明易行的监管规则和标准，并向社会公开。

第五十三条　政府及其有关部门应当按照国家关于加快构建以信用为基础的新型

监管机制的要求，创新和完善信用监管，强化信用监管的支撑保障，加强信用监管的组织实施，不断提升信用监管效能。

第五十四条　国家推行“双随机、一公开”监管，除直接涉及公共安全和人民群众生命健康等特殊行业、重点领域外，市场监管领域的行政检查应当通过随机抽取检查对象、随机选派执法检查人员、抽查事项及查处结果及时向社会公开的方式进行。针对同一检查对象的多个检查事项，应当尽可能合并或者纳入跨部门联合抽查范围。

对直接涉及公共安全和人民群众生命健康等特殊行业、重点领域，依法依规实行全覆盖的重点监管，并严格规范重点监管的程序；对通过投诉举报、转办交办、数据监测等发现的问题，应当有针对性地进行检查并依法依规处理。

第五十五条　政府及其有关部门应当按照鼓励创新的原则，对新技术、新产业、新业态、新模式等实行包容审慎监管，针对其性质、特点分类制定和实行相应的监管规则和标准，留足发展空间，同时确保质量和安全，不得简单化予以禁止或者不予监管。

第五十六条　政府及其有关部门应当充分运用互联网、大数据等技术手段，依托国家统一建立的在线监管系统，加强监管信息归集共享和关联整合，推行以远程监管、移动监管、预警防控为特征的非现场监管，提升监管的精准化、智能化水平。

第五十七条　国家建立健全跨部门、跨区域行政执法联动响应和协作机制，实现违法线索互联、监管标准互通、处理结果互认。

国家统筹配置行政执法职能和执法资源，在相关领域推行综合行政执法，整合精简执法队伍，减少执法主体和执法层级，提高基层执法能力。

第五十八条　行政执法机关应当按照国家有关规定，全面落实行政执法公示、行政执法全过程记录和重大行政执法决定法制审核制度，实现行政执法信息及时准确公示、行政执法全过程留痕和可回溯管理、重大行政执法决定法制审核全覆盖。

第五十九条　行政执法中应当推广运用说服教育、劝导示范、行政指导等非强制性手段，依法慎重实施行政强制。采用非强制性手段能够达到行政管理目的的，不得实施行政强制；违法行为情节轻微或者社会危害较小的，可以不实施行政强制；确需实施行政强制的，应当尽可能减少对市场主体正常生产经营活动的影响。

开展清理整顿、专项整治等活动，应当严格依法进行，除涉及人民群众生命安全、发生重特大事故或者举办国家重大活动，并报经有权机关批准外，不得在相关区域采取要求相关行业、领域的市场主体普遍停产、停业的措施。

禁止将罚没收入与行政执法机关利益挂钩。

第六十条 国家健全行政执法自由裁量基准制度，合理确定裁量范围、种类和幅度，规范行政执法自由裁量权的行使。

第六章 法治保障

第六十一条 国家根据优化营商环境需要，依照法定权限和程序及时制定或者修改、废止有关法律、法规、规章、行政规范性文件。

优化营商环境的改革措施涉及调整实施现行法律、行政法规等有关规定的，依照法定程序经有权机关授权后，可以先行先试。

第六十二条 制定与市场主体生产经营活动密切相关的行政法规、规章、行政规范性文件，应当按照国务院的规定，充分听取市场主体、行业协会商会的意见。

除依法需要保密外，制定与市场主体生产经营活动密切相关的行政法规、规章、行政规范性文件，应当通过报纸、网络等向社会公开征求意见，并建立健全意见采纳情况反馈机制。向社会公开征求意见的期限一般不少于30日。

第六十三条 制定与市场主体生产经营活动密切相关的行政法规、规章、行政规范性文件，应当按照国务院的规定进行公平竞争审查。

制定涉及市场主体权利义务的行政规范性文件，应当按照国务院的规定进行合法性审核。

市场主体认为地方性法规同行政法规相抵触，或者认为规章同法律、行政法规相抵触的，可以向国务院书面提出审查建议，由有关机关按照规定程序处理。

第六十四条 没有法律、法规或者国务院决定和命令依据的，行政规范性文件不得减损市场主体合法权益或者增加其义务，不得设置市场准入和退出条件，不得干预市场主体正常生产经营活动。

涉及市场主体权利义务的行政规范性文件应当按照法定要求和程序予以公布，未经公布的不得作为行政管理依据。

第六十五条 制定与市场主体生产经营活动密切相关的行政法规、规章、行政规范性文件，应当结合实际，确定是否为市场主体留出必要的适应调整期。

政府及其有关部门应当统筹协调、合理把握规章、行政规范性文件等的出台节奏，全面评估政策效果，避免因政策迭加或者相互不协调对市场主体正常生产经营活动造成不利影响。

第六十六条　国家完善调解、仲裁、行政裁决、行政复议、诉讼等有机衔接、相互协调的多元化纠纷解决机制，为市场主体提供高效、便捷的纠纷解决途径。

第六十七条　国家加强法治宣传教育，落实国家机关普法责任制，提高国家工作人员依法履职能力，引导市场主体合法经营、依法维护自身合法权益，不断增强全社会的法治意识，为营造法治化营商环境提供基础性支撑。

第六十八条　政府及其有关部门应当整合律师、公证、司法鉴定、调解、仲裁等公共法律服务资源，加快推进公共法律服务体系建设，全面提升公共法律服务能力和水平，为优化营商环境提供全方位法律服务。

第六十九条　政府和有关部门及其工作人员有下列情形之一的，依法依规追究责任：

（一）违法干预应当由市场主体自主决策的事项；

（二）制定或者实施政策措施不依法平等对待各类市场主体；

（三）违反法定权限、条件、程序对市场主体的财产和企业经营者个人财产实施查封、冻结和扣押等行政强制措施；

（四）在法律、法规规定之外要求市场主体提供财力、物力或者人力；

（五）没有法律、法规依据，强制或者变相强制市场主体参加评比、达标、表彰、培训、考核、考试以及类似活动，或者借前述活动向市场主体收费或者变相收费；

（六）违法设立或者在目录清单之外执行政府性基金、涉企行政事业性收费、涉企保证金；

（七）不履行向市场主体依法作出的政策承诺以及依法订立的各类合同，或者违约拖欠市场主体的货物、工程、服务等账款；

（八）变相设定或者实施行政许可，继续实施或者变相实施已取消的行政许可，或者转由行业协会商会或者其他组织实施已取消的行政许可；

（九）为市场主体指定或者变相指定中介服务机构，或者违法强制市场主体接受中介服务；

（十）制定与市场主体生产经营活动密切相关的行政法规、规章、行政规范性文件时，不按照规定听取市场主体、行业协会商会的意见；

（十一）其他不履行优化营商环境职责或者损害营商环境的情形。

第七十条　公用企事业单位有下列情形之一的，由有关部门责令改正，依法追究法律责任：

（一）不向社会公开服务标准、资费标准、办理时限等信息；

（二）强迫市场主体接受不合理的服务条件；

（三）向市场主体收取不合理费用。

第七十一条　行业协会商会、中介服务机构有下列情形之一的，由有关部门责令改正，依法追究法律责任：

（一）违法开展收费、评比、认证等行为；

（二）违法干预市场主体加入或者退出行业协会商会等社会组织；

（三）没有法律、法规依据，强制或者变相强制市场主体参加评比、达标、表彰、培训、考核、考试以及类似活动，或者借前述活动向市场主体收费或者变相收费；

（四）不向社会公开办理法定行政审批中介服务的条件、流程、时限、收费标准；

（五）违法强制或者变相强制市场主体接受中介服务。

第七章　附　则

第七十二条　本条例自2020年1月1日起施行。

国务院办公厅关于进一步优化营商环境更好服务市场主体的实施意见[①]

国办发〔2020〕24号

各省、自治区、直辖市人民政府，国务院各部委、各直属机构：

党中央、国务院高度重视深化“放管服”改革优化营商环境工作。近年来，我国营商环境明显改善，但仍存在一些短板和薄弱环节，特别是受新冠肺炎疫情等影响，企业困难凸显，亟需进一步聚焦市场主体关切，对标国际先进水平，既立足当前又着眼长远，更多采取改革的办法破解企业生产经营中的堵点痛点，强化为市场主体服务，加快打造市场化法治化国际化营商环境，这是做好“六稳”工作、落实“六保”任务的重要抓手。为持续深化“放管服”改革优化营商环境，更大激发市场活力，增强发展内生动力，经国务院同意，现提出以下意见。

一、持续提升投资建设便利度

（一）优化再造投资项目前期审批流程。从办成项目前期“一件事”出发，健全部门协同工作机制，加强项目立项与用地、规划等建设条件衔接，推动有条件的地方对项目可行性研究、用地预审、选址、环境影响评价、安全评价、水土保持评价、压覆重要矿产资源评估等事项，实行项目单位编报一套材料，政府部门统一受理、同步评估、同步审批、统一反馈，加快项目落地。优化全国投资项目在线审批监管平台审批流程，实现批复文件等在线打印。（国家发展改革委牵头，国务院相关部门及各地区按职责分工负责）

（二）进一步提升工程建设项目审批效率。全面推行工程建设项目分级分类管

① 本实施意见摘自中华人民共和国中央人民政府网站，网址：http://www.gov.cn/zhengce/content/2020-07/21/content_5528615.htm。

理，在确保安全前提下，对社会投资的小型低风险新建、改扩建项目，由政府部门发布统一的企业开工条件，企业取得用地、满足开工条件后作出相关承诺，政府部门直接发放相关证书，项目即可开工。加快推动工程建设项目全流程在线审批，推进工程建设项目审批管理系统与投资审批、规划、消防等管理系统数据实时共享，实现信息一次填报、材料一次上传、相关评审意见和审批结果即时推送。2020年底前将工程建设项目审批涉及的行政许可、备案、评估评审、中介服务、市政公用服务等纳入线上平台，公开办理标准和费用。（住房城乡建设部牵头，国务院相关部门及各地区按职责分工负责）

（三）深入推进"多规合一"。抓紧统筹各类空间性规划，积极推进各类相关规划数据衔接或整合，推动尽快消除规划冲突和"矛盾图斑"。统一测绘技术标准和规则，在用地、规划、施工、验收、不动产登记等各阶段，实现测绘成果共享互认，避免重复测绘。（自然资源部牵头，住房城乡建设部等国务院相关部门及各地区按职责分工负责）

二、进一步简化企业生产经营审批和条件

（四）进一步降低市场准入门槛。围绕工程建设、教育、医疗、体育等领域，集中清理有关部门和地方在市场准入方面对企业资质、资金、股比、人员、场所等设置的不合理条件，列出台账并逐项明确解决措施、责任主体和完成时限。研究对诊所设置、诊所执业实行备案管理，扩大医疗服务供给。对于海事劳工证书，推动由政府部门直接受理申请、开展检查和签发，不再要求企业为此接受船检机构检查，且不收取企业办证费用。通过在线审批等方式简化跨地区巡回演出审批程序。（国家发展改革委、教育部、住房城乡建设部、交通运输部、商务部、文化和旅游部、国家卫生健康委、体育总局等国务院相关部门及各地区按职责分工负责）

（五）精简优化工业产品生产流通等环节管理措施。2020年底前将保留的重要工业产品生产许可证管理权限全部下放给省级人民政府市场监督管理部门。加强机动车生产、销售、登记、维修、保险、报废等信息的共享和应用，提升机动车流通透明度。督促地方取消对二手车经销企业登记注册地设置的不合理规定，简化二手车经销企业购入机动车交易登记手续。2020年底前优化新能源汽车免征车辆购置税的车型目录和享受车船税减免优惠的车型目录发布程序，实现与道路机动车辆生产企业及产品

公告“一次申报、一并审查、一批发布”，企业依据产品公告即可享受相关税收减免政策。（工业和信息化部、公安部、财政部、交通运输部、商务部、税务总局、市场监管总局、银保监会等国务院相关部门按职责分工负责）

（六）降低小微企业等经营成本。支持地方开展“一照多址”改革，简化企业设立分支机构的登记手续。在确保食品安全前提下，鼓励有条件的地方合理放宽对连锁便利店制售食品在食品处理区面积等方面的审批要求，探索将食品经营许可（仅销售预包装食品）改为备案，合理制定并公布商户牌匾、照明设施等标准。鼓励引导平台企业适当降低向小微商户收取的平台佣金等服务费用和条码支付、互联网支付等手续费，严禁平台企业滥用市场支配地位收取不公平的高价服务费。在保障劳动者职业健康前提下，对职业病危害一般的用人单位适当降低职业病危害因素检测频次。在工程建设、政府采购等领域，推行以保险、保函等替代现金缴纳涉企保证金，减轻企业现金流压力。（市场监管总局、中央网信办、工业和信息化部、财政部、住房城乡建设部、交通运输部、水利部、国家卫生健康委、人民银行、银保监会等相关部门及各地区按职责分工负责）

三、优化外贸外资企业经营环境

（七）进一步提高进出口通关效率。推行进出口货物“提前申报”，企业提前办理申报手续，海关在货物运抵海关监管作业场所后即办理货物查验、放行手续。优化进口“两步申报”通关模式，企业进行“概要申报”且海关完成风险排查处置后，即允许企业将货物提离。在符合条件的监管作业场所开展进口货物“船边直提”和出口货物“抵港直装”试点。推行查验作业全程监控和留痕，允许有条件的地方实行企业自主选择是否陪同查验，减轻企业负担。严禁口岸为压缩通关时间简单采取单日限流、控制报关等不合理措施。（海关总署牵头，国务院相关部门及各地区按职责分工负责）

（八）拓展国际贸易“单一窗口”功能。加快“单一窗口”功能由口岸通关执法向口岸物流、贸易服务等全链条拓展，实现港口、船代、理货等收费标准线上公开、在线查询。除涉密等特殊情况外，进出口环节涉及的监管证件原则上都应通过“单一窗口”一口受理，由相关部门在后台分别办理并实施监管，推动实现企业在线缴费、自主打印证件。（海关总署牵头，生态环境部、交通运输部、农业农村部、商务部、

市场监管总局、国家药监局等国务院相关部门及各地区按职责分工负责）

（九）进一步减少外资外贸企业投资经营限制。支持外贸企业出口产品转内销，推行以外贸企业自我声明等方式替代相关国内认证，对已经取得相关国际认证且认证标准不低于国内标准的产品，允许外贸企业作出符合国内标准的书面承诺后直接上市销售，并加强事中事后监管。授权全国所有地级及以上城市开展外商投资企业注册登记。（商务部、市场监管总局等国务院相关部门及各地区按职责分工负责）

四、进一步降低就业创业门槛

（十）优化部分行业从业条件。推动取消除道路危险货物运输以外的道路货物运输驾驶员从业资格考试，并将相关考试培训内容纳入相应等级机动车驾驶证培训，驾驶员凭培训结业证书和机动车驾驶证申领道路货物运输驾驶员从业资格证。改革执业兽医资格考试制度，便利兽医相关专业高校在校生报名参加考试。加快推动劳动者入职体检结果互认，减轻求职者负担。（人力资源社会保障部、交通运输部、农业农村部等国务院相关部门及各地区按职责分工负责）

（十一）促进人才流动和灵活就业。2021年6月底前实现专业技术人才职称信息跨地区在线核验，鼓励地区间职称互认。引导有需求的企业开展“共享用工”，通过用工余缺调剂提高人力资源配置效率。统一失业保险转移办理流程，简化失业保险申领程序。各地要落实属地管理责任，在保障安全卫生、不损害公共利益等条件下，坚持放管结合，合理设定流动摊贩经营场所。（人力资源社会保障部、市场监管总局、住房城乡建设部等国务院相关部门及各地区按职责分工负责）

（十二）完善对新业态的包容审慎监管。加快评估已出台的新业态准入和监管政策，坚决清理各类不合理管理措施。在保证医疗安全和质量前提下，进一步放宽互联网诊疗范围，将符合条件的互联网医疗服务纳入医保报销范围，制定公布全国统一的互联网医疗审批标准，加快创新型医疗器械审评审批并推进临床应用。统一智能网联汽车自动驾驶功能测试标准，推动实现封闭场地测试结果全国通用互认，督促封闭场地向社会公开测试服务项目及收费标准，简化测试通知书申领及异地换发手续，对测试通知书到期但车辆状态未改变的无需重复测试、直接延长期限。降低导航电子地图制作测绘资质申请条件，压减资质延续和信息变更的办理时间。（工业和信息化部、公安部、自然资源部、交通运输部、国家卫生健康委、国家医保局、国家药监局等国

务院相关部门及各地区按职责分工负责）

（十三）增加新业态应用场景等供给。围绕城市治理、公共服务、政务服务等领域，鼓励地方通过搭建供需对接平台等为新技术、新产品提供更多应用场景。在条件成熟的特定路段及有需求的机场、港口、园区等区域探索开展智能网联汽车示范应用。建立健全政府及公共服务机构数据开放共享规则，推动公共交通、路政管理、医疗卫生、养老等公共服务领域和政府部门数据有序开放。（国家发展改革委牵头，中央网信办、工业和信息化部、公安部、民政部、住房城乡建设部、交通运输部、国家卫生健康委等相关部门及各地区按职责分工负责）

五、提升涉企服务质量和效率

（十四）推进企业开办经营便利化。全面推行企业开办全程网上办，提升企业名称自主申报系统核名智能化水平，在税务、人力资源社会保障、公积金、商业银行等服务领域加快实现电子营业执照、电子印章应用。放宽小微企业、个体工商户登记经营场所限制。探索推进“一业一证”改革，将一个行业准入涉及的多张许可证整合为一张许可证，实现“一证准营”、跨地互认通用。梳理各类强制登报公告事项，研究推动予以取消或调整为网上免费公告。加快推进政务服务事项跨省通办。（市场监管总局、国务院办公厅、司法部、人力资源社会保障部、住房城乡建设部、人民银行、税务总局、银保监会、证监会等国务院相关部门及各地区按职责分工负责）

（十五）持续提升纳税服务水平。2020年底前基本实现增值税专用发票电子化，主要涉税服务事项基本实现网上办理。简化增值税等税收优惠政策申报程序，原则上不再设置审批环节。强化税务、海关、人民银行等部门数据共享，加快出口退税进度，推行无纸化单证备案。（税务总局牵头，人民银行、海关总署等国务院相关部门按职责分工负责）

（十六）进一步提高商标注册效率。提高商标网上服务系统数据更新频率，提升系统智能检索功能，推动实现商标图形在线自动比对。进一步压缩商标异议、驳回复审的审查审理周期，及时反馈审查审理结果。2020年底前将商标注册平均审查周期压缩至4个月以内。（国家知识产权局负责）

（十七）优化动产担保融资服务。鼓励引导商业银行支持中小企业以应收账款、生产设备、产品、车辆、船舶、知识产权等动产和权利进行担保融资。推动建立以担保人名称为索引的电子数据库，实现对担保品登记状态信息的在线查询、修改或撤销。（人民银行牵头，国家发展改革委、公安部、交通运输部、市场监管总局、银保监会、国家知识产权局等国务院相关部门按职责分工负责）

六、完善优化营商环境长效机制

（十八）建立健全政策评估制度。研究制定建立健全政策评估制度的指导意见，以政策效果评估为重点，建立对重大政策开展事前、事后评估的长效机制，推进政策评估工作制度化、规范化，使政策更加科学精准、务实管用。（国务院办公厅牵头，各地区、各部门负责）

（十九）建立常态化政企沟通联系机制。加强与企业和行业协会商会的常态化联系，完善企业服务体系，加快建立营商环境诉求受理和分级办理“一张网”，更多采取“企业点菜”方式推进“放管服”改革。加快推进政务服务热线整合，进一步规范政务服务热线受理、转办、督办、反馈、评价流程，及时回应企业和群众诉求。（国务院办公厅牵头，国务院相关部门和单位及各地区按职责分工负责）

（二十）抓好惠企政策兑现。各地要梳理公布惠企政策清单，根据企业所属行业、规模等主动精准推送政策，县级政府出台惠企措施时要公布相关负责人及联系方式，实行政策兑现“落实到人”。鼓励推行惠企政策“免申即享”，通过政府部门信息共享等方式，实现符合条件的企业免予申报、直接享受政策。对确需企业提出申请的惠企政策，要合理设置并公开申请条件，简化申报手续，加快实现一次申报、全程网办、快速兑现。（各地区、各部门负责）

各地区、各部门要认真贯彻落实本意见提出的各项任务和要求，围绕市场主体需求，研究推出更多务实管用的改革举措，相关落实情况年底前报国务院。有关改革事项涉及法律法规调整的，要按照重大改革于法有据的要求，抓紧推动相关法律法规的立改废释。国务院办公厅要加强对深化“放管服”改革和优化营商环境工作的业务指导，强化统筹协调和督促落实，确保改革措施落地见效。

国务院办公厅

2020年7月15日

国务院办公厅关于做好优化营商环境改革举措复制推广借鉴工作的通知①

国办函〔2019〕89号

各省、自治区、直辖市人民政府，国务院各部委、各直属机构：

优化营商环境是党中央、国务院在新形势下作出的重大决策部署，是促进高质量发展的重要举措。近年来，各地区、各部门认真贯彻落实党中央、国务院决策部署，深入推进“放管服”改革，深刻转变政府职能，持续优化营商环境，取得积极成效。其中，北京市、上海市聚焦市场主体反映的突出问题，对标国际先进，推出大量改革举措，形成了一批典型经验做法。经国务院同意，现就在全国复制推广借鉴京沪两地优化营商环境改革举措有关事项通知如下。

一、在全国复制推广借鉴改革举措的主要内容

（一）在全国复制推广的改革举措。

主要包括：实行开办企业全程网上办，压缩企业设立登记时间，全面推广电子营业执照，优化印章刻制服务，实行社保用工登记“二合一”；实行客户用电线上报装；提供不动产登记、交易和缴税“一窗受理、并行办理”服务，提供不动产登记信息网上查询和现场自助查询服务；纳税“最多跑一次”；推广应用国际贸易“单一窗口”，公开口岸收费目录清单，口岸通关提前申报；建立“基本解决执行难”联动机制等13项改革举措。

① 本通知摘自中华人民共和国中央人民政府网站，网址：http://www.gov.cn/zhengce/content/2019-09/19/content_5431319.htm。

（二）供全国借鉴的改革举措。

主要包括：提供企业档案“容e查”服务；优化环境影响评价分类分级管理，实行数字化联合审图，推行工程招投标交易全过程电子化，实行施工许可证全程网上办；提供低压小微企业接电“零上门零审批零投资”服务，提供客户接电移动作业终端实时响应服务，实行接电工程双经理负责制；推行不动产登记信息和地籍管理信息互联互通，实行不动产登记电子证照协同互认，建立健全不动产登记和土地权籍测绘投诉机制及土地纠纷相关信息公开制度；住房公积金缴存业务全程网上办、“通缴通取”，实行纳税人线上“一表申请”、“一键报税”；实行通关全流程电子化，推行海关内部核批“一步作业”，推行集装箱设备交接单无纸化，实行口岸分类验放，实行跨境贸易大数据监管，优化关税征管全流程服务，同步通关和物流作业；推行法院网上立案与司法数据常态化公开，推行全流程网络化办案，构建诉讼服务平台等23项改革举措。

二、高度重视复制推广借鉴工作

各地区、各部门要坚决贯彻落实党中央、国务院决策部署，深刻认识复制推广借鉴京沪两地优化营商环境改革举措的重大意义，加快转变政府管理理念和方式，着力推动制度创新，以简审批优服务便利投资兴业、以公正监管促进公平竞争、以改革推动降低涉企收费，下硬功夫打造好发展软环境，持续提升政府服务水平和办事效率，加快建立健全统一开放、竞争有序的现代市场体系，打造市场化、法治化、国际化营商环境，持续释放改革红利，进一步激发市场主体活力和社会创造力。

三、切实做好组织实施

各地区要主动对标先进，相互学习借鉴，将优化营商环境改革举措复制推广借鉴工作纳入本地区重点工作，加强组织领导，落实工作责任，确保复制推广借鉴工作顺利推进。国务院各有关部门要结合工作职责，积极协调、指导推进复制推广借鉴工作。国务院办公厅、国家发展改革委要加强跟踪督促，及时总结推广典型经验做法，进一步改善全国营商环境。复制推广借鉴工作中遇到的重大问题，要及时报告国务院。

附件：在全国复制推广借鉴的京沪两地优化营商环境改革举措清单

国务院办公厅

2019年9月3日

附件

在全国复制推广借鉴的京沪两地优化营商环境改革举措清单

一、在全国复制推广的改革举措（13项）

序号	改革举措	主要做法
（一）开办企业（5项） 责任单位：市场监管总局牵头，工业和信息化部、公安部、人力资源社会保障部、人民银行、税务总局等国务院相关部门及各地区按职责分工负责		
1	实行开办企业全程网上办	开办企业申领营业执照、刻制印章、申领发票、用工信息登记、银行预约开户全流程在线申报。
2	压缩企业设立登记时间	通过企业名称自主申报、经营范围规范化、系统智能审批，推行标准化、智能化、自动化的全程电子化登记，确保企业设立登记2个工作日内办结。
3	全面推广电子营业执照	不需领取法人一证通等CA证书，凭电子营业执照即可办理后续税务、社保、公积金、银行开户等开办企业事项。
4	优化印章刻制服务	依托地方政务服务平台等，通过开办企业全程网上办，刻制公章环节与申请营业执照合并办理，实现企业在登记环节可自主选择公章制作单位。
5	实行社保用工登记“二合一”	将原用工登记和社保登记2个环节合并为就业参保登记1个环节，企业可网上一步办结。
（二）获得电力（1项） 责任单位：国家能源局牵头，国家电网有限公司、中国南方电网有限责任公司、内蒙古电力（集团）有限责任公司等电网企业及各地区按职责分工负责		
6	实行客户用电线上报装	使用手机APP在线申报，提供用电报装“不见面”服务，客户线上提交用电申请、查询业务办理进程、评价服务质量，无需往返供电营业厅，客户报装在线化、定制化、透明化。

续表

序号	改革举措	主要做法
（三）登记财产（2项） 责任单位：自然资源部牵头，住房城乡建设部、税务总局等国务院相关部门及各地区按职责分工负责		
7	提供不动产登记、交易和缴税“一窗受理、并行办理”服务	整合房屋交易管理部门、税务部门和不动产登记部门窗口，因地制宜设立“一窗式”综合服务窗口，统一受理各项业务所需资料，并同时提交相关部门并行办理，当事人在综合服务窗口即可完成不动产登记、交易、缴税等业务。
8	提供不动产登记信息网上查询和现场自助查询服务	提供不动产登记信息网上查询服务，公众、机构注册并实名认证后，通过不动产登记信息查询系统进行查询。提供不动产登记信息现场自助查询服务，在不动产登记受理大厅安放自助查询设备，权利人可以查询自己名下的所有不动产登记资料，其他人可以根据不动产坐落查阅用途、面积、抵押情况、限制信息和地籍图等登记资料。
（四）缴纳税费（1项） 责任单位：财政部牵头，人力资源社会保障部、住房城乡建设部、税务总局等国务院相关部门及各地区按职责分工负责		
9	纳税“最多跑一次”	制定“最多跑一次”办税事项清单，发布办税指南和标准化材料清单，实现纳税事项“最多跑一次”。
（五）跨境贸易（3项） 责任单位：海关总署牵头，交通运输部、商务部等国务院相关部门及各地区按职责分工负责		
10	推广应用国际贸易“单一窗口”	海关、交通运输部门和地方政府通过“单一窗口”、港口电子数据交换中心等信息平台向进出口企业、口岸作业场站推送查验通知，增强通关时效的可预期性。
11	公开口岸收费目录清单	公开口岸收费目录清单，规定清单之外不得收费。
12	口岸通关提前申报	建立提前申报容错机制，实行“提前申报”和“通关+物流并联作业”，在舱单传输后、货物抵达港区前，企业即可向海关办理进出口申报手续，货物运抵后依据风险分析实施快速验放，前推通关作业环节，缩短货物通关时间。海关对提前申报引起的进口日期修改，以及由于装运、配载等原因造成货物变更运输工具的，不予记录报关差错。
（六）执行合同（1项） 责任单位：最高人民法院牵头，司法部等国务院相关部门及各地区按职责分工负责		

续表

序号	改革举措	主要做法
13	建立“基本解决执行难”联动机制	人民法院、人民检察院及发展改革、公安、司法行政、税务、市场监管、房管等单位集中签署执行联动合作协议。各单位对被执行人财产实行网络联动查控，覆盖房产、存款、车辆、证券、工商登记等财产信息；联动采取信用监督惩戒措施，在购买不动产、土地招拍挂、矿产资源开发、担任公职及公司高管，以及乘坐飞机、乘坐高等级列车和席次、投资、招投标等方面对失信被执行人实行限制。

二、供全国借鉴的改革举措（23项）

序号	改革举措	主要做法
（一）开办企业（1项） 责任单位：市场监管总局牵头，工业和信息化部、人力资源社会保障部、人民银行、税务总局等国务院相关部门及各地区按职责分工负责		
1	提供企业档案“容e查”服务	为企业提供带有签章和防伪水印的电子档案查询、拷贝服务，“一次拷贝，终生使用”，提升企业档案查询的实效性和便利度。
（二）办理建筑许可（4项） 责任单位：住房城乡建设部牵头，国家发展改革委、自然资源部、生态环境部等国务院相关部门及各地区按职责分工负责		
2	优化环境影响评价分类分级管理	实行环境影响评价分类管理，对不涉及有毒、有害及危险品的仓储、物流配送项目等一批基本不产生生态环境影响的项目，统一不再纳入环评管理。结合各地区实际情况和基层生态环境部门承接能力，优化省级及以下生态环境部门环评审批权限，做到有收有放、放管结合。
3	实行数字化联合审图	实行施工图审查无纸化申报和网上审查，实现多图联审全过程数字化。
4	推行工程招投标交易全过程电子化	推行招投标全过程无纸化在线电子交易和电子化监管，全程网上受理、网上审批、网上办结。
5	实行施工许可证全程网上办	实行建筑工程施工许可证网上申报、限时审批、网上发证，申请人全程网上办理。
（三）获得电力（3项） 责任单位：国家能源局牵头，国家电网有限公司、中国南方电网有限责任公司、内蒙古电力（集团）有限责任公司等电网企业及各地区按职责分工负责		
6	提供低压小微企业接电“零上门零审批零投资”服务	提供低压小微企业接电“零上门零审批零投资”服务，压缩小微企业获得电力报装时间、环节及成本，前置到申请环节在线完成合同签订。将电网接入工程中的规划许可、绿化许可、掘路许可等审批环节从串联前置审批改为并联同步操作，取消低压小微企业用户外部接电工程费用。

续表

序号	改革举措	主要做法
7	提供客户接电移动作业终端实时响应服务	创新勘察设计移动作业终端，实时响应客户接电需求，整合典型设计、配网资源、地理信息等大数据。应用基于GIS系统的移动作业终端，精准定位用户，自动搜索电源，推行典型设计。通过GPS定位作业现场，实现电网资源数据与客户需求互联互通，压减现场勘察时间。
8	实行接电工程双经理负责制	客户经理负责项目整体协调推进，项目经理负责外线工程建设，实现“受理业务、施工准备、工程实施、计划排定”责任到人。
（四）登记财产（3项） 责任单位：自然资源部牵头，国务院相关部门及各地区按职责分工负责		
9	推行不动产登记信息和地籍管理信息互联互通	建立省级层面统一的不动产登记和地籍管理信息系统平台，以不动产登记单元号作为唯一关联码，实现不动产登记“带图作业”，登记信息和地籍管理信息融合互通。平台同时实现网上申请、登记办理、网上查询、信息共享等多种功能。
10	实行不动产登记电子证照协同互认	推进政务服务“一网通办”，推行不动产登记电子证照协同互认。通过部门间数据共享获取不动产登记业务办理需要的数据，不再要求申请人重复提交。
11	建立健全不动产登记和土地权籍测绘投诉机制及土地纠纷相关信息公开制度	设立投诉热线，专门负责不动产登记和土地测绘调查的投诉处理。在自然资源管理部门和高级人民法院网站设立“土地权属争议调查处理统计查询”和“法院涉及土地纠纷案件统计查询”栏目，向社会公开土地权属争议案件的调查处理情况，在“法院审判信息网”同步公开涉及土地纠纷案件的审理情况及数据。
（五）缴纳税费（2项） 责任单位：财政部牵头，人力资源社会保障部、住房城乡建设部、税务总局等国务院相关部门及各地区按职责分工负责		
12	住房公积金缴存业务全程网上办、“通缴通取”	推行住房公积金单位登记开户、单位信息变更、缴存业务全程网上办；住房公积金归集业务“通缴通取”，缴存单位和缴存人可就近自行办理业务。
13	实行纳税人线上“一表申请”、“一键报税”	打造电子税务局，探索“财税一体化”，实现企业财务报表与税务申报表数据自动转换，逐步扩大“一键报税”范围。符合条件的纳税人在电子税务局上申请发票配送，选择提货方式、配送地址、配送公司、申领份数，税务部门提供发票配送上门服务。
（六）跨境贸易（7项） 责任单位：海关总署牵头，交通运输部、商务部等国务院相关部门及各地区按职责分工负责		
14	实行通关全流程电子化	实行进口许可证件申领和通关作业无纸化，减少进出口环节验核的监管证件，全面推广电子报关委托，实现网上申报、自助打印。

续表

序号	改革举措	主要做法
15	推行海关内部核批"一步作业"	简化和下放部分海关内部核批作业，"两步作业"减为"一步作业"。如报关单修撤、直接退运、暂时进出口货物及延期、特殊通道申报等，在通关现场完成核批，职能管理部门开展后续核查、不再事中干预。
16	推行集装箱设备交接单无纸化	按照先易后难原则选取企业进行双轨制试点，在保留使用现行纸质单证的同时，通过上海水运口岸国际集装箱设备交接单无纸化系统平台，实现信息电子化传递。出口集装箱进港无需向港区码头提交纸质集装箱装箱单，凭电子装箱单信息即可完成出口集装箱进港业务。
17	实行口岸分类验放	在监管场所联网基础上，对进口汽车零部件直接采信CCC认证结果；对进口矿产品先放行后检测；对鲜活农产品实施绿色通道即到即查，合格的快速放行；对符合条件商品的木质包装实施优先检疫、集中监管等便利措施，优化监管流程。
18	实行跨境贸易大数据监管	开发应用跨境贸易管理大数据平台，采集贸易链、供应链、物流链、金融链、政务链的全程数据，与上海大数据中心、中国（上海）国际贸易"单一窗口"、航运企业、海空港口、生产经营企业等进行对接，实行信息共享互用、联网核验。
19	优化关税征管全流程服务	为企业提供归类先例、税收要素预裁定等服务；推广关税保证保险和企业自助打印出口原产地证书、税单等凭证；推动属地纳税人管理制度落地，打造企业可选择、结果可预期的纳税模式。
20	同步通关和物流作业	建立集装箱"通关+物流"应用系统，同步进行通关和物流作业。
（七）执行合同（3项） 责任单位：最高人民法院牵头，司法部等国务院相关部门及各地区按职责分工负责		
21	推行法院网上立案与司法数据常态化公开	对买卖合同、金融借款合同、委托合同等商事案件开通网上直接立案。当事人申请网上立案符合立案条件的，人民法院即予以登记立案，并在线生成诉讼费用缴纳通知书发送给原告，原告可以不再另行提交纸质诉状。高级人民法院在门户网站设立常态化司法公开平台，向社会动态公开辖区内三级法院商事案件平均审理天数、结案率等信息。设立诉讼服务平台或热线，向当事人公开单一案件受理、缴费、开庭日期等案件进展信息。
22	推行全流程网络化办案	高级人民法院探索统筹建设网络办案系统，实行当事人诉讼和法院审判全流程网上办理，将规定的一审民商事案件所涉诉讼流程全部纳入数据化办理平台，同时在网上平台设立"数字卷宗"，当事人提交的和法院办案中产生的材料全部自动归集、自动归档。
23	构建诉讼服务平台	高级人民法院牵头，会同司法行政部门，建设供律师使用的诉讼平台。平台主要服务功能包括：网上立案、案件查询、文书送达、材料提交、开庭提醒、联系法官、卷宗借阅、找法问案、网上交费、证据交换等；提供立案流程指引、网上立案、诉讼费计算、诉讼费用缴纳、文书样式查询、个案查询、失信被执行人信息查询、司法拍卖、在线调解等诉讼服务。

注：上述36项改革举措的京沪两地相关具体做法，将同步在中国政府网公布。

国务院办公厅关于印发全国深化“放管服”改革优化营商环境电视电话会议重点任务分工方案的通知①

国办发〔2020〕43号

各省、自治区、直辖市人民政府，国务院各部委、各直属机构：

《全国深化“放管服”改革优化营商环境电视电话会议重点任务分工方案》已经国务院同意，现印发给你们，请结合实际认真贯彻落实。

国务院办公厅

2020年11月1日

（此件公开发布）

全国深化“放管服”改革优化营商环境电视电话会议重点任务分工方案

党中央、国务院高度重视深化“放管服”改革优化营商环境工作。2020年9月11日，李克强总理在全国深化“放管服”改革优化营商环境电视电话会议上发表重要讲话，部署进一步深化“放管服”改革，加快打造市场化法治化国际化营商环境，不断激发市场主体活力和发展内生动力。为确保会议确定的重点任务落到实处，现制定如下分工方案。

一、把实施好宏观政策和深化“放管服”改革结合起来，提高宏观政策实施的时效性和精准性

（一）研究将财政资金直达机制实施中的好做法制度化，落实减税降费政策，为

① 本通知摘自中华人民共和国中央人民政府网站，网址：http://www.gov.cn/zhengce/content/2020-11/10/content_5560234.htm。

保就业、保民生、保市场主体提供支撑。（财政部、国家发展改革委、工业和信息化部、民政部、人力资源社会保障部、交通运输部、人民银行、税务总局、市场监管总局、银保监会等国务院相关部门及各地区按职责分工负责）

具体措施：

1. 及时总结财政资金直达基层的经验做法，进一步完善财政资金直达机制，优化完善直达资金监控系统功能，督促各地区加强直达资金日常监控，确保资金落实到位、规范使用。（财政部牵头，国务院相关部门及各地区按职责分工负责）

2. 简化税费优惠政策适用程序，利用大数据等技术甄别符合条件的纳税人、缴费人，精准推送优惠政策信息。督促中央执收单位和各地区加强非税收入退付管理，确保取消、停征、免征及降低征收标准的收费基金项目及时落实到相关企业和个人。（财政部、税务总局牵头，国务院相关部门及各地区按职责分工负责）

3. 2020年底前开展涉企收费专项治理，对公用事业、港口物流等领域涉企收费开展检查，整治部分园区、楼宇、商业综合体等转供电主体违法加价等行为，坚决避免减税降费红利被截留。（市场监管总局牵头，国家发展改革委、住房城乡建设部、交通运输部、海关总署等国务院相关部门及各地区按职责分工负责）

4. 清理规范中小企业融资中的不合理附加费用，整治银行强制搭售产品、超公示标准收费、收费与服务项目不符等违规行为。加强银行服务项目和收费公示，建立健全银行业违规收费投诉举报机制。（银保监会及各地区按职责分工负责）

5. 2020年底前组织开展行业协会商会收费情况全面自查，2021年3月底前对行业协会商会乱收费自查、退还违法违规所得等情况开展检查，确保乱收费问题整改到位。（市场监管总局、民政部牵头，国务院相关部门及各地区按职责分工负责）

（二）让企业特别是中小微企业融资更加便利、更加优惠，推动国有大型商业银行创新对中小微企业的信贷服务模式，利用大数据等技术解决“首贷难”、“续贷难”等问题。督促金融机构优化普惠型小微企业贷款延期操作程序，做到应延尽延，并引导金融机构适当降低利率水平。加强水电气、纳税、社保等信用信息归集共享，为增加普惠金融服务创造条件。（人民银行、银保监会牵头，国家发展改革委、财政部、人力资源社会保障部、住房城乡建设部、税务总局、市场监管总局、国家医保局、国家能源局等国务院相关部门及各地区按职责分工负责）

具体措施：

1. 鼓励商业银行运用大数据等技术建立风险定价和管控模型，优化再造对中小微

企业的信贷发放流程和模式，推行线上服务、“不见面”审批等便捷信贷服务。（人民银行、银保监会及各地区按职责分工负责）

2. 完善商业银行绩效评价，督促商业银行改进贷款尽职免责标准和流程，引导商业银行落实普惠型小微企业贷款政策。督促金融机构公开普惠型小微企业贷款延期操作程序，压缩办理时限，做到应延尽延。（财政部、人民银行、银保监会按职责分工负责）

3. 完善水电气、纳税、社保等领域信用评价标准和指标体系，充分运用各类信用信息平台，加强相关信用信息共享以及在信贷发放方面的应用，支持普惠金融更好发展。（国家发展改革委、人民银行、银保监会牵头，人力资源社会保障部、住房城乡建设部、税务总局、市场监管总局、国家医保局、国家能源局等国务院相关部门及各地区按职责分工负责）

（三）稳定和扩大就业，破除影响就业特别是新就业形态的各种不合理限制，加快调整相关准入标准、职业资格、社会保障、人事管理等政策，适应并促进多元化的新就业形态。把灵活就业、共享用工岗位信息纳入公共就业服务范围，对设立劳务市场或零工市场给予支持、提供便利。（人力资源社会保障部牵头，国务院相关部门及各地区按职责分工负责）

具体措施：

1. 简化应届高校毕业生就业手续，推动取消应届高校毕业生报到证，并加强教育、人力资源社会保障、公安等部门业务协同和就业信息共享，做好就业保障和服务。对非公单位接收应届高校毕业生，取消由所在地公共就业人才服务机构在就业协议书上签章的环节。（教育部、人力资源社会保障部、公安部等国务院相关部门及各地区按职责分工负责）

2. 加大就业服务供给，督促地方清理对职业资格培训和技能培训类民办学校在管理人员从业经验、培训工种数量等方面设定的不合理要求。推进流动人员人事档案信息互联，加快推行“一点存档、多点服务”。（人力资源社会保障部牵头，国务院相关部门及各地区按职责分工负责）

3. 推进企业技能人才自主评价，支持企业依据国家职业技能标准自主开展技能人才评定，对没有国家职业技能标准的可自主开发评价规范。获得企业发放的职业技能相关证书的人才符合相关条件的，可享受职业培训、职业技能鉴定补贴等政策。（人力资源社会保障部牵头，国务院相关部门及各地区按职责分工负责）

4. 优化外国人来华工作许可，指导地方试点持人才签证的外国人才免办工作许可，授权副省级城市和计划单列市科技主管部门受理签发外国高端人才确认函。（科技部牵头，国务院相关部门及各地区按职责分工负责）

（四）继续优化常态化疫情防控，提高快速处置和精准管控能力，促进客运、餐饮、旅游、住宿等服务业加快恢复。动态调整优化外防输入管控措施，为中外人员往来创造安全便利的条件，提升国际货物运输保障能力。及时清理取消疫情防控中恢复或新增的审批事项，防止将一些临时性审批长期化。（国务院办公厅、国家发展改革委、交通运输部、商务部、文化和旅游部、国家卫生健康委、海关总署、市场监管总局、国家移民局、国家邮政局等国务院相关部门及各地区按职责分工负责）

具体措施：

1. 总结推广疫情防控中服务企业的经验做法，将行之有效、市场主体认可的做法规范化、制度化。及时清理取消不合时宜的管控措施和临时性审批事项。（各地区、各部门负责）

2. 适时调整优化精准防控措施，支持分区分级加快恢复客运服务，对出现散发病例的区域加强交通运输疫情防控，落实客运场站和交通运输工具消毒通风、人员防护、乘客测温等措施。（交通运输部、国家卫生健康委等国务院相关部门及各地区按职责分工负责）

3. 2020年底前制定出台餐饮服务常态化疫情防控的指导意见，完善住宿业疫情防控指南，支持餐饮业、住宿业在做好疫情防控前提下尽快恢复发展。修订完善旅游景区、剧场等演出场所、互联网上网服务营业场所、娱乐场所恢复开放的疫情防控指南。（商务部、文化和旅游部、国家卫生健康委等国务院相关部门及各地区按职责分工负责）

二、放要放出活力、放出创造力

（五）系统梳理现有各层级审批和各种具有审批性质的管理措施并形成清单，分类推进行政审批制度改革。（国务院办公厅牵头，各地区、各部门负责）

具体措施：

1. 编制公布中央层面设定的行政许可事项清单，出台规范行政许可事项清单管理的规定，对清单内行政许可事项，逐项明确设定依据、实施机关、许可条件、办理程序、办理时限、申请材料、适用范围、有效期限、中介服务等要素。（国务院办公厅

牵头，国务院相关部门按职责分工负责）

2. 2021年6月底前建立健全行政许可设定审查机制，严格控制新设行政许可等管理措施，加强对行政许可实施情况的监督。（国务院办公厅负责）

（六）大幅精简各类重复审批，对重复审批进行清理，能整合的整合，该取消的取消，同时要强化责任意识，明确“谁审批谁负责”，绝不能“一批了之”。（国务院办公厅牵头，各地区、各部门负责）

具体措施：

1. 2021年6月底前研究提出新一批取消、下放和改变管理方式的行政许可事项。（国务院办公厅牵头，国务院相关部门按职责分工负责）

2. 深化投资审批制度改革，进一步简化、整合投资项目报建手续，指导地方探索创新投资管理服务方式，不断精简优化审批程序、审批事项和申报材料。（国家发展改革委牵头，国务院相关部门及各地区按职责分工负责）

3. 进一步压减中央层面、地方层面设立的工程建设项目审批事项和条件，精简规范工程建设项目全流程涉及的技术审查、中介服务事项，压缩审批时间。（住房城乡建设部牵头，国务院相关部门及各地区按职责分工负责）

（七）下决心取消对微观经济活动造成不必要干预的审批，以及可以由事前审批转为事中事后监管的审批。从放管结合的角度出发，加快清理不涉及重大项目布局又不触及安全底线的审批，切实改变“以批代管”的情况，进一步降低准入门槛。（国务院办公厅牵头，国务院相关部门及各地区按职责分工负责）

具体措施：

1. 大幅压减涉及工业产品的行政许可事项和强制性认证事项，广泛推行产品系族管理，解决重复检验检测、重复审批认证等问题。（国务院办公厅、市场监管总局、司法部牵头，国务院相关部门及各地区按职责分工负责）

2. 严格控制强制性认证目录，推动将强制性认证目录中适用自我声明方式的产品种类扩大至30%以上，进一步整合划分过细的认证单元。增加指定的认证机构数量，对不涉及产品安全的变更无需申报，压缩认证时间和成本。（市场监管总局牵头，国务院相关部门及各地区按职责分工负责）

3. 优化药店开设审批，在全国范围内对申请开办只经营乙类非处方药的零售企业审批实行告知承诺制，推动取消药品零售企业筹建审批，督促地方清理对开办药店设定的间距限制等不合理条件，并同步加强事中事后监管。（国家药监局牵头，国务院

相关部门及各地区按职责分工负责）

4. 2020年底前制定出台深化汽车生产流通领域“放管服”改革的有关意见。简化优化汽车生产准入管理措施，统一汽车产品准入检测标准，推行企业自检自证和产品系族管理，有序放开代工生产等。（工业和信息化部、商务部牵头，国务院相关部门及各地区按职责分工负责）

5. 针对数字经济领域市场准入事项数量多、条件高、手续繁问题，研究提出放宽数字经济领域市场准入的改革举措。推动实现移动应用程序（APP）多部门联合检查检测，避免重复检测。简化优化网约车行业市场准入制度。（国务院办公厅、国家发展改革委牵头，工业和信息化部、公安部、交通运输部、中央网信办等相关单位按职责分工负责）

（八）全面清理规范公告备案、计划目录、布局限制、认证检测等各类管理措施，以及借信息化平台建设之名新增的审批环节，严防变相审批和违规乱设审批。（国务院办公厅牵头，各地区、各部门负责）

具体措施：

1. 编制公布中央层面设定的行政备案事项清单。推动制定行政备案条例，明确设定行政备案事项的权限，规范实施备案程序，严防以备案之名行审批之实。（国务院办公厅牵头，司法部等国务院相关部门按职责分工负责）

2. 系统梳理中央层面设定的企业年检、年报事项，分批次推进年检改年报，推动年报事项“多报合一、信息共享”。（国务院办公厅牵头，国务院相关部门按职责分工负责）

（九）改革创新审批方式，深化“证照分离”改革，在生产许可、项目投资审批、证明事项等领域，广泛推行承诺制，实现政府定标准、企业或个人作承诺、过程强监管、失信严惩戒，大幅提高核准审批效率。（国务院办公厅、市场监管总局、司法部牵头，国务院相关部门及各地区按职责分工负责）

具体措施：

1. 着力推进“照后减证”和简化审批，2021年底前在全国实现“证照分离”改革全覆盖，对所有涉企经营许可事项实行分类改革，其中，取消审批、改为备案或实行告知承诺的事项力争达到100项以上，自由贸易试验区力争达到150项。（国务院办公厅、市场监管总局、司法部牵头，国务院相关部门及各地区按职责分工负责）

2. 全面推行证明事项和涉企经营许可事项告知承诺制，明确实行告知承诺制的事项范围、适用对象、工作流程和监管措施等。对具备条件的建设工程企业资质审批实行告知承诺管理。（司法部、国务院办公厅、住房城乡建设部等国务院相关部门及各地区按职责分工负责）

3. 在自由贸易试验区试点商事主体登记确认制改革，最大程度尊重企业登记注册自主权。（市场监管总局及相关地区按职责分工负责）

（十）提升企业注销便利度，强化税务、社保、金融、市场监管等环节协同办理，扩大简易注销范围，让市场主体进得来、退得出。（市场监管总局牵头，人力资源社会保障部、人民银行、海关总署、税务总局等国务院相关部门及各地区按职责分工负责）

具体措施：

1. 2021年6月底前修改完善《企业注销指引》，推进部门间数据共享和业务协同，优化税务注销等程序，实现办理进度和结果实时共享。进一步扩大简易注销试点地域范围。（市场监管总局牵头，人力资源社会保障部、人民银行、海关总署、税务总局等国务院相关部门及各地区按职责分工负责）

2. 探索开展长期吊销未注销企业强制注销试点，明确强制注销的适用情形、具体条件和办理程序，并依法保障当事人合法权利，进一步提高市场主体退出效率。（市场监管总局牵头，国务院相关部门及各地区按职责分工负责）

三、管要管出公平、管出质量

（十一）提高监管执法规范性和透明度，完善“双随机、一公开”监管、信用监管、“互联网+监管”、跨部门协同监管等有效做法，减少人为干预，压缩自由裁量空间，使监管既“无事不扰”又“无处不在”。增强监管的威慑力，降低企业合规成本、提高违规成本，防止“劣币驱逐良币”。（国务院办公厅、市场监管总局、国家发展改革委、人民银行、司法部等国务院相关部门及各地区按职责分工负责）

具体措施：

1. 组织对各地区落实行政执法公示制度、执法全过程记录制度、重大执法决定法制审核制度的有关情况开展抽查。2021年底前制定出台进一步规范行政裁量权基准制度的指导意见，推动各地区、各相关部门加快明确执法裁量基准。（司法部牵头，国务院相关部门及各地区按职责分工负责）

2. 指导地方将“双随机、一公开”监管与企业信用风险分类管理等结合起来，减少对守法诚信企业的检查次数。拓展部门联合“双随机、一公开”监管覆盖范围，将更多事项纳入联合抽查范围。进一步充实执法检查人员名录库，缓解基层“双随机、一公开”监管执法人员不足问题。（市场监管总局牵头，国务院相关部门及各地区按职责分工负责）

3. 持续推进“互联网+监管”，加强部分重点监管领域数据汇集，进一步完善国家“互联网+监管”系统风险预警模型，形成风险预警线索推送、处置和反馈机制，提升监管智能化水平。（国务院办公厅牵头，国务院相关部门及各地区按职责分工负责）

4. 依法依规推进社会信用体系建设，2020年底前制定出台进一步规范公共信用信息纳入范围、失信惩戒和信用修复的有关意见。（国家发展改革委、人民银行牵头，国务院相关部门及各地区按职责分工负责）

（十二）加快完善各领域监管标准体系，实施标准“领跑者”制度，鼓励行业制定更高水平自律标准，推动产品竞争力提高和产业转型升级。根据不同行业特点，合理分配国家、区域、省市县之间的监管力量，加强薄弱环节建设。（国务院办公厅、市场监管总局、生态环境部、交通运输部、农业农村部、文化和旅游部等国务院相关部门及各地区按职责分工负责）

具体措施：

1. 督促国务院相关部门按照法律法规和“三定”规定梳理明确重点监管事项，制定中央层面重点监管事项清单，逐步制订完善监管规则和标准，并向社会公开。（国务院办公厅牵头，国务院相关部门按职责分工负责）

2. 制定完善市场监管、生态环境保护、交通运输、农业、文化市场等领域行政执法事项目录清单，从源头上减少不必要的执法事项，规范行政执法行为，提高行政执法能力。（市场监管总局、生态环境部、交通运输部、农业农村部、文化和旅游部等国务院相关部门按职责分工负责）

3. 引导企业进行企业标准自我声明公开，在更多领域推行企业标准“领跑者”机制，引入第三方机构科学评估企业标准的质量，推动企业标准水平持续提升。（市场监管总局牵头，国务院相关部门及各地区按职责分工负责）

4. 督促地方城市管理部门规范执法行为，制定公布城管执法标准和要求，加大对随意执法等行为的查处力度，降低对市场主体正常生产经营活动的影响。（住房城乡建设部、司法部等国务院相关部门及各地区按职责分工负责）

（十三）守好安全和质量底线，对疫苗、药品、特种设备、危险化学品等领域实行全主体、全品种、全链条的严格监管。（应急部、市场监管总局、工业和信息化部、生态环境部、交通运输部、国家药监局等国务院相关部门及各地区按职责分工负责）

具体措施：

1. 加强疫苗全过程监管，向疫苗生产企业派驻检查员，开展日常监督检查和督促整改。省级药品监督管理部门每年对疫苗生产企业进行全覆盖监督检查，国家药品监督管理部门每年对在产的疫苗生产企业进行100%全覆盖巡查和重点抽查。（国家药监局及各地区按职责分工负责）

2. 加强全国特种设备安全状况分析，开展隐患排查整治，在生产环节对有投诉举报和涉嫌存在质量问题的生产单位实施重点检查，在使用环节对风险分析确定的重点设备使用单位实施专项检查，并加强对其他特种设备生产单位和使用单位的监督检查。（市场监管总局牵头，国务院相关部门及各地区按职责分工负责）

3. 重点整治定点医疗机构及其他服务机构的不规范诊疗行为，以及医疗保险经办机构的违规支付医保待遇、拖欠定点医药机构费用等问题。建立欺诈骗保问题线索移送机制，对欺诈骗保行为加强部门联合排查。（国家医保局、市场监管总局、国家卫生健康委等国务院相关部门及各地区按职责分工负责）

（十四）强化市场主体责任，加大对制售假冒伪劣、侵犯知识产权等违法犯罪行为的发现和惩处力度，对直接关系人民群众身体健康和生命安全的领域，加快推出惩罚性赔偿和巨额罚款等制度。（市场监管总局、国家知识产权局、公安部、司法部等国务院相关部门及各地区按职责分工负责）

具体措施：

1. 2020年底前制定完善行政执法过程中的商标、专利侵权判断标准。加快在专利等领域引入惩罚性赔偿制度。加大对侵犯商标、专利、商业秘密等知识产权，以及制售假冒伪劣学生用品、成品油、汽车配件等违法犯罪行为的打击力度，挂牌督办一批重点案件。（市场监管总局、国家知识产权局、公安部、司法部等国务院相关部门及各地区按职责分工负责）

2. 完善食品工业企业质量安全追溯平台功能，扩大婴幼儿配方乳粉质量安全追溯试点，便利消费者查询。（工业和信息化部等国务院相关部门及各地区按职责分工负责）

3. 开展移动应用程序（APP）违法违规收集使用个人信息专项治理，督促电信和互联网企业加强网络数据安全合规性评估，完善与企业投诉举报联动处理机制，及时核实处理用户投诉举报。（中央网信办、工业和信息化部、公安部、市场监管总局等相关单位及各地区按职责分工负责）

（十五）创新包容审慎监管，改革按区域、按行业监管的习惯做法，探索创新监管标准和模式，发挥平台监管和行业自律作用。在部分领域实施柔性监管、智慧监管等，对一些看不准、可能存在风险的，可以划定可控范围，探索试点经验再推广。（国务院办公厅、国家发展改革委、科技部、工业和信息化部、商务部、市场监管总局、中央网信办等相关单位及各地区按职责分工负责）

具体措施：

1. 系统总结近年来推进“互联网+”行动的经验做法，分析存在的问题和薄弱环节，2021年3月底前有针对性地研究提出进一步推进“互联网+”行动的新举措，加快培育经济发展新动能。（国家发展改革委牵头，国务院相关部门按职责分工负责）

2. 2021年底前制定出台对新产业新业态实行包容审慎监管的指导意见。探索开展“沙盒监管”、触发式监管等包容审慎监管试点。（国务院办公厅牵头，国家发展改革委、人民银行、市场监管总局等国务院相关部门及各地区按职责分工负责）

3. 2020年底前制定出台引导平台经济有序竞争的有关文件，为平台经济发展营造良好环境。依法查处互联网领域滥用市场支配地位限制交易、不正当竞争等违法行为，维护市场价格秩序，引导企业合法合规经营。2021年6月底前制定出台网络交易监督管理规定。（市场监管总局牵头，国务院相关部门按职责分工负责）

4. 便利企业获取各类创新资源，加强专利等知识产权信息服务，对专利权人有意愿开放许可的专利，集中公开相关专利基础数据、交易费用等信息，方便企业获取和实施。引导学术论文等数据服务提供商降低论文等资源获取费用，推动研究机构、高校等依法依规向社会开放最新研究成果信息。大幅压减网站备案登记时间。（教育部、科技部、工业和信息化部、国家知识产权局等国务院相关部门及各地区按职责分工负责）

5. 优化互联网医疗发展环境，鼓励支持医疗机构对接互联网平台，开展互联网复诊、互联网健康咨询、远程辅助诊断等服务，研究制定互联网健康咨询流程和标准，探索根据病种分级分类实施互联网问诊管理，实现线上咨询、线下诊疗衔接。（国家卫生健康委等国务院相关部门及各地区按职责分工负责）

四、服要服出便利、服出实惠

（十六）全面推行“不见面”办事，进一步拓展“互联网+政务服务”，提供“24小时不打烊”的在线政务服务。除法律法规有特殊规定的事项外，原则上都要做到网上全程可办。对现场核验、签字、领取等环节，可以采取电子认证、“快递+政务服务”等方式解决。完善全国一体化政务服务平台，年底前地方和部门平台要与国家平台完成对接，在更大范围实现“一网通办”。同时，兼顾好老年人、视障听障残疾人等群众的需求，采取必要的线下补充手段，有针对性地提供人工指导和服务，绝不能出现歧视现象。（国务院办公厅牵头，各地区、各部门负责）

具体措施：

1. 完善全国一体化政务服务平台，2020年底前实现各省（自治区、直辖市）和国务院部门政务服务平台与国家政务服务平台应接尽接、政务服务事项应上尽上，推动60种高频电子证照全国标准化应用，在更大范围实现“一网通办”。制定全国一体化政务服务平台移动端建设指引，督促各地区、各部门规范政务服务移动应用程序（APP）建设。对限定仅线上办理等不合理做法及时进行纠正，允许企业和群众自主选择线上或线下办理方式，并加强对老年人、视障听障残疾人等群体的引导和服务。（国务院办公厅牵头，国务院相关部门及各地区按职责分工负责）

2. 优化完善全国规范统一的电子税务局，拓展“非接触式”办税缴费服务，2021年底前基本实现企业办税缴费事项网上办理、个人办税缴费事项掌上办理。全面推行税务证明事项告知承诺制，扩大将涉税资料事前报送改为留存备查的范围，减轻企业办税负担。（税务总局及各地区按职责分工负责）

3. 优化水电气暖网等公用事业服务，清理报装过程中的附加审批要件和手续，加快实现报装、查询、缴费等业务全程网上办。优化外线施工办理流程，对涉及的工程规划许可、绿化许可、路政许可、占掘路许可、物料堆放许可等环节实行并联审批，探索实行接入工程告知承诺制。（国家发展改革委、工业和信息化部、住房城乡建设部、国家能源局等国务院相关部门及各地区按职责分工负责）

4. 持续优化公证服务，加快推进高频公证服务事项“一网通办”，实现申请受理、身份认证、材料提交和缴费等各环节全程网上办。2021年3月底前研究制定降低企业公证事项和公证事务收费办法和标准。（司法部、国家发展改革委等国务院相关部门及各地区按职责分工负责）

5. 优化医疗服务，参保群众可自主选择使用社保卡（含电子社保卡）、医保电子凭证就医购药。推进居民健康档案及身份识别、电子病历、诊疗信息、报告单结果等信息在不同医院互通互认，并严格保护个人隐私，减少群众重复办卡，避免不必要的重复检查。（国家卫生健康委、国家医保局、人力资源社会保障部及各地区按职责分工负责）

（十七）推动政务服务“跨省通办”，推进标准化建设和电子证照跨省互认，从教育、社保、医疗、养老、婚育和企业登记、经营许可办理等领域入手，加快推进政务服务“跨省通办”，2020年要有所突破，2021年底前要基本实现高频事项全覆盖。建立权威高效的数据共享机制，推动数据信息标准化，加快政务数据共享，并保障数据安全、保护隐私，防止滥用或泄露。（国务院办公厅牵头，教育部、民政部、人力资源社会保障部、国家卫生健康委、市场监管总局、中央网信办等相关单位及各地区按职责分工负责）

具体措施：

1. 加快推进高频政务服务事项“跨省通办”，加强全国一体化政务服务平台“跨省通办”服务能力，2020年底前实现市场主体登记注册、职业资格证书核验、学历公证、驾驶证公证等58项事项异地办理，2021年底前实现工业产品生产许可证、就医结算备案、社保卡申领、户口迁移等74项事项异地办理。加快实现相关高频政务服务事项“省内通办”。（国务院办公厅牵头，公安部、司法部、人力资源社会保障部、教育部、市场监管总局、国家医保局等国务院相关部门及各地区按职责分工负责）

2. 2020年底前制定出台关于建立权威高效的数据共享协调机制的指导意见。通过全国一体化政务服务平台，推进国务院部门重点垂直管理业务信息系统与地方政务服务平台的对接，编制国家层面政务服务数据目录清单和第三批国务院部门数据共享责任清单。（国务院办公厅牵头，各地区、各部门负责）

（十八）推动更多事项集成办理，充分发挥地方政务大厅等“一站式”服务功能，加快实现一窗受理、限时办结、最多跑一次。对多个关联事项探索实现“一件事一次办”，减少办事环节和所需证明材料。整合非紧急类政务服务热线，力争做到“一号响应”。（国务院办公厅牵头，国务院相关部门及各地区按职责分工负责）

具体措施：

1. 完善省、市、县、乡镇综合性政务大厅集中服务模式，提升政务服务标准化水平，持续改进窗口服务，推进线上线下全面融合，普遍推行首问负责、一次告知、一窗受理、并联办理、限时办结等制度。2020年底前制定发布政务服务评价工作指南和政务服务“一次一评”、“一事一评”工作规范，推动各地区、各部门规范化实施政务服务“好差评”制度。（国务院办公厅牵头，各地区、各部门负责）

2. 大力推行“一件事一次办”，从企业和群众“办成一件事”角度出发，将涉及的相关审批服务事项打包，提供“开办餐馆”、“开办旅馆”等套餐式、主题式集成服务，公布标准化的办事指南和流程图，由一家牵头部门统一受理、配合部门分头办理，实行一表申请、一套材料、一次提交、限时办结，避免企业和群众来回跑。（各地区、各部门负责）

3. 2020年底前研究制定整合非紧急类政务服务热线工作方案，推动各地区、各部门加快整合相关热线。（国务院办公厅牵头，国务院相关部门及各地区按职责分工负责）

4. 加强不动产抵押贷款和登记业务协同，在银行等金融机构推广应用不动产登记电子证明，便利企业和群众融资。2020年底前将全国所有市县抵押登记业务办理时间压缩至5个工作日以内，2021年底前在全国所有市县实现不动产抵押登记全程网上办。（自然资源部、银保监会及各地区按职责分工负责）

5. 细化制定商标审查审理标准，提高商标实质性审查效率，明确近似商标判断、不以使用为目的的恶意商标认定等方面的具体规定。2020年底前将商标变更、续展业务办理时限压缩一半，分别减至1个月、半个月。（国家知识产权局负责）

（十九）提供公平可及的基本民生保障服务，进一步简化社保参保、转移接续等手续，扩大养老、医疗、失业等保险覆盖面。建立困难群众主动发现机制，借助大数据筛选等办法，使符合条件的困难群众及时得到保障。对因灾因病因残遭遇困难的群众，可以先行给予临时救助，绝不能发生冲击社会道德底线的事件。（人力资源社会保障部、民政部、国家卫生健康委、应急部、国家医保局、国务院扶贫办、中国残联等相关单位及各地区按职责分工负责）

具体措施：

1. 2020年底前实现养老保险关系转移接续“一地办理”。推动将城乡各类用人单位全部纳入失业保险覆盖范围，研究建立灵活就业人员参加失业保险新模式，2021年底前制定出台失业保险关系转移办法。简化工伤保险领域证明材料和事项，压减工伤认定和劳动能力鉴定办理时限，2021年3月底前研究建立新就业形态人员职业伤害保险制度。（人力资源社会保障部等国务院相关部门及各地区按职责分工负责）

2. 2021年6月底前制定全国统一的门诊费用跨省直接结算政策，12月底前实现门诊费用跨省直接结算。推动实现医保关系转移接续线上办理。修订完善定点医药机构管理办法，清理医保定点机构不必要的申请条件和要求，督促地方加快清理与医保管理无关的申请条件，缩短办理时限，将更多符合条件的医药机构纳入定点管理，并同步加强事中事后监管。（国家医保局及各地区按职责分工负责）

3. 加强社会救助相关部门间数据共享，对低保对象、特困人员、临时救助对象、残疾人、教育救助对象、住房救助对象、医疗救助对象等信息进行大数据分析，变“人找政策”为“政策找人”。畅通困难群众求助热线，完善特殊困难残疾人访视制度，对符合条件的困难群众及时开展救助。（民政部、人力资源社会保障部、中国残联等相关单位及各地区按职责分工负责）

（二十）严格执行外商投资法及配套法规，清理与外商投资法不符的行政法规、部门规章、规范性文件，确保内外资企业一视同仁、公平竞争。落实好外资准入负面清单，清单之外不得设限。采取有效措施吸引外资，进一步做好安商稳商、招商引商工作。（商务部、国家发展改革委、司法部牵头，国务院相关部门及各地区按职责分工负责）

具体措施：

1. 开展与外商投资法不符的法规规章等专项清理。修订出台2020年版鼓励外商投资产业目录，进一步扩大外商投资范围。制定发布外商投资指引，便利外国投资者来华投资。（商务部、国家发展改革委、司法部牵头，国务院相关部门及各地区按职责分工负责）

2. 支持有条件的地方建立外商投资“一站式”服务体系，联通相关部门信息系统，实现外资企业一次登录、一次认证、一次提交材料，即可办理企业注册、预约开户、外汇登记等高频事项。（商务部、市场监管总局、人民银行等国务院相关部门及相关地区按职责分工负责）

（二十一）优化通关作业流程，放开口岸服务准入、引入竞争机制，提高服务效率并降低收费标准。完善出口退税、出口信贷、信用保险等政策，支持进出口市场多元化，扶持中小微外贸企业发展。推进跨境电商综合试验区建设和市场采购贸易方式试点，发挥外贸综合服务企业作用。（海关总署、国家发展改革委、财政部、交通运输部、商务部、人民银行、税务总局、市场监管总局、银保监会、国家外汇局等国务院相关部门及各地区按职责分工负责）

具体措施：

1. 优化风险布控规则，推动降低守法企业和低风险商品查验率。推行灵活查验，对于有特殊运输要求的出入境货物，灵活采取预约查验、下厂查验、入库查验等方式，减少货物搬倒和企业查验等待时间。在有条件的海运口岸推行集装箱设备交接单、提货单、装箱单等单证电子化流转。（海关总署牵头，国务院相关部门及各地区按职责分工负责）

2. 加快出口退税进度，将正常出口退税业务平均办理时间压减至8个工作日以内，2021年全面推广无纸化单证备案。（税务总局、海关总署、人民银行等国务院相关部门及各地区按职责分工负责）

3. 督促新增跨境电商综合试验区、市场采购贸易方式试点地区抓紧制定实施方案。总结并推广跨境电商企业对企业出口监管改革试点经验，完善跨境电商进出口退换货便利化管理措施。推动各类公共海外仓向跨境电商企业共享仓储容量、货物物流等数据信息，方便企业利用海外仓资源。（商务部、海关总署等国务院相关部门及各地区按职责分工负责）

4. 支持更多符合条件的银行提供跨境电商结售汇服务，缩短真实性审核时间，加快资金结算速度。（国家外汇局负责）

五、调动好各方面积极性，形成推动改革的工作合力

（二十二）提高改革协同性，下放审批监管事项时要同步下沉相关专业人员和技术力量，合理分配监管力量，创新监管方式，提升基层承接能力。部门之间要加强统筹协调，提升“放管服”改革的整体成效。（各地区、各部门负责）

（二十三）支持地方探索创新，鼓励地方从当地实际出发，先行先试推进“放管服”改革。通过综合授权等方式，支持地方深化“放管服”改革，形成更多可复制推广的经验做法，以点带面推动全国营商环境优化。（国务院职能转变协调办牵头，国务院相关部门及相关地区按职责分工负责）

具体措施：

2021年3月底前设立首批营商环境创新试点城市，对标国际先进和最佳实践，聚焦市场主体和群众关切，在深化“放管服”改革优化营商环境方面推出一批有含金量的改革举措，支持试点城市先行先试，加快形成可在全国复制推广的制度创新成果，并根据试点情况适时扩大试点城市范围。（国务院职能转变协调办牵头，国务院相关部

门及相关地区按职责分工负责）

（二十四）建立健全常态化政企沟通机制，充分听取各方面意见，对企业诉求“接诉即办”。以企业和群众的获得感和满意度作为评判标准，引入第三方评价机制，完善好差评制度，倒逼政府部门深化改革、改进服务。对改革进度慢、政策不落实的地区和单位，要及时督促整改；对严重损害营商环境和企业、群众利益的，要公开曝光、严肃问责。对锐意改革的地区和单位要表扬激励，成熟经验和典型做法要尽快复制推广。（国务院办公厅牵头，各地区、各部门负责）

（二十五）发挥法治引领和保障作用，坚持依法行政、依法办事，政府部门要主动与立法及司法机构沟通协调，及时推动相关法律法规调整和授权工作。落实好《优化营商环境条例》，巩固已有改革成果，将行之有效并可长期坚持的做法逐步上升为制度规范，以法治手段维护公平竞争环境，保障各项改革依法有序推进。（各地区、各部门负责）

具体措施：

抓好《优化营商环境条例》组织实施和督促落实。2020年11月底前委托第三方机构对条例实施情况进行首轮评估，梳理分析条例执行中的经验做法和存在问题，并有针对性地提出改进措施。在中国政府网设立“优化营商环境进行时”平台，及时宣介和通报营商环境改革相关情况。（国务院办公厅牵头，各地区、各部门负责）

各地区要完善深化“放管服”改革和优化营商环境工作机制，一体化推进相关领域改革，配齐配强工作力量，抓好各项改革任务落地。各部门要结合各自职责，加强协同配合，形成改革合力。国务院办公厅要发挥对深化“放管服”改革和优化营商环境工作的牵头抓总作用，强化统筹协调、业务指导和督促落实，定期对重点改革举措实施情况开展评估，建立优化营商环境工作年度报告制度，总结推广经验做法，并及时纠正改革中出现的跑偏走样等问题，确保改革取得实效。各地区、各部门工作中取得的重大进展、存在的突出问题，要及时向国务院报告。

国务院办公厅关于印发全国深化“放管服”改革优化营商环境电视电话会议重点任务分工方案的通知①

国办发〔2019〕39号

各省、自治区、直辖市人民政府，国务院各部委、各直属机构：

《全国深化“放管服”改革优化营商环境电视电话会议重点任务分工方案》已经国务院同意，现印发给你们，请结合实际认真贯彻落实。

国务院办公厅

2019年8月1日

（此件公开发布）

全国深化“放管服”改革优化营商环境电视电话会议重点任务分工方案

党中央、国务院高度重视深化“放管服”改革、优化营商环境工作。2019年6月25日，李克强总理在全国深化“放管服”改革优化营商环境电视电话会议上发表重要讲话，部署深化“放管服”改革，加快打造市场化法治化国际化营商环境。为确保会议确定的重点任务落到实处，现制定如下分工方案。

一、推动简政放权向纵深发展，进一步放出活力

（一）进一步放宽市场准入，缩减市场准入负面清单事项，清单之外不得另设门槛和隐性限制。（发展改革委、商务部牵头，国务院相关部门及各地区按职责分工负责）

① 本通知摘自中华人民共和国中央人民政府网站，网址：http://www.gov.cn/zhengce/content/2019-08/12/content_5420694.htm。

具体措施：

1. 2019年9月底前修订形成新版市场准入负面清单，缩减清单事项，以服务业为重点试点进一步放宽市场准入限制。推行“全国一张清单”管理模式，建立全国统一的清单代码体系，严禁各地区、各部门自行发布市场准入性质的负面清单。（发展改革委、商务部负责）

2. 2019年修订《公平竞争审查制度实施细则（暂行）》，组织各地区、各部门完成存量文件专项清理，修改、废止一批不利于公平竞争的政策措施，加快研究制定实施竞争政策的指导意见。（市场监管总局牵头，各地区、各部门负责）

3. 2019年9月底前部署开展招投标领域专项整治，全面清理各级政府及有关部门规章、行政规范性文件和其他政策措施中对民营、外资企业投标设置不合理限制和壁垒的规定，纠正并查处一批不合理限制或排斥潜在投标人等违法违规行为。（发展改革委等国务院相关部门按职责分工负责）

4. 加强对各地区、各部门政府采购活动的指导和监管，清理政府采购领域妨碍统一市场与公平竞争的规定和做法。（财政部、市场监管总局负责）

（二）继续压减中央和地方层面设定的行政许可事项。2019年内中央层面再取消下放一批行政许可事项。对保留的许可事项要逐项明确许可范围、条件和环节等，能简化的都要尽量简化。（国务院办公厅牵头，各地区、各部门负责）

具体措施：

1. 2019年底前研究提出50项以上拟取消下放和改变管理方式的行政许可事项，清理简并多部门、多层级实施的重复审批。编制公布中央层面设定的行政许可事项清单，逐项简化并明确许可范围、许可条件、许可有效期限等，细化审批标准、办理程序和时限等要求。（国务院办公厅牵头，国务院相关部门按职责分工负责）

2. 组织清理规范地方层面设定的行政许可事项，2019年底前以省为单位集中统一公布地方层面设定的行政许可事项清单。（国务院办公厅牵头，各地区负责）

3. 深化交通运输领域简政放权。简化道路客运经营许可事项和申请材料，精简道路货运从业驾驶员培训考试。优化机动车产品准入，依法整合汽车产品公告、强制性产品认证、环保型式核准目录、道路运输车辆燃料消耗量达标车型公告等，实现一次送检、全面检测、结果互认。2019年底前形成货车“三检合一”实施方案。（发展改革委、公安部、交通运输部、生态环境部、工业和信息化部、市场监管总局按职责分工负责）

（三）继续压减工业产品生产许可证，2019年把许可证种类再压减一半以上。（市场监管总局负责）

具体措施：

1. 进一步调整工业产品生产许可证管理目录，2019年9月底前将发证产品种类从24类压减至12类以内，压缩发证层级，减少产品单元。对保留和退出目录的产品都要制定加强事中事后监管的措施。（市场监管总局负责）

2. 2019年10月底前将强制性产品认证目录再压减30种以上，继续扩大“自我声明”评价方式实施范围，简化强制性认证管理程序，减少认证证书种类数量。（市场监管总局负责）

3. 推动检验检测认证机构与政府部门彻底脱钩，鼓励社会资本进入检验检测认证市场。清理检验检测行政许可，实施统一的资质认定管理，加快实现检验检测认证结果在不同部门、层级和地区间互认通用，避免重复评价。（市场监管总局牵头，国务院相关部门按职责分工负责）

（四）大力清理简并种类过多、划分过细的资质资格许可事项。（人力资源社会保障部、自然资源部、住房城乡建设部、交通运输部等国务院相关部门按职责分工负责）

具体措施：

1. 推动技能人员水平评价类职业资格分批调整退出国家职业资格目录，2019年底前建立完善职业技能等级制度，推动实现由用人单位和第三方机构开展职业技能等级认定、颁发职业技能等级证书，政府不再颁发职业技能等级证书。对涉及国家安全、公共安全、生态环境安全、人身健康、生命财产安全的水平评价类职业资格，确需实施准入管理的，依照法定程序调整为准入类职业资格。2020年底前将国家职业资格数量再压减一半以上。（人力资源社会保障部牵头，国务院相关部门按职责分工负责）

2. 大幅压减企业资质资格认定事项，力争2020年底前将工程建设、测绘等领域企业资质类别、等级压减三分之一以上，凡是能由市场机制调节的一律取消，对保留的事项要精简资质类别、归并等级设置。探索对部分资质资格实行告知承诺管理。（自然资源部、住房城乡建设部、交通运输部、应急部等国务院相关部门按职责分工负责）

（五）整治各类变相审批，摸清备案、登记、年检、认定等部门管理措施的底数，并持续清理压减。对确需保留的实行清单管理，并向社会公开。（国务院办公厅

牵头，各地区、各部门负责）

具体措施：

2019年底前启动清理规范中央层面规定的目录、备案、计划、规划、登记、注册、年检、年报、监制、认定、认证、审定等管理措施，依法依规取消变相审批，分类编制事项清单并明确办理规则和流程。2020年6月底前研究提出一批简化、优化的管理措施，改为通过信息共享等方式优化办事流程。（国务院办公厅牵头，国务院相关部门按职责分工负责）

（六）继续推进“证照分离”改革，重点是“照后减证”。（国务院办公厅、市场监管总局、司法部牵头，国务院相关部门按职责分工负责）

具体措施：

2019年底前在自由贸易试验区启动“证照分离”改革全覆盖试点工作，将中央层面和地方层面设定的涉企经营许可事项全部纳入改革范围，通过直接取消审批、审批改为备案、实行告知承诺、优化审批服务等四种方式分类推进改革，2020年下半年在全国推开。（国务院办公厅、市场监管总局、司法部牵头，相关地区及国务院相关部门按职责分工负责）

（七）进一步压减企业开办时间，2019年底前压减到5个工作日以内，有条件的地方要压减到3个工作日以内。（市场监管总局牵头，国务院相关部门及各地区按职责分工负责）

具体措施：

1. 加快电子营业执照、电子印章推广应用，简并现场登记环节。推广企业开办全程网上办，鼓励具备条件的地区加快实现开办企业时申领营业执照、刻制印章、申领发票、申领税控设备、社保登记、住房公积金开户登记等全流程网上申请和办理，现场“一窗”、一次领取企业开办全部材料。（市场监管总局牵头，公安部、住房城乡建设部、人力资源社会保障部、税务总局等国务院相关部门及各地区按职责分工负责）

2. 2019年底前建成全国统一的电子发票公共服务平台，为纳税人提供免费的电子发票开具服务，加快电子发票的推广应用。尽快研究推进增值税专用发票电子化。2019年底前将纳税人办税事项、纳税时间再压减10%，70%以上办税事项实现一次办结。（税务总局、财政部按职责分工负责）

（八）进一步完善市场主体退出机制，促进优胜劣汰。（发展改革委牵头，国务

院相关部门及各地区按职责分工负责）

具体措施：

1. 2019年8月底前推动各地建成企业注销网上服务专区，实现企业注销“一网”服务。推行税务注销分类处理，大幅简化社保、商务、海关等注销手续，压缩企业注销时间。推进企业简易注销登记试点，对于被终止简易注销登记的企业，允许其符合条件后再次依程序申请简易注销。（市场监管总局牵头，人力资源社会保障部、商务部、海关总署、税务总局等国务院相关部门及各地区按职责分工负责）

2. 推动各地研究建立办理破产工作统一协调机制，统筹推进破产程序中的业务协调、信息共享等工作。研究建立自然人破产制度，重点解决企业破产产生的自然人连带责任担保债务问题。（发展改革委牵头，国务院相关部门及各地区按职责分工负责）

（九）全面开展工程建设项目审批制度改革，压减审批时间和环节，在确保实现将审批时间压减到120个工作日以内的基础上，有条件的地方要进一步压减审批时间。（住房城乡建设部牵头，国务院相关部门及各地区按职责分工负责）

具体措施：

1. 继续开展工程建设项目审批制度全流程、全覆盖改革，大力精简工程建设项目审批环节和事项，分类优化审批流程，实施联合审图和联合验收等。在试点地区探索取消施工图审查（或缩小审查范围）、实行告知承诺制和设计人员终身负责制，并加强事中事后监管。2019年底前在东部沿海地区率先实现“互联网+工程审批”，在全国基本实现“一窗受理、并联办理”。（住房城乡建设部牵头，国务院相关部门及各地区按职责分工负责）

2. 推进环评制度改革，对不涉及有毒有害及危险品的仓储、物流配送等一批基本不产生生态环境影响的项目，统一不再纳入环评管理。试点对环境影响小、风险可控的项目，简化环评手续或纳入环境影响登记表备案管理，2019年底前将项目环评审批时间压缩至法定时限的一半。（生态环境部牵头，国务院相关部门及各地区按职责分工负责）

3. 推进用地规划“多审合一、多证合一”改革，合并用地预审和规划选址，整合建设用地规划许可证、建设用地批准书、国有土地划拨决定书，2019年底前减少用地规划相关证照，压缩办理时限。（自然资源部及各地区按职责分工负责）

（十）治理各种不合理收费，防止地方非税收入非正常增长、抵消减税降费的政策效果，决不能再增加收费项目，确保减税降费的目标落实到位。（财政部、发展改革委、民政部、税务总局、市场监管总局等国务院相关部门及各地区按职责分工负责）

具体措施：

1. 2019年9月底前组织开展减税降费政策实施效果监督检查工作，重点关注非税收入增速异常和乱收费等情况，坚决纠正违规开征、多征、预征非税收入的行为，坚决查处乱收费、乱罚款和各种摊派等问题。（财政部负责）

2. 治理政府部门下属单位、行业协会商会、中介机构等涉企收费行为，坚决清理整治乱收费和第三方截留减税降费红利行为。动态调整行政事业性收费和实行政府定价的经营服务性收费目录清单，全面公示收费项目、标准和依据。2019年9月底前制定出台进一步加强和改进行业协会商会收费管理的有关文件。（发展改革委、市场监管总局、工业和信息化部、民政部、财政部等国务院相关部门按职责分工负责）

3. 降低企业物流成本，督促各地做好口岸收费目录清单公示，整治港口、船公司、物流堆场、货代、船代等乱收费、不合理收费行为，2020年底前将全国单个集装箱进出口环节常规收费压减至400美元以内。清理铁路、水路的货运和客运杂费，降低收费标准，2019年底前公布收费和处罚事项清单。（交通运输部、海关总署、发展改革委、财政部、市场监管总局、铁路局等国务院相关部门及各地区按职责分工负责）

4. 2019年底前开展降低融资收费专项清理行动，规范中小企业融资时强制要求办理的担保、保险、评估、公证等事项，减少融资过程中的附加费用。（银保监会牵头，国务院相关部门按职责分工负责）

二、加强公正监管，切实管出公平

（十一）有关部门要分领域抓紧制订全国统一、简明易行的监管规则和标准，并向全社会公开。抓紧清理规范和修订完善那些边界宽泛、执行弹性大的监管规则和标准。（国务院相关部门按职责分工负责）

具体措施：

1. 2019年底前对已取消下放的行政许可事项事中事后监管措施落实情况进行全面评估，按照法律规定和“三定”规定确定的监管职责，进一步明确相应的事中事后监管措施，确保监管全覆盖。（各地区、各部门负责）

2. 2019年9月底前制定出台加强和规范事中事后监管的指导意见，落实放管结合、

并重的要求，建立健全适合我国高质量发展要求、全覆盖、保障安全的事中事后监管制度。（国务院办公厅、市场监管总局负责）

3. 2019年底前对现有的主要监管规则标准进行修订完善，尽可能消除模糊和兜底条款，并依法依规向社会公开。在市场监管、生态环境保护、交通运输、农业农村、文化市场等行政执法领域分别制定规范执法自由裁量权的办法，明确法律依据和处罚标准。（生态环境部、交通运输部、农业农村部、文化和旅游部、市场监管总局等国务院相关部门及各地区按职责分工负责）

4. 2019年底前对现有涉企现场检查事项进行全面梳理论证，通过取消、整合、转为非现场检查等方式，压减重复或不必要检查事项，着力解决涉企现场检查事项多、频次高、随意检查等问题。持续清理规范行政处罚事项，对重复处罚、标准不一、上位法已作调整的事项及时进行精简和规范。（国务院相关部门及各地区按职责分工负责）

5. 全面落实行政执法公示、执法全过程记录、重大执法决定法制审核三项制度，2020年底前基本实现各级行政执法机关及时准确公示执法信息、执法全过程留痕和可回溯管理、重大执法决定法制审核全覆盖。（司法部牵头，国务院相关部门及各地区按职责分工负责）

（十二）完善“双随机、一公开”监管制度和工作机制，推动日常监管“双随机、一公开”全覆盖。（市场监管总局牵头，国务院相关部门及各地区按职责分工负责）

具体措施：

推进“双随机、一公开”跨部门联合监管，以省为单位建立统一的监管平台，实现各部门监管信息与省级平台互联互通。2019年底前市场监管部门完成双随机抽查全流程整合，实现双随机抽查覆盖企业比例达5%。2020年底前在市场监管领域实现相关部门“双随机、一公开”监管全覆盖，地方各级人民政府相关部门联合“双随机、一公开”监管常态化。（市场监管总局牵头，国务院相关部门及各地区按职责分工负责）

（十三）对重点领域进行重点监管，特别是对疫苗、药品、特种设备、危险化学品等涉及到人民生命安全、社会关注度高的领域，要实行全主体、全品种、全链条严格监管。（应急部、市场监管总局、药监局等国务院相关部门及各地区按职责分工负责）

具体措施：

1. 加快研究建立违法严惩制度、惩罚性赔偿和巨额罚款制度、内部举报人奖励制度等，提高重点监管效能，让严重违法者付出高昂成本。（市场监管总局牵头，国务院相关部门按职责分工负责）

2. 2019年11月底前组织开展危险化学品质量安全风险隐患排查和专项整治。（市场监管总局等国务院相关部门及各地区按职责分工负责）

3. 建立疫苗生产企业巡查检查制度，实施对全部在产疫苗生产企业全覆盖检查。推行向疫苗生产企业派驻检查员制度。开展中药饮片质量专项整治。加强对国家组织药品集中采购和使用试点中标品种的日常监管、产品抽检和不良反应监测，督促企业落实主体责任。（药监局牵头，国务院相关部门及各地区按职责分工负责）

4. 开展打击欺诈骗保专项治理活动，实现对全国定点医疗机构和零售药店监督检查全覆盖，公开曝光欺诈骗保典型案例。（医保局负责）

（十四）加强社会信用体系建设，大力推进信用监管，推行承诺制，让市场主体和公民讲诚信，自主承诺。对违背承诺、搞虚假承诺甚至坑蒙拐骗的，一经发现要严厉惩罚。（发展改革委、人民银行、市场监管总局牵头，国务院相关部门及各地区按职责分工负责）

具体措施：

1. 规范认定并设立市场主体信用“黑名单”，建立健全信用修复、异议申诉等机制。2019年底前修订《严重违法失信企业名单管理暂行办法》，完善经营异常名录和严重违法失信企业名单管理等制度。（发展改革委、市场监管总局等国务院相关部门按职责分工负责）

2. 围绕信用承诺、信用修复、失信联合惩戒、信用大数据开发利用等工作，2020年启动信用建设和信用监管试点示范。（发展改革委牵头，各地区、各部门负责）

3. 2020年底前建立全国统一的信用报告标准，推动信用报告结果实现异地互认。（发展改革委、人民银行牵头，各地区、各部门负责）

4. 依托国家“互联网+监管”等系统，有效整合公共信用信息、市场信用信息、投诉举报信息和互联网及第三方相关信息，充分运用大数据、人工智能等新一代信息技术，加快实现信用监管数据可比对、过程可追溯、问题可监测。（国务院办公厅、发展改革委、市场监管总局牵头，各部门按职责分工负责）

5. 建立完善以信用为基础的新型海关监管机制，根据企业信用等级实施差别化通

关监管措施，2019年底前出台对跨境电子商务等企业的认证标准。（海关总署负责）

6. 推进知识产权领域信用体系建设，研究制定知识产权（专利）领域严重失信联合惩戒对象名单管理办法。加强对商标抢注和恶意注册、非正常专利申请等行为的信用监管。研究制定规范商标注册申请行为的有关规定。（知识产权局负责）

（十五）加快推进“互联网+监管”，及时总结推广地方好的经验做法，提高监管及时性、精准性、有效性。（国务院办公厅牵头，国务院相关部门及各地区按职责分工负责）

具体措施：

1. 2019年9月底前完成国家“互联网+监管”系统主体功能建设并上线运行，归集共享各类监管数据，建立完善相关风险预警模型，实现对违法行为早发现、早提醒、早处置。（国务院办公厅负责）

2. 加快推进地方和部门“互联网+监管”系统建设并与国家“互联网+监管”系统对接联通，推动形成统一规范、信息共享、协同联动的全国“互联网+监管”体系。（国务院办公厅牵头，各地区、各部门负责）

（十六）坚持对新兴产业实施包容审慎监管，在监管中找到新生事物发展规律，该处置的处置，该客观对待的客观对待，不简单封杀，但也决不能放任不管，推动新业态更好更健康发展。（国务院相关部门及各地区按职责分工负责）

具体措施：

1. 2019年8月底前出台促进平台经济规范健康发展的指导意见，加大政策支持力度，创新监管方式，落实和完善包容审慎监管要求，推动建立健全适应平台经济发展特点的新型监管机制。（国务院办公厅牵头，国务院相关部门及各地区按职责分工负责）

2. 优化新业态发展环境，放宽新兴行业企业名称登记限制，完善互联网平台企业用工、灵活就业人员相关政策，加强政府部门与互联网平台数据共享，2019年底前建成全国一体化在线政务服务平台电子证照共享服务系统。鼓励各地探索适应新业态特点、有利于公平竞争的公正监管办法，更好支持新业态发展。（国务院办公厅、市场监管总局、人力资源社会保障部等国务院相关部门及各地区按职责分工负责）

三、大力优化政府服务，努力服出便利

（十七）切实增强服务意识，不断提升服务能力和水平，大力提升政务服务效

率，针对群众办事来回跑、环节多材料多、政府服务效率低等问题，对政务服务流程、方式进行系统化改革。（国务院办公厅牵头，国务院相关部门及各地区按职责分工负责）

具体措施：

1. 2019年9月底前制定出台建立政务服务“好差评”制度有关指导意见，倒逼各级政府部门不断改进工作。（国务院办公厅负责）

2. 加快实现公安、市场监管、住房城乡建设、税务、司法、民政等部门信息与不动产登记信息共享集成。对登记中涉及多个部门交叉办理的事项，通过信息化手段整合集成业务流程，2019年底前在全国基本实现“一窗受理、并行办理”，东部沿海地区力争率先实现办理一般登记、抵押登记时间压缩至5个工作日以内；2020年底前“互联网+不动产登记”在地级及以上城市全面实施，办理一般登记、抵押登记时间力争全部压缩至5个工作日以内。（自然资源部牵头，国务院相关部门及各地区按职责分工负责）

3. 提升跨境贸易便利化水平，加强国际贸易“单一窗口”与银行、保险、民航、铁路、港口等相关行业机构合作对接，2019年底前实现主要申报业务应用率达100%。进一步精简进出口环节监管证件数量，加快推行进出口“提前申报”、“两步申报”通关模式和无纸化通关作业。（海关总署牵头，交通运输部、银保监会、民航局、铁路局等国务院相关部门及各地区按职责分工负责）

4. 试点建立统一的现代动产担保系统，2020年底前力争整合各类动产登记和权利担保登记系统，实现企业担保在一个平台上登记，各相关部门按职责分别实施后台监管。（人民银行牵头，交通运输部、市场监管总局、知识产权局等国务院相关部门按职责分工负责）

5. 扩大异地就医结算范围，2019年底前基本实现异地就医患者在定点医院住院持卡看病、即时结算，2020年底前基本实现符合条件的跨省异地就医患者在所有定点医院能直接结算。（医保局及各地区按职责分工负责）

6. 加快建成全国统一的社会保险公共服务平台，实现个人权益记录查询、自主认证、养老保险待遇测算、社保卡应用状态查询等“一站式”功能，全面取消领取社保待遇资格集中认证，优化社保卡服务，加快推进电子社保卡。2019年底前实现养老保险关系转移接续业务网上办理。（人力资源社会保障部及各地区按职责分工负责）

7. 推广商标和专利电子化申请，2019年底前将高价值专利审查周期压缩至17.5个

月、商标注册平均审查周期压缩到5个月，消减发明专利审查积压10万件。（知识产权局负责）

8. 2019年10月底前改进优化来华工作外国人入境和居留管理制度办法，优化外国人来华相关审批、审查服务，压减办理时间。同时，向全社会开放出入境证件身份认证服务平台，为境内港澳居民、华侨持用出入境证件办理金融、教育、医疗等社会事务提供便利。（公安部、科技部、人力资源社会保障部、移民局按职责分工负责）

9. 2020年6月底前全面推广证明事项告知承诺制。进一步改进和规范基层群众性自治组织出具证明工作，解决群众反映强烈的“万能居委会”、“社区万能章”等问题。（司法部、民政部按职责分工负责）

（十八）依托全国一体化在线政务服务平台，加快打造全国政务服务“一张网”，实现更大范围“一网通办”、异地可办、“掌上可办”，确需到现场办的再到政务服务大厅办理。在办理政务服务事项过程中要注意保护商业秘密和个人隐私。（国务院办公厅牵头，国务院相关部门及各地区按职责分工负责）

具体措施：

1. 2019年9月底前上线运行以国家政务服务平台为总枢纽的全国一体化在线政务服务平台，建立完善全国一体化在线政务服务平台标准规范体系、安全保障体系和法规制度体系，在更大范围实现“一网通办”、异地可办。2019年底前首批推动10种高频电子证照全国标准化应用和互信互认，推动100项以上政务服务事项在各省（区、市）内和跨省（区、市）实现“一网通办”。2020年底前基本完成对依申请办理的政务服务事项名称、编码、依据、类型等基本要素和办事指南要素在国家、省、市、县四级统一。（国务院办公厅牵头，各地区、各部门负责）

2. 更大力度推动央地数据共享，建立权威高效的数据共享协调机制，2019年再新增拓展1000项共享数据，将直接关系到企业和群众办事、应用频次高的数据优先纳入共享范围，满足30项以上全国普遍性高频政务服务事项的数据共享需求。加快推进“互联网+可信身份认证”平台、全国人口信息社会应用平台等多种网上身份认证能力融合，为全国一体化在线政务服务平台提供统一身份认证支撑。（国务院办公厅、发展改革委、公安部按职责分工负责）

3. 提升政务服务大厅“一站式”功能，2019年底前政务服务事项进驻综合性实体政务服务大厅基本实现“应进必进”，70%以上政务服务事项实现“一窗”分类受理。推动政务服务大厅与政务服务平台全面对接融合。（国务院办公厅牵头，各地

区、各部门负责）

（十九）一些带有垄断性质的供电、供水、供气、供暖等公用事业单位及医院、银行等服务机构，要从方便市场主体和人民群众出发，提高服务质量和效率，大幅压减自来水、电力、燃气、供暖办理时间，提高相关政策透明度，大力推行APP办事、移动支付等。（发展改革委、住房城乡建设部、水利部、卫生健康委、人民银行、银保监会、能源局等国务院相关部门及各地区按职责分工负责）

具体措施：

1. 2019年底前研究制定规范水电气暖等行业收费、管理、服务等方面的综合性意见。（发展改革委牵头，住房城乡建设部等国务院相关部门按职责分工负责）

2. 进一步压减办电时间，加快推广低压小微企业用电报装“三零”（零上门、零审批、零投资）服务，2019年底前在全国各直辖市、省会城市实现低压小微企业用电报装“三零”服务，将办电时间压缩至30个工作日以内。地方政府要大幅压缩电力接入工程审批时间。研究建立针对供电企业停电超过一定频次和时间的处罚机制。（能源局及各地区按职责分工负责）

3. 优化水气报装服务，指导地方落实新修订的《城镇供水服务》、《燃气服务导则》等国家标准，将水气设施报装提前到施工许可证核发后即可办理，2019年底前将供水新增、扩容改装的报装时间分别压缩至20个、15个工作日以内，将燃气报装时间压缩至16个工作日以内，大幅压减报装、安装费用。（住房城乡建设部、发展改革委及各地区按职责分工负责）

4. 指导督促商业银行优化服务，2019年底前解决银行卡解绑和异地注销难、“睡眠卡”收费不透明等一批群众反映强烈的问题，加快推动解决继承财产支取难问题。优化电信服务，持续推进降低电信收费、异地销户、携号转网等工作。持续优化老年证、居住证、流动人员人事档案管理等证件或手续办理流程，减少公用企事业单位索要的证明材料。（银保监会、工业和信息化部、公安部、民政部、卫生健康委、人力资源社会保障部、发展改革委、住房城乡建设部、司法部等国务院相关部门及各地区按职责分工负责）

（二十）大力发展服务业，采用政府和市场多元化投入的方式，引导鼓励更多社会资本进入服务业，扩大服务业对外开放，结合城镇老旧小区改造，大力发展养老、托幼、家政和“互联网+教育”、“互联网+医疗”等服务，有效增加公共服务供给、提高供给质量，更好满足人民群众需求。（发展改革委、教育部、民政部、住房城乡

建设部、商务部、卫生健康委等国务院相关部门及各地区按职责分工负责）

具体措施：

1. 2019年8月底前制定出台加快发展“互联网+社会服务”的意见，提出进一步推进“互联网+”与教育、健康医疗、养老、文化、旅游、体育、家政等领域深度融合发展的政策措施，充分发挥社会领域公共服务资源作用，创新服务模式，更好惠及人民群众。（发展改革委牵头，教育部、民政部、商务部、文化和旅游部、卫生健康委、体育总局等国务院相关部门按职责分工负责）

2. 结合城镇老旧小区改造，深入落实养老、托幼、家政等服务业有关政策意见。推进建设城乡便民消费服务中心，进一步扩大建设范围和数量，鼓励建设社区生活服务中心，在城乡社区推动包括家政服务在内的居民生活服务业发展，更好满足群众需要。支持社会力量发展普惠性托育服务，增加普惠性托育服务有效供给，促进婴幼儿照护服务标准化、规范化发展。（住房城乡建设部、商务部、民政部、卫生健康委、发展改革委等国务院相关部门按职责分工负责）

3. 2020年底前落实互联网诊疗和互联网医院管理相关政策，推动二级以上医院普遍提供分时段预约诊疗、诊间结算、移动支付等服务。探索建立老年人长期护理需求认定和等级评定标准体系，加强医疗护理员培训，促进老龄健康服务业发展。（卫生健康委、医保局按职责分工负责）

四、强化责任担当，确保“放管服”改革不断取得新成效

（二十一）抓紧研究制定《优化营商环境条例》，为营商环境建设提供法治保障。2019年要开展营商环境百项诉求处理行动，破解一批营商环境痛点难点。（发展改革委、司法部、国务院办公厅牵头，国务院相关部门及各地区按职责分工负责）

具体措施：

1. 抓紧研究制定《优化营商环境条例》，2019年8月底前完成向各有关方面征求意见和法规审查工作、形成草案，9月底前公布实施。（发展改革委、司法部、国务院办公厅牵头，国务院相关部门按职责分工负责）

2. 围绕开办企业、办理建筑许可、获得电力、登记财产、纳税、跨境贸易等优化营商环境重点领域，搜集一批企业和群众反映强烈的问题，2019年底前推动各地区、各部门研究出台具体解决措施。（发展改革委牵头，国务院相关部门及各地区按职责分工负责）

3. 对标国际先进水平，聚焦营商环境关键领域和薄弱环节，研究制定优化营商环境重点任务台账，并抓好落实。（财政部、国务院办公厅牵头，国务院相关部门及各地区按职责分工负责）

（二十二）鼓励支持各地大胆创新，及时指导帮助地方解决改革中遇到的难题。要进一步加大向地方放权特别是综合授权的力度，充分调动和发挥地方推进改革发展的积极性、主动性和创造性。（国务院相关部门及各地区按职责分工负责）

（二十三）对滞后于改革要求、不利于优化营商环境、制约新产业新业态新模式发展的有关规定，要加快清理修改。对与改革决策相抵触的行政法规、部门规章和行政规范性文件，要应改尽改、应废尽废。涉及到修改法律的，要与改革方案同步提出修法建议。各地区可通过制定地方性法规、规章，将实践证明行之有效、人民群众满意、市场主体支持的改革举措固化下来。（各地区、各部门负责）

（二十四）要把“放管服”改革、优化营商环境各项举措落实情况，作为2019年国务院大督查的重点。继续用好督查奖惩这个有效办法，对成效明显的加大表扬和政策激励力度，对不作为乱作为延误改革的要严肃问责。（国务院办公厅牵头，各地区、各部门负责）

各地区、各部门的贯彻落实情况，年底前书面报国务院。工作中取得的重大进展、存在的突出问题要及时报告。

北京市优化营商环境条例①

（2020年3月27日北京市第十五届人民代表大会常务委员会第二十次会议通过）

第一章 总 则

第一条 为了持续优化营商环境，推进首都治理体系和治理能力现代化，推动高质量发展，根据国务院《优化营商环境条例》，结合本市实际情况，制定本条例。

第二条 优化营商环境应当坚持市场化、法治化、国际化原则，以市场主体需求为导向，持续深化简政放权、放管结合、优化服务改革，构建以告知承诺为基础的审批制度、以信用为基础的监管制度、以标准化为基础的政务服务制度、以区块链等新一代信息技术为基础的数据共享和业务协同制度，以法治为基础的政策保障制度，切实降低制度性交易成本，激发市场主体活力，充分发挥市场在资源配置中的决定性作用，打造国际一流的营商环境。

第三条 市场主体在市场经济活动中的权利平等、机会平等、规则平等，依法享有自主决定经营业态、模式的权利，人身和财产权益受到保护的权利，知悉法律、政策和监管、服务等情况的权利，自主加入或者退出社会组织的权利，对营商环境工作进行监督的权利。

市场主体应当遵守法律法规，恪守社会公德和商业道德，诚实守信、公平竞争，履行安全、质量、环境保护、劳动者权益保护、消费者权益保护等方面的法定义务，在国际经贸活动中遵循国际通行规则。

第四条 本市建立健全优化营商环境议事协调工作机制，组建专家咨询委员会，完善优化营商环境政策措施，开展营商环境评价，及时协调解决重大问题，统筹推进、督促落实优化营商环境工作。

第五条 本市鼓励政府及有关部门结合实际情况，在法治框架内积极探索原创性、差异化的优化营商环境具体措施；对探索中出现的失误或者偏差，符合规定条件

① 本条例摘自中华人民共和国中央人民政府网站，网址：http://www.gov.cn/xinwen/2020-04/03/content_5498601.htm。

的，可以予以免责或者减轻责任。

第六条　市、区人民政府应当每年向同级人民代表大会常务委员会报告优化营商环境工作，人大常委会可以采取听取专项工作报告、执法检查、质询、询问或者代表视察等方式，对优化营商环境工作进行监督。

第七条　本市建立优化营商环境社会监督员制度，聘请企业经营者、有关社会人士作为监督员，发现营商环境问题，及时提出意见和建议。政府及有关部门应当接受社会监督员的监督，及时整改查实的问题。

第八条　本市与天津市、河北省协同推进优化营商环境工作，逐步实现政务服务标准统一、资质互认、区域通办。

第二章　市场环境

第九条　本市以市场主体需求为导向，创新体制机制，为市场主体从事生产经营活动创造国际领先的发展条件。

第十条　保障各种所有制经济平等受到法律保护。保障各类市场主体依法平等使用资金、技术、人力资源、土地等各类生产要素和公共服务资源；保障依法平等适用国家和本市各类支持发展政策；保障在政府采购和招标投标等公共资源交易活动中获得公平待遇。

第十一条　本市按照党中央、国务院批复的《北京城市总体规划》和国家要求，制定符合首都功能定位的产业发展政策和新增产业禁止限制目录。本市新增产业禁止限制目录，由市发展改革部门会同有关政府部门拟订，报市人民政府批准后向社会公布。

第十二条　政府有关部门应当采取下列措施简化市场主体注册登记手续，法律、行政法规另有规定的除外：

（一）申请设立市场主体或者变更登记事项，申请人承诺所提交的章程、协议、决议和住所使用证明等材料真实、合法、有效的，市场监督管理部门对提交的材料实行形式审查；

（二）设立一般经营项目，申请人提交材料齐全的，有关政府部门应当即时办结，并根据需要一次性向申请人提供开展生产经营活动所需的营业执照、公章和票据。不能即时办结的，应当在一个工作日内办结；

（三）设立一般经营项目的市场主体，可以按照《国民经济行业分类》中的大类登记经营范围；

（四）多个市场主体可以使用同一地址作为登记住所；

（五）市场主体可以在登记住所以外的场所开展生产经营活动，但是应当通过企业信用信息系统自行公示实际生产经营场所的地址；

（六）市场主体设立分支机构，可以申请在其营业执照上注明分支机构住所，不再单独申请营业执照。

前款第二项、第三项所称一般经营项目，是指市场主体不需要经过有关政府部门行政许可即可以开展的经营项目。

市场主体简化注册登记手续的具体办法，由市市场监督管理部门制定，并向社会公布。

第十三条　市场主体应当将登记的住所或者通过北京市企业登记服务平台自行填报公示的其他地址承诺作为纸质法律文书送达地址；市场主体同意适用电子送达方式的，在北京市企业登记服务平台中填写的电子邮箱、传真号、移动即时通讯账号等视为电子法律文书送达地址，但法律法规另有规定的除外。

第十四条　本市推进科技、文化重点产业发展。市场主体可以利用国家自主创新示范区和北京经济技术开发区现有资源，建设科技、文化企业孵化器。经依法登记的农村集体经营性建设用地符合规划的，可以用于科技、文化孵化，科技、文化成果转化和产业落地等项目建设。

本市统筹推进应用场景建设，为新技术、新产品应用提供实验空间。科学技术、经济和信息化等有关政府部门应当发布重点领域应用场景项目清单。

支持在本市设立国际科技组织或者联盟、国际知识产权组织或者其分支机构。

第十五条　知识产权等有关政府部门应当健全知识产权保护的举报、投诉、维权、援助平台以及有关案件行政处理的快速通道，完善行政机关之间、行政机关与司法机关之间的案件移送和线索通报制度。

市知识产权部门应当鼓励、引导企业建立专利预警制度，支持协会、知识产权中介机构为企业提供目标市场的知识产权预警和战略分析服务。

市知识产权部门应当建立企业专利海外应急援助机制，指导企业、协会制定海外重大突发知识产权案件应对预案，支持协会、知识产权中介机构为企业提供海外知识产权纠纷、争端和突发事件的应急援助。

第十六条　市人力资源和社会保障部门建立健全人力资源服务体制机制，培育国际化、专业化人力资源服务机构，为人力资源合理流动和优化配置提供服务；畅通劳动者维权渠道，完善调解机制，加大监督执法力度，依法保护劳动者合法权益；按照国家规定取消水平评价类技能人员职业资格，推行社会化职业技能等级认定。

第十七条　市地方金融监督管理部门应当组织协调有关金融机构和中介机构，为市场主体首贷、续贷业务受理和其他金融业务提供服务，提高对中小企业信贷规模和比重。

在确保商业秘密、个人隐私受到保护的前提下，推动不动产登记、税务、市场监督管理、民政等有关政府部门的信息与金融机构共享；建立以区块链为基础的企业电子身份认证信息系统，减少企业需要提供的材料。

第十八条　本市由人民银行动产融资登记系统对动产担保物进行统一登记，航空器、船舶、机动车和知识产权除外。市场主体办理动产担保登记，可以对担保物进行概括性描述。

动产担保双方当事人可以约定担保权益涵盖担保物本身及其将来产生的产品、收益、替代品等资产。市地方金融监督管理部门推动建立担保物处置平台，为债权人实现担保权益提供便利。

第十九条　本市推动区域性股权市场规范健康发展，支持北京股权交易中心完善股东名册托管登记机制，扩大中小微企业股权直接融资规模。

第二十条　政府及有关部门应当严格落实国家各项减税降费政策，及时研究解决政策落实中的具体问题，确保减税降费政策全面、及时惠及市场主体。

第二十一条　发生突发事件的，市、区人民政府应当根据遭受突发事件影响的市场主体损失情况，制定救助、补偿、补贴、减免、安置等措施并组织实施。

第二十二条　政府采购和招标投标等公共资源交易活动，不得有下列限制或者排斥潜在供应商或者投标人的行为：

（一）违法限定潜在供应商或者投标人的所有制形式或者组织形式；

（二）违法要求潜在供应商或者投标人设立分支机构；

（三）以特定行政区域或者特定行业的业绩、奖项作为加分条件；

（四）限定或者指定特定的专利、商标、品牌、原产地或者供应商等；

（五）其他限制或者排斥潜在供应商或者投标人的行为。

第二十三条　市发展改革部门推动建立健全本市公共资源交易平台体系，实行公共资源交易目录管理，依法公开公共资源交易的规则、流程、结果、监管和信用等信息，推进公共资源交易全流程电子化，实现一表申请、一证通用、一网通办服务。

推广投标保证金和履约保证金使用电子保函，降低市场主体交易成本，提高交易效率。

第二十四条　本市加大对公司中小股东权益保护力度。

公司董事对公司负有忠实义务和勤勉义务；审议公司股东关联交易等事项时，应当维护公司利益和中小股东合法权益。经董事会决议的关联交易致使公司遭受损失的，董事应当承担责任。

第二十五条　政府及有关部门应当履行向市场主体依法作出的政策承诺以及依法订立的各类合同，不得以行政区划调整、政府换届、机构或者职能调整以及相关责任人更替等为由违约毁约，不得违背市场主体真实意愿延长付款期限。因国家利益、社会公共利益需要改变政策承诺、合同约定的，应当依照法定权限和程序进行，并依法对市场主体因此受到的损失予以补偿。

市场主体以应收账款申请担保融资，向国家机关、事业单位和企业等应付款方提出确权请求的，应付款方应当及时确认债权债务关系。

第二十六条　有下列情形之一的，市场监督管理部门应当为企业办理注销登记：

（一）领取营业执照后未开展生产经营活动或者无债权债务，在国家企业信用信息系统发布拟注销公告满二十日，且无异议的；

（二）破产管理人依据人民法院终结破产程序裁定文书提出申请的；

（三）被吊销营业执照三年以上的公司，其股东书面承诺承担未清偿债务的。

第二十七条　本市鼓励和支持行业协会商会依法自主发展会员，代表会员反映诉求，服务会员发展；政府及有关部门起草或者制定有关行业发展的政策措施，应当主动听取有关行业协会商会的意见，对其意见采纳情况及时反馈和说明。

第三章　政务服务

第二十八条　政府及有关部门应当统一政务服务标准，创新政务服务方式，推动区块链、人工智能、大数据、物联网等新一代信息技术在政务服务领域的应用，不断提高政务服务质量，为市场主体提供规范、便利、高效的政务服务。

第二十九条　本市推进政务服务标准化办理。

市政务服务部门会同有关政府部门编制并公布全市统一的政务服务事项目录及其办事指南，办事指南应当明确各政务服务事项办理条件和流程、所需材料、容缺受理、办理环节和时限、收费标准、联系方式、投诉渠道等内容。办事指南中的办理条件、所需材料不得含有其他、有关等模糊性兜底要求。

第三十条　有关政府部门及其工作人员应当按照有利于市场主体的原则办理政务服务事项，并遵守下列规定：

（一）按照办事指南的规定办理政务服务事项，不得对市场主体提出办事指南规定以外的要求；

（二）能够通过政府部门之间信息共享获取的材料，不得要求市场主体提供；

（三）需要进行现场踏勘、现场核查、技术审查、听证论证的，应当在规定时限内及时安排，不得推诿、拖延；

（四）同一政务服务事项在同等情况下，应当同标准受理、同标准办理，不得差别对待；

（五）遵守工作纪律，不得与市场主体有任何影响依法履职的交往。

第三十一条　本市在除直接涉及国家安全、公共安全和人民群众生命健康等以外的行业、领域，推行政务服务事项办理告知承诺制。申请人承诺符合办理条件的，有关政府部门应当直接作出同意的决定；未履行承诺的，责令其限期整改，整改后仍未达到条件的，撤销决定，并将有关情况纳入本市信用信息平台；作出虚假承诺的，直接撤销决定，按照未取得决定擅自从事相关活动追究相应法律责任，并将有关情况纳入本市信用信息平台。

告知承诺事项的具体范围和办理条件、标准、流程等，分别由市政务服务部门和有关政府部门制定并向社会公布。

第三十二条　本市推行政务服务事项在政务服务大厅或者站点统一办理。

政府建立市、区、街道和乡镇政务服务体系，根据需要在北京城市副中心、交通便利的区域设立政务服务大厅或者政务服务站点，统一政务服务场所名称和标识，实行政务服务大厅或者政务服务站点周末服务、错时或者延时服务，为市场主体就近办事、多点办事、快速办事、随时办事提供便利。

第三十三条　本市推行政务服务事项在服务窗口集中办理。

有关政府部门可以通过协议委托同级政务服务机构受理政务服务事项，政务服务部门在政务服务大厅或者政务服务站点，设置综合窗口统一受理政务服务事项，有关政府部门分别进行行政审批，综合窗口统一反馈办理结果。

有关政府部门在政务服务大厅或者政务服务站点派驻人员的，应当赋予派驻人员充分的行政审批权限，对已经受理的事项，原则上实行经办人、首席代表最多签两次办结的工作机制，实现受理、审批、办结一站式服务。

有关政府部门应当根据市场主体的申请，在行政审批有效期届满前作出是否准予延续的决定；逾期未作出决定的，视为准予延续。

第三十四条　本市推行全部政务服务事项在网上全程办理。

市政务服务部门建设全市统一的在线政务服务平台，推进各区、各部门政务服务平台规范化、标准化和互联互通。

第三十五条　市经济和信息化部门建立全市统一的大数据管理平台和信息共享机制，推进政务信息共享。有关政府部门应当依据职责准确、及时、完整向大数据管理平台汇集政务信息。市场主体办理政务服务事项，使用的符合《中华人民共和国电子签名法》规定条件的可靠的电子签名，与手写签名或者盖章具有同等法律效力；电子印章与实物印章具有同等法律效力；电子证照与纸质证照具有同等法律效力，但法律、行政法规另有规定的除外。

区块链技术应用中产生的电子数据可以作为办理政务服务事项的依据和归档材料。

第三十六条　市政务服务部门依法制定作为办理行政审批条件的中介服务事项目录，并向社会公布；有关政府部门不得将目录以外的中介服务事项作为办理行政审批的条件。

第三十七条　企业固定资产投资项目实行告知承诺制，其范围由市发展改革部门拟订，报市人民政府批准后向社会公布。

第三十八条　在北京城市副中心、中关村科学城、怀柔科学城、未来科学城、北京经济技术开发区及其他有条件的区域，政府及有关部门编制控制性详细规划应当同步开展环境、水、交通等区域评估，不再对区域内市场主体的建设项目单独提出评估要求。

第三十九条　市规划和自然资源部门会同市住房和城乡建设、发展改革等部门根据建设工程规模、类型、位置等因素，制定社会投资工程建设项目分类管理制度，按照风险等级实施差别化管理。

对社会投资的低风险工程建设项目，建设工程规划许可和施工许可可以合并办理，从立项到不动产登记全流程审批时间不超过十五个工作日。

第四十条　本市探索在民用和低风险工业建筑工程领域推行建筑师负责制，注册建筑师为核心的设计团队、所属的设计企业可以为建筑工程提供全周期设计、咨询、管理等服务。探索建筑师负责制职业责任保险制度，支持保险企业开发建筑师负责制职业责任保险产品。

对于可以不聘用工程监理、建设单位不具备工程建设项目管理能力的建设项目，建设单位可以通过购买工程质量潜在缺陷保险，由保险公司委托风险管理机构对工程建设项目实施管理。

第四十一条　本市进一步优化工程建设项目施工管理。房屋建筑工程项目和土方作业量大的市政工程项目，项目单位取得项目设计方案审查意见且施工现场具备条件的，可以先期开展土方、护坡、降水等作业；但是最迟应当在主体工程施工前取得建设工程施工许可证。

第四十二条　供水、排水、供电、供气、供热、通信等公用企事业单位，应当公开服务范围、标准、收费、流程、完成时限等信息。

对市场主体投资的建设项目需要附属接入市政公用设施的小型工程项目，由供水、排水、低压供电等市政公用企业直接上门提供免费服务；接入低压供电的，时间不超过八个工作日。

第四十三条　供电企业应当保障供电设施的正常、稳定运行，确保供电质量符合国家规定。市城市管理部门应当加强对供电企业年供电可靠率的监督，对低于国家有关规定的，责令改正，可以处五万元以上五十万元以下罚款。

第四十四条　税务、人力资源和社会保障等部门在确保信息安全的前提下，应当采取下列缴纳税费便利措施：

（一）推动纳税事项全市通办；

（二）推行使用财税辅助申报系统，为市场主体提供财务报表与税务申报表数据自动转换服务；

（三）对市场主体进行纳税提醒和风险提示；

（四）推行社会保险、医疗保险、住房公积金合并申报，网上缴纳；

（五）利用区块链技术推行增值税电子专用发票及其他电子票据。

第四十五条　不动产登记部门应当按照国家有关规定，加强与住房和城乡建设、税务等部门的协作，为市场主体转让不动产提供登记、交易和缴税一窗受理、并行办理服务，时间不超过一个工作日。

不动产登记部门应当按照国家和本市相关规定，为市场主体查询下列信息，提供网上和现场服务：

（一）不动产面积、用途等自然状况信息；

（二）抵押、查封等限制信息；

（三）规划用途为非住宅，且权利人为法人和非法人组织的房屋权属信息，但涉及国家秘密的除外；

（四）地籍图、宗地图等图件信息。

人民法院应当及时公开涉及土地纠纷案件的审理情况及有关数据。

第四十六条　市口岸管理部门应当按照国家促进跨境贸易便利化的要求，对进出口货物申报、舱单申报和运输工具申报业务提供单一窗口服务，推进监管信息和物流运输服务信息互联互通，实现无纸化通关，涉及国家秘密的特殊情况除外。

海关应当公布报关企业整体通关时间；口岸管理部门应当组织编制并公布口岸收费目录，口岸经营服务企业不得在目录以外收取费用。

第四十七条　海关、商务等有关政府部门应当依法精简进出口环节审批事项和单证，优化通关流程，能够退出口岸验核的，全部退出；对符合规定条件的市场主体，实行先验放后检测、先放行后缴税、先放行后改单管理。

鼓励企业提前申报通关，提前办理单证审核，对于提前申报通关存在差错的，按照有关容错机制处理。

第四十八条　政府及有关部门应当建立常态化的政企沟通机制，听取市场主体意见，为市场主体提供政策信息，协调解决市场主体的困难和问题。

市场主体可以通过12345服务热线电话、部门电话、政府网站、政务新媒体等提出有关营商环境的咨询和投诉举报。有关政府部门、市政公用企事业单位应当按照规定的时限协调解决、答复；无法解决的，应当及时告知并说明情况。

第四十九条　支持北京城市副中心管理委员会、北京经济技术开发区管理委员会和有条件的区人民政府，探索实施相对集中行政许可权试点，可以由一个行政机关行使有关行政机关的行政许可权。

本市探索在部分领域开展营业执照和有关行政许可联合审批试点。市场主体在申请设立登记时，可以一并提出相关行政许可申请，由市场监督管理部门与其他有关政府部门并联办理。

本市探索在部分行业开展综合行政许可试点。一个行业经营涉及的多项行政许可可以整合为一项行业综合行政许可，一张行业综合行政许可证统一记载相关行政许可信息。

本市探索基于风险的分级分类审批管理机制。

第五十条　本市推行政务服务“好差评”制度，市场主体可以对有关政府部门及其工作人员办理政务服务事项的情况进行评价。具体办法由市政务服务部门制定并向社会公布。

第四章　监管执法

第五十一条　政府及其有关部门应当依法履行监管职责，创新监管方式，坚持公平公正监管、信用监管、综合监管，做到严格规范公正文明执法。

第五十二条　有关政府部门编制的权力清单应当明确监管执法事项、依据、主体、权限、内容、方法、程序和处罚措施等内容。

第五十三条　本市推行以信用为基础的分级分类监管制度。市有关政府部门以公共信用信息评价结果等为依据，制定本行业、本领域信用分级分类监管标准。信用较好、风险较低的市场主体，应当减少检查比例和频次；违法失信、风险较高的市场主体，应当提高检查比例和频次。

第五十四条　市经济和信息化部门建立健全市场主体信用修复制度，明确失信的市场主体可以采取作出信用承诺、完成信用整改、通过信用核查、接受专题培训、提交信用报告、参加公益慈善活动等方式开展信用修复；对于完成信用修复的市场主体，有关政府部门应当及时停止公示其失信信息。

第五十五条　有关政府部门应当按照鼓励创新和发展、确保质量和安全的原则，针对新技术、新产业、新业态、新模式的性质和特点，制定临时性、过渡性监管规则和措施，实行包容审慎监管，引导其健康规范发展。

第五十六条　本市在除直接涉及国家安全、公共安全和人民群众生命健康等以外的行业、领域，实行“双随机、一公开”监管，随机抽取检查对象、随机选派执法检查人员、抽查事项及查处结果及时向社会公开。

有关政府部门应当确定本行业或者本领域实行“双随机、一公开”监管的范围，健全随机抽查系统，完善相关细则，确保公平监管。

第五十七条　本市健全违法违规行为举报投诉制度，畅通公众监督渠道。有关政府部门接到举报投诉的，应当及时调查处理。

本市推进在特定行业、领域建立内部举报人等制度，鼓励行业、领域内部人员举报市场主体涉嫌严重违法违规行为和重大风险隐患，提高监管执法的针对性、有效性。查证属实的，有关政府部门加大对内部举报人的奖励力度，并对其实行严格保护。

第五十八条　有关政府部门应当制定本部门年度执法检查计划，并于每年三月底前向社会公布。

年度执法检查计划应当包括检查主体、检查对象范围、检查方式、检查项目和检查比例等内容。

第五十九条　本市在现场检查中推行行政检查单制度。市有关政府部门应当依法制定本行业、本领域行政检查单，明确检查内容、检查方式和检查标准等。

有关政府部门应当按照行政检查单实施现场检查，不得擅自改变检查内容、检查方式、检查标准等，不得要求监管对象准备书面汇报材料或者要求负责人陪同，减少对市场主体的影响。

第六十条　需要在特定区域或者时段，对监管对象实施不同监管部门多项监管内容检查的，应当采用联合检查的方式，由牵头部门组织、多部门参加，按照同一时间、针对同一对象，实施一次检查，完成所有检查内容。

第六十一条　本市推行综合执法，减少执法主体和执法层级，分别在农业农村、文化旅游、生态环境、交通运输、市场监督管理领域组建综合执法队伍，在街乡层面整合执法力量，按照有关法律规定相对集中行使行政处罚权。

第六十二条　市有关政府部门应当根据违法行为的事实、性质、情节以及社会危害程度、危害后果消除情况、违法行为人的主观过错，建立健全本行业、本领域行政处罚裁量基准制度，依法明确从轻、减轻或者不予行政处罚的具体情形。市、区有关政府部门和街道办事处、乡镇人民政府应当严格执行裁量基准，不得擅自突破裁量基准实施行政处罚。

第六十三条　市有关政府部门应当根据市场主体违法行为造成后果的严重程度，将本部门应当实施行政处罚的行为区分为一般违法行为和严重违法行为，制定相应目录及其公示期限，并向社会公布。

对于一般违法行为，行政处罚信息的最短公示期为三个月，最长为一年；对于严重违法行为，行政处罚信息的最短公示期为一年，最长为三年。公示期届满的行政处罚信息不再公示，未履行行政处罚决定的除外；市场主体发现行政处罚信息不应当公示的，有权要求相关公示主体更正。

在规定期限内履行行政处罚决定、主动消除或者减轻违法行为危害后果的，经市场主体申请，有关政府部门可以视情将公示期相应缩短三至十二个月。

第五章　法治保障

第六十四条　政府及有关部门制定市场准入、产业发展、招商引资、招标投标、政府采购、经营行为规范、资质标准等与市场主体生产经营活动密切相关的政策措施，应当进行公平竞争审查。

市场主体认为政策措施影响公平竞争的，有权向市场监督管理部门举报；市场监督管理部门应当及时处理，并反馈结果。

第六十五条　政府及有关部门制定与市场主体生产经营活动密切相关的政策措施，应当充分听取市场主体、行业协会商会的意见，除依法保密外，应当通过报纸、网络等向社会公开征求意见，并建立健全意见采纳情况反馈机制。向社会公开征求意见的期限一般不少于三十日。

第六十六条　政府及有关部门制定与市场主体生产经营活动密切相关的政策措施，应当为市场主体留出一般不少于三十日的适应调整期，涉及国家安全和公布后不立即施行将有碍施行的除外。

第六十七条　有关政府部门应当根据全面深化改革、全面依法治国、经济社会发展需要，以及上位法制定、修改、废止情况，及时清理有关行政规范性文件。清理结果应当向社会公布。

第六十八条　政府及有关部门制定与市场主体生产经营活动密切相关的政策措施，应当进行合法性审查。

市场主体认为政府规章或者市人民政府行政规范性文件同法律、法规相抵触的，可以向市人大常委会书面提出审查建议；认为市人民政府工作部门或者区人民政府行政规范性文件同法律、法规、规章相抵触的，可以向市人民政府或者区人大常委会书面提出审查建议；认为区人民政府工作部门或者乡镇人民政府行政规范性文件同法律、法规、规章相抵触的，可以向区人民政府书面提出审查建议。有关机关应当按照规定程序处理。

第六十九条　本市支持在京商事仲裁机构和商事调解机构发展，支持其加入一站式国际商事纠纷多元化解决平台。

鼓励市场主体选择在京商事仲裁机构或者商事调解机构解决纠纷。

第七十条 相关部门应当健全司法鉴定、资产评估、审计审价等行业管理制度，督促相关机构优化工作流程、压缩工作时限、提高工作质量，配合有关方面查明事实。

市高级人民法院应当建立健全司法鉴定、资产评估、审计审价等委托机构的遴选、评价、考核的规则和标准，向社会公布，并定期向相关部门通报对委托机构的考核结果。

第七十一条 人民法院依法通过下列措施，提高知识产权案件的审理效率和质量：

（一）推进繁简分流快速审理机制；

（二）依法扩大独任制审理案件范围；

（三）指派技术调查官参与专业技术性较强的知识产权案件诉讼活动。

第七十二条 有关政府部门应当与人民法院建立企业破产工作协调机制，支持符合破产条件的企业进行破产清算或者重整，协调解决破产企业信用修复、企业注销、社会稳定等问题。

第七十三条 人民法院探索建立重整识别、预重整等破产拯救机制，完善破产案件繁简分流审理机制，提高办理破产案件效率。

第七十四条 市高级人民法院应当与市规划和自然资源、公安机关交通管理等有关政府部门建立破产案件财产处置联动机制，统一破产企业土地、房产、车辆等处置规则，提高破产财产处置效率。

第七十五条 人力资源和社会保障部门应当加大对破产企业职工权益的保障力度，协调解决职工社会保险关系转移、退休人员社会化管理、档案接转等事项，保障职工合法权益。

第七十六条 企业因重整取得的债务重组收入，依照国家有关规定适用企业所得税相关政策。对于破产企业涉及的房产税、城镇土地使用税等，税务机关应当依法予以减免。

破产企业重整期间，税务机关按照有关规定自动解除或者经破产管理人申请解除破产企业非正常户认定状态。

第七十七条 破产管理人有权查询破产企业注册登记材料、社会保险费用缴纳情况、银行开户信息及存款状况，以及不动产、车辆、知识产权等信息，有关政府部门、金融机构应当予以配合。

第七十八条　人民法院应当健全破产案件债权人权益保障机制，保障债权人会议对破产企业财产分配、处置的决策权，保障债权人的知情权、参与权和监督权。

第七十九条　市高级人民法院与市公安机关等有关政府部门建立被执行人及其车辆查询机制。人民法院执行案件需要查找被执行人或者被执行人的法定代表人、主要负责人、影响债务履行的直接责任人员、实际控制人等人员，或者被执行人车辆的，可以向公安机关提出协助查找需求，公安机关应当予以配合。

第八十条　破产管理人协会应当加强行业自律，加大对破产管理人的培训力度，提高破产管理人的履职能力和水平。

第八十一条　政府和有关部门及其工作人员未按照本条例的规定依法履行职责或者侵犯企业合法权益的，依法依规追究责任。

第六章　附 则

第八十二条　政府及有关部门可以依据本条例制定有关实施办法或者实施细则。

第八十三条　本条例自2020年4月28日起施行。

上海市优化营商环境条例[①]

（2020年4月10日上海市第十五届人民代表大会常务委员会第二十次会议通过）

第一章 总则

第一条 为了持续优化营商环境，激发市场主体活力，维护市场主体合法权益，推动经济高质量发展，推进政府治理体系和治理能力现代化建设，将上海建设成为卓越的全球城市、具有世界影响力的社会主义现代化国际大都市，根据《优化营商环境条例》等法律、行政法规，结合本市实际，制定本条例。

第二条 本条例适用于本市行政区域内优化营商环境的相关工作。

本条例所称营商环境，是指企业等市场主体在市场经济活动中所涉及的体制机制性因素和条件。

第三条 优化营商环境应当坚持市场化、法治化、国际化原则，以市场主体获得感为评价标准，以政府职能转变为核心，以“一网通办”为抓手，全面深化“放管服”改革，践行“有求必应、无事不扰”的服务理念，对标最高标准、最高水平，打造贸易投资便利、行政效率高效、政务服务规范、法治体系完善的国际一流营商环境，为各类市场主体投资兴业营造稳定、公平、透明、可预期的发展环境。

第四条 市、区人民政府应当加强优化营商环境工作的组织领导，按照优化营商环境的原则和要求，建立健全优化营商环境的统筹推进工作机制，完善服务企业联席会议机制，加强统筹本行政区域企业服务工作。政府主要负责人是优化营商环境的第一责任人。

市、区发展改革部门是本行政区域内优化营商环境工作的主管部门，负责指导、组织、协调优化营商环境日常工作。

本市经济信息化、商务、政务服务、市场监管、住房城乡建设、规划资源、司法行政、地方金融、知识产权等部门应当按照各自职责，做好优化营商环境相关工作。

---

① 本条例摘自上海市司法局网站，网址：http://sfj.sh.gov.cn/cmsres/e0/e0423bdbae3e42d88ed626a7b2c2cfad/93d97196840541a0edc80273e53d8faa.docx。

第五条　市、区人民政府及其有关部门应当结合实际，充分运用现行法律制度及国家政策资源，探索具体可行的优化营商环境新经验、新做法，并复制推广行之有效的改革措施。

中国（上海）自由贸易试验区和临港新片区、张江国家自主创新示范区、虹桥商务区等区域应当在优化营商环境方面发挥引领示范作用，先行先试有利于优化营商环境的各项改革措施。

第六条　本市加强与长江三角洲区域相关省、市的交流合作，以长三角生态绿色一体化发展示范区营商环境建设为重点，推动建立统一的市场准入和监管规则，着力形成要素自由流动的统一开放市场，提升长江三角洲区域整体营商环境水平。

第七条　市、区人民政府应当建立优化营商环境工作激励机制，对在优化营商环境工作中作出显著成绩的单位和个人，按照有关规定给予表彰和奖励。

各区、各部门可以结合实际情况，在法治框架内积极探索优化营商环境具体措施。对探索中出现失误或者偏差，但有关单位和个人依照国家和本市有关规定决策、实施，且勤勉尽责、未牟取私利的，不作负面评价，依法予以免责或者减轻责任。

第八条　本市按照营商环境评价体系要求，以市场主体和社会公众满意度为导向推进优化营商环境改革，发挥营商环境评价对优化营商环境的引领和督促作用。

各区、各部门应当根据营商环境评价结果，及时调整完善优化营商环境的政策措施。

第二章　市场环境

第九条　本市充分发挥市场在资源配置中的决定性作用，构建覆盖企业全生命周期的服务体系，在企业开办、融资信贷、纠纷解决、企业退出等方面持续优化营商环境。

第十条　国家市场准入负面清单以外的领域，各类市场主体均可以依法平等进入。国家外商投资准入负面清单以外的领域，按照内外资一致的原则实施管理。

本市根据城市功能定位、发展规划以及环保安全等相关规定，按照规定程序制定产业引导政策，并向社会公开。

第十一条　本市对标国际高标准投资贸易规则，推进贸易便利化，鼓励和促进外商投资；按照国家部署，在中国（上海）自由贸易试验区和临港新片区实行外商投资试验性政策措施，扩大对外开放。

鼓励各类企业在本市设立总部机构、研发中心，鼓励与上海国际经济、金融、贸易、航运和科创中心建设密切相关的国际组织落户本市，支持创设与本市重点发展的战略性新兴产业相关的国际组织。

第十二条　本市依法保护各类市场主体的经营自主权、财产权和其他合法权益，保护企业经营者的人身和财产安全。

任何单位和个人不得干预应当由市场主体依法自主决策的定价、内部治理、经营模式等事项，不得对市场主体实施任何形式的摊派，不得非法实施行政强制或者侵犯市场主体及其经营者合法权益的其他行为。

除法律、法规另有规定外，市场主体有权自主决定加入或者退出行业协会、商会等社会组织，任何单位和个人不得干预。

第十三条　各类市场主体依法平等适用国家及本市支持发展的政策，享有公平使用资金、技术、人力资源、土地使用权以及其他自然资源等各类生产要素和公共服务资源的权利。

市、区人民政府及其部门应当平等对待各类市场主体，不得制定和实施歧视性政策。

招标投标和政府采购应当公开透明、公平公正，不得设定不合理条件，或者以其他任何形式排斥、限制潜在投标人或者供应商，保障各类市场主体依法平等参与。

本市完善公共资源交易管理制度，建立健全公共资源交易平台，优化交易服务流程，依法公开公共资源交易规则、流程、结果、监管和信用等信息。

第十四条　本市建立健全公平竞争工作协调机制，加大执法力度，预防和制止市场垄断和滥用行政权力排除、限制竞争的行为，以及不正当竞争行为，营造公平竞争的市场环境。

第十五条　本市营造中小企业健康发展环境，保障中小企业公平参与市场竞争，支持中小企业创业创新。

市、区人民政府应当在财政扶持、费用减免、金融支持、公共服务等方面制定专项政策，并在本级预算中安排中小企业发展专项资金，支持中小企业发展。

第十六条　本市加大对中小投资者权益的保护力度，完善中小投资者权益保护机制，保障中小投资者的知情权、表决权、收益权和监督权，发挥中小投资者服务机构在持股行权、纠纷调解、支持诉讼等方面的职能作用，提升中小投资者维护合法权益的便利度。

第十七条　本市将涉企经营许可事项全部纳入“证照分离”改革范围，通过直接取消审批、审批改为备案、实行告知承诺、优化审批服务等方式，分类推进改革。除法律、行政法规规定的特定领域外，涉企经营许可事项不得作为企业登记的前置条件。

本市支持“一业一证”审批模式改革探索，将一个行业准入涉及的多张许可证整合为一张行业综合许可证。

市场监管部门应当根据企业自主申报的经营范围，明确告知企业需要办理的许可事项，同时将需要申请许可的企业信息告知相关主管部门。相关主管部门应当依企业申请及时办理涉企经营许可事项，并将办理结果即时反馈市场监管部门。

第十八条　对依法设立的政府性基金、涉企保证金、涉企行政事业性收费、政府定价的经营服务性收费，实行目录清单管理，目录清单之外一律不得执行。市财政、发展改革等部门应当编制目录清单，并向社会公开。

本市推广以金融机构保函、保证保险等替代现金缴纳涉企保证金，市发展改革、住房城乡建设等相关主管部门应当明确具体规范和办事指南。

第十九条　本市培育和发展各类行业协会、商会，依法规范和监督行业协会、商会的收费、评比、认证等行为。

行业协会、商会应当加强内部管理和能力建设，及时反映行业诉求，组织制定和实施团体标准，加强行业自律，为市场主体提供信息咨询、宣传培训、市场拓展、权益保护、纠纷处理等服务。

第二十条　本市各级人民政府及其有关部门应当履行向市场主体依法作出的政策承诺以及依法订立的各类合同，不得以行政区划调整、政府换届、机构或者职能调整以及相关责任人更替等为由违约、毁约。因国家利益、社会公共利益需要改变政策承诺、合同约定的，应当依照法定权限和程序进行，并依法对市场主体受到的损失予以补偿。

政府依照法律规定的条件和程序变更或者撤回已经生效的行政许可、采取征用等措施的，应当依法对市场主体予以补偿。

第二十一条　本市各级人民政府及其有关部门、事业单位不得违反合同约定拖欠市场主体的货物、工程、服务等账款，也不得在约定付款方式之外变相延长付款期限。

本市探索建立拖欠账款行为约束惩戒机制，通过预算管理、绩效考核、审计监督等，防止和纠正拖欠市场主体账款的问题。

第二十二条 本市加强知识产权保护工作，理顺知识产权综合管理和执法体制，加强跨区域知识产权执法协作机制。

本市依法实行知识产权侵权惩罚性赔偿制度，推动建立知识产权快速协同保护机制，完善行政保护与司法保护衔接机制，探索开展知识产权公益诉讼，完善知识产权维权援助机制，提供知识产权保护的侵权预警、法律服务和司法救济。

本市完善知识产权纠纷多元解决机制，充分发挥行业协会和调解、仲裁、知识产权服务等机构在解决知识产权纠纷中的积极作用。

第三章 政务服务

第二十三条 本市建设全流程一体化在线政务服务平台（以下简称“一网通办”平台），推动线下和线上政务服务融合，整合公共数据资源，加强业务协同办理，优化政务服务流程，推动市场主体办事线上一个总门户、一次登录、全网通办。

本市政务服务事项全部纳入“一网通办”平台办理，但法律、法规另有规定或者涉及国家秘密、公共安全等情形的除外。市场主体可以通过“一网通办”平台办理政务服务，并可以通过企业专属网页获得精准化政务服务。

市政务服务部门负责统筹规划、协调推进、指导监督“一网通办”工作。各区、各部门推进政务服务标准化规范化建设，细化量化政务服务标准，编制政务服务办事指南，明确事项办理条件、办事材料、办理流程、容缺受理等内容，线上办理和线下办理标准应当一致。政务服务事项办理条件不得含有兜底条款，相关部门不得要求市场主体提供办事指南规定之外的申请材料。

市场主体可以自主选择政务服务办理渠道，相关部门不得限定办理渠道。已在线收取规范化电子材料的，不得要求申请人再提供纸质材料。

本市推进“一网通办”平台涉外服务专窗建设，为外商投资企业、外国人提供便利化政务服务。

第二十四条 本市政务服务大厅推行综合窗口服务，实行综合受理、分类办理、统一出件。

服务窗口应当加强标准化管理，推进规范化建设，健全一次告知、首问负责、收件凭证、限时办结等服务制度，完善预约、全程帮办、联办以及错时、延时服务等工作机制。

各区、各部门应当加强窗口服务力量配置和窗口工作人员业务培训。服务窗口应当按照政府效能建设管理规定，综合运用效能评估、监督检查、效能问责等手段，提高服务质量和效能。

除法律、法规有明确规定的情形外，窗口工作人员不得对申请人提出的申请事项不予收件。窗口工作人员不予收件的，各部门应当加强核实监督。

第二十五条　本市对行政许可事项实施清单管理制度。市审批改革部门应当会同相关行政管理部门及时向社会公布清单并进行动态调整。

在行政许可事项清单之外，不得违法设定或者以备案、登记、注册、目录、规划、年检、年报、监制、认定、认证、审定以及其他任何形式变相设定或者实施行政许可。对国家和本市已经取消的行政许可事项，不得继续实施、变相恢复实施或者转由行业协会、商会以及其他组织实施。

各相关部门应当将本年度行政许可办理、费用收取、监督检查等工作情况，向同级审批改革部门报告并依法向社会公布。

第二十六条　本市全面推行行政审批告知承诺制度。对审批条件难以事先核实、能够通过事中事后监管纠正且风险可控的行政审批事项，行政审批机关可以采取告知承诺方式实施行政审批，但直接涉及公共安全、生态环境保护和直接关系人身健康、生命财产安全的以及依法应当当场作出行政审批决定的行政审批事项除外。告知承诺的具体事项，由审批改革部门会同相关部门确定，并向社会公布。

实行行政审批告知承诺的，相关部门应当一次性告知申请人审批条件和需要提交的材料。申请人以书面形式承诺符合审批条件的，应当直接作出行政审批决定，并依法对申请人履行承诺情况进行监督检查。申请人未履行承诺的，审批部门应当责令其限期整改；整改后仍未满足条件的，应当撤销办理决定，并按照有关规定纳入信用信息平台。

第二十七条　本市遵循合法、必要、精简的原则，规范行政审批中介服务事项。行政审批中介服务事项清单由市审批改革部门会同相关行政管理部门编制，并向社会公布。

除法律、法规另有规定外，市场主体有权自主选择中介服务机构，任何行政管理部门不得为其指定或者变相指定中介服务机构，不得强制或者变相强制市场主体接受中介服务。

各区、各部门在行政审批过程中需要委托中介服务机构提供技术性服务的，应当通过竞争性方式选择中介服务机构，并自行承担服务费用。

中介服务机构应当明确办理法定行政审批中介服务的条件、流程、时限、收费标准，并向社会公开。

第二十八条 市人民政府有关部门应当在市政府网站上公布证明事项清单，逐项列明设定依据、索要单位、开具单位等内容。新证明事项实施或者原有证明事项取消之日起七个工作日内，有关部门应当完成清单更新。

各区、各部门应当加强证明的互认共享，不得重复向市场主体索要证明，并按照国家和本市的要求，开展证明事项告知承诺制试点等工作，进一步减证便民。

第二十九条 本市实施政务服务"好差评"制度，提高政务服务水平。"好差评"制度覆盖本市全部政务服务事项、被评价对象、服务渠道。评价和回复应当公开。

本市各级人民政府及其有关部门应当建立差评和投诉问题调查核实、督促整改和反馈机制。对实名差评事项，业务办理单位应当在一个工作日内联系核实。对于情况清楚、诉求合理的事项，立即整改；对于情况复杂、一时难以解决的事项，限期整改。整改情况及时向企业和群众反馈。政务服务主管部门应当对实名差评整改情况进行跟踪回访。

第三十条 本市推行企业开办全流程"一表申请、一窗领取"。申请人可以通过"一窗通"网上服务平台申办营业执照、印章、发票、基本社会保险等业务。材料齐全、符合法定形式的，政府有关部门应当当场办结；不能当场办结的，应当在一个工作日内办结。

申请企业设立、变更登记事项，申请人承诺所提交的章程、协议、决议和任职资格证明等材料真实、合法、有效的，市场监管部门可以对提交的材料进行形式审查，但法律、法规另有规定的除外。当事人提供虚假材料申请登记的，应当依法承担责任。

企业可以在政务服务大厅开办企业综合窗口一次领取从事一般性经营活动所需的营业执照、印章和发票。

企业设立试行名称告知承诺制和企业住所自主申报制，推广实施开办企业全程电子化。多个企业可以根据本市相关规定，使用同一地址作为登记住所。

第三十一条 本市按照电子证照相关规定，建立健全电子证照归集和应用机制。除法律、法规另有规定外，市、区人民政府及其部门签发的电子证照应当向市电子证照库实时归集，确保数据完整、准确。

申请人在申请办理有关事项时，可以通过市电子证照库出示业务办理所需要的电子证照，受理单位不得拒绝办理或者要求申请人提供实体证照，但依法需要收回证照原件的除外。

第三十二条　本市建立统一的电子印章系统，推进电子印章在政务服务、社区事务受理等领域的应用，鼓励市场主体和社会组织在经济和社会活动中使用电子印章。各部门已经建立电子印章系统的，应当实现互认互通。

企业电子印章与企业电子营业执照同步免费发放。企业可以根据实际需要，自主刻制实体印章。

第三十三条　企业办理政务服务事项，使用的符合法律规定条件的可靠的电子签名，与手写签名或者盖章具有同等法律效力；电子印章与实物印章具有同等法律效力；电子证照与纸质证照具有同等法律效力，但法律、行政法规另有规定的除外。

第三十四条　企业固定资产投资项目实行告知承诺制，其范围由市发展改革部门拟订，报市人民政府批准后向社会公布。

第三十五条　本市推行工程建设项目风险分级分类审批和监管制度。市住房城乡建设、交通等部门应当制定并公布各类工程建设项目的风险划分标准和风险等级，并会同市发展改革、规划资源等部门实行差异化审批、监督和管理。

本市实施工程建设项目审批全流程、全覆盖改革。市住房城乡建设部门依托“一网通办”总门户，牵头建立统一的工程建设项目审批管理系统，实现立项、用地、规划、施工、竣工验收等各审批阶段“一表申请、一口受理、一网通办、限时完成、一次发证”，推动工程建设项目审批实现全流程网上办理。对社会投资的低风险工程建设项目，建设工程规划许可和施工许可可以合并办理，全流程备案、审批时间不超过十个工作日。

市、区人民政府应当设立工程建设项目审批审查中心，依托工程建设项目审批管理系统，实行联合会审、联合监督检查和综合竣工验收等一站式服务模式。

本市加强对重大工程建设项目跨前服务，对不影响安全和公共利益的非关键要件在审批流程中探索试点“容缺后补”机制，允许市场主体在竣工验收备案前补齐相关材料。

本市推行工程质量潜在缺陷保险制度，探索推行建筑师负责制。

第三十六条　本市在产业基地和产业社区等区域实施综合性区域评估。各区域管理主体应当组织开展水资源论证、交通影响评价、地质灾害危险性评估、雷击风险评估等区域评估，区域评估结果向社会公开，并纳入相关部门管理依据。

市场主体在已经完成综合性区域评估的产业基地和产业社区建设工程项目的，不再单独开展上述评估评审，但国家和本市另有规定的除外。

第三十七条　本市企业新建社会投资低风险产业类项目的竣工验收与不动产登记合并办理，竣工验收后一次性获得验收合格相关证书和不动产权证电子证书，并可以当场获得纸质权证。

不动产登记机构办理不动产转移登记，实行一窗收件、当场缴税、当场发证、一次完成。不动产登记机构应当与公用企事业单位、金融机构等加强协作，逐步实现电力、供排水、燃气、网络过户与不动产登记同步办理。本市推广在商业银行申请不动产抵押登记等便利化改革。

任何单位和个人有查询需要的，可以根据国家和本市不动产登记资料查询的相关规定，按照地址查询非住宅类不动产权利人信息等登记信息和地籍图信息。

第三十八条　本市依托市、区两级人才服务中心，提供人才引进、落户、交流、评价、咨询等便利化专业服务。

本市为外籍高层次人才出入境、停居留和工作学习生活提供便利，通过“外国人工作、居留单一窗口”办理工作许可和居留许可的，应当在七个工作日内一次办结。

第三十九条　本市通过国际贸易单一窗口，为申报人提供进出口货物申报、运输工具申报、税费支付、贸易许可和原产地证书申领等全流程电子化服务，并推广贸易融资、信用保险、出口退税等地方特色应用。

各收费主体应当在国际贸易单一窗口公开收费标准，实现口岸相关市场收费“一站式”查询和办理。市口岸、交通、发展改革、市场监管等部门应当加强口岸收费管理。

本市依托国际贸易单一窗口，推动与其他经济体的申报接口对接，促进信息互联互通，便利企业开展跨境业务。

第四十条　本市运用各类口岸通关便利化措施，压缩货物口岸监管和港航物流作业时间，实现通关与物流各环节的货物状态和支付信息可查询，便利企业开展各环节作业。

本市推动优化口岸监管，鼓励企业提前申报通关，提前办理通关手续。对于申报通关存在差错的，按照有关容错机制处理。

对符合条件的企业，依照有关规定，实行先验放后检测、先放行后缴税、先放行后改单等管理。海关应当公布报关企业整体通关时间。

第四十一条　本市构建面向纳税人和缴费人的统一税费申报平台，推动相关税费合并申报及缴纳。相关部门应当精简税费办理资料和流程，减少纳税次数和税费办理时间，提升电子税务局和智慧办税服务场所的服务能力，推广使用电子发票。

本市严格落实国家各项减税降费政策，积极开展宣传辅导，确保各项政策落实到位。

第四十二条　企业可以在本市自主选择主要办事机构所在地，并依法登记为住所。各区、各部门应当对企业跨区域变更住所提供便利，不得对企业变更住所设置障碍。

对区级层面难以协调解决的企业跨区域迁移事项，由市服务企业联席会议机制协调解决，并推动落实。

第四十三条　企业可以通过本市“一窗通”网上服务平台申请注销，由市场监管、税务、人力资源社会保障等部门分类处置、同步办理、一次办结相关事项。

对领取营业执照后未开展经营活动、申请注销登记前未发生债权债务或者债权债务清算完结的，可以适用简易注销登记程序。企业可以通过国家企业信用信息公示系统进行公告，公告时限为二十日。公告期内无异议的，登记机关可以为企业办理注销登记。

第四章　公共服务

第四十四条　市经济信息化部门组织开展全市企业服务体系建设，依托上海市企业服务云，实现涉企政策统一发布、专业服务机构集中入驻、企业诉求集中受理。

市、区经济信息化部门应当建立中小企业服务中心，受理企业各类诉求，完善诉求快速处理反馈机制，一般问题五个工作日办结，疑难问题十五个工作日办结，无法办理的应当向企业说明情况。

各区应当建立网格化企业服务模式，在乡镇、街道、园区及商务楼宇等设立企业服务专员，为协调解决企业诉求提供服务。

第四十五条　市经济信息化部门应当会同市财政等部门建立本市财政资金类惠企政策统一申报系统，为企业提供一站式在线检索、订阅、匹配、申报服务。

各区应当设立财政资金类等惠企政策服务窗口，有条件的区可以设立惠企政策综合服务窗口。

第四十六条　本市建立政企沟通机制，通过调研、座谈、问卷调查、新媒体等多种形式，及时倾听和回应市场主体的合理诉求。

本市设立优化营商环境咨询委员会，负责收集、反映市场主体对营商环境的诉求，为营商环境改革提供决策咨询，推动优化营商环境精准施策。

第四十七条　本市鼓励电力、供排水、燃气、网络等公用企事业单位为市场主体提供全程代办服务。鼓励公用企事业单位全面实施网上办理业务，在“一网通办”总门户开设服务专窗，优化流程、压减申报材料和办理时限。

公用企事业单位应当推行接入和服务的标准化，确保接入标准、服务标准公开透明，并提供相关延伸服务和一站式服务。公用企事业单位应当对收费项目明码标价，并按照规定履行成本信息报送和公开义务。

公用企事业单位同步申请多种市政接入的，规划资源、绿化市容、交通等政府部门应当予以支持并提供便利。

第四十八条　本市实行统一的动产担保登记制度，推动市场主体通过人民银行动产融资登记系统办理动产担保登记，为市场主体提供融资便利。

鼓励金融机构为诚信经营的中小企业提供无抵押信用贷款，支持为科技型企业提供全生命周期综合金融服务，加大科技型企业培育力度，鼓励符合条件的科技型企业在科创板上市。

第四十九条　本市设立中小微企业政策性融资担保基金，建立健全融资担保体系，为中小微企业融资提供增信服务。市财政部门应当会同市地方金融等部门，建立信贷风险补偿和奖励机制。

本市推进公共数据开放及大数据普惠金融应用，依法与金融机构共享市场监管、税务、不动产登记、环保等政务数据和电力、供排水、燃气、网络等公用事业数据，并依法保护商业秘密、个人信息。

第五十条　本市扶持产业园区建设，推进产业与城市融合发展。相关政府部门根据需要在产业园区设立政务服务窗口。鼓励各类产业园区的管理运营单位设立一站式企业服务受理点，提供企业开办、项目建设、人才服务等政策咨询和代办服务。

园区管理运营单位通过推荐函等方式为园区企业办事提供证明、保证等服务的，相关政府部门应当予以支持。

第五十一条　本市支持创新创业集聚区建设，支持发展科技企业孵化器、众创空间等各类创新创业载体。对于符合条件的创新创业载体，按照有关规定给予税收优惠和财政支持。

鼓励和支持高校、科研院所通过建设专业团队、委托第三方服务机构等方式开展技术转移服务，推动科技成果转移转化。

第五十二条　本市实行重大产业项目目录制管理，并定期动态调整。市、区人民政府应当建立重大项目联系制度和协调处理机制，为企业提供全流程服务保障。

市经济信息化部门应当推进市级投资促进平台建设，制定发布上海市产业地图，推进建设重点项目信息库和载体资源库，推动项目与产业地图精准匹配。

市商务部门应当推动完善海外招商促进网络。

第五十三条　本市加快推进公共法律服务体系建设，整合律师、公证、司法鉴定等公共法律服务资源，以公共法律服务中心、公共法律服务热线等为载体，提升公共法律服务质量和水平。

鼓励律师创新法律服务模式，通过专业化的法律服务，帮助中小企业有效防范法律风险，及时高效地解决各类纠纷。

持续优化公证服务，实现简易公证事项和公证信息查询的“自助办、网上办、一次办”。

鼓励鉴定机构优化鉴定流程，提高鉴定效率。与委托人有约定时限的，在约定的时限内完成鉴定；没有约定的，一般应当在三十个工作日内完成鉴定，但重大复杂或者法律、法规、部门规章有专门规定的除外。

第五章　监管执法

第五十四条　相关政府部门应当按照鼓励创新的原则，对新技术、新产业、新业态、新模式等实行包容审慎监管，针对其性质、特点分类制定和实行相应的监管规则和标准，预留发展空间，同时确保质量和安全，不得予以禁止或者不予监管。

本市建立健全市场主体轻微违法违规经营行为包容审慎监管制度，明确轻微违法违规经营行为的具体情形，并依法不予行政处罚。

第五十五条　市审批改革部门应当会同相关行政管理部门编制监管事项目录清单，明确监管主体、监管对象、监管措施、处理方式等，并向社会公开。监管事项目录清单实行动态调整。

本市基于监管对象信用状况及风险程度等，对市场主体实施差异化分类监督管理。各部门应当根据分类结果建立相应的激励、预警、惩戒等机制。对直接涉及公共安全和人民群众生命健康等特殊行业、重点领域，依法实行全覆盖全过程重点监管。

实施分类监管的部门和履行相应公共事务管理职能的组织，应当制定分类监管实施细则，并向社会公布。

第五十六条　相关行政管理部门应当充分运用信用信息，在实施行政许可过程中，对守信主体给予优先办理、简化程序等便利服务，同时严格规范联合惩戒名单认定，依法依规开展失信联合惩戒。

本市建立健全信用修复机制，明确失信信息修复的条件、标准、流程等要素。对于符合条件的修复申请，失信信息提供单位应当在规定的期限内，向市公共信用信息服务中心书面反馈意见，由其将该信息从本市公共信用信息服务平台查询界面删除。各部门应当同步删除相关网站上的公示信息。失信信息提供单位应当将处理情况告知申请人。

本市结合行业特点，探索建立政府采购领域重大违法记录中较大数额罚款认定标准体系，完善政府采购领域的联合惩戒机制。

第五十七条　本市全面落实行政执法公示、行政执法全过程记录和重大行政执法决定法制审核制度，通过考核、定期报告、协调指导、执法数据共享等方式，推进行政执法严格规范公正文明。

各行政执法部门应当根据监管需求，加强执法协作，明确联动程序，提高跨部门、跨领域联合执法效能。

本市深化行政综合执法改革，推进相对集中行使行政处罚权，统筹配置行政执法资源。

第五十八条　本市依托“互联网+监管”系统，推动各部门监管业务系统互联互通，加强监管信息归集共享和应用，推行远程监管、移动监管、预警防控等非现场监管，为开展“双随机、一公开”监管、分类监管、信用监管、联合执法等提供支撑。在监管过程中涉及的市场主体商业秘密，各部门应当依法予以保密。

第五十九条　除直接涉及公共安全和人民群众生命健康等特殊行业、重点领域外，市场监管领域各相关部门在监管过程中通过随机抽取检查对象、随机选派执法检查人员的方式开展行政检查。

随机抽查的比例频次、被抽查概率应当与抽查对象的信用等级、风险程度挂钩。针对同一检查对象的多个检查事项，应当合并或者纳入跨部门联合抽查范围。

市场监管领域各相关部门应当及时通过国家企业信用信息公示系统等平台向社会公开抽查情况及查处结果。

第六十条　各行政执法部门实施行政强制，应当遵循合法、适当、教育与强制相结合的原则，对采用非强制性手段能够达到行政管理目的的，不得实施行政强制；对违法行为情节轻微或者社会危害较小的，可以不实施行政强制；确需实施行政强制的，应当限定在所必需的范围内，尽可能减少对市场主体正常生产经营活动的影响。

市人民政府有关部门可以探索建立不予实施行政强制措施清单。

第六十一条　市人民政府有关部门应当按照国家和本市的规定科学规范行政处罚裁量权，对行政处罚裁量基准实行动态管理，根据法律、法规、规章等调整情况和执法实践，及时制定、修订、废止行政处罚裁量基准。各行政执法单位应当按照本市有关规定，规范适用行政处罚裁量基准。

第六十二条　除涉及人民群众生命安全、发生重特大事故或者举办国家重大活动，并报经有权机关批准外，市、区人民政府及其部门不得在相关区域采取要求相关行业、领域的市场主体普遍停产、停业等措施。采取普遍停产、停业等措施的，应当提前书面通知企业或者向社会公告，法律、法规另有规定的除外。

第六章　法治保障

第六十三条　本市制定与市场主体生产经营活动密切相关的地方性法规、规章、行政规范性文件，应当通过报纸、网络等向社会公开征求意见，充分听取市场主体、行业协会、商会的意见，并建立健全意见采纳情况反馈机制。

涉及市场主体权利义务的地方性法规、规章、行政规范性文件，应当通过便于公众知晓的方式及时公布。行政规范性文件应当录入本市统一的行政规范性文件数据库。地方性法规、规章、行政规范性文件公布时，应当同步进行宣传解读。与外商投资密切相关的地方性法规、规章、行政规范性文件，应当提供相应的英文译本或者摘要。

第六十四条　本市各级人民政府及其有关部门制定与市场主体生产经营活动密切相关的规范性文件、政策措施，应当进行合法性审查，并由制定机关集体讨论决定。

起草或者制定涉及市场主体经济活动的地方性法规、规章、规范性文件和其他政策措施时，应当按照规定进行公平竞争审查。鼓励社会第三方机构参与公平竞争审查工作。

对涉嫌违反公平竞争审查标准的政策措施，任何单位和个人有权举报。制定机关要建立健全涉及公平竞争审查投诉举报的受理回应机制，及时纠正排除、限制竞争的政策措施；对适用例外规定制定的政策措施，要向同级公平竞争审查联席会议报送备案。

第六十五条　本市各级人民政府及其有关部门制定与市场主体生产经营活动密切相关的政策措施，应当为市场主体留出必要的适应调整期，但涉及国家安全和公布后不立即施行将有碍施行的除外。

第六十六条　本市积极完善调解、仲裁、行政裁决、行政复议、诉讼等有机衔接、相互协调的多元化纠纷解决机制，充分发挥市、区两级非诉讼争议解决中心功能，支持金融等专业领域建立纠纷解决机构，为市场主体提供高效、便捷的纠纷解决途径。

本市支持仲裁和调解机构加入“一站式”国际商事纠纷多元化解决平台，合力营造公平、公正、透明、便捷的法治化国际化营商环境。

本市支持境外知名仲裁及争议解决机构按照规定在临港新片区就国际商事、海事、投资等领域发生的民商事争议开展仲裁、调解业务。

第六十七条　本市支持各级人民法院依法公正审理涉及市场主体的各类案件，平等保护各类市场主体合法权益；支持各级人民检察院对人民法院审判活动实施法律监督。

本市根据国家统一部署，加强国际商事纠纷审判组织建设，支持国际商事纠纷审判组织对接国际商事通行规则，加快形成与上海国际商事纠纷解决需求相适应的审判体制机制。

本市强化执行难源头治理制度建设，推动完善执行联动机制，支持人民法院加强和改进执行工作。政府各有关部门、人民检察院、人民团体、企事业单位、金融机构等，应当加强与人民法院执行工作的配合与协作，协同推进本市执行工作水平和效率。

第六十八条　本市推行企业法律文书送达地址先行确认及责任承诺制。企业在本市办理设立、变更、备案等登记注册业务或者申报年报时，经市场监管部门告知企业先行确认法律文书送达地址以及承诺相关责任等事项后，企业可以通过国家企业信用信息公示系统，在线填报本企业法律文书送达地址，并承诺对填报地址真实性以及及时有效接受本市各级人民法院和行政管理部门送达的法律文书负责。

第六十九条　本市各级人民法院应当加强网上诉讼服务平台建设，推进全流程网上办案模式，并严格遵守法律及司法解释关于规范民商事案件延长审限和延期开庭的规定。当事人通过网上立案方式递交诉状材料的，可以不再提交纸质版本。

市高级人民法院应当建立健全对从事司法委托的鉴定、资产评估、审计审价等中介机构的遴选、评价、考核规则和标准，向社会公布，并定期向相关部门通报对中介机构的考核评价结果。

相关部门应当与人民法院建立信息共享机制，支持人民法院依法查询有关市场主体的身份、财产权利、市场交易等信息，支持人民法院对涉案不动产、动产、银行存款、股权、知识产权及其他财产权利实施网络查控和依法处置，提高财产查控和强制执行效率。

相关部门应当与人民法院加强协同联动，将拒不履行生效裁判确定义务的被执行人纳入失信惩戒名单，强化对失信被执行人的惩戒力度。

第七十条　本市推进完善市场化、法治化的破产制度，支持人民法院探索建立重整识别、预重整等破产拯救机制，探索破产案件繁简分流、简易破产案件快速审理等机制，简化破产流程。

本市建立市人民政府和市高级人民法院共同牵头、相关部门参加的企业破产工作协调机制，统筹推进企业破产处置工作，依法支持市场化债务重组，及时沟通解决企业破产过程中的问题。

本市各级人民法院依照相关法律和司法解释的规定，建立重整计划草案由权益受到调整或者影响的债权人或者股东参加表决的机制，促进具有营运价值的困境企业及时获得重整救济。

第七十一条　本市建立破产案件财产处置联动机制。市高级人民法院会同市规划资源、公安等有关部门统一破产企业土地、房产、车辆等处置规则，提高破产财产处置效率。

本市建立破产企业职工权益保障机制。各级人力资源社会保障部门应当协调解决职工社会保险关系转移等事项，保障职工合法权益。

破产企业按照有关规定履行相关义务后，自动解除企业非正常户认定状态。企业因重整取得的债务重组收入，依照国家有关规定适用企业所得税相关政策。对于破产企业涉及的房产税、城镇土地使用税等，税务机关应当依法予以减免。

第七十二条　破产管理人处分破产企业重大财产的，应当经债权人会议逐项表决通过。

破产管理人有权查询破产企业注册登记材料、社会保险费用缴纳情况、银行开户信息及存款状况，以及不动产、车辆、知识产权等信息，相关部门、金融机构应当予以配合。

破产管理人依据人民法院终结破产程序裁定文书、清算组依据人民法院强制清算终结裁定文书提出申请的，市场监管部门依法为企业办理注销登记。

市破产管理人协会应当加强行业自律，加大对破产管理人的培训力度，提高破产管理人的履职能力和水平。

第七十三条　本市建立营商环境投诉维权机制，任何单位和个人可以通过“12345”市民服务热线、上海市企业服务云、中小企业服务中心以及“一网通办”平台等，对营商环境方面的问题进行投诉举报。

各有关部门应当畅通投诉举报反馈渠道，保障市场主体合理、合法诉求得到及时响应和处置，无法解决的，应当及时告知并说明情况。

第七十四条　本市探索在生态环境和资源保护、食品药品安全、公共卫生安全等领域建立内部举报人制度，发挥社会监督作用，对举报严重违法、违规行为和重大风险隐患的有功人员予以奖励，并对其实行严格保护。

第七十五条　本市建立由机关单位、专业院校、社会组织等共同参与的优化营商环境法治保障共同体，畅通政策和制度的设计、执行、反馈沟通渠道，重点疏通协调营商环境建设中存在的制度性瓶颈和体制机制问题，为各区、各部门提供依法推进营商环境建设的智力支持。

第七十六条　本市探索创建适合市场主体的法治宣传新模式，采取以案释法、场景互动等方式提升法治宣传效能。

本市遵循“谁执法谁普法”“谁服务谁普法”的原则，探索将优化营商环境法治宣传工作纳入普法责任制考核。

第七十七条　市、区人民代表大会常务委员会通过听取专项工作报告、开展执法检查等方式，加强本行政区域内优化营商环境工作监督。

市、区人民代表大会常务委员会充分发挥代表作用，组织代表围绕优化营商环境开展专题调研和视察等活动，汇集、反映各类市场主体的意见和建议，督促有关方面落实优化营商环境的各项工作。

第七章 法律责任

第七十八条 违反本条例规定的行为，法律、行政法规有处罚规定的，从其规定。

第七十九条 本市各级人民政府和有关部门及其工作人员在优化营商环境工作中，有下列情形之一的，由有关部门责令改正；情节严重的，依法追究责任：

（一）违反“一网通办”工作要求，限定市场主体办理渠道的；

（二）对情况清楚、诉求合理的实名差评事项，拒不整改的；

（三）对企业变更住所地违法设置障碍的；

（四）妨碍破产管理人依法履职的；

（五）其他不履行优化营商环境职责或者损害营商环境的。

第八章 附则

第八十条 本条例自2020年4月10日起施行。

广州市优化营商环境条例①

（2020年10月28日广州市第十五届人民代表大会常务委员会第四十二次会议通过 2020年11月27日广东省第十三届人民代表大会常务委员会第二十六次会议批准）

第一章 总 则

第一条 为持续优化营商环境，激发市场活力和社会创造力，维护市场主体合法权益，加快建设现代化经济体系，推动经济高质量发展，根据国务院《优化营商环境条例》等法律法规，结合本市实际，制定本条例。

第二条 本条例适用于本市行政区域内优化营商环境工作。

本条例所称营商环境，是指企业、个体工商户等市场主体在市场经济活动中所涉及的体制机制性因素和条件，主要包括市场环境、政务环境、人文环境和法治环境等。

第三条 优化广州营商环境应当坚持市场化、法治化、国际化、便利化原则，以市场主体需求为导向，以政府职能转变为核心，对标国际先进水平，强化协同联动，为各类市场主体营造稳定、公平、透明、可预期的发展环境。

第四条 市、区人民政府应当加强本行政区域优化营商环境工作的组织领导，根据工作需要制定和完善优化营商环境工作目标和政策措施，建立健全优化营商环境工作协调机制和政企互动沟通机制，及时协调、解决营商环境中存在的重大问题。

市发展改革部门是本市优化营商环境工作的主管部门，负责统筹推动、组织协调、监督指导本市优化营商环境日常工作，建立本市营商环境监测体系，组织实施本条例。区发展改革部门或者区人民政府确定的部门负责本行政区域内优化营商环境日常工作。

市场监督管理、政务服务管理、商务、工业和信息化、税务、司法行政、住房城乡建设、规划和自然资源、人力资源社会保障、金融监督管理等部门和人民法院、人

① 本条例摘自广州人大网站，网址：https://lf.rd.gz.cn/law/sys/core/file/download/2510000007261376.do。

民检察院、仲裁机构等单位按照各自职责，做好优化营商环境有关工作。

第五条　本市主动对接国家发展战略，争取国家、省综合授权和改革试点，支持中国（广东）自由贸易试验区广州南沙新区片区、广州经济技术开发区、广州高新技术开发区、中新广州知识城、广州空港经济区、广州人工智能与数字经济试验区等区域在优化营商环境方面发挥引领示范作用，先行先试商事登记确认制等有利于优化营商环境的各项改革措施。

市、区人民政府及其有关部门应当结合实际，推进改革创新，制定规章、规范性文件，推广行之有效的优化营商环境改革措施。

第六条　有关单位和个人在营商环境改革创新、先行先试工作中出现失误或者偏差，未达到预期效果，但同时符合以下条件的，免于追究责任；符合以下条件之一的，可以从轻、减轻处理：

（一）决策和实施程序未违反法律法规的强制性规定；

（二）未造成重大损失和社会负面影响；

（三）相关人员履行了勤勉尽责义务且未谋取非法利益；

（四）未恶意串通损害公共利益和他人合法权益。

法律、行政法规另有规定的，从其规定。

第七条　市人民政府应当立足于粤港澳大湾区核心城市的功能定位，推动粤港澳全面合作示范区建设，加强与粤港澳大湾区相关城市的协同驱动，推动市场规则衔接和政务服务体系协作，着力形成要素自由流动的统一开放市场，打造具有国际竞争力的粤港澳大湾区区域一体化营商环境。

第八条　市场主体在市场经济活动中权利平等、机会平等、规则平等，依法享有自主决定经营业态、模式的权利，人身和财产权益受到保护的权利，知悉法律、政策和监管、服务等情况的权利，自主加入或者退出社会组织的权利，对营商环境工作进行监督的权利。

市场主体应当遵守法律法规，恪守社会公德和商业道德，诚实守信、公平竞争，维护市场秩序，履行法定义务，共同营造更加健康有序的营商环境。

第九条　市、区人民政府应当按照营商环境评价体系要求，以市场主体和社会公众满意度为导向推进优化营商环境改革，发挥营商环境评价体系对优化营商环境的引领和督促作用，及时调整完善优化营商环境的政策措施。

鼓励建立优化营商环境第三方评价机制，由独立第三方社会机构对市、区人民政府及其部门的优化营商环境工作进行评价，并将结果向社会公开。

第十条　市、区人民政府及其有关部门应当加强优化营商环境的法律、法规、规章和政策措施的宣传，完善法治宣传教育考核体系，支持新闻媒体客观、公正地对营商环境进行舆论监督，建立舆情收集和回应机制。

市、区人民政府及其有关部门应当落实“谁执法谁普法”的普法责任制，引导市场主体合法经营、依法维护自身合法权益，不断增强全社会的法治意识，为营造法治化营商环境提供基础性支撑。

每年10月15日为“广州营商环境日”，市、区人民政府应当通过系列宣传、对话、招商、表彰、服务等活动，营造良好营商环境，依法保护市场主体合法权益。

第二章　市场环境

第十一条　市、区人民政府及其有关部门应当按照国家规定实行统一的市场准入负面清单制度。市场准入负面清单以外的领域，各类市场主体均可以依法平等进入。

外商投资实施准入前国民待遇加负面清单管理制度。外商投资准入负面清单以外的领域，按照内外资一致的原则实施管理。

市、区人民政府按照城市功能定位、发展规划以及环保安全等相关规定，制定产业引导政策并向社会公开。

第十二条　本市将涉企经营许可事项全部纳入“证照分离”改革事项清单，通过直接取消审批、审批改为备案、实行告知承诺、优化审批服务等方式，分类推进改革。除法律、行政法规规定的特定领域外，涉企经营许可事项不得作为企业登记的前置条件。

本市支持“一业一证”审批模式改革，将一个行业准入涉及的多张许可证整合为一张行业综合许可证。

企业登记机关应当根据企业自主申报的经营范围，明确告知企业需要办理的许可事项，同时将需要申请许可的企业信息告知相关主管部门。

相关主管部门应当依企业申请及时办理涉企经营许可事项，并将办理结果即时反馈企业登记机关。

第十三条　本市推广实施开办企业全程电子化，建立企业信息共享互认体系；简化开办企业程序，优化业务流程，推行全程网上办理，推动各部门通过平台同步联办开办企业涉及业务。提升开办企业便利度的具体办法，由市市场监督管理部门牵头制定，并向社会公布。

本市推行开办企业“一网通办、一窗通取”模式，申请人可以通过开办企业一网通平台一次性申请办理开办企业涉及业务，通过各区政务服务大厅专窗或者开办企业一网通平台领取营业执照、印章、发票等。申请材料齐全、符合法定形式的，相关部门应当当场办结。

第十四条　本市实行国家统一的企业登记业务规范、标准和条件，采用统一的数据标准、平台服务接口、社会信用代码进行登记管理；实行企业名称、经营范围自主申报制和住所、经营场所自主承诺申报制；允许多个企业按规定将同一地址登记、备案为住所或者经营场所；推行企业法律文书送达地址告知承诺制；推广实施企业登记全程网上办理。优化企业登记程序的具体办法由市市场监督管理部门制定，并向社会公布。

申请企业登记和备案，申请人承诺所提交的章程、协议、决议、住所使用证明、任职资格证明等材料和填报的信息真实、合法、有效的，企业登记机关对提交的材料实行形式审查；对非关键性申请材料存在错漏但已承诺按期补正的，企业登记机关可以容缺登记。申请人提供虚假材料申请登记或者备案的，应当依法承担相应法律责任。

市人民政府应当建立健全企业迁移综合服务协调机制。各区、各部门应当对企业跨区域变更住所提供便利，不得对企业变更住所设置障碍。

第十五条　企业可以通过一网通平台申请注销，由市场监督管理、税务、人力资源社会保障等部门分类处置、同步办理、一次办结相关事项。市场监督管理部门以及相关部门应当优化企业普通注销和简易注销登记程序，推行清税承诺制度。

企业领取营业执照后未开展经营活动、申请注销登记前未发生债权债务或者债权债务清算完结的，可以按照国家有关规定适用简易注销登记程序。适用简易注销登记程序的，企业应当通过国家企业信用信息公示系统进行公告。公告期届满且无异议的，企业登记机关应当为企业办理注销登记。

企业破产管理人、清算组依据人民法院终结破产程序裁定文书、强制清算终结裁定文书提出适用简易注销登记程序办理企业注销申请的，企业登记机关应当予以办理。

第十六条　本市遵循合法、必要、精简原则，规范行政审批中介服务。市人民政府应当依法编制行政审批中介服务事项清单，并向社会公布。

作为办理行政审批条件的中介服务事项应当有法律、法规或者国务院决定依据；没有依据的，不得作为办理行政审批的条件。市场主体有权自主选择中介服务机构，任何行政机关不得为其指定或者变相指定中介服务机构；除作为办理行政审批条件的中介服务事项外，不得强制或者变相强制市场主体接受中介服务。

审批部门在行政审批过程中需要委托中介服务机构开展技术性服务的项目，应当通过竞争性方式选择中介服务机构，并自行承担服务费用，不得转嫁给市场主体。对符合进入网上中介服务超市条件的项目，审批部门应当通过网上中介服务超市选择。一体化在线政务服务平台中需要委托中介服务机构的政务服务事项应当与网上中介服务超市中的中介服务信息相关联。

中介服务机构应当明确办理法定行政审批中介服务的条件、流程、时限、收费标准，并向社会公开，不得出具虚假证明或者报告。

第十七条　市、区人民政府应当整合中小微企业服务中心、中小微企业服务站、中小微企业公共服务示范平台等服务机构资源，为中小微企业提供政策咨询、人才培训、技术支持和对接投资融资、知识产权、财会税务、法律咨询等服务，建立“一站式”中小微企业公共服务体系。

市、区人民政府应当加大对创业创新类中小微企业的扶持力度，可以通过购买服务等方式为符合条件的创业创新类中小微企业提供股权结构设计、员工持股计划、投资基金对接、上市培训等服务。

市人民政府可以设立科技企业孵化器和众创空间补助资金，引导孵化器和众创空间为中小微科技企业提供专业孵化、创业引导和持股孵化等服务。

第十八条　本市全面加强中小投资者权益保护，完善中小投资者权益保护机制，提升中小投资者维护合法权益的便利度，依法保障中小投资者的知情权、参与权、表决权、收益权和监督权等合法权利。

公司的控股股东、实际控制人、董事、监事、高级管理人员负有忠实义务和勤勉义务，不得利用其关联关系损害公司利益和中小股东合法权益，利用关联关系造成损失的，应当依法承担赔偿等法律责任。

第十九条　市场监督管理部门应当依法加大反垄断和反不正当竞争执法力度，有效预防和制止市场经济活动中的垄断行为，滥用行政权力排除、限制竞争行为，侵犯商业秘密，商业诋毁，以及互联网不正当竞争行为等。

第二十条　市、区人民政府及其有关部门应当严格落实国家各项减税降费政策，及时研究解决政策落实中的具体问题，确保减税降费政策全面、及时惠及市场主体。

本市对政府性基金、涉企行政事业性收费、涉企保证金，以及政府定价的经营服务性收费，实行目录清单管理，并及时向社会公布。目录清单之外的涉企收费和保证金一律不得执行。任何单位不得擅自提高收费标准，扩大收费范围，不得以向企业摊派或者开展达标评比活动等方式变相收取费用。

政府性基金、涉企行政事业性收费、涉企保证金设置上下限标准的，可以按照下限标准收取。对于信用记录良好的企业，可以按照规定降低保证金比例、分期收缴。

市工业和信息化部门应当会同市财政等部门制定涉企保证金缴纳的具体办法，推广以金融机构保函、保证保险等替代现金缴纳涉企保证金，鼓励企业按照规定自主选择涉企保证金的缴纳方式。

第二十一条　本市公共资源交易实施目录清单管理，完善分类统一的交易制度规则，提升资源配置的效率和效益；建立健全公共资源交易公共服务统一平台，发布各类公共资源交易信息；优化招标投标流程，推行招标投标全流程电子化。招标人、招标代理机构不得因使用电子招标投标方式，额外向投标人收取费用或者不合理地增加潜在投标人参与投标的难度。

政府采购和招标投标等公共资源交易活动，应当公开透明、公平公正，保障各类市场主体依法平等参与。不得设定与业务能力无关和明显超过招标项目要求的业绩等不合理条件，不得违规设立各类预选供应商、预选承包商名录，或者以其他任何形式排斥、限制潜在投标人或者供应商。

第二十二条　本市鼓励和支持企业自主研发和自主创新，加大知识产权的投入，投保知识产权保险。推广和促进知识产权成果转化，依法保护企业知识产权及其成果转化收益，促进和提高企业运用、管理和保护知识产权的能力。

知识产权部门应当支持建立知识产权市场化运营平台，探索创建知识产权跨境交易平台，为企业提供知识产权管理在线服务。

本市支持开展知识产权质押融资、知识产权证券化等金融创新。专利资产通过融资平台获得融资的，专利许可人支付的属于融资利息的部分，可以依法作为企业财务费用在税前扣除。

第二十三条　本市由中国人民银行征信中心动产融资统一登记公示系统对动产担保进行统一登记，推广使用动产、知识产权、股权、应收账款、订单、保单等进行担保融资。市场主体办理动产担保登记，可以对担保物进行概括性描述，可以约定担保权益涵盖担保物本身及其将来产生的产品、收益、替代品等资产。法律、行政法规另有规定的，从其规定。

本市建立市区两级政府性融资担保体系，发展政府性融资担保机构，建立普惠型贷款风险补偿机制和应急转贷机制，支持符合产业政策、有市场发展前景的中小微企业和科技创新型企业发展。

金融监督管理部门应当鼓励、引导金融机构开发、推广惠及中小微企业的金融产品，开通中小微企业服务绿色通道，简化贷款手续，增加对中小微企业的信贷投放，并合理增加中长期贷款和信用贷款支持，降低中小微企业的融资成本，提高融资便利度。

市人民政府应当支持完善企业融资综合服务平台，依法向金融机构提供市场监管、海关、司法、税务、不动产登记、电水气、公积金、社保等涉企信用信息，为中小微企业提供融资综合信用服务。

第二十四条　本市低压非居民用户（含社会投资简易低风险项目）电力外线工程依法免予办理相关行政许可，20千伏及以下高压电力外线工程、供水和中低压天然气外线工程项目在工程建设项目联合审批平台统一收件、统一出件、资料共享、并联审批，审批办理时限不超过五日。

供水、排水、供电、供气、通信网络等公用企事业单位应当在经营场所的显著位置和官方网站公开服务范围、标准、收费、流程、完成时限等信息。鼓励公用企事业单位全面实施网上办理、移动支付等便利业务，优化流程、减少申报材料和压缩办理时限。

对市场主体投资的建设项目需要附属接入市政公用设施的小型工程项目，由供水、排水、低压供电等公用企事业单位直接上门提供免费服务。

供水、供电、供气、通信网络等公用企事业单位应当加强对市场主体服务的质量保障，不得违法拒绝或者中断服务。相关部门应当建立水电气以及通信网络供应可靠性的管制和保障措施。

第二十五条　本市扶持产业园区建设，建立园区统计分析监管预警制度，推动建立粤港澳大湾区的园区衔接互认机制。

相关部门应当根据需要在产业园区设立政务服务窗口。园区管理运营单位通过推荐函等方式为园区企业办事提供证明、保证等服务的，相关部门应当予以支持。

鼓励各类产业园区的管理运营单位设立一站式企业服务受理点，提供开办企业、项目建设、人才服务、知识产权管理等政策咨询和代办服务。

第二十六条　本市培育数字经济新产业、新业态和新模式，支持构建工业、交通、城市管理等领域规范化数据开发利用场景，引导数字经济和实体经济深度融合，构建数字经济的生态系统，推动经济高质量发展。

相关部门应当加强政策引导，推动人工智能、可穿戴设备、车联网、物联网、远程医疗、网上新零售等领域数据采集标准化，推动数据要素流通体制机制研究和先行先试，引导培育数据交易市场，建立健全数据资源交易机制和定价机制，保护数据产品所有人、使用人依法获得数据产品的合法权益。

第二十七条　本市支持企业建设产业供应链数字化平台，建立产业供应链风险预警和应对机制，加强与产业供应链上下游的协同合作。

市、区人民政府及其有关部门应当建立健全应急供应链智慧分级响应和联防联控机制，建设应急用工、物流与供应链协同调度平台，根据应急响应级别、国内国际市场动态和本行政区域产业结构优化升级需要，为市场主体提供人力资源、设施设备、供给需求、知识产权保护和政策信息等服务。

市、区人民政府及其有关部门应当采取下列措施，构建粤港澳大湾区产业供应链协同发展服务体系：

（一）推动粤港澳大湾区内部体制机制互通；

（二）破除生产要素的流通壁垒，推动资本、人才和知识等生产要素的自由流通；

（三）建立跨区域产业合作创新平台和产业技术联盟，完善产业协同创新，推动资本、人才和知识等生产要素集聚，形成完备的创新产业生态链，支持粤港澳企业、高校、科研院所共建产业技术创新平台；

（四）构建多层面、跨区域的产业合作协调机制，促进产业互补和产业合理布局。

第二十八条　本市依法建立健全社会信用管理制度以及与市场经济相适应的信用秩序，推动信用信息深度开发利用，提升信用服务水平，形成知信、守信、用信的良性氛围。

市人民政府应当建立覆盖全面、稳定、统一且唯一的公共信用代码一码制度，通过市公共信用信息管理系统统一归集市场主体的公共信用信息，并与企业信用信息公示系统、法院被执行人信息查询平台以及市场资信调查评级机构等信用服务机构的信用信息系统等对接，实现信用信息跨部门、跨行业、跨地区交换共享。

市人民政府应当建立标准化、公益性的市场主体公共信用信息综合评价体系，相关部门在税收征管、工程建设、生态环境保护、交通运输、安全生产、食品药品、教育医疗等重点领域对市场主体和从业人员进行行业信用评价。

第二十九条　市、区人民政府及其相关部门应当在行政审批、财政性资金使用、提供政务服务过程中推行信用承诺制，加强查询使用行政相对人的信用记录。

金融监督管理部门应当引导金融机构在信贷审批、风险防范、证券发行、信用担保、保证保险等领域使用第三方信用服务产品。

本市鼓励市场主体在开展市场交易、企业管理、行业治理、融资信贷、社会公益等活动中查询、使用信用信息。鼓励市场信用服务机构开发和创新信用产品，扩大信用产品的使用范围。

第三十条　本市按照国家和省的有关规定建立守信联合激励对象和失信联合惩戒对象名单，守信主体激励措施清单和失信主体惩戒措施清单，依法实施守信联合激励和失信联合惩戒。

相关部门应当建立健全本管理领域信用修复制度，明确信用修复的条件、方式、程序以及证明材料等内容，并向社会公布。

第三十一条　本市培育和发展各类行业协会、商会。行业协会、商会应当加强内部管理和能力建设，及时反映行业诉求，组织制定和实施团体标准，规范行业秩序、降低交易成本，为市场主体提供信息咨询、宣传培训、市场拓展、权益保护、纠纷处理以及人才评价等方面的服务。行业主管部门和登记管理部门应当加强对行业协会、商会的指导，依法规范和监督行业协会、商会的收费、评比、认证等行为。

本市倡导和鼓励行业协会、商会设立市场主体维权服务平台，参与和支持企业维权，提升维权效率和管理水平。

第三章　政务环境

第三十二条　市、区人民政府及其有关部门应当统一政务服务标准，增强服务意识，提升政务服务效能，按照减环节、减材料、减时限、优服务的原则，创新政务服务方式，推动应用新技术，实现政务服务规范化、标准化、协同化、便利化。

市政务服务管理部门应当对政务服务事项实施统一管理，会同有关部门根据市场主体需求整合政务服务事项，制定政务服务事项清单及办事指南，并向社会公布。政务服务事项清单及办事指南应当明确事项名称、设定依据、申请条件、申请材料、办理机构、投诉渠道等信息，申请条件和申请材料不得含有兜底条款，线上办理和线下办理标准应当一致。市政务服务管理部门应当制定政务服务事项统一管理办法，并向社会公布。

第三十三条　本市推行政务服务事项在网上全程办理、移动化办理，推进一企一档建设，为企业提供精准化、智能化政务服务，但法律、法规另有规定或者涉及国家秘密、公共安全等情形的除外。对可以实现网络共享的材料、通过网络核验可以获取的信息以及前端流程已经收取的材料，相关部门不得要求重复提交。

市政务服务管理部门建设全市统一的一体化在线政务服务平台，推进各区、各部门政务服务平台规范化、标准化和互联互通。相关部门应当依托一体化在线政务服务平台，完善统一身份认证、电子支付，共享交换信息，健全电子证照、空间地理、自然资源、信用信息等数据库，推进电子证照、电子印章、电子签名等智能应用，实现全事项全要素全过程自动归集、互联共用、智能分析、全程监督。

第三十四条　市、区人民政府各部门应当按照有关规定将政务服务事项纳入政务服务大厅管理。

市、区政务服务管理部门应当按照统一入口、统一平台、统一标准的原则推行集成服务，在各级政务服务大厅实行前台综合受理、后台分类审批、统一窗口出件；健全一次性告知、首席服务、限时办结等制度，根据需要为市场主体提供错时服务、全天候服务、个性化定制服务。

市、区人民政府应当对政务服务事项纳入政务服务大厅管理和集成服务的情况进行监督和检查。

第三十五条　本市建立政务服务事项和政务服务大厅窗口服务“好差评”以及“差评”评价核实整改和反馈制度。“好差评”评价情况纳入政务服务质量通报。具体办法由市政务服务管理部门制定并向社会公布。

第三十六条　政务服务管理、公安、人力资源社会保障、规划和自然资源、住房城乡建设、市场监督管理、税务、海关等部门应当依法采集、核准、更新、共享政务数据，编制本部门政务信息资源目录，并依照法律、法规和规章等有关规定，合法使用所获取的共享政务信息。政务数据资源管理和信息共享的具体办法，由市人民政府另行制定。

本市建立政企数据共享机制，破解政企数据融合应用的壁垒，进一步促进和规范公共数据的开放和利用。

第三十七条　市人民政府建立统一的电子证照服务系统，在工程建设领域、开办企业、不动产登记、获得电力等领域加快推广电子证照的应用，推行完税证明电子化。

市、区人民政府及其有关部门应当对实体证照和电子证照实行同步签发、同步更新、同步注销，推行电子证照一网申请、受理、审批、公开、查询及打印下载。

电子证照和具有代表身份认证信息数字签名的电子文档可以作为法定办事依据和归档材料，并可以不以纸质形式归档和移交相关部门。申请人在申请办理有关事项时可以通过出示电子证照表明其身份、资质，电子证照的具体应用场景由市政务服务管理部门会同相关部门确定后公布实施。

符合《中华人民共和国电子签名法》规定的电子签名与手写签名或者盖章具有同等法律效力；电子印章与实物印章具有同等法律效力；电子证照与实体证照具有同等法律效力，法律、行政法规另有规定的除外。相关部门已经建立电子印章系统的，应当实现互认互通。

第三十八条　本市对行政许可事项实施清单管理制度。市人民政府应当及时向社会公布清单并进行动态调整。

在行政许可事项清单之外，不得违法设定或者以备案、登记、注册、目录、规划、年检、年报、监制、认定、认证、审定以及其他任何形式变相设定或者实施行政许可。设定机关对其设定的不适应经济社会发展需要的行政许可，应当及时修改或者废止。

各相关部门应当将本年度行政许可办理、费用收取、监督检查等工作情况，向同级人民政府报告并依法向社会公布。

第三十九条　本市推行政务服务事项告知承诺制度。除直接关系公共安全、生态环境保护和人身健康、生命财产安全的政务服务事项外，申请人以书面形式承诺符合办理条件并提供相关材料的，相关部门应当直接作出决定。

相关部门应当根据法定权责，制定实行告知承诺的政务服务事项目录清单和办事指南，并向社会公布。

相关部门应当加强事中事后监管，定期对承诺人履行承诺的情况进行抽查，将承诺人履行承诺情况纳入本市公共信用信息管理系统。承诺人未履行承诺的，相关部门应当依法追究责任。

第四十条　相关部门应当建立政务服务事项容缺容错受理工作机制，制定容缺容错受理事项及申请材料目录并向社会公布。

相关部门对基本条件具备、主要申报材料齐全且符合法定条件，但次要条件或者次要申报材料有欠缺的登记、审批事项，应当一次性告知可容缺容错申报的材料，先予受理并进行审查；申请人在规定时限内补齐所有容缺容错材料，经审查符合法定要求的，应当作出决定。

第四十一条　相关部门设定证明事项应当评估给市场主体造成的影响，说明设定必要性，并公布证明事项清单，列明设定依据、索要单位、开具单位等。证明事项索要单位应当在新设证明事项实施或者原有证明事项取消之日起七个工作日内完成清单更新。未纳入清单的证明事项和盖章环节，不得要求市场主体提供。

各区人民政府及其相关部门应当加强证明的互认共享，不得重复向市场主体索要证明，并按照国家和本市的要求，推行证明事项告知承诺制，进一步减证便民。

第四十二条　国有建设用地的用地单位可以凭国有土地划拨决定书、国有建设用地使用权出让合同或者政府投资项目的用地预审意见等申请办理建设工程规划许可证。

第四十三条　在符合规划、不改变用途的前提下，企业在工业用地、仓储用地上对工矿厂房、仓储用房进行改建、扩建和利用地下空间，提高容积率、建筑密度的，不再增收新增工业、仓储用途建筑面积的土地价款。

第四十四条　本市推行工程建设项目风险分级分类审批和质量安全监管制度。各类工程主管部门应当结合实际分别制定审批流程图，推行工程建设项目一站式开工审批、过程联合监管、一站式联合验收。

本市在特定区域实施区域评估制度，由相关区域的管理机构结合控制性详细规划，统筹组织区域环境影响、水土保持、地质灾害、文物考古、节能评价、地震安全性等评估工作。市场主体在已经完成区域评估的区域建设工程项目的，不再单独开展上述评估，但国家、省、市另有规定的除外。

第四十五条　市住房城乡建设、交通运输、水务、林业等房屋建筑和市政基础设施工程的监管部门可以按照国家有关规定取消施工图审查或者缩小审查范围，由相关部门通过政府购买服务开展监督抽查。

房屋建筑工程项目满足土地、规划条件后，建设单位可以按照基坑支护和土方开挖、地基基础和地下结构、地上结构等施工进展顺序，分阶段申请办理施工许可证。

第四十六条　鼓励社会投资低风险工程建设项目的建设单位聘请建筑师、工程师等专业技术人员负责内部技术检查，加强企业内部质量管理。社会投资低风险工程建设项目的具体范围由市住房城乡建设部门确定并向社会公布。

从事施工图审查的建筑专业审查人员、施工现场监理的专业技术人员以及工程质量安全监督管理人员应当具备国家、省相关规定的专业资格要求。

本市探索在建筑工程领域推行建筑师负责制，注册建筑师为核心的设计团队、所属的设计企业可以为建筑工程提供全周期设计、咨询、管理等服务。

新出让居住用地的土地出让人应当将投保工程质量潜在缺陷保险列入土地出让合同。新建保障性住房和安置房项目应当投保工程质量潜在缺陷保险。鼓励新建商品房项目投保工程质量潜在缺陷保险。

第四十七条　本市优化通关流程，提高通关效率，完善企业提前申报、两步申报等模式，深化申报容错机制和主动披露容错机制，积极推广各类便利化口岸通关措施；依照有关规定推行先放后检、先放行后缴税、先放行后改单等模式。

本市建立完善国际贸易单一窗口跨部门综合服务管理平台，完善货物申报、舱单申报、运输工具申报、跨境电商、市场采购、国际会展等服务功能。推进进出口企业、船公司、船代、货代等不同主体之间的信息共享，实现口岸“通关+物流”的一体化服务联动。

商务、港务、发展改革、市场监督管理等部门应当加强口岸收费目录清单管理。收费主体应当在国际贸易单一窗口公开收费目录和收费标准，在目录以外不得收取费用。

第四十八条　税务机关应当持续优化税务服务，推动相关税费合并申报及缴纳，充分利用已有的信息共享资源，精简办税资料和流程，压缩办税时限；拓宽办税渠道，推广使用电子发票，实现全程网上办税；为纳税人提供税收信息和税收政策网上查询、咨询服务，提高税务服务便利化。

第四十九条　新建社会投资简易低风险工程建设项目的建设单位可以同步申请竣工验收和不动产登记，一次性获取联合验收意见书和不动产权证电子证照。

不动产登记机构办理企业间不动产转移登记，应当与住房城乡建设部门、税务机关等加强协作，实行一窗受理、当场缴税、当场发证、一次完成。不动产登记机构应当与公用企事业单位、金融机构等加强协作，实现电力、供排水、燃气、网络过户与不动产登记同步办理。推广在商业银行申请不动产抵押登记等便利化改革，探索开展跨境融资抵押业务。

不动产登记机构应当按照国家和本市不动产登记资料查询的相关规定，为单位和个人提供网上和现场查询服务。单位和个人可以按照不动产坐落位置、不动产权属证书号、不动产单元号等索引信息，免费查询非住宅类且权利人为法人和非法人组织的登记信息和地籍图信息，但涉及国家秘密的除外。对于不动产是否存在权利负担、司法限制等信息，申请人可以自助免费获取。

第五十条　市、区人民政府应当强化全球招商推介，加强投资促进服务，建立健全招商引资统筹协调、考核激励、跟踪服务机制。市发展改革部门应当会同市规划和自然资源等部门建设本市重点项目信息库，制定发布全市产业地图，推动项目与产业地图精准匹配。

市、区人民政府及其有关部门应当建立招商项目落地保障和承诺办结责任制，对重大招商项目提供绿色通道服务。

第五十一条　本市推行惠企政策“免申即享”办理模式，通过政府部门信息共享等方式，实现符合条件的企业免予申报、直接享受政策。

对确需企业提出申请的惠企政策，本市推行集成服务模式，将政策兑现事项纳入政务服务事项管理，在市、区政务服务大厅或者全市统一的一体化在线政务服务平台实施集成服务。

市政务服务管理部门应当组织机关、事业单位全面梳理需要使用财政资金支付的行政奖励、资助、补贴等各项优惠政策和产业促进政策，编制政策兑现事项清单和办事指南，并向社会公布。

市政务服务管理部门或者区人民政府指定的部门应当组织相关部门定期对政策兑现事项涉及的优惠政策和产业促进政策进行评估，及时更新政策兑现事项清单，并对相关部门的政策兑现事项实施监督考核。

第五十二条　机关、事业单位应当履行向市场主体依法作出的政策承诺以及依法订立的各类合同，不得以行政区划调整、政府换届、机构或者职能调整以及相关责任人更替等为由拒绝履行、不完全履行或者迟延履行。因国家利益、社会公共利益需要改变政策承诺、合同约定的，应当依照法定权限和程序进行，给市场主体造成损失的，应当依法予以补偿。

机关、事业单位不得违反合同约定拖欠市场主体的货物、工程、服务等账款，也不得在约定付款方式之外变相延长付款期限。

市、区人民政府应当建立拖欠账款行为约束惩戒机制，通过预算管理、审计监督等，防止和纠正机关、事业单位拖欠市场主体账款。

第五十三条　市人民政府应当加大向区人民政府和经济功能区管理机构的放权力度。除确需市级行政机关统一协调管理的事项外，市人民政府可以授权或者委托区人民政府和经济功能区管理机构依法行使涉及优化营商环境的行政职权。具体下放事项清单，由下放事项涉及管理领域的部门牵头制定并报市人民政府批准后实施。

第五十四条　发生突发事件时，市、区人民政府及其相关部门应当采取以下措施，维护生产秩序和产业供应链稳定，保障市场主体的财产安全和自主经营权利：

（一）建立突发事件动态分析评估和反馈机制，对易遭遇风险的行业、企业、设施、场所制定安全保护应急处理方案，纳入应急预案；

（二）建立有效的社会动员机制，鼓励市场主体开展互助，采取调整薪酬、弹性工时、轮岗轮休等方式，稳定劳动关系，维持运行并及时复工复产；

（三）组织评估突发事件对本地区经济和重点行业的影响，根据评估结果精准制定实施救助、补偿、补贴、减免、返还、安置等措施；

（四）鼓励金融机构给予延期还贷、展期续贷、降低利率和减免利息支持；

（五）为市场主体寻求法律救济提供必要帮助；

（六）对突发事件中临时征收征用的应急物资，应当及时返还，无法返还的，应当依法补偿。

第五十五条　市、区人民政府及其有关部门应当建立常态化的政企沟通机制，听取市场主体意见，为市场主体提供政策信息，协调解决市场主体的困难和问题。

相关部门应当优化政企服务模式，建立健全市区联动的企业服务机制，为市场主体办理政务服务事项提供免费的咨询、指导、协调服务。

第五十六条　市、区人民政府及其相关部门应当充分运用现代科技手段，按照公共信用信息目录以及标准规范要求，将履行职责过程中产生的行政许可、行政处罚、抽查检查、失信联合惩戒对象等涉企信息及时、准确、完整地向市公共信用信息管理系统报送，并通过信用广州网统一向社会公开。

第四章　人文环境

第五十七条　市、区人民政府应当编制和严格执行生态环境保护规划，构建生态文明制度体系，强化生态文明建设监督保障；持续改善生态环境质量，提升生态环境竞争力，吸引创新要素集聚；坚持绿色发展理念，倡导绿色生活方式，加强生态环境保护和修复。

第五十八条　市、区人民政府应当完善交通基础设施布局，推动区域交通一体化，健全立体式综合交通网络，优化城市交通出行结构，推动绿色交通发展，逐步分区域试行自动驾驶商业化出行服务，提升交通运输质量、效率、安全度、便捷度。

第五十九条　本市健全住房市场体系和住房保障体系，提升物业管理水平，完善社区周边配套设施，改善居住条件。

市、区人民政府应当通过住房补贴、人才公寓等方式降低本市居住成本。符合划拨目录的政府部门、公益类事业单位投资建设的人才公寓用地，可以以划拨方式供应。鼓励用人单位等社会力量通过直接投资、间接投资、参股等方式参与人才公寓建设、筹集、运营和管理。

第六十条　本市促进文化繁荣发展，丰富文化产品和服务，提高文化开放与包容度，营造鼓励创新和亲商安商的文化氛围。

市、区人民政府及其有关部门应当加强对花市、广府庙会、粤剧、粤菜、粤语等岭南文化的保护和宣传，打造特色鲜明的城市文化品牌。

第六十一条　市人民政府应当在场馆用地、交通物流、网络通信、导向标志等配套设施和服务方面，支持和保障中国进出口商品交易会等展会的发展，推动其创新贸易模式，优化展览结构，改善办展办会环境，提升会展和商贸服务等功能，提高国际化、专业化、市场化、信息化水平。

市人民政府应当通过多种方式宣传、推介中国进出口商品交易会，扩大其国际影响力，提升对本市会展行业发展的带动效应。

第六十二条　人力资源社会保障部门应当培育新就业形态，支持市场主体采用灵活用工机制，引导有需求的企业开展共享用工合作。

人力资源社会保障部门应当建立健全劳动人事争议联合调解工作机制，畅通劳动者维权渠道，引导市场主体加强内部集体协商制度建设，加大监督执法力度，依法保护劳动者及企业合法权益。

人力资源社会保障部门应当及时公布人力资源供给与市场需求信息，引导用人单位优化人力资源结构，加强劳动者职业技能培训，完善劳动者失业保障和就业服务的相关制度和程序，按照国家规定取消水平评价类技能人员职业资格，推行社会化职业技能等级认定。

第六十三条　人力资源社会保障部门应当建立健全人力资源服务体制机制，加强人才大数据建设，建立人才区块链支撑平台、人才大数据标准规范体系和安全管理平台，提升人才服务业的精准服务能力。

本市完善人才引进和积分落户政策，推动人才城市的户籍准入年限在我市累计认可。市、区人民政府应当为认定的各类高层次人才提供引进落户、人才绿卡、住房及医疗保障、配偶就业、子女入园入学等一站式窗口服务。

市人民政府应当建立健全粤港澳大湾区人才引进平台，支持粤港澳人才合作示范区先行先试。鼓励试点放宽具备港澳职业资格的金融、建筑、规划等专业人才从业限制，参与建立粤港澳大湾区专业技术人才职称评价和职业资格认可工作机制。

人力资源社会保障部门应当组织实施急需职业和工种的人才培养开发计划，构建技能人才“终身培训体系”，培育技艺精湛、门类齐全、结构合理、素质优良的“羊城工匠”；鼓励和支持企业建立首席技师制度，完善首席技师认定、聘用和考核等机制。

第六十四条　市、区人民政府应当根据本行政区域人口、经济社会发展水平，合理设置教育机构、医疗机构、养老机构和托幼机构，提高公共服务水平。

机场、车站、码头、旅游景区、影剧院、博物馆、会议中心、展览馆、体育馆、商场、宾馆、医院以及城市道路等管理单位，应当按照规定设置相应的公共信息标志。

第六十五条　市人民政府应当积极完善、合理布局外国人服务机构和国际教育、医疗、养老、休闲、文化、商业、交通等配套设施，提升城市国际化水平。

市人民政府应当推进国际合作公共服务设施建设。支持开展教育国际交流与合作，引进境外著名高校与本地高校合作办学，建设国际交流合作示范学校和特色学校。鼓励本市医院与境外医学院校、医疗机构和医学研究机构合作，提升医疗机构的国际化服务能力。

第六十六条　市人民政府应当进一步提升对外开放水平，积极参与“一带一路”建设，深化与“一带一路”沿线国家在基础设施互联互通、经贸、金融、生态环保、知识产权及人文交流领域的合作；加强与国内外城市的合作交流，促进要素便捷流动。

市人民政府应当建立适应总部机构和研发中心运营的差异化营商管理服务体系。鼓励各类企业在本市设立总部机构、研发中心，鼓励与国际商贸中心、综合交通枢纽和科技教育文化中心建设密切相关的跨国企业、国际组织落户本市。

第五章　法治环境

第六十七条　市、区人民政府及其有关部门应当落实国家监管规则和标准体系，对接国家在线监管系统，实施公平统一、公开透明的监管制度，构建规范化、标准化、智能化的监管体系。

行政执法机关应当在广泛收集市场主体意见的基础上编制监管事项清单，明确监管主体、对象、内容、方式和处置责任等事项，实行清单动态调整并向社会公布，实现监管全覆盖。对食品安全、药品安全、公共卫生、安全生产、自然资源保护、生态环境保护等直接涉及公共安全和人民群众生命健康的特殊行业、重点领域，行政执法机关应当依法实行全过程重点监管。

市人民政府有关部门应当以公共信用信息综合评价结果等为依据，制定本行业、本领域信用分级分类监管标准，合理确定抽查比例和频次。

市、区人民政府及其有关部门应当推行远程监管、移动监管、预警防控等非现场监管，推动监管事项全覆盖、监管过程全记录和监管数据可共享、可分析、可预警。

第六十八条　市人民政府应当依法建立统一的市场管理容错机制，建立市场主体轻微违法违规经营行为免予行政处罚和行政强制清单，对违法行为轻微并及时纠正，没有造成危害后果的，不予行政处罚；对违法行为情节显著轻微或者没有明显社会危害的，可以不采取行政强制措施。

本市对新技术、新产业、新业态、新模式等实行包容审慎监管，除法律、法规、规章禁止的，或者对公共安全和人民群众生命健康有危害的市场主体行为外，市、区人民政府及其有关部门应当按照有利于市场主体经营发展的原则给予一定时限的包容期，不得简单予以禁止或者不予监管。

市、区人民政府及其有关部门应当针对新技术、新产业、新业态、新模式的性质、特点，分类制定监管规则，建立政府、企业、协会以及资源提供者和消费者多方协同治理机制；制定的临时性、过渡性监管规则和措施，在确保质量和安全的基础上，可以适当降低抽查比例。

第六十九条　行政执法机关应当根据监管需求，加强协作，明确联动程序，提高跨部门、跨领域联合检查效能。需要在特定区域或者时段对监管对象实施不同监管部门多项监管内容检查的，应当经区级以上人民政府批准，采用联合检查的方式，由牵头部门组织、多部门参加，在同一时间、针对同一对象，实施一次检查，完成所有检查内容。

同一行政执法机关同一时期对同一检查对象实施多项检查的，原则上应当合并进行。除重点监管企业外，同一系统上级部门已对同一企业检查的，下级部门原则上不得再次实施。行政执法机关开展检查，应当采取随机抽取检查对象、随机选派检查人员的方式，并及时公布检查、处理结果。

第七十条　行政执法机关应当在执法权限范围内，建立健全行政执法自由裁量基准制度，依法细化、量化裁量标准，合理确定裁量范围、种类和幅度，并根据法律、法规、规章的变化情况和执法工作实际及时进行修订。

行政执法自由裁量标准应当报送同级司法行政部门审核并按照国家、省、市的有关要求向社会公示。行政执法机关行使自由裁量权的，应当在行政执法决定中说明理由和依据。

第七十一条　行政强制应当具有法定依据并依照法定程序实施。

行政执法机关实施行政强制，应当遵循合法、适当、教育与强制相结合的原则，对采用非强制性手段能够达到行政管理目的的，不得实施行政强制；对违法行为情节显著轻微或者没有明显社会危害的，可以不采取行政强制措施；确需采取行政强制措施的，应当限定在必需的范围内，尽可能减少对市场主体正常生产经营活动的影响。

第七十二条　市、区人民政府应当深化综合行政执法体制改革，推进相对集中行使行政处罚权，减少执法主体和执法层级；根据省人民政府的决定，在农业、文化市场、生态环境保护、交通运输、市场监督管理等领域组建综合执法队伍，在镇人民政府、街道办事处整合执法力量，按照有关法律、法规规定相对集中行使行政处罚权及相关的行政检查权、行政强制措施权。

第七十三条　市、区人民政府及其有关部门应当依法开展清理整顿、专项整治等活动，需要在相关区域对相关行业、领域的市场主体采取普遍停产、停业等措施的，应当按照重大行政决策的法定程序执行，并提前书面通知企业或者向社会公告。

第七十四条　市人民政府应当完善知识产权保护机制，理顺知识产权综合管理和执法体制，统一知识产权行政执法立案标准，建立重大案件多部门会商机制，健全多部门联合执法机制，优化知识产权行政保护和司法保护的衔接，加强跨区域知识产权执法协作，加大对知识产权的保护力度。

本市加强知识产权信用监管，建立知识产权保护信息共享机制，依法健全知识产权失信主体联合惩戒机制，实现知识产权保护行政执法、司法诉讼、仲裁调解等信息联动监管。知识产权部门应当运用源头追溯、实时监测、在线识别等现代科技手段，加强对自主品牌和新业态、新领域创新成果的知识产权保护。

本市依法实行知识产权侵权惩罚性赔偿制度，强化知识产权保护的侵权预警、法律服务和司法救济。市、区人民政府有关部门应当建立海外知识产权维权援助机制，依法为企业知识产权海外维权提供信息、法律和资金等支持。鼓励有条件的区建立知识产权维权调处中心。

第七十五条　市、区人民政府应当结合政府工作报告或者专项工作报告，向同级人民代表大会及其常务委员会报告优化营商环境工作。市、区人民代表大会及其常务委员会应当加强对本行政区域优化营商环境工作的监督。

第七十六条　市场主体可以通过各级人民政府及其有关部门设立的电话、网站、政务新媒体等渠道对损害营商环境的行为投诉举报。市政务服务管理部门应当依托12345政府服务热线等渠道建立全市统一的政务服务咨询和投诉受理平台，实行统一接收、按责转办、限时办结、统一监督、统一考核。

本市推进在关系重大民生和公共利益的特定行业、领域建立内部举报人保护制度。内部人员举报严重违法违规行为和重大风险隐患经查证属实的，相关部门应当严格保护并依法予以奖励。

第七十七条　各级人民政府及其有关部门应当聘请人大代表、政协委员、民主党派成员、专家学者、行业协会负责人、商会负责人、企业代表、执业律师、媒体记者和群众代表等担任社会监督员，及时对营商环境问题提出意见和建议。

社会监督员应当搜集、反馈社会各界对营商环境工作的意见建议和破坏营商环境的问题线索等情况，客观公正地提出监督、评价意见，并遵守有关保密规定。

各级人民政府及其有关部门应当接受社会监督员的监督，及时整改查实的问题。

第七十八条　本市成立由机关单位、专业院校、社会组织等共同参与的优化营商环境法治联合体，有效整合法治资源，推动成员单位协同工作，积极培育法治智库，合力解决营商环境优化过程中的制度瓶颈和体制机制问题。

市、区人民政府及其有关部门应当依托优化营商环境法治联合体，加强优化营商环境法治保障，提升制度供给水平，增进政府与市场主体的沟通，破解市场主体在营商环境法治保障方面反映集中的问题。

第七十九条　市、区人民政府及其有关部门制定涉及市场主体权利义务的规范性文件，应当进行合法性审核。没有法律、法规或者国务院决定和命令依据的，行政规范性文件不得减损市场主体合法权益或者增加其义务，不得设置市场准入和退出条件，不得干预市场主体正常生产经营活动。

市、区人民政府及其有关部门起草或者制定涉及市场主体经济活动的地方性法规、规章、规范性文件和其他政策措施时，应当按照规定进行公平竞争审查。鼓励社会第三方机构参与公平竞争审查工作。

市场主体认为行政规范性文件存在合法性问题的，可以向制定机关及其上级机关提出书面审查建议。市场主体认为政策措施涉嫌违反公平竞争审查标准的，可以向市场监督管理部门举报。

有关机关应当依法建立健全审查建议和举报的受理回应机制，并及时向审查建议人或者举报人反馈。

第八十条　市、区人民政府及其有关部门制定涉及市场主体活动的政府规章、行业规划、产业政策和其他与市场主体生产经营活动密切相关的政策措施，应当采取实地调研、座谈会、论证会、听证会等形式，充分听取、合理采纳市场主体和行业协会、商会的意见和建议；除依法需要保密外，应当通过报纸、网络等向社会公开征求意见，并建立健全意见采纳情况反馈机制，征求意见的期限一般不少于三十日。

涉及市场主体权利义务的规章、行政规范性文件和政策措施，应当自印发之日起三个工作日内通过官方载体以及网上政务平台、移动客户端、服务热线等载体公开发布，为市场主体提供政策解读。

市、区人民政府及其有关部门制定与市场主体生产经营活动密切相关的政策措施，应当为市场主体留出一般不少于三十日的适应调整期；涉及行业规定或者限制性措施调整的，在听取相关行业企业意见的基础上合理设置缓冲过渡期，给市场主体留出必要的适应调整时间。但涉及国家安全和公布后不立即施行将有碍施行的除外。

第八十一条　市司法行政部门应当整合律师、公证、司法鉴定、仲裁、调解、法律援助等公共法律服务资源，在劳动争议、知识产权、生态环境保护、金融、商事等领域创新公共法律服务内容、形式和供给模式，建立全面覆盖、便捷优质的法律服务网。

市司法行政部门应当推动信息技术在公共法律服务领域的应用，建设“广州公法链”，全面推行电子公证书、电子司法鉴定意见书等法律服务电子文书，推动部门间数据共享，实现办理各类法律服务事项时当事人身份、不动产等信息的高效查询和应用。

本市建立多语种营商环境地方性法规、政府规章和政策文件数据库，将本市制定的相关地方性法规、政府规章和政策文件等进行翻译，不断提升制度的透明度、便利度。

第八十二条　人民法院应当全面依法平等保护市场主体合法权益，推进民事诉讼繁简分流机制改革，完善执行工作长效机制建设，提升审判执行的质量和效率，及时审结案件。

人民法院应当完善执行联动机制，加强与政府相关部门、人民检察院以及企事业单位的协作，健全信息共享机制。政府相关部门、企事业单位应当配合人民法院依法查询市场主体的身份、财产、交易、联系方式等信息，协助人民法院查找被执行人，支持人民法院实施网络查控和处置，切实解决执行难。

公安机关、人民检察院、人民法院应当加大拘留、逮捕措施必要性的审查力度，依法正确适用取保候审等非羁押强制措施，防止将经济纠纷作为经济犯罪处理，防止将民事案件作为刑事案件办理。

严禁违反法定权限、条件、程序对市场主体的财产和企业经营者个人财产实施查封、冻结和扣押等强制措施；依法确需采取强制措施的，不得超标的、超范围实施，并采取措施减轻对市场主体正常生产经营的不利影响，在条件允许的情况下为市场主体预留必要的流动资金和往来账户。

对涉及犯罪的民营企业投资人，在当事人服刑期间依法保障其行使财产权利等民事权利。

第八十三条　本市积极完善调解、仲裁、行政裁决、行政复议、诉讼等有机衔接的多元化纠纷解决机制，为市场主体提供高效、便捷的纠纷解决途径；完善人民调解、行政调解、行业性专业性调解、司法调解联动工作体系，建立健全调解与公证、仲裁、行政裁决、行政复议、诉讼等衔接联动机制。

本市探索建立统一的在线商事纠纷多元化解平台，推进商事纠纷在线咨询、在线评估、在线分流、在线调解和在线确认工作，高效化解市场主体在金融、知识产权、房屋租售和其他商事领域的纠纷。

本市支持商事仲裁机构和商事调解机构发展，探索创新应用互联网仲裁云平台，推进粤港澳大湾区、“一带一路”沿线仲裁机构和调解机构深度交流合作，协调粤港澳三地仲裁裁决认可与执行、调解员资质互认。

本市设立广州国际商贸商事调解中心等调解机构，构建调解与诉讼有机衔接的商事纠纷解决机制，为在穗企业的商事纠纷提供快捷、高效、经济、灵活的服务。支持境外知名国际商事仲裁、调解等争议解决机构按照规定在中国（广东）自由贸易试验区广州南沙新区片区等区域设立业务机构，就国际商事、海事、投资等领域发生的民商事争议开展仲裁调解业务。

第八十四条　市、区人民政府以及人民法院应当建立健全企业破产工作协调机制和破产费用多元化保障机制，统筹推进企业破产过程中的业务协调、费用保障、信息共享、财产处置、信用修复、职工安置、融资支持和风险防范等工作，提高企业破产工作的办理效率和社会效益。

对于在破产案件办理过程中侵犯破产企业财产的行为，公安机关应当及时处理，排除破产管理人接管财产的障碍。

第八十五条　破产管理人、清算组持人民法院出具的破产、强制清算受理裁定书，指定管理人（清算组）决定书，查询人身份证件查询案件企业注册登记材料、社会保险费用缴纳情况、公积金、银行开户信息和存款状况，以及不动产、车辆、知识产权、股权、股票、期货、债券等信息，接管并处置企业财产，相关部门、金融机构应当予以配合。

人民法院应当加强对破产管理人、清算组的监督管理，健全对破产管理人的考核机制。

破产管理人协会应当加强行业自律，加大对破产管理人的培训力度，提高破产管理人的履职能力和水平。

第八十六条　人民法院应当优化破产流程，提高破产案件审判效率，完善执行与破产的信息交流和共享机制，推进执行与破产工作的有序衔接，探索建立重整识别、预重整等破产拯救机制，完善市场主体救治和退出机制。

企业因重整取得的债务重组收入，依照国家有关规定和政策处理。对于破产企业涉及的房产税、城镇土地使用税等，税务机关应当依法予以减免。

破产企业重整期间，人民银行应当依法督促金融机构及时变更、修复企业信用信息；税务机关按照有关规定自动解除或者经破产管理人申请解除重整企业非正常户认定状态；市场监督管理部门应当依法及时将重整企业从经营异常名录或者严重违法企业名单中移除。

第八十七条　本市支持人民法院探索建立个人债务集中清理机制，促进诚信债务人经济再生。

第八十八条　本市推进智慧法院、智慧检察院建设，推进新技术与司法工作深度融合，不断拓展跨部门大数据办案平台、互联网远程视频提审、庭审、案件全流程网上办理等的应用深度和广度。鼓励广州互联网法院创新运用现代科技，加强网络空间治理和知识产权的司法保护。

人民法院、人民检察院应当加强一站式诉讼服务中心建设，完善综合诉讼服务平台，提高民商事案件诉讼指引、诉讼辅助、诉讼事务、审判事务、诉讼监督等诉讼服务全程网上办理水平，并严格遵守法律及司法解释关于民事案件审理期限的规定。

本市建立群体性证券纠纷处理机制，完善律师调查令制度，为中小投资者在证据取证、全程全方位调解、引入专业支持、降低诉讼成本等方面提供便捷、高效的诉讼服务。

人民法院、人民检察院应当健全司法公开制度，优化升级司法公开平台。市场主体可以通过诉讼服务平台查询案件的审判流程信息。本市中级人民法院应当通过司法公开平台向社会及时公开本市各级人民法院商事案件平均审理天数、结案率等动态信息。

第六章　法律责任

第八十九条　各级人民政府和有关部门及其工作人员在优化营商环境工作中，有下列情形之一的，由上级主管机关或者监察机关责令改正，对部门给予通报批评，对直接负责的主管人员和其他直接责任人员依法给予处分：

（一）违反本条例第十四条第三款规定，对企业变更住所设置障碍的；

（二）违反本条例第十六条第二款规定，指定或者变相指定中介服务机构提供中介服务，强制或者变相强制市场主体接受中介服务的；

（三）违反本条例第二十条第二款规定，收取目录清单之外的涉企收费或者保证金，擅自提高收费标准、扩大收费范围、变相收取费用的；

（四）违反本条例第二十一条第二款规定，设定不合理条件，违规设立预选供应商、预选承包商名录，或者以其他形式排斥、限制潜在投标人、供应商的；

（五）违反本条例第三十四条第一款规定，未按照规定将政务服务事项纳入政务服务大厅管理的；

（六）违反本条例第五十六条规定，未按照规定向市公共信用信息管理系统报送涉企信息的；

（七）违反本条例第七十九条第一款、第二款规定，起草或者制定涉及市场主体的地方性法规、规章、规范性文件和其他政策措施，未进行合法性审核或者公平竞争审查的；

（八）违反本条例第八十条第一款规定，制定涉及市场主体活动的政府规章、行业规划、产业政策和其他政策措施，未听取市场主体和行业协会、商会的意见和建议的；

（九）违反本条例第八十五条第一款规定，拒不配合破产管理人、清算组查询案件企业相关信息、接管和处置企业财产的；

（十）其他不履行优化营商环境职责或者破坏营商环境的情形。

第九十条　中介服务机构违反本条例第十六条第四款规定的，由有关部门责令改正，依法追究法律责任。

第九十一条　供水、排水、供电、供气、通信网络等公用企事业单位未按照本条例第二十四条规定公开服务范围、标准、收费、流程、完成时限等信息，或者违法拒绝、中断服务的，由有关部门责令改正，依法追究法律责任。

第七章　附 则

第九十二条　【施行时间】

本条例自2021年1月1日起施行。

深圳经济特区优化营商环境条例[①]

（2020年10月29日深圳市第六届人民代表大会常务委员会第四十五次会议通过）

第一章 总 则

第一条 为了持续优化营商环境，激发市场主体活力，促进经济高质量发展，加快建设中国特色社会主义先行示范区，根据有关法律、行政法规的基本原则，结合深圳经济特区实际，制定本条例。

第二条 深圳经济特区优化营商环境工作适用本条例。

第三条 坚持市场化、法治化、国际化原则，以市场主体需求为导向，为各类市场主体营造稳定、公平、透明、可预期的营商环境。

第四条 依法平等保护各种所有制市场主体的合法权益，促进要素流动自主有序、配置高效公平，保障各类市场主体公平参与市场竞争。

第五条 市、区人民政府应当加强优化营商环境工作的组织领导，统筹推进简政放权、放管结合、优化服务改革，完善优化营商环境的政策措施，主动积极协调、解决优化营商环境工作中的重大问题。

市发展改革部门是优化营商环境工作的主管部门，负责督促、协调、推进优化营商环境工作，组织开展营商环境评价和监督管理工作。

市、区人民政府相关部门和有关驻深单位按照各自职责开展优化营商环境相关工作。

第六条 市、区人民政府应当健全优化营商环境工作激励机制，将优化营商环境工作纳入政府绩效考核体系，完善考核标准，对工作成效显著的部门和单位按照规定给予表彰，对不作为、乱作为延误工作的部门和单位予以问责。

市、区人民政府及其相关部门应当通过专项督察、日常督导、社会公众监督等方式加强对优化营商环境工作的监督检查。

① 本条例摘自深圳政府在线，网址：http://www.sz.gov.cn/cn/xxgk/zfxxgj/zcfg/szsfg/content/post_8275084.html。

第七条　市人民政府应当建立全市统一的市场主体服务平台，统筹协调市、区、街道相关部门以及行业协会、公用事业服务单位等为市场主体提供相关服务。

第八条　健全政企沟通机制，构建亲清政商关系，采取多种方式及时听取市场主体的意见和诉求，保障市场主体正常开展生产经营活动。

第九条　每年11月1日为深圳企业家日，共同营造企业家健康成长环境，激发和弘扬优秀企业家精神，更好地发挥企业家作用。

第十条　加强粤港澳大湾区优化营商环境工作交流合作，协同推进提升粤港澳大湾区营商环境整体水平。

第二章　市场主体

第十一条　实行市场准入负面清单制度。负面清单以外的领域，各类市场主体均可以依法平等进入。市、区人民政府及其相关部门不得自行制定市场准入性质的负面清单。

第十二条　实行外商投资准入前国民待遇加负面清单管理制度。外商投资准入负面清单以外的领域，按照内外资一致的原则管理。

第十三条　支持符合条件的外资金融机构在深圳设立证券公司和基金管理公司。

第十四条　允许具有国际通行资质资格的金融、税务、建筑、规划等境外专业机构和专业人才按照规定在深圳提供专业服务；放宽境外人员参加各类职业资格考试的限制。

第十五条　深化商事登记制度改革，探索推行商事登记行政确认制，优化服务流程，创新服务方式。

充分应用网上服务资源，实行市场主体开办事项一网通办，推广应用电子证照、电子签名，加强信息共享，提高商事登记便利化水平。

第十六条　公安、税务、社保和海关等部门应当整合设立登记、印章制作、发票申领、社保登记等各类市场主体开办事项，推动涉证照业务与营业执照多证合一。

第十七条　推动市场主体年度报告涉及社保、市场监管、税务、海关等事项的“多报合一”制度。市场主体提交的年度报告涉及政府各相关部门已有的信息，政府各相关部门应当共享，市场主体无需重复提交。

第十八条　完善职业技能等级认定制度，推动由企业和相关社会组织开展职业技能等级认定工作。

第十九条　废除妨碍统一市场与公平竞争的各项规定。除法律、行政法规另有规定外，不得对不同所有制市场主体实施歧视性的行业准入、资质标准、产业促进、政府采购、招标投标、公用事业服务等措施。

第二十条　市、区人民政府及其相关部门组织实施科技创新、成果转化、技术改造等项目，应当平等对待各种所有制市场主体。

第二十一条　行政机关与市场主体签订的合同、协议不得订立显失公平条款，合同双方的权利义务应当平等，不得规定单方面的违约责任。

第二十二条　保障各类市场主体平等参与政府采购和政府投资工程招投标竞争，不得实施下列行为排斥潜在投标人：

（一）事先确定供应商名单；

（二）设立预选供应商名录；

（三）采用摇号、抽签等随机方式确定中标、成交供应商；

（四）设置超出采购目的的资质、规模、注册地等非必要条件。

第二十三条　支持人民法院探索建立重整识别、预重整等破产拯救机制，推动建立市场主体重整费用保障基金，完善不良资产处置平台，为有市场价值的市场主体扩大投融资渠道，加速不良资产处置，实现破产财产价值最大化，降低债务重组成本。

市场主体因重整取得的收入，依照法律、法规和相关政策规定处理。应当减免税费的，由相关机关依法予以减免。

相关部门和单位应当依法及时解除对重整债务人或者重整企业法定代表人的行为限制措施和非正常户认定，及时修复其信用信息并且将其从经营异常名录或者严重违法企业名单中移除。

第二十四条　依法实行个人破产制度。在深圳经济特区居住，且参加深圳社会保险连续满三年的自然人，因生产经营、生活消费导致丧失清偿债务能力或者资产不足以清偿全部债务的，可以申请破产清算、重整或者和解。

第二十五条　建立市场主体注销网上服务平台。实现市场主体注销全流程网上办理，并联办理社保、税务、商务、海关等市场主体注销业务。

市场主体在申请注销登记前已将债权债务清算完结或者未发生过债权债务关系的，可以适用简易注销程序。

第二十六条　依法实行市场主体除名和依职权注销制度，对符合条件的市场主体，商事登记机关可以将其除名或者作出依职权注销决定。

第二十七条　市场主体应当遵守法律、法规和相关政策规定，恪守社会公德和商业道德，诚实守信、公平竞争、合规经营，在国际经济贸易活动中遵守当地法律，遵循国际通行规则。

第三章　政务服务

第二十八条　市、区人民政府应当编制政务服务事项清单并向社会公布，实施清单事项网上公开、网上申办、网上查询、网上投诉和网上答复，为市场主体提供高效便捷服务。

第二十九条　市人民政府应当编制全市统一的行政许可事项清单并向社会公布。清单以内的行政许可事项，应当逐项列明事项名称、设定依据、许可条件、许可层级、许可部门、事中事后监管措施等内容，并将办理程序、许可范围、许可条件、有效期限等纳入办事指南。

第三十条　除法律、行政法规和国务院决定规定的行政许可事项以外，本市法规、规章原则上不再新设行政许可事项。但是，直接关系生态环境保护、食品药品安全等公共利益的事项除外。

第三十一条　行政机关不得以备案、登记、注册、年检、年报、监制、认定、认证、审定等方式变相设定行政许可事项。可以通过事中事后监管或者市场机制解决的，不得采取行政许可方式进行管理。

对涉及市场主体的许可事项，可以依法采取直接取消审批，或者将审批改为备案、告知承诺等方式；推进审批服务标准化，提高审批效率，降低市场主体办事成本。

第三十二条　持续优化行政许可条件，及时清理与许可目的不相适应和非必要的行政许可条件。

行政机关不得自行增设许可条件和许可环节，不得将法定许可依据之外的非强制性标准作为行政许可的条件和依据。

第三十三条　制定与市场主体生产经营活动密切相关的法规、规章、规范性文件，应当充分听取相关市场主体、行业协会、商会和企业家的意见和建议，并通过政府门户网站、网上政务平台等载体公开征求社会意见。

第三十四条　探索建立涉企政策综合协调审查机制，避免部门间政策冲突，实现涉企政策与企业发展需要相协调，增强政策实施效果。

第三十五条　完善涉及市场主体的政策信息公开发布制度。出台与生产经营活动密切相关的法规、规章、规范性文件和符合公开条件的政策措施，制定机关应当按照规定统一发布，并通过全市统一的市场主体服务平台、网上政务平台、移动客户端、自助终端等渠道予以公开。

第三十六条　涉企政策应当保持连续性和相对稳定性。因形势变化或者公共利益需要调整的，应当结合实际设置合理过渡期，为市场主体预留必要的适应调整时间。

第三十七条　实行涉企政策集成服务模式，编制优惠政策清单，并在办理相关业务时予以告知。

第三十八条　政务服务事项清单中依申请的事项，应当按照要求分级分类进驻各级行政服务大厅，并按照前台综合受理、后台分类审批、统一窗口出证的原则，实施无差别办理。

探索建立政务服务首席代表制度，根据需要为市场主体提供错时服务、全天候服务、个性化服务。

第三十九条　除法律、法规另有规定或者涉及国家秘密等情形外，市政务服务数据主管部门负责统筹建设全市统一的一体化网上政务服务平台，各级政务服务事项均纳入网上政务服务平台办理，实现线上“一网通办”。

第四十条　充分利用人工智能、大数据、区块链、移动互联网等现代信息技术，推进数据共享与融合，简化办事流程；推广无人干预自动办理模式，实现系统全联通、数据全流动，推动政务服务事项全流程网上办理。

第四十一条　政务服务事项采取集中办理、就近办理、网上办理、异地办理等方式一次申办、当场办理、限时办结，不得增设政务服务事项的办理条件和环节。需要市场主体补正相关材料、手续的，应当一次性告知需要补正的内容。

第四十二条　市、区人民政府及其相关部门应当在办理行政许可、财政性资金使用、提供政务服务过程中推行告知承诺制。实行告知承诺制度的具体办法和承诺书样式，由相关部门制定并向社会公布。

申请人在办理行政许可事项时，以书面形式承诺符合许可条件的，许可部门可以直接作出行政许可决定。但是，直接关系公共安全、生态环境保护和直接关系人身健康、生命财产安全的以及依法需要当场作出行政许可决定的行政许可事项除外。

申请人在办理适用告知承诺制的其他事项时，承诺符合相关条件并提交相关材料的，应当即时办理。

申请人未履行承诺的，按照相关规定依法撤销行政许可或者相关决定，并实施相应的信用惩戒措施。

第四十三条 除实行告知承诺制的事项外，办理其他政务服务事项时，符合规定条件的申请人欠缺的申请材料影响实质性审核的，经申请人主动申请并签订承诺书，办理部门应当先予收件，并一次性告知申请人需要补齐补正的材料；符合规定条件的申请人关键性申报材料齐全且符合法定形式，非关键性申报材料有欠缺或者存在瑕疵，不影响实质性审核的，经书面承诺在办理部门作出决定前补齐补正的，办理部门应当先予受理。

第四十四条 完善政务信息归集、共享、交换和应用机制。政务服务部门应当按照统一的规定和标准，向市、区政务数据主管部门归集数据，实现政务数据的共享交换和开放应用。

在办理政务服务、公用事业服务事项时，应当优先应用政务共享数据。可以通过信息共享获取的相关数据和资料，不得要求市场主体重复提交。

第四十五条 推进电子印章和电子证照在政务服务、公用事业服务领域的全面应用。市场主体在申请办理各类政务服务、公用事业服务时可以选择使用电子营业执照和电子印章。电子印章与实物印章具有同等效力。

第四十六条 符合法律、法规要求的电子证照、电子公文、电子证明等电子材料，与纸质版本具有同等效力，办理机关不得要求另行提供纸质版本。

第四十七条 涉及颁发证照的事项，应当将电子证照生成作为业务流程正式环节；市场主体可以根据需要选择申领纸质证照，与电子证照同步签发。

从符合相关法律、法规要求的电子证照、电子公文、电子证明等电子材料中提取的结构化数据可以作为政务服务和公用事业服务数据比对的依据，比对结果可以作为业务办理的依据。

第四十八条 取消没有法律、法规或者国务院决定作为依据的证明事项；市人民政府规章、规范性文件不得设定证明事项。但是，应市场主体需求，为提供便利而开具的证明材料除外。

可以通过法定证照、法定文书、书面告知承诺、网络共享核验、行政机关内部核查获取的证明信息，以及可以被其他材料涵盖或者替代的证明事项，不得要求重复提供有关证明材料。

第四十九条 市、区人民政府及其相关部门应当严格落实国家各项减税降费政策，积极开展宣传辅导，确保减税降费政策全面、及时惠及市场主体。

海关、税务等部门应当依法保障市场主体全面充分享受各项减税、免税、出口退税等税收优惠。

第五十条　税务、社保、医保、住房公积金等部门和机构在确保信息安全的前提下，应当为市场主体缴纳税费提供下列便利措施：

（一）推动社保、医保、住房公积金等税费合并申报及缴纳，减少市场主体缴纳次数和办理时间；

（二）大力推进税费事项网上办、掌上办，拓展非接触式办税缴费服务；

（三）简化增值税等税收优惠政策申报程序，在法定要求外原则上不再设置流转环节；

（四）充分运用信息化手段，及时对市场主体进行纳税提醒和风险提示；

（五）推行区块链发票和缴费凭证、增值税电子专用发票以及其他电子票据、凭证的广泛使用；

（六）推动智慧税收大数据建设，探索涉税服务事项异地通办。

第五十一条　持续推进工程建设项目审批制度改革，精简审批环节和事项，压减审批时间，实现统一审批流程、统一信息数据平台、统一审批管理体系和统一监管方式。

第五十二条　建立项目前期策划生成机制，实行技术审查和行政审批分离；分类细化项目审批流程，按照投资主体、类别分别优化审批流程，确定审批阶段和审批事项。

第五十三条　取消房屋建筑以及市政基础设施工程施工图审查；行政许可不得以施工图审查合格文件作为前置条件；施工报建实行告知承诺制。

第五十四条　探索工程质量潜在缺陷保险制度，推行建筑师负责制。

第五十五条　实行工程建设项目区域评估制度。各区域管理部门和机构应当组织开展水资源论证、交通影响评价、地质灾害危险性评估、雷击风险评估等区域评估。区域评估结果应当向社会公开，并作为相关部门管理依据。

市场主体在已经完成区域评估的区域建设工程项目的，可以不再单独开展前款相应评估、评审。

第五十六条　改革环境影响评价制度。在已经开展区域空间生态环境影响评价的区域，根据评价结果和生态环境准入要求，制定重点建设项目环境影响审批管理名录。未列入名录的建设项目豁免或者简化环境影响评价。

第五十七条 建立口岸跨部门、跨区域管理协调机制，依托国际贸易“单一窗口”，推进各环节信息互联互通，降低进出口环节合规成本，提升跨境贸易便利化水平。

口岸管理部门应当加强口岸收费目录清单管理，完善目录清单动态管理机制、口岸收费监管协作机制和清理口岸收费联动工作机制。收费主体应当公开收费目录和收费标准，不得在目录以外收取费用。

第五十八条 整合跨境贸易数据资源，综合利用大数据、区块链、移动互联网等现代信息技术，为市场主体、监管部门等提供跨境贸易综合服务。创新口岸监管和服务模式，依法减少进出口环节审批事项和单证。

第五十九条 鼓励市场主体提前申报通关，提前办理通关手续，对于提前申报通关存在差错的，按照相关容错机制处理。

第六十条 市场主体登记的住所、经营场所为纸质法律文书送达地址。市场主体同意适用电子送达方式的，在市场主体登记服务平台中填写的手机号、电子邮箱、传真号、移动即时通讯账号等可以作为电子法律文书送达地址。法律、法规另有规定的除外。

第六十一条 市人民政府应当运用人工智能、大数据、移动互联网等现代信息技术，为市场主体提供普惠式、智能化、便捷化的法律风险自测服务。

市发展改革、司法、商务等部门应当推动市场主体强化涉外经营合规风险意识，支持和引导市场主体完善合规管理体系。

第四章 经营环境

第六十二条 行政机关、公用事业服务单位应当加强公共基础设施规划和建设，提升公用事业服务水平，创造良好的生产经营环境。

第六十三条 完善公平竞争审查联席会议制度。制定市场准入、产业发展、招商引资、招标投标、政府采购、资质标准等与市场主体生产经营活动密切相关的政策措施，制定机关应当按照国家相关规定开展公平竞争审查；对存在较大争议或者部门意见难以协调一致的问题，可以提请同级公平竞争审查联席会议协调。

对适用例外规定制定的政策措施，应当向同级公平竞争审查联席会议报送备案。

鼓励社会第三方机构参与公平竞争审查工作。

第六十四条　对涉嫌违反公平竞争审查标准的政策措施，任何单位和个人有权举报。制定机关应当建立涉及公平竞争审查投诉举报的受理回应机制，及时纠正、排除限制竞争的政策措施。

第六十五条　加强社会信用体系建设，建立覆盖全社会的征信系统。持续推进政务诚信、商务诚信、社会诚信和司法公信建设，维护信用信息安全。

第六十六条　不动产登记机关应当压缩不动产登记办理时限和优化不动产登记流程，加强与税务、公安、民政、社保等部门和金融机构等单位的信息共享，实施不动产登记、交易和缴税并行办理，提供不动产登记信息网上查询和现场自助查询服务。

推行不动产登记与水、电、气变更联动办理，由不动产登记部门统一受理，一次性收取全部材料并推送至供水、供电、供气等公用事业服务单位并联办理相关业务。

第六十七条　市场主体在金融机构办理不动产抵押贷款的，可以委托该金融机构办理不动产抵押登记手续，不动产登记机关应当受理。

第六十八条　鼓励市场主体引进各类高端紧缺人才，畅通人才流动渠道，在人才引进支持政策方面对各类用人单位一视同仁。

第六十九条　实行更加开放的境外人才引进和出入境管理制度，支持市场主体引进海外高层次人才。对引进符合条件的留学归国人才、外籍人才、港澳台专业人才，在医疗、社保、落户、税收、住房、子女入学等方面提供支持，为海外人才停留居留、往返签证、出入境通关提供便利。

简化外籍人才来深工作手续，为外籍高层次人才和专业技术人才提供永久居留便利，对获得永久居留资格的外国人，给予相关市民待遇。

第七十条　人力资源保障部门应当为市场主体提供用工指导、政策咨询、劳动关系协调等服务，引导有需求的市场主体通过用工余缺调剂开展共享用工，提高人力资源配置效率。

第七十一条　用人单位因生产经营特点不能实行法定标准工时制度且符合特殊工时制度适用范围，经协商实行不定时或者综合计算工时工作制度的，可以实行告知承诺制。

第七十二条　简化水、电、气申报服务办理流程，实现报装申请全流程网上办理，压减申报材料，压缩办理时限。公用事业服务单位不得将工程规划审批和施工审批作为办理水、电、气的前置条件；不得设置与技术规范无关等非必要前置条件。

第七十三条　市场主体报装水、电、气需要在红线外新增配套设施建设的，由供水、供电、供气、排水等公用事业服务单位负责投资建设。小型市政公共服务接入工程涉及占用挖掘道路、占用城市绿地、伐移城市树木等审批事项的，实行告知承诺制。

第七十四条 供电公用事业服务单位应当保障供电设施正常、稳定运行，确保供电质量符合国家规定。市工业主管部门应当加强对供电公用事业服务单位年供电可靠率的监督，建立考核机制，并根据考核情况予以奖惩。

第七十五条 实行行政事业性收费目录清单制度，明确收费依据和收费标准。不得在收费目录清单之外收费，不得越权收费、超标准收费、重复收费。收费目录清单应当向社会公开，接受社会监督。

供水、供电、供气、电讯、邮政等公用事业服务单位收费应当明码标价，减少收费环节，禁止违规收费。

第七十六条 市、区人民政府应当完善政府产业用房建设运营管理服务体系，加大供应，强化监管，引导市场合理预期，促进产业用房租赁市场健康稳定发展。

第七十七条 培育和发展各类行业协会、商会，取消设立同类行业协会的数量限制。

行业协会、商会不得干预市场主体加入或者退出；不得强制或者变相强制收费。

第七十八条 鼓励国际性产业和标准组织将住所设在深圳，取消其申请成立登记时业务主管单位的前置审批，简化注册流程，允许其在全球范围内吸纳会员，并参照相关规定管理。

第七十九条 除法律、行政法规或者国务院决定另有规定外，不得要求市场主体通过中介服务机构代办行政许可、产业补贴、政府采购、招标投标、公用事业服务等事项，行政机关不得指定或者变相指定中介服务机构。

中介服务机构应当明确办理前款中介服务事项的条件、流程、时限、收费标准，并向社会公开。

第八十条 行政机关对符合资质条件的评估机构作出的评估认证结果应当互通互认，不得要求市场主体重复评估。

第五章 融资便利

第八十一条 支持金融机构拓展金融市场新功能，完善创业创新金融服务平台，为市场主体提供综合金融服务。

国家驻深金融监管机构和市地方金融监管部门应当加强对金融机构在金融服务方面的指导和监督，完善资本监管、行为监管、功能监管方式，提高金融服务水平。

第八十二条　市、区人民政府及其相关部门应当推动利用人工智能、大数据、区块链、移动互联网等现代信息技术，加强公益性融资服务平台建设，为市场主体提供线上化、智能化、批量化投融资对接服务。

第八十三条　支持商业银行探索符合市场主体创新创业、生产经营需求的授信准入、风险评级、审查批准和贷后管理制度模式，提高市场主体信贷管理水平。

第八十四条　支持小额贷款公司、融资担保公司、融资租赁公司、商业保理公司等地方金融机构按照相关规定开发特色金融产品和服务，为市场主体提供融资便利。

第八十五条　税务、银保监部门和银行业金融机构应当加强合作，将市场主体纳税信用转化为融资信用，发挥纳税信用信息在普惠金融体系中的重要作用。

第八十六条　鼓励征信机构和信用评级机构发展，支持依法收集利用政务信息等数据资源，提升征信服务和信用评级水平。

第八十七条　商业银行等金融机构开展贷款业务时不得实施下列行为：

（一）设置不合理的授信条件；

（二）针对民营企业、中小微企业设置歧视性门槛；

（三）强制约定将企业的部分贷款转为存款；

（四）以存款作为审批和发放贷款的前提条件。

第八十八条　金融机构应当按照国家相关规定规范收费行为，提高服务收费透明度，不得违规向服务对象收取不合理费用或者变相收费。

第八十九条　实行统一的动产和权利担保登记制度，实现市场主体在统一平台上办理动产和权利担保登记。市场主体办理动产担保登记，可以对担保物进行概括性描述。

动产担保双方当事人可以约定担保权益涵盖担保物本身及其未来的产品、收益、替代品等资产。

推动建立担保物处置平台，为债权人实现担保权益提供便利。

第九十条　市人民政府可以建立知识产权质押投融资风险补偿机制，为符合条件的知识产权质押投融资失败项目提供一定比例的补偿。

第九十一条　支持商业银行增加对民营企业、中小微企业的信贷投放，建立小微企业服务绿色通道，合理增加中长期贷款和信用贷款支持，缩短贷款审批时间。

第九十二条 鼓励金融机构开展小额贷款保证保险业务，充分发挥保险增信功能，为民营企业、中小微企业提供融资支持。鼓励金融机构大力发展保函业务，协助企业以保函替代现金缴纳涉企保证金。

第九十三条 支持和鼓励符合条件的民营企业、中小微企业依法采用发行股票、债券以及其他融资工具，扩大直接融资规模。

第九十四条 健全地方财政支持市场主体发展机制，采用银行贷款风险补偿、融资担保风险分担等方式加强对中小微企业融资支持。

鼓励政策性融资担保、再担保机构与商业性融资担保机构合作开展中小微企业融资担保业务。

第九十五条 促进与港澳金融市场互联互通和金融产品互认，探索拓宽创新跨境金融业务。

第六章 规范监管

第九十六条 行政机关应当构建以信用为基础的新型监管机制，创新监管方式，形成行政监管、行业自律、社会监督、公众参与的综合监管体系。

第九十七条 市、区人民政府应当对新技术、新产业、新业态、新模式实行包容审慎监管，区分不同情况制定相应的监管规则和标准。

推进人工智能、大数据、区块链、移动互联网等现代信息技术的智能监管方式应用，推行远程监管、移动监管、预警防控等非现场监管。

第九十八条 行政机关应当根据不同领域特点、风险等级和市场主体信用水平采取分类监管措施。对一般领域全面实行“双随机、一公开”监管模式，随机抽取检查对象、随机选派执法检查人员、抽查情况以及查处结果及时向社会公开。对重要领域依法依规实行全覆盖的重点监管，但是，应当严格控制重点监管事项数量，规范重点监管程序。

前款重点监管事项清单和具体办法，由市人民政府制定。

第九十九条 推进行政机关之间监管标准互通、执法信息互联、处理结果互认，严禁多头执法、越权执法、过度执法。同一部门的日常监督检查原则上应当合并进行；不同部门的日常监督检查能够合并进行的，由本级人民政府组织相关部门实施联合检查。

第一百条 坚持处罚与教育相结合。行政机关应当优先采取说服教育、劝导示范、行政指导等手段纠正违法行为。

对市场主体违法情节较轻且能主动消除、减轻危害后果的或者教育劝导后予以纠正的违法行为，应当依法从轻、减轻行政处罚。对违法行为轻微并及时纠正，没有造成危害后果的，依法免予行政处罚。

第一百零一条　法律、法规规定处罚幅度的，行政机关应当依法制定行政处罚自由裁量的具体标准，并及时向社会公布；未制定行政处罚自由裁量具体标准的，不得实施处罚。行政机关应当对行政处罚自由裁量的具体标准进行动态管理，并结合实际及时依法修订、废止。

第一百零二条　行政机关采用非强制手段和措施可以达到行政管理目的的，不得实施行政强制措施。

行政机关不得随意采取行政强制措施要求市场主体配合实施行政管理。除法律、法规另有规定外，不得采取要求公用事业服务单位停止供水、供电、供气等方式促使市场主体履行相关行政决定。

第一百零三条　行政机关可以采取下列方式指导、提示市场主体依法合规经营：

（一）发布一般性的指导意见或者提出具体指导建议；

（二）制定、发布相关合同示范文本；

（三）对于市场主体容易疏漏的相关事项，通过发送提示信函等方式进行提醒；

（四）对有违法行为的市场主体进行规劝、约谈。

行政机关不得强制市场主体采用前款合同示范文本或者强制约谈企业负责人。

第一百零四条　行政机关依法对市场主体实施失信惩戒的，应当根据法律、法规规定制定失信惩戒具体办法，明确认定依据、标准、程序、异议申诉和退出机制，按照失信主体违法违约行为的性质、情节和社会危害程度分级、分类规定惩戒措施，并向社会公布。

实施失信联合惩戒应当严格依照法律、法规、规章和国家相关规定进行。

第七章　权益保障

第一百零五条　依法平等保护各类市场主体的财产权及其他合法权益，保护企业经营者人身和财产安全。

除国家利益、公共安全等紧急情况外，禁止以任何形式向市场主体进行财力、物力或者人力摊派。

第一百零六条　加大对中小投资者权益保护力度，完善中小投资者权益保护机制，保障中小投资者的知情权、表决权、收益权和监督权。

第一百零七条　市、区人民政府及其相关部门、司法机关、仲裁机构应当建立调解、仲裁、行政复议、诉讼相衔接的纠纷解决机制，为市场主体提供多元化纠纷解决方式，依法公正处理涉及市场主体的各类民商事案件，有效解决生效裁判决定执行难问题，保障各类市场主体合法权益。

第一百零八条　行政机关应当依法查处违规泄露、篡改信用信息或者利用信用信息谋取私利等行为，严格保护市场主体合法权益。

第一百零九条　建立健全信用信息异议制度。对市场主体提出异议的信息，信息提供和采集单位应当在规定时限内核实并反馈结果，经核实有误的信息应当立即予以更正或者撤销，并消除不良影响。

第一百一十条　市场主体对行政机关作出的失信认定、失信记录与公示、失信惩戒措施不服，认为行政机关有下列情形之一的，可以依法申请行政复议：

（一）实施失信惩戒措施没有法律、法规和规章依据；

（二）事实不清、证据不足；

（三）超越法定职权；

（四）实施的失信惩戒措施明显过重；

（五）其他违反法律、法规和规章规定的行为。

行政机关违法采取失信惩戒措施损害市场主体合法权益的，相关部门和单位应当采取措施消除不良影响，并依法承担赔偿责任。

第一百一十一条　公安机关对于扰乱市场主体生产经营活动秩序，或者侵害生产经营者人身安全、财产安全等违法行为，应当及时依法处置，保障正常的生产经营秩序。

第一百一十二条　严格依照法定程序采取查封、扣押、冻结等措施。严格区分违法所得、其他涉案财产与合法财产；严格区分企业法人财产与股东个人财产；严格区分涉案人员个人财产与家庭成员财产；严格区分违法所得和合法财产。

禁止超标的、超范围查封、扣押、冻结涉案企业财产。

第一百一十三条　需要依法采取查封、扣押、冻结措施处置涉案财物的，应当开具清单并送达法律文书，在法定期限内作出处理决定。对与案件无关的财物，应当及时解除查封、扣押、冻结措施。对查封、扣押的财产，由执法机关自行保管的应当采取妥善保管措施，不得使用或者损毁。造成损失的，应当依法承担赔偿责任。

第一百一十四条　完善涉案财物保管、鉴定、估价、拍卖、变卖制度，依法保护当事人及其近亲属、股东、债权人等各方的合法权益。

第一百一十五条　加强对市场主体的司法保护，依法惩治侵犯市场主体合法权益的违法犯罪行为。统一审判标准，提高司法审判和执行效率，依法减少审前羁押性强制措施。

第一百一十六条　建设知识产权保护试点示范区，综合运用法律、行政、经济、技术、社会治理等手段强化知识产权保护。

加强知识产权司法、行政保护力度，健全知识产权行政执法与刑事执法的衔接机制，依法严厉打击侵犯商标、著作权、专利、商业秘密等知识产权的违法行为。

第一百一十七条　负有知识产权保护工作职责的相关部门应当建立海外知识产权纠纷预警防范和协调解决机制，加强海外知识产权纠纷应对指导。

鼓励市场主体设立知识产权保护维权互助基金，提升自我维权能力。

第一百一十八条　负有知识产权保护工作职责的相关部门应当加大对知识产权侵权行为的行政执法力度。

对于故意侵犯知识产权情节严重的，依法适用惩罚性赔偿，从重确定惩罚性赔偿金额。

第一百一十九条　负有知识产权保护工作职责的相关部门应当建立知识产权新业态保护机制，开展新型知识产权保护试点，完善互联网信息等数字知识产权财产权益保护制度，积极探索推进互联网、云计算、人工智能、大数据、新商业模式、体育赛事转播等重点产业领域及其关键技术环节的知识产权保护。

第一百二十条　健全商事调解机制，推动通过调解方式公正高效解决商事争议。

支持涉外商事调解组织发展，吸收外籍和港澳地区专业人士担任调解员，加强粤港澳大湾区商事调解业务联系与交流，为市场主体解决涉外商事纠纷提供调解服务。

第一百二十一条　鼓励行业协会、商会设立专业调解组织，在投资、金融、证券期货、保险、房地产、知识产权、国际贸易等领域提供调解服务。

第一百二十二条　建立律师、基层法律服务工作者、社区工作者、志愿者参与人民调解工作机制，提高依法调解能力，高效化解民商事纠纷。

第一百二十三条　市、区人民政府及其相关部门应当推进公共法律服务体系建设，完善市、区、街道、社区四级公共法律服务平台，提供便捷高效、均等普惠的公共法律服务。

第一百二十四条　司法行政部门应当推动和指导法律专业机构为市场主体提供法律咨询、合同审查、知识产权保护、股权设计、融资、税务、劳动用工、涉外纠纷等全链条的高水平法律服务。

推进海外法律服务平台建设，完善律师参与境外投资决策、项目评估和风险防控的相关机制，为市场主体提供涉外法律服务。

第八章　法律责任

第一百二十五条　市、区人民政府和相关部门及其工作人员违反本条例相关规定，未依法履行职责或者侵犯市场主体合法权益的，由相关部门责令改正；情节严重的，依法依规追究责任。

第一百二十六条　公用事业服务单位违反本条例相关规定，设置非必要服务办理前置条件、不履行红线外配套建设的责任、未公开收费目录清单或者违规收费的，由相关部门责令改正，依法追究法律责任。

第一百二十七条　行业协会商会、中介服务机构违反本条例相关规定，干预市场主体加入或者退出、强制或者变相强制收费，或者未向社会公开办理法定行政审批中介服务的条件、流程、实现、收费标准的，由相关部门责令改正，依法追究法律责任。

第一百二十八条　金融机构有本条例第八十七条、第八十八条规定情形之一的，由相关部门责令改正；逾期不改正或者情节严重的，依照《中华人民共和国银行业监督管理法》相关规定给予处罚；有违法所得的，依法没收违法所得。

第九章　附　则

第一百二十九条　市、区人民政府及其相关部门可以根据本条例制定具体实施办法。

第一百三十条　本条例自2021年1月1日起施行。